21 世纪高等院校财经管理系列实用规划教材

国际贸易实务

主　编　金　鑫
副主编　吕晓军　李秋娟　张绪斌

内 容 简 介

本书是随着SOHO跨境电商模式在我国迅速发展的大背景下编写的。全书包括12章：第1章国际贸易实务导论，第2章国际贸易合同磋商与签订，第3章国际贸易术语，第4章贸易商品，第5章国际贸易货物运输，第6章国际货物运输保险，第7章国际贸易结算，第8章国际贸易价格，第9章出口合同的履行，第10章进口合同的履行，第11章国际贸易争议和解决，第12章国际贸易方式。本书的特色在于重视最新国际贸易法规与惯例的引用、学习和理解，在相关章节大量引用了国际贸易法规与惯例的中英文对照的条款举例，如CISG、PICC 2010（国际商事合同通则）、Contract Law of P. R. C.、UCP600、ISBP745、INCOTERMS 2010等。本书设置了多样化的知识模块以增强教材的生动性和可读性，配备了大量的、不同形式的案例和习题，以帮助读者更好地学习本书。

本书既可作为经济与管理类各专业学生的专业教材，也可供非经管类专业的本科、专科、高职高专、成人教育学院作为教材使用。

图书在版编目（CIP）数据

国际贸易实务/金鑫主编.—北京：北京大学出版社，2015.9
（21世纪高等院校财经管理系列实用规划教材）
ISBN 978-7-301-26275-7

Ⅰ.①国… Ⅱ.①金… Ⅲ.①国际贸易—贸易实务—高等学校—教材 Ⅳ.①F740.4

中国版本图书馆CIP数据核字（2015）第202019号

书　　名	国际贸易实务
著作责任者	金　鑫　主编
策 划 编 辑	土显超
责 任 编 辑	李瑞芳
标 准 书 号	ISBN 978-7-301-26275-7
出 版 发 行	北京大学出版社
地　　址	北京市海淀区成府路205号　100871
网　　址	http://www.pup.cn　新浪微博：@北京大学出版社
电 子 信 箱	pup_6@163.com
电　　话	邮购部 010-62752015　发行部 010-62750672　编辑部 010-62750667
印 刷 者	北京虎彩文化传播有限公司
经 销 者	新华书店
	787毫米×1092毫米　16开本　22.75印张　540千字
	2015年9月第1版　2022年1月第3次印刷
定　　价	59.00元

未经许可，不得以任何方式复制或抄袭本书之部分或全部内容。
版权所有，侵权必究
举报电话：010-62752024　电子信箱：fd@pup.pku.edu.cn
图书如有印装质量问题，请与出版部联系，电话：010-62756370

前　　言

放眼世界，伴随着采购商人在各国穿梭，国际贸易依然是热门行业；纵览中国，随着马云身价超过李嘉诚，跨境电商也正如火如荼。过去，国际贸易专业学生才是从事国际贸易的佼佼者，而且多是为企业添砖加瓦，甘当绿叶；而今，SOHO模式的跨境电商强势发展，淡化了专业属性，各路人才各显其能，跨专业的莘莘学子在大学毕业后不但参与到跨境贸易的从业队伍中，而且也投身于国际贸易的创业中。从数量上讲，中小型外贸企业已经成为我国对外贸易的主力军。

但是，能迅速而顺利地从事外贸行业也并非易事，这涉及对国际贸易法规和惯例的掌握，涉及对外贸英语和外贸术语的运用；对教师来说，涉及课堂教学和学生自学，涉及对教材的取舍与使用等。

因此，本书编者在编写过程中力求使本书体现以下几个方面特色。

(1) 按照外贸业务操作步骤的先后发展顺序来编写内容。从公司注册、申请进出口经营权的资格、办理备案登记手续入手，再从国际贸易合同磋商、签订开始，介绍了贸易术语、商品、货物运输、运输保险、国际支付、价格和进出口合同的履行等内容。

(2) 重视国际贸易法规与惯例的引用和理解。目前从事国际贸易，涉及的法规与惯例很多，如CISG、PICC(国际商事合同通则)、Contract Law of P.R.C.、UCP600、ISBP745、INCOTERMS 2010等方面的条例，如果一个个地去学习，显然不现实，而本书有针对性地在相关章节大量引用了中英文对照的条款举例，以起到抛砖引玉的作用。

(3) 模块设置多样化。为了更好地说明某些知识点和新增内容，增强教材的生动性和可读性，在正文中设置了"导入案例""应用案例""案例思考""知识拓展""概念比较""要点提示""条款举例""网站链接"和"计算题"等模块。

(4) 学习资料配套齐全。为了帮助读者更好地将理论和实践结合，书中配有大量的案例和习题，并提供上述国际贸易法规与惯例的最新中英对照文本。

本书教学方法温馨提示：

(1) 可以根据自己的教学实际情况进行章节内容的取舍和章节先后的安排。

(2) 最好让学生人手准备一份最新国际贸易法规与惯例的汇编(如需要，可以提供电子版)，随学、随查、随用，使其养成查阅和了解国际贸易法规与惯例的习惯。

本书由金鑫(南阳理工学院)负责设计编写大纲和前言、第1章、第5章、第7章，并进行最终的统稿工作；由李秋娟(郑州升达经贸管理学院)负责编写第2章、第6章、第8章；由张绪斌(洛阳理工学院)负责编写第3章、第9章、第12章；由吕晓军(南阳理工学院)负责编写第4章、第10章、第11章。

在本书的编写过程中，编者参考了大量资料，借鉴了不少专家学者的研究成果，在此特向他们表示感谢！

由于编者水平和经验有限，书中不足之处在所难免，恳请使用本书的教师和广大读者批评指正，以便于再版时进行修改与补充。

编　者

2019 年 9 月

目 录

第1章 国际贸易实务导论 1
1.1 从事国际贸易经营权的取得 2
1.1.1 申请进出口经营的资格 2
1.1.2 申请外贸经营权的办法 5
1.2 国际贸易市场寻找客户技巧 12
1.2.1 通过参加各种展会寻找客户 12
1.2.2 企业名录的获取 14
1.2.3 利用国家使团寻找客户 15
1.2.4 通过跨境电子商务平台寻找客户 16
1.3 国际贸易基本业务流程 18
1.3.1 国际贸易出口业务流程简图 18
1.3.2 国际贸易进口业务流程简图 20
本章小结 21
综合练习 21

第2章 国际贸易合同磋商与签订 24
2.1 磋商的形式和内容 25
2.1.1 磋商的形式 25
2.1.2 合同磋商的内容 26
2.2 磋商的礼仪 26
2.2.1 磋商礼仪的基本原则 27
2.2.2 商务信函礼仪 28
2.2.3 商务电话礼仪 29
2.2.4 商务谈判礼仪 30
2.3 磋商的环节 33
2.3.1 询盘 33
2.3.2 发盘 34
2.3.3 还盘 39
2.3.4 接受 40
2.4 合同的签订 44
2.4.1 合同成立的条件 44
2.4.2 合同的形式 45
2.4.3 书面合同的内容 47
本章小结 50
综合练习 50

第3章 国际贸易术语 55
3.1 贸易术语的含义和作用 56
3.1.1 贸易术语的含义 56
3.1.2 贸易术语的作用 56
3.2 与贸易术语有关的国际惯例 57
3.2.1 《1932年华沙-牛津规则》简介 57
3.2.2 《1941年美国对外贸易定义修订本》简介 58
3.2.3 《国际贸易术语解释通则》简介 58
3.3 适用于水运的贸易术语 61
3.3.1 FOB：Free on Board(...named port of shipment) 船上交货（……指定装运港）......61
3.3.2 CIF：Cost, Insurance and Freight(...named port of destination) 成本、保险加运费付至（……指定目的港）......62
3.3.3 CFR：Cost and Freight(...named port of destination) 成本加运费（……指定目的港）......64
3.4 适用于多种运输方式的贸易术语 64
3.4.1 货交承运人的三种贸易术语 64
3.4.2 其他五种贸易术语 67
3.5 国际贸易术语选用 68
3.5.1 贸易术语的表达 68
3.5.2 贸易术语的选用 69
本章小结 69
综合练习 70

第4章 贸易商品 73
4.1 商品品名 74

         4.1.1 确定商品品名的意义 …… 74
         4.1.2 品名条款的内容 …… 74
         4.1.3 确定商品品名条款的注意事项 75
   4.2 商品的品质 …… 76
         4.2.1 品质的重要性 …… 76
         4.2.2 对品质的要求 …… 76
         4.2.3 表示品质的方法 …… 78
         4.2.4 品质条款的规定 …… 83
   4.3 商品的数量 …… 85
         4.3.1 计量单位和计量方法 …… 85
         4.3.2 数量条款的规定 …… 88
   4.4 商品的包装 …… 92
         4.4.1 包装的重要性 …… 92
         4.4.2 运输包装 …… 93
         4.4.3 销售包装 …… 96
         4.4.4 中性包装和定牌 …… 99
         4.4.5 包装条款的规定 …… 100
   4.5 商品的检验 …… 101
         4.5.1 商品检验的意义 …… 101
         4.5.2 检验时间和地点 …… 103
         4.5.3 检验机构 …… 105
         4.5.4 检验证书 …… 107
         4.5.5 检验标准 …… 108
   本章小结 …… 110
   综合练习 …… 110

第5章 国际贸易货物运输 …… 114

   5.1 海洋运输 …… 115
         5.1.1 海洋运输的优、缺点 …… 115
         5.1.2 班轮运输 …… 116
         5.1.3 租船运输 …… 120
         5.1.4 海运提单 …… 123
         5.1.5 海运单 …… 128
   5.2 其他国际运输方式 …… 130
         5.2.1 集装箱运输 …… 130
         5.2.2 国际贸易铁路运输 …… 137
         5.2.3 航空运输 …… 139

         5.2.4 公路、内河、邮政和
               管道运输 …… 143
         5.2.5 国际多式联运 …… 144
         5.2.6 OCP 运输 …… 146
   5.3 国际货运代理 …… 146
         5.3.1 国际货运代理概述 …… 146
         5.3.2 国际货物运输代理的
               代理业务 …… 149
   5.4 海运条款 …… 153
         5.4.1 装运时间与地点 …… 153
         5.4.2 分批装运和转运 …… 157
         5.4.3 装卸时间和装卸货率 …… 158
         5.4.4 滞期和速遣条款 …… 160
         5.4.5 装运通知 …… 162
   本章小结 …… 163
   综合练习 …… 163

第6章 国际货物运输保险 …… 167

   6.1 海运货物保险承保范围 …… 168
         6.1.1 风险 …… 168
         6.1.2 海上损失 …… 168
   6.2 中国海洋运输货物保险险别 …… 171
         6.2.1 基本险 …… 171
         6.2.2 附加险 …… 175
   6.3 英国伦敦保险协会海运货物保险
       条款 …… 180
         6.3.1 协会货物条款（A）的
               主要内容 …… 180
         6.3.2 协会货物条款（B）的
               主要内容 …… 183
         6.3.3 协会货物条款（C）的
               主要内容 …… 184
         6.3.4 协会其他货物保险条款 …… 185
   6.4 国际货物运输保险实务 …… 186
         6.4.1 投保 …… 186
         6.4.2 承保 …… 188
         6.4.3 索赔 …… 189
         6.4.4 理赔 …… 190

本章小结 190
综合练习 191

第7章 国际贸易结算 196

- 7.1 支付工具 197
  - 7.1.1 汇票 197
  - 7.1.2 本票 201
  - 7.1.3 支票 202
- 7.2 支付方式Ⅰ：汇付 204
  - 7.2.1 汇付的含义 204
  - 7.2.2 汇付方式的当事人 204
  - 7.2.3 汇付的种类及支付流程 205
  - 7.2.4 汇付的使用 205
- 7.3 支付方式Ⅱ：托收 206
  - 7.3.1 托收的含义 206
  - 7.3.2 托收的当事人 207
  - 7.3.3 托收的种类 207
  - 7.3.4 托收的使用 209
- 7.4 支付方式Ⅲ：信用证 212
  - 7.4.1 信用证的含义 212
  - 7.4.2 信用证涉及的当事人 213
  - 7.4.3 信用证的主要内容 214
  - 7.4.4 信用证的基本业务流程 215
  - 7.4.5 信用证的性质、特点和作用 216
  - 7.4.6 信用证的种类 218
  - 7.4.7 与跟单信用证相关的国际惯例 UCP600、ISBP861和eUCP 223
  - 7.4.8 合同中的信用证支付条款 226
- 7.5 其他支付方式的运用 227
  - 7.5.1 小额国际贸易新型支付方式 227
  - 7.5.2 银行保函 229
  - 7.5.3 国际保理 229
  - 7.5.4 福费廷 230
- 本章小结 232
- 综合练习 232

第8章 国际贸易价格 237

- 8.1 合同中的价格条款 238
  - 8.1.1 价格条款的组成 238
  - 8.1.2 作价办法 238
  - 8.1.3 计价货币选择与汇率风险防范 242
  - 8.1.4 影响进出口商品价格的因素 244
- 8.2 佣金和折扣 245
  - 8.2.1 佣金 245
  - 8.2.2 折扣 246
- 8.3 出口报价核算 247
  - 8.3.1 出口商品的价格构成 247
  - 8.3.2 常用贸易术语的报价及转换 250
  - 8.3.3 出口报价核算实例 251
  - 8.3.4 出口效益核算 252
- 8.4 进口报价与进口收益核算 255
  - 8.4.1 进口商品的价格构成 255
  - 8.4.2 进口商品价格核算实例 257
- 本章小结 259
- 综合练习 259

第9章 出口合同的履行 263

- 9.1 备货与报验 264
  - 9.1.1 备货 264
  - 9.1.2 报验 266
- 9.2 审证与改证 268
  - 9.2.1 催证 268
  - 9.2.2 审证 269
  - 9.2.3 改证 270
- 9.3 托运与投保 271
  - 9.3.1 托运 271
  - 9.3.2 投保 271
- 9.4 通关与装船 272
  - 9.4.1 通关 272
  - 9.4.2 装船 273
- 9.5 制单与结汇 273
  - 9.5.1 制单 274
  - 9.5.2 出口结汇 277
- 9.6 核销与退税 277
  - 9.6.1 出口收汇核销 277
  - 9.6.2 出口退税 278

本章小结	279
综合练习	279

第10章 进口合同的履行 … 283

- 10.1 信用证的开立与修改 … 284
  - 10.1.1 申请开立信用证 … 284
  - 10.1.2 信用证的修改 … 287
- 10.2 安排运输和保险 … 288
  - 10.2.1 租船、订舱和催装 … 288
  - 10.2.2 投保货运险 … 289
- 10.3 单据的审核与付款 … 289
  - 10.3.1 审单 … 290
  - 10.3.2 承付、核销和拒付 … 291
- 10.4 报关、验收与拨交 … 292
  - 10.4.1 进口货物的申报 … 292
  - 10.4.2 接受货物查验 … 293
  - 10.4.3 结关、提货、拨交 … 293
- 10.5 进口索赔 … 294
  - 10.5.1 索赔对象 … 295
  - 10.5.2 索赔应注意事项 … 296
- 本章小结 … 297
- 综合练习 … 297

第11章 国际贸易争议和解决 … 303

- 11.1 贸易争议 … 304
  - 11.1.1 贸易争议的含义 … 304
  - 11.1.2 贸易争议的原因 … 304
  - 11.1.3 争议的解决方式 … 305
- 11.2 不可抗力 … 307
  - 11.2.1 不可抗力的含义 … 308
  - 11.2.2 不可抗力的特征及范围 … 308
  - 11.2.3 不可抗力的法律后果及处理 … 309
  - 11.2.4 不可抗力的通知和证明 … 310
  - 11.2.5 买卖合同中的不可抗力条款 … 311
- 11.3 违约责任、索赔和理赔 … 313
  - 11.3.1 违约责任 … 314
  - 11.3.2 索赔和理赔 … 315

- 11.4 仲裁 … 320
  - 11.4.1 仲裁的含义 … 320
  - 11.4.2 仲裁的特点 … 320
  - 11.4.3 仲裁的形式和机构 … 320
  - 11.4.4 仲裁协议 … 323
  - 11.4.5 仲裁程序 … 324
  - 11.4.6 仲裁裁决的执行 … 327
  - 11.4.7 买卖合同中的仲裁条款 … 328
- 本章小结 … 329
- 综合练习 … 329

第12章 国际贸易方式 … 333

- 12.1 经销、代理与寄售 … 334
  - 12.1.1 经销 … 334
  - 12.1.2 代理 … 335
  - 12.1.3 寄售 … 336
- 12.2 展卖、拍卖、招标与投标 … 337
  - 12.2.1 展卖 … 337
  - 12.2.2 拍卖 … 338
  - 12.2.3 招标与投标 … 340
- 12.3 对销贸易 … 341
  - 12.3.1 对销贸易的含义 … 341
  - 12.3.2 对销贸易的主要形式 … 341
- 12.4 加工贸易 … 343
  - 12.4.1 进料加工 … 343
  - 12.4.2 对外加工装配 … 343
  - 12.4.3 境外加工贸易 … 345
- 本章小结 … 346
- 综合练习 … 346

附件一：汇票格式 … 349
附件二：发票格式 … 349
附件三：装箱单格式 … 350
附件四：装船通知格式 … 350
附件五：海运提单格式 … 351
附件六：场站收据格式 … 352
附件七：客户交单联系单格式 … 353
附件八：出口报关单格式 … 354
附件九：保险单格式 … 355

参考文献 … 356

第 1 章　国际贸易实务导论

本章教学要点

知识要点	掌握程度	相关知识	应用方向
从事国际贸易经营权的取得	了解	申请进出口经营的资格；申请外贸经营权的办法	注册资本的最低限额要求，个人可否做外贸，相关法律、法规，公司注册，办理备案登记手续，税务、海关登记，外汇开户，退（免）税认定，检验检疫备案登记，申领中国电子口岸IC卡
国际贸易市场寻找客户技巧	熟悉	通过参加各种展会寻找客户；企业名录的获取；利用国家使团寻找客户；通过跨境电子商务平台寻找客户	参加世界主要贸易展会；参加"中国进出口商品交易会"；B2B和B2C模式下利用跨境电子商务平台发布信息；综合商务网站、行业网站、经贸网站
国际贸易基本业务流程	了解	国际贸易出口业务流程图；国际贸易进口业务流程图	出口准备、签约、备货、交货、收汇、收汇核销、退税、合同结转；进口方案拟订、调研、进口许可证申领、合同磋商、签订、履约、货物拨交、数据归档

阅读链接

1. Foreign Trade Law of P. R. C. Arti: 1-6, Arti: 8-23
2. Contract Law of P. R. C.: Chapter 1 General Provisions
3. PICC 2010 PREAMBLE (Purpose of the Principles)，2010 版国际商事合同通则序言（通则目的）
4. CISG: Arti 1-13, Arti 89-101
5. 王艳莉. 外贸新手从入门到精通[M]. 北京：经济科学出版社，2011.
6. 黄海涛. 外贸七日通[M]. 北京：中国海关出版社，2009.

 导入案例

　　有一位浙江女孩，高考结束填写志愿时选择了南阳理工学院国贸专业。2003年毕业后，在宁波一家做汽车配件的公司从事外贸业务，由于自己的外语和专业基础扎实，在取得较好收入的同时，也熟练地了解了整个国际贸易的实际运作。为了更高目标，2004年，她来到了广州，开始了又一轮的打工生涯。新公司管理苛刻，而且没有出口经营权，但不影响她业务拓展。她一方面通过买单，为公司创造出口条件，另一方面帮助老板申请进出口权，随着业务量的增加她自己也得到更多历练。又一年后，随着自己能力的提高和爱情的丰收，她感觉留下来发展空间不大，于是在2005年，她和自己的男友创建了自己的

SOHO，一做就是5年，不但收获了自己创业的第一桶金，而且也开始了一定的资本积累。期间，她的主要的宣传平台是网络，包括所有免费的和部分付费的平台。2010年年底，他们正式告别SOHO，开起了自己的珠宝加工厂。从刚刚开始的10人，到现在已经有固定员工60多人。随着业务的扩大和营业额的连续增长，他们又开始走出国门参加各地的展会，从而也结识了很多新的客户。同时，由于自己的诚信和务实，以前的汽车配件老客户还委托她做客户在中国的采购代理。目前，公司业务蒸蒸日上，并且也正在一步一步朝更加完善的方向发展，她以前的勤奋学习和努力工作也终于得到了高质量的回报。

讨论与分析：
1. SOHO是什么意思？为什么现在很多年轻外贸经营者对此方式感兴趣？
2. 按照《中华人民共和国对外贸易法》的相关规定，个人可以做外贸吗？几年后你有创业打算吗？
3. 你有熟人参加过广交会吗？如果有，请谈一谈；如果没有，想一想它什么样？

国际贸易实务又称进出口贸易实务（import and export business practice），主要研究不同国家或地区间货物或服务交易的具体操作过程，总的来说，主要研究国际货物买卖方面的基础理论、基础知识和基本操作技能；具体来说，是要探讨国际贸易中所涉及的品名、品质、数量、包装、报价、运输、投保、检验和结算等准备工作，掌握国际货物买卖合同内容、合同订立和合同履行等的基本环节，研究在进出口交易过程中交易双方应遵循的国际法律、法规等行为规范，进而处理我国目前进出口业务过程中所出现的问题和争议。

相对于国际贸易理论来说，进出口贸易实务的主要特点是具有实践性、应用性、时效性；相对于国内贸易来说，国际贸易会涉及国外客户、较多的单据和更复杂性的问题。因而，一个合格的外贸经营者不仅要研究国际贸易合同操作过程中所涉及的内容，而且要注重研究签订合同前的国际贸易准备工作。

1.1 从事国际贸易经营权的取得

尽管《中华人民共和国对外贸易法》（2004年修订）（英文对照）[Foreign Trade Law of The People's Republic of China (2004)]中说个人也可以从事外贸，但实际上，目前在我国还不是任何个人、法人或其他组织都可以进行对外贸易活动，只有按照国家的有关规定，依法定程序在当地的商务部门进行备案，取得对外贸易经营资格，并在当地出入境检验检疫局、海关、税务、外汇管理局等部门办理相应备案登记注册等手续后，方可在允许的范围内从事对外贸易经营活动。

1.1.1 申请进出口经营的资格

1. 对外贸易经营者应是依法办理了工商登记的法人、其他组织或个人

原则上在中国境内的所有企业、组织和个人均有资格成为对外贸易经营者，但对于公司法人来说，则无注册资本要求。

1）公司注册资本的要求

根据2013年11月十二届全国人大常委会第六次会议审议通过的关于修改公司法的决定和《方案》，公司、公司股东（发起人）在注册资本管理方面增加了一系列权利：一是

自主约定注册资本总额,取消有限责任公司最低注册资本3万元、一人有限责任公司最低注册资本10万元、股份有限公司最低注册资本500万元的限制,也就是说,理论上可以"一元钱办公司";二是自主约定公司设立时全体股东(发起人)的首次出资比例,也就是说,理论上可以"零首付";三是自主约定出资方式和货币出资比例,对于高科技、文化创意、现代服务业等创新型企业可以灵活出资,提高知识产权、实物、土地使用权等财产形式的出资比例,克服货币资金不足的困难;四是自主约定公司股东(发起人)缴足出资的出资期限,不再限制两年内出资到位,提高公司股东(发起人)资金使用效率。在登记注册环节,改革后,公司实收资本不再作为工商登记事项。在进行公司登记时,也无须提交验资报告。注册资本登记制度上述改革对于创业者而言,意味着注册公司"门槛"和创业成本最大限度地降低。

《中华人民共和国公司法》及相关法律、法规对外贸公司的注册资本的多少并没有特殊限制性规定。一般来说,由企业根据法律的规定并结合自身的实际情况选择取舍。

2) 个人独资企业、合伙企业、个体工商户无注册资本要求

按照《中华人民共和国个人独资企业法》的规定,个人独资企业是指依法在中国境内设立,由一个自然人投资,财产为投资人个人所有,投资人以其个人财产对企业债务承担无限责任的经营实体。

按照《中华人民共和国合伙企业法》的规定,合伙企业是指依法在中国境内设立的由各合伙人订立合伙协议,共同出资、合伙经营、共享收益、共担风险,并对合伙企业债务承担无限连带责任的营利性组织。

按照《城乡个体工商户管理暂行条例》的规定,个体工商户,可以个人经营,也可以家庭经营。个人经营的,以个人全部财产承担民事责任;家庭经营的,以家庭全部财产承担民事责任。

 条款举例

Foreign Trade Law of P.R.C. Arti 8: For the purposes of this Law, "foreign trade dealers" refers to legal persons, other organizations or individuals that have fulfilled the industrial and commercial registration or other practicing procedures in accordance with laws and engage in foreign trade dealings in compliance with this Law and other relevant laws and administrative regulations. (本法所称对外贸易经营者,是指依法办理工商登记或者其他执业手续,依照本法和其他有关法律、行政法规的规定从事对外贸易经营活动的法人、其他组织或者个人。)

 知识拓展

个人可以做外贸吗?

这里首先要弄清对外贸易经营者中的"个人"的概念。根据我国有关法律、法规,个人从事任何经营活动,都必须经过工商登记,因此,普通市民是不能直接以个人身份登记取得外贸经营权的,而必须是在工商部门注册个人独资企业或个体经营户后,才能从事进出口业务。如不办理工商登记,备案登记机关就不能予以备案登记。也就是说,个人做外贸,具体到技术层面上,必须以取得工商登记为前提,以一个经营主体的面目出现,即变为个体工商户(或独资经营者)。正是从这个角度说,个人可以成为对外贸易经营者。

2. 对外贸易经营者应遵守的外贸相关法律、法规

外贸经营权的放开，并不意味着对外贸经营活动没有了任何限制，法律底限仍然是不能够突破的。作为对外贸易经营者，必须严格遵守《中华人民共和国对外贸易法》及其配套法规、规章；遵守与进出口贸易相关的海关、外汇、税务、检验检疫、环保、知识产权等中华人民共和国其他法律、法规、规章；遵守中华人民共和国关于核、生物、化学、导弹等各类敏感物项和技术出口管制的法规以及其他相关法律、法规、规章，不从事任何危害国家安全和社会公共利益的活动。

 条款举例

Foreign Trade Law of P.R.C. Arti 14: The State permits free import and export of goods and technologies unless the laws or administrative regulations provide otherwise.（国家准许货物与技术的自由进出口。但是，法律、行政法规另有规定的除外。）

 知识拓展

对外贸易经营者应当熟悉的相关国际法规和惯例

国际贸易是在国际贸易法规和惯例的指导和制约下进行的。对于交易的磋商、合同的签订和履行，以及争议纠纷的解决等问题，除了必须认真贯彻我国对外贸易方针政策及有关法规之外，还应该对国际上有关的贸易法规与惯例有比较充分的了解和认识。

1. 与合同相关的国际法规与惯例：《联合国国际货物销售合同公约》（CISG）《国际商事合同通则》（PICC）《中华人民共和国合同法》（Contract Law of P.R.C.）。

2. 与贸易结算相关的国际法规与惯例：《跟单信用证统一惯例》（UCP600）《关于审核跟单信用证项下单据的国际标准银行实务》（ISBP 745）《托收统一规则》（URC522）。

3. 与贸易术语相关的国际法规与惯例：《国际贸易术语解释通则》（INCOTERMS 2010）《1990年美国对外贸易定义修订本》（Revised American Foreign Trade Definition 1990）。

4. 与国际贸易运输相关的国际法规和惯例：《海牙规则》（The Hague Rules）《维斯比规则》（The Visby Rules）《汉堡规则》（The Hamburg Rules）《国际海事委员会海运单统一规则》（CMI Uniform Rules for Sea Waybills,1990）《国际公路货物运输合同公约》（CMR 公约）《铁路货物运输国际公约》《国际铁路货物联运协定》《统一国际航空运输某些规则的公约》。

5. 与国际货物运输保险相关的国内国际法规和惯例：《中国保险条款》（CIC）《伦敦保险协会海运货物保险条款》（ICC）。

6. 与国际贸易仲裁相关的国际惯例：《1958年纽约公约》。

 概念比较

《国际货物销售合同公约》与《国际商事合同通则》

1. 性质不同。《国际货物销售合同公约》（以下简称《公约》）是由联合国国际贸易法委员会主持制定的，因而称为国际公约；而《国际商事合同通则》（以下简称《通则》）是由国际统一私法协会编撰的，不是公约，可以说是"示范法"，也可以说是"国际惯例"。在《公约》缔约国中，《公约》优先于《通则》；《通则》的作用更主要的是为各国合同立法提供可供参考借鉴的范本，而不是在国际商务活动中得到直接应用。

2. 适用范围不同。《公约》仅适用于国际货物销售合同，反映国际贸易中有形贸易的内容，而服务

贸易被明显排除于适用范围之外,对于知识产权则更无涉及,一些易于引起争议的货物贸易也被排除于公约适用范围之外。《通则》补充了《公约》未涉及而实践中迫切需要解决的问题,它反映的国际贸易的内容不仅包括有形贸易还包括无形贸易;它所适用的国际商事合同类型,既有国际货物销售合同,又有国际服务贸易合同和国际知识产权转让合同,即适用于国际商事合同的全部。

3. 二者既有区别又可以相互补充。①虽然《公约》与《通则》二者的性质、内容、适用的对象与范围不完全相同,但是两者在适用上不存在真正的竞争关系,二者适用关系是相互补充而不互相取代。②《通则》能起到填补《公约》适用范围的作用。首先,在非《公约》缔约国当事人订立国际货物买卖合同的情况下,《通则》可以作为国际统一法律原则来适用;其次,《公约》并非强制性的规则,它的适用具有一定的任意性,缔约国的当事人间缔结国际货物买卖合同时,可以修改《公约》的条款在合同中加以适用或完全排除《公约》的适用。因此,当事人可以将《公约》的个别条款置换为更适当的《通则》中的对应条款,甚至于以《通则》替换整个《公约》。③《通则》能起到补充解释《公约》条款内容的作用。首先,在国际货物买卖合同以《公约》作为准据的场合下,《通则》可以用于解释《公约》;其次,由于《通则》包含的内容比《公约》广,在《公约》未涉及的领域内(如欠款计息的利率、期限和确定方法),可以起到补充的作用。

 条款举例

　　PICC 2010 Arti 1.9 (Usages and Practices): (1) The parties are bound by any usage to which they have agreed and by any practices which they have established between themselves. (2) The parties are bound by a usage that is widely known to and regularly observed in international trade by parties in the particular trade concerned except where.[《国际商事合同通则》第九条惯例和习惯做法:(1)当事人各方受其约定的任何惯例和其相互之间建立的任何习惯做法的约束。(2)合同当事人应受国际贸易中从事相关特定贸易之人广泛知悉并惯常遵守之惯例的约束,除非适用该惯例不合理。]

1.1.2　申请外贸经营权的办法

　　申请外贸经营权有两种情况:一种是新办公司申请外贸经营权;另一种是已成立内贸公司增加外贸经营权。两种情况的申请手续和办法略有不同。下面主要以新办公司为例,介绍一下申请外贸经营权的具体流程和手续。

　　1. 注册公司——工商登记及相关手续

　　注册有进出口权的外贸公司,先期登记办理程序以及所需材料与注册普通贸易公司相同。只是注意在注册时,经营范围需加入"技术进出口、货物进出口"。

　　1) 公司的形式与注册资金的选择

　　普通贸易公司的形式一般选择有限责任公司,股东为2个(含2个)以上,50个(含50个)以下,尽管新的公司注册资本登记制度无最低注册资本限制,但一般来说,注册资金越大越好,因为给人的感觉比较放心,金额太小会影响公司门面。当然,注册资金的多少还得考虑自己的筹资能力、从事的业务性质和经营的商品种类等实际情况。不过,若企业名称中有"进出口"字样的话,则注册资金不应少于100万元。

 知识拓展

公司注册资金与增值税一般纳税人的关系

　　一般情况下,从事货物批发或零售的公司成立1年后,年销售额达到180万元以上可以向主管国家税务机关申请办理增值税一般纳税人的认定手续。企业只有成为一般纳税人，才能享受出口退税政策优惠。不过，公司的注册资金与一般纳税人也有一定的关系：公司在申请注册时，注册资金大于500万元的，可直接申请一般纳税人；公司注册资金超过50万元，且实际办公面积大于100平方米，而且申请了进出口权的，则给予特殊优惠，可以办理出口退税。

2) 注册公司所需的注册资料

在注册公司之前，还要事先准备的资料有：① 股东个人资料（身份证原件以及复印件、居住地址、电话号码、法定代表人简历）；② 注册资金；③ 拟订注册公司的名称5个；④ 公司经营范围；⑤ 租房房产证、租赁合同；⑥ 公司住所；⑦ 股东名册及股东联系电话、联系地址；⑧ 公司的机构及其产生办法、职权、议事规则；⑨ 公司章程。

3) 公司注册的步骤

(1) 企业名称核准。到工商局领取。《企业（字号）名称预先核准申请表》，填写准备取的公司名称，由工商局检索是否有重名，如果没有重名，即可使用并核发《企业（字号）名称预先核准通知书》。交工商名称核准费若干，可以检索5个名字（名字一般由4部分组成，依次是行政区划＋字号＋行业特点＋组织形式，名字想好5～10个，备用）。

(2) 租房。去专门的写字楼租一间办公室，如果自己有厂房或者办公室也可以。签订租房合同，并让房屋的产权人提供房产证复印件，再到税务局买租房的印花税。税率是年租金的1‰，将印花税票贴在合同的首页。

(3) 编写公司章程。公司章程可找人代写，也可从工商局网站下载《公司章程样本》；修改后，所有股东签名。

(4) 刻制法定代表人名章。到指定刻章社刻制法定代表人名章（方型）。

(5) 到银行开立公司验资户。携带《公司章程》、工商局的《核名通知书》、法定代表人私章、法人身份证等到银行去开立公司验资账户，并将股东的资金存入该账户；联系一家会计师事务所，领取一张经会计师事务所盖章的《银行询征函》，由银行对《银行询征函》盖章，并出具《股东缴款单》。

(6) 办理验资报告。拿着《股东缴款单》《银行询征函》《公司章程》《核名通知书》《租房合同》《房产证复印件》等到会计师事务所办理验资报告。

(7) 注册公司。到工商局领取公司设立登记的各种表格，包括设立登记申请表，股东（发起人）名单，董事、经理、监理情况表，法人代表登记表及指定代表或委托代理人登记表。填好后，连同《核名通知书公司章程》《租房合同》《房产证复印件》《验资报告》等一起交给工商局。大概5个工作日后可领取营业执照。

(8) 刻制公章。凭营业执照，到公安局指定的刻章社刻制公司公章以及财务专用章。

 知识拓展

公司印章颜色与形状

一般国内公司印章用红色，外企公司印章用蓝色。有时公司内部为工作方便，会把两种相似的印章用两种颜色区别。印章形状一般没有明确规定，但有些特别印章有规定：发票专用章为椭圆，合同章、报关章也大多为椭圆，公章为圆形，外文公章多为椭圆多边。有时公司内部为工作方便，会把相似的印章用两种或多种形状区分。

(9) 办理企业组织机构代码证。组织机构代码是对中国境内依法注册、依法登记的机关、企业及事业单位、社会团体和民办非企业单位等机构颁发的在全国范围内唯一的、始终不变的代码标识,其作用相当于单位的身份证号。办理工商登记之后、在向各地商务主管部门办理备案之前,应先获取组织机构代码。受理单位为各地质量技术监督局。

(10) 开立基本户。凭营业执照、组织机构代码证去银行开立基本账户,同时注销原验资账户。

(11) 统计登记。到当地统计局领取《统计登记单位基本情况表》两份,参加相关培训后填表,并提交相应材料,然后领取统计登记证。

以上为新办公司的注册程序,对于已经存在的内贸公司,在正式申请进出口经营权之前,须先到公司所在区县工商局办理经营范围的变更手续。

内贸公司如何申请进出口经营权

营业执照上经营范围没有注明进出口业务的,须到企业注册地工商局办理经营范围的变更,需要提交以下资料。

(1) 法定代表人签署的《公司变更登记申请书》(公司加盖公章)。

(2) 公司签署的《指定代表或者共同委托代理人的证明》(公司加盖公章)及指定代表或委托代理人的身份证复印件(本人签字);应标明具体委托事项、被委托人的权限及委托期限。

(3) 公司章程修正案(公司法定代表人签署)。

(4) 公司申请登记的经营范围中有法律、行政法规和国务院决定规定必须在登记前报经批准的项目,提交有关的批准文件或者许可证书复印件或许可证明。

(5) 法律、行政法规和国务院决定规定变更经营范围必须报经批准的,提交有关的批准文件或者许可证书复印件。

(6) 公司营业执照正、副本。

2. 办理备案登记手续

公司注册完毕后,办理进出口经营权首先要到当地商务局办理对外贸易经营者备案登记,然后才能实施后续程序。办理对外贸易经营者备案登记的具体程序如下:

1) 领取《对外贸易经营者备案登记表》

领取《对外贸易经营者备案登记表》(以下简称《登记表》)。对外贸易经营者可以通过商务部政府网站(http://www.mofcom.gov.cn)或中国国际电子商务网(www.ec.com.cn)自行下载打印,或到所在地备案登记机关(各地商务厅或局)领取。

2) 填写《登记表》

对外贸易经营者应按《登记表》要求认真填写所有事项的信息,并确保所填写内容是完整、准确和真实的;同时认真阅读《登记表》背面的条款,并由企业法定代表人(个体工商负责人)签字、盖章。

3) 向备案登记机关提交材料

《登记表》填写完毕后,向备案登记机关提交以下备案登记材料:

(1)《登记表》。

(2) 营业执照复印件。

(3) 组织机构代码证书复印件。

(4) 对外贸易经营者为外商投资企业的，还应提交外商投资企业批准证书复印件。

(5) 依法办理工商登记的个体工商户（独资经营者）须提交合法公证机构出具的财产公证证明，依法办理工商登记的外国（地区）企业须提交合法公证机构出具的资金信用证明文件。

4) 备案登记时的注意事项

(1) 备案登记机关应自收到对外贸易经营者提交的上述材料之日起5日内办理备案登记手续，在《登记表》上加盖备案登记印章。

(2) 对外贸易经营者应凭加盖备案登记印章的登记表，在30日内到当地海关、检验检疫、外汇、税务等部门办理开展对外贸易业务所需的有关手续。逾期未办理的，《登记表》自动失效。

(3) 《登记表》上的任何登记事项发生变更时，对外贸易经营者应比照本办法第五条和第八条的有关规定，在30日内办理《登记表》的变更手续，逾期未办理变更手续的，其《登记表》自动失效。

(4) 对外贸易经营者已在工商部门办理注销手续或被吊销营业执照的，自营业执照注销或被吊销之日起，《登记表》自动失效。

3. 进行税务登记

税务登记包括新企业办理税务登记，原有企业办理税务登记的变更和进出口业务的增加。

1) 新企业办理税务登记

新企业应自领取工商营业执照之日起30日内，向企业注册所在地的国家税务局办理税务登记。应提供以下证件和资料：

(1) 工商营业执照和其他核准执业证件。

(2) 有关合同、章程、协议书。

(3) 组织机构代码证书。

(4) 法定代表人或负责人或业主的居民身份证、护照或其他合法证件。

(5) 税务机关要求提供的其他证件、资料。

如企业提交的证件和资料齐全且税务登记表的填写内容符合规定，税务局应在5个工作日内发放税务登记证；如提交的证据和资料不齐全或税务登记表的填写内容不符合要求，税务局会当场通知补交或重新填报；如提交的证件和资料明显有疑点，税务局将进行实地调查，核实后再发放税务登记证。一般的公司都需要办理两种税务登记证，即国税和地税。办理税务登记证时，因为税务局要求提交的资料其中有一项是会计资格证和身份证，可先聘请一个兼职会计。

另外，如果公司是销售商品的，应该到国税去申领发票；如果是服务性质的公司，则到地税申领发票。申领发票成功后可先领购500元的发票，各地购买发票的费用会略有不同。注意每个月按时向税务局报税，即使没有开展业务不需要缴税，也要进行零申报，否则会被罚款。

2) 原有企业应向原税务登记机关申报办理税务登记证的变更

原有企业如果增加进出口业务，应当自办理工商营业执照变更登记之日起 30 日内，向原税务登记机关申报办理税务登记变更手续，需提供下列证件和资料：

(1) 税务登记变更表。
(2) 工商登记变更表及营业执照。
(3) 纳税人变更登记内容的有关证明文件。
(4) 税务登记机关发放的原税务登记证件（登记证正、副本和登记表等）。
(5) 税务机关要求的其他资料。

原税务登记机关应当自受理之日起 30 日内，审核办理变更税务登记，符合规定的，税务机关按变更后的内容重新核发税务登记证。

4. 海关注册登记

每个海关都有一定的管辖范围，企业应在自己受辖海关办理注册登记。海关注册登记需要提交下列文件资料：

(1) 企业法人营业执照副本复印件（个人独资企业、合伙企业或个体工商户提交营业执照副本复印件）。
(2) 商务部门出具的《登记表》复印件。
(3) 企业章程复印件（非企业法人免交）。
(4) 税务登记证书副本复印件。
(5) 银行开户证明复印件。
(6) 组织机构代码证书副本复印件。
(7)《报关单位情况登记表》《报关单位管理人员情况登记表》（到辖区海关领取）。
(8) 海关要求的其他证明文件，如《报送单位情况登记表》《报关单位管理人员情况登记表》。

海关注册登记办理时限约为 5 个工作日。申请材料齐全、符合要求的申请人由注册地海关核发《中华人民共和国海关进出口货物收发货人报关注册登记证书》（有效期 3 年），报关单位凭此办理本企业在中华人民共和国关境内各个口岸地或海关监管业务集中地点的报关业务。

5. 外汇开户及出口企业核销备案登记

1) 开立经常项目外汇账户

开立经常项目外汇账户需提交以下材料：

(1) 开户申请（盖单位公章），包括：单位基本情况，外汇收支情况，已开立外汇账户情况，拟开户银行、开户币种、账户限额各行分配情况（进行过对外贸易经营者备案的不填），单位联系人及电话。
(2) 营业执照副本的原件及复印件（盖单位公章）。
(3) 加盖备案登记印章的《登记表》原件和复印件或有关经常项目外汇收入的证明材料（如：涉外收入申报单或结汇水单和收账通知）（盖单位公章）。
(4) 组织机构代码证书副本的原价及复印件（盖单位公章）。

(5) 外汇管理局（简称外管局）要求的其他资料。

(6) 开户单位如在其他营业网点增开经常项目外汇账户时，除需提供上述材料外，还应提供开户核准件，并在申请书上写明各经常项目外汇账户限额分配比例。

2) 办理出口企业核销备案登记

出口单位取得出口经营权后，应到当地海关办理"中国电子口岸"入网手续，领取"中国电子口岸"企业法人 IC 卡、"中国电子口岸"企业操作员 IC 卡。

出口企业核销备案登记申请无固定格式，备案可在有第一笔出口业务、需领取核销单时到外管局一并办理，也可在取得 IC 卡后到外管局办理。所需材料包括：

(1) 盖有公司印章的备案申请书（在有出口业务时再填写《出口收汇核销账户开立申请表》）。

(2) 加盖备案登记印章的《登记表》原件和复印件。

(3) 营业执照副本及复印件。

(4) 组织机构代码证书及复印件。

(5) 海关注册登记证明书及复印件。

如出现企业更名、终止经营等情况，应在办理工商、海关等各部门的相关手续后 1 个月内到外管局办理备案登记变更手续。

知识拓展

离岸公司

离岸公司（offshore company）就是泛指在离岸法区内依据其离岸公司法规注册成立的有限责任公司或股份有限公司[详见《离岸公司法》（张诗伟，中国法律出版社 2004 年版）]，有时也被称为非居民公司。近年来，世界上一些国家和地区（多数为岛国）纷纷以法律手段划定并培育出一些特别宽松的经济区域，这些区域一般称为离岸法区。当地政府对这类公司没有任何税收，只收取少量的年度管理费，同时，所有的国际大银行（如美国的大通银行、中国香港的汇丰银行、新加坡的发展银行）都承认这类公司，为其设立银行账号及财务运作提供方便。它具有高度的保密性（公司的股东资料、股权比例、收益状况等）、减免税务负担、无外汇管制三大特点。"离岸"的含义是指投资人的公司注册在离岸管辖区，但投资人不用亲临当地，其业务运作可在世界各地的任何地方直接开展。例如在巴哈马群岛注册一家贸易公司，但其贸易业务的往来可以是在欧洲与美洲之间进行的。目前，我国不少企业个人和纷纷都在中国香港、英属维尔京群岛、开曼群岛、百慕大群岛等地注册"离岸公司"。

6. 出口货物退（免）税认定

对外贸易经营者按《备案登记办法》办理备案登记后的 30 日内，到所在地主管出口退税的税务机关办理出口货物退（免）税认定手续。需提供以下证件和资料：

(1) 填写《出口货物退（免）税认定表》（一般当地国税局网站"进出口税收"专栏都有国税函〔2004〕955 号文《国家税务总局关于贯彻〈中华人民共和国对外贸易法〉、调整出口退（免）税办法的通知》（以下简称《通知》），从通知的附件中可下载《出口货物退（免）税认定表》）。

(2) 已加盖备案登记印章的《登记表》。

(3) 工商营业执照。

(4) 税务登记证。
(5) 银行基本账户号码。
(6) 海关进出口企业代码。
(7) 其他要求的文件。

办理出口货物退（免）税认定手续后，出口的货物可按规定办理退（免）税。

在《通知》实施前已办理了出口退税登记证的，且在原核准经营范围内从事进出口经营活动的自营对外贸易经营者，不再办理退税认定手续；但如超出原核准经营范围从事进出口经营活动的，仍需在办理具体业务时逐项重新认定。

7. 检验检疫备案登记

1) 网上申请

先在网上提交申请，网址为"www.eciq.cn"，栏目名称为自理报检单位备案登记、报检员注册申请（企业用户）。

2) 现场申请

现场申请时，需要携带以下材料到当地出入境检验检疫局办理申请手续：
(1) 网上提交后打印出的《出入境检验检疫自理报检单位备案申请书》。
(2) 加盖公章的营业执照复印件（同时交验原件）。
(3) 加盖公章的组织机构代码证复印件（同时交验原件）。
(4) 加盖备案登记印章的《登记表》（加盖公章）。
(5) 检验检疫机构要求的其他相关材料（如《海关注册登记证明书》，加盖公章）。
(6) 申请单位的印章（印模）。

3) 颁发证书

当地出入境检验检疫局对申请单位提交的材料予以审核，对符合条件的予以受理，并于5个工作日内颁发《出入境检验检疫自理报检单位备案登记证明书》。

8. 申领中国电子口岸IC卡

中国电子口岸是企业与电信公网连接，通过公共数据中心在网上直接向海关、商检、税务等政府管理机构申办各种进出口手续，各政府部门也可以在网上办理各种审批，从而实现政府对企业的"一站式"服务。中国电子口岸网址为"www.Chinaport.gov.cn"。IC卡是身份识别卡，只有办理了IC卡，并插入到读卡器中才可以登录中国电子口岸。以下为IC卡申领流程：

1) 申请

在当地海关所属制卡代理点领取并填写《中国电子口岸企业情况登记表》和《中国电子口岸企业IC卡登记表》，企业法人代表签字并加盖公章，其中《中国电子口岸企业情况登记表》填写企业法人卡持卡人信息及企业操作员卡持卡人信息，申请企业法人卡只需填写"法人卡持卡人基本信息"栏，申请企业操作员卡只需填写"企业操作员卡持卡人基本信息"栏。企业如申请多张操作员卡，则需按照本企业操作员人数每人填写一份。

2) 资格审查

由工商、税务、外贸、海关、外汇部门在指定时间对企业用户进行资格审查，资格审查所需携带的证件、资料（正本或副本原件及复印件）包括：
(1) 营业执照。
(2) 税务登记证。
(3) 对外贸易经营者备案登记表。
(4) 报关注册登记证及报关员证。
(5) 组织机构代码证。

3) 制卡

资格审查通过后，企业要购买 IC 卡、读卡器、Oracle Lite 软件，制卡代理点为企业制作中国电子口岸企业法人卡和操作员卡。IC 卡、读卡器、Oracle Lite 软件是企业登录中国电子口岸网进行相关业务操作必需的工具。

4) 领卡

企业领卡人持单位介绍信、本人身份证明于两周后到制卡代理点领取企业 IC 卡。

在电子口岸模式下，所有的单证传递、生成都通过网站进行，大量重复劳动由此省略。

获得外贸经营权后是不是什么商品都能经营

对外贸易经营者出口贸易业务的范围一般与在工商部门登记的经营范围相同，因此，不是什么进出口业务都能做。例如，国家对核、生物、化学、导弹等各类敏感物项和技术出口制定了管制法规，一般的对外贸易经营者是不能经营的。

国家规定为国营贸易的货物，需经商务部和国务院有关经济管理部门批准的企业才能经营，如进口粮食、植物油、食糖、烟草、原油、成品油、化肥、棉花，出口茶、大米、玉米、大豆、钨及钨制品、煤炭、原油、成品油、丝、棉花及棉制品。

对外贸易经营者在经营限制类的商品时，还要受到限制进出口的货物目录、配额、关税配额、许可证制度等方面的约束。

CISG Arti 1: (1) This Convention applies to contracts of sale of goods between parties whose places of business are in different States: (a) when the States are Contracting States; or (b) when the rules of private international law lead to the application of the law of a Contracting State.[(1) 本公约适用于营业地在不同国家的当事人之间所订立的货物销售合同：(a) 如果这些国家是缔约国；或 (b) 如果国际私法规则导致适用某一缔约国的法律。]

1.2 国际贸易市场寻找客户技巧

在外贸经营权申请成功之后，外贸企业遇到的下一个问题就是要在国际市场上找到客户和商品。在形形色色的寻找市场的方式上，除了参加展会（如广州交易会）等传统方式以外，越来越多的中小外贸企业或个体户开始从互联网入手，来寻找更多客户。

1.2.1 通过参加各种展会寻找客户

开发国际市场的方式有很多。在现代贸易往来中，"展览"已被所有商界公认为"最杰出的市场"之一。在展览会中，来自各方面的同行、买主、卖主、投资者等相聚一堂互相交流，不仅做成了生意，还调查了市场，得到新的启发，获得新的信息，同时也客观地检验了自己的产品；多种益处同时集中在几天内获得，成倍地提高经济效益，大大地降低了成本。由此不难看出，参加国际贸易展览会是拓销企业产品扩大出口的重要手段，同时也是走向国际化的最佳途径。

1. 参加世界主要贸易展会

参加世界主要贸易展会，其名称、展期、内容和特点，一般都可以在中国国际展览网（http://www.abroadshows.com）和中国会展服务网（http://fair.mofcom.gov.cn）获得。

2. 参加中国进出口商品交易会

中国进出口商品交易会（The China Import and Export Fair）即广州交易会简称广交会，英文名为Canton Fair，创办于1957年春季，每年春秋两季在广州举办，迄今已有五十余年历史，是中国目前历史最长、层次最高、规模最大、商品种类最全、到会客商最多、成交效果最好的综合性国际贸易盛会。自2007年4月第101届起，广交会由中国出口商品交易会更名为中国进出口商品交易会，由单一出口平台变为进出口双向交易平台。

目前，广交会出口展区由50个交易团组成，来自全国2.4万多家资信良好、实力雄厚的外贸公司、生产企业、科研院所、外商投资/独资企业、私营企业参展。

广交会以进出口贸易为主，贸易方式灵活多样，除传统的看样成交外，还举办网上交易会，开展多种形式的经济技术合作与交流，以及商检、保险、运输、广告、咨询等业务活动。在广交会期间，来自世界各地的客商云集广州，互通商情，增进友谊。广交会的相关情况见表1-1。

表1-1 中国进出口商品交易会相关情况

创办年代	1957年春季	
交易团数目	50个（2018年秋交会）	
展出周期	一年春秋两届，每届三期	
举办时间 （以2018年为例）	春交会 第一期4月15～19日 第二期4月23～27日 第三期5月01～05日	秋交会 第一期10月15～19日 第二期10月23～27日 第三期10月31～11月04日
会期	每期展览时间5天，撤换展时间为3天	
展览地点	中国进出口商品交易会展馆（广州市海珠区阅江中路380号）	
总展览面积	118.5万平方米	
展位数量	出口展位总数59 647个，进口展位总数998个（2018年秋交会）	
成交额	累计出口成交298.6亿美元（2018年秋交会）	
到会国家和地区	215个国家和地区（2018年秋交会）	
与会人数前十位的国家和地区	中国香港、美国、印度、韩国、泰国、俄罗斯、中国台湾、马来西亚、日本、印度尼西亚（2018年秋交会）	

续表

各大洲境外采购商与会人数按比例	亚洲 105 692 人,占 55.68%;欧洲 35 767 人,占 18.84%;美洲 27 696 人,占 14.59%;非洲 14 547 人,占 7.66%;大洋洲 6 110 人,占 3.22%。(2018 年秋交会)
到会采购商	189 812 名境外采购商(2018 年秋交会)
参展商数量	参展企业 25 583 家,其中进口展位有 34 个国家和地区的 636 家企业参展(2018 年秋交会)

 网站链接

参加境外展展会和中国广交会相关网站

中国国际贸易促进委员会:http://www.ccpit.org/web/
中国进出口商品交易会官方网站:http://www.cantonfair.org.cn/cn/
广交会招展网:http://www.canton-fair-information.com/
广交会参展易捷通:http://exhibitor.cantonfair.org.cn/cn/

1.2.2 企业名录的获取

企业名录是外贸公司寻找客户的途径之一,而获取企业名录可以从很多方面入手。一般使用出版信息来查找当地的进口商和潜在伙伴名单,例如,要寻找美国客户,美国每年都有大量有关企业名录的出版发行,有关信息可向我驻外使领馆经商处(室)咨询。除了出版信息之外,还可以广泛使用互联网、名录、海关名单、商业洽谈机会、交易会小册子等一切可供信息的媒介来获取所寻找的企业名录。

一般来说,有两种类型的企业名录可供参考,一种是根据报关信息制作的海关名录,另一种是调查名录。海关提供的名录通常可提供详细的进出口数据,包括海关代码和交易量,但有关公司的信息几乎没有,通常都没有电话、传真,甚至没有完整的地址。这种情况下需要用"调查名录"作为补充。在实践中可采用的做法也是派一名调查员通过调查来获得联系信息。海关名录的优势在于覆盖范围广,更新频繁,交易记录详细;调查名录的优势在于获得相关公司情况的资料比较多。最好的企业名录是两种方法相结合下的产物,也就是调查人员先从海关收集材料,而后调研补充信息源,加入进口公司的细节信息。

目标国家的海关机构通常是寻找进口商及其商业兴趣的最好渠道。许多国家都不免费提供这种信息,因为商业数据是保密的,然而现在越来越多的国家海关管理人员愿意提供这种信息。随着国家壁垒的倾覆,银行已代替海关机构成为进出口信息的提供者。这一趋势值得关注,因为其他地区也会出现这种情况。

还有一个重要的信息源是目标国家的进口商协会。该协会会员的名录通常可提供某一产品类别的详细而有用的联系信息。各种行业市场调研也包括进口商名录。例如,美使馆开发的国家贸易数据库(Nation Trade Data Bank)是一套为出口服务的全面的数据和文件资料。

1.2.3 利用国家使团寻找客户

当一个出口商难以找到进口商时,贸促机构如商业部、商会、行业协会可能会提供帮助,他们通常会在网络上设置信息中心,提供信息资源名单、印刷的名录、光盘和数据。这些机构还会与他们的驻外商业办公室联系,那里经常会有一些进口商的名单。例如,同样是寻找美国客户,外贸企业可向美国驻华使馆商务处咨询有关美国进出口商的资料。又如,一个巴西瓷砖进口商的目标是在中东,很可能找不到这一地区的进口商名录。由于建筑材料批发商通常也是进口商,巴西公司便可以与建筑材料批发商在该地区的经商处联系。再如,一个罗马尼亚家具零件出口商开拓瑞典市场的经历:虽然瑞典可能没有家具零件进口商的名录,但出口商可以容易地找到在瑞典的大的家具生产商,他们有可能对此感兴趣,因此出口商可以查询瑞典家具生产商和出口商名录以获得相关信息。

利用各国使团寻找客户是一个很好的途径。下面以美国为例,说明如何查找商贸机构信息,其他国家类推。

1. 中国驻美国商贸促进机构

(1) 驻美国大使馆经济商务参赞处(2133 Wisconsin Avenue, NW Washington D.C.20007) 网址:http://us.mofcom.gov.cn/

(2) 中国驻纽约总领事馆经济商务室(520 12th Avenue, New York, NY10036, USA)
电话:+1 (212) 244-9392/ 传真:+1 (212) 564-9401

2. 美国商贸促进机构

美中国际合作交流促进会(http://www.usachina.org/index.asp)
美国总部地址:16 Bridge Street Metuchen, NJ08840, USA
电话:(732) 494-2724 传真:(732) 494-5802
中国总部地址:上海市浦东东方路800号宝安大厦12楼
电话:(021) 50815730 50815731 50815732 传真:(021) 50815733

3. 美国主要商会协会

美国商会(http://www.uschamber.com/)
美国中国商会(http://www.amchamchina.org/)
国际贸易协会(www.fita.org,有北美30万家进出口企业名录)
世界贸易中心协会(www.wtca.org)
美国供应商协会(www.asa.net)
美国进出口商协会(http://www.aaei.org/)

4. 美国企业名录

美国企业名录(http://www.infousa.com)

1.2.4　通过跨境电子商务平台寻找客户

1. 跨境电子商务的含义

跨境电子商务（cross-border electronic commerce）是指分属不同关境的交易主体，通过电子商务平台达成交易、进行支付结算并通过跨境物流送达商品、完成交易的一种国际跨境商务活动。跨境电子商务是基于网络发展起来的，网络空间相对于物理空间来说是一个新空间，是一个由网址和密码组成的虚拟但客观存在的世界。网络空间独特的价值标准和行为模式深刻地影响着跨境电子商务，使其不同于传统的交易方式而呈现出自己的特点：全球性（global forum）、无形性（Intangible）、匿名性（anonymous）、即时性（Instantaneously）、无纸化（paperless）。

跨境电子商务作为推动经济一体化、贸易全球化的技术基础，具有非常重要的战略意义。跨境电子商务不仅冲破了国家间的障碍，使国际贸易走向无国界贸易，同时它也正在引起世界经济贸易的巨大变革。对企业来说，跨境电子商务构建的开放、多维、立体的多边经贸合作模式，极大地拓宽了进入国际市场的路径，大大促进了多边资源的优化配置与企业间的互利共赢；对于消费者来说，跨境电子商务使他们能够非常容易地获取其他国家的信息并买到物美价廉的商品。

我国跨境电子商务产业的发展远远领先于全球其他国家和地区，据商务部发布的统计数据，2013年全国跨境电商交易额达到3.1万亿元人民币，占进出口总额的12.1%，比2008年提高7.5个百分点。WTO数据显示，2013年全球跨境B2C电商实现1 000亿元美金的交易额，中国占30%，也就是说，中国每年约10亿种商品通过跨境电子商务销往海外。

2. 跨境电子商务的主要种类及平台

跨境电子商务的种类可以根据以下几个方面进行划分：根据进出口方向分为出口跨境电子商务和进口跨境电子商务；根据交易模式分为B2B跨境电子商务和B2C跨境电子商务；根据E贸易概念提出背景分为一般跨境电子商务和E贸易跨境电子商务。

目前，我国发展跨境电子商务利用的主要平台有以下几个：

(1) B2B国际批发网站。如阿里巴巴外贸通、环球资源、中国制造、敦煌网等。在B2B模式下的跨境电子商务，企业运用电子商务以广告和信息发布为主，成交和通关流程基本在线下完成，本质上仍属传统贸易，已纳入海关一般贸易统计。

(2) 国际零售网站。如阿里巴巴速卖通、天猫国际、eBay、PayPal、洋码头、西洋汇等。在B2C模式下，企业直接面对国外消费者，以销售个人消费品为主，物流方面主要采用航空小包、邮寄、快递等方式，其报关主体是邮政或快递公司，目前大多未纳入海关登记。

(3) 一些企业建立一个独立的跨境网站。如易宝科技、炽昂科技、兰亭集势、大龙网、走秀网、乐百在线、凡客等，以在线零售的方式将商品直接销售给全球终端消费者。

3. 跨境电商通关物流方式和支付方式

在跨境电子商务经营中，在线批发多采用传统的通关物流方式；在线零售多以商业快件和个人行邮为主要的通关物流方式，并由此衍生出包裹集中后以百家货方式清关到中国香港转运以及批量货物海外仓转运的模式。

在线批发多采取线下传统结算方式，包括邮政汇款、银行转账、信用证等，近两年也开始探索线上的大额第三方支付模式。在线零售采取的网络结算方式，包括第三方支付、信用卡支付、邮政汇款、银行转账多种支付方式。

4. 目前跨境电商的检验检疫、结汇与退税情况

在线批发由于在进出口经营者身份备案、国际交易真实性确认、支付结算、检验检疫、通关、物流等方面与传统贸易采取的方式一致，所以结汇和退税也遵照传统国际贸易方式进行。

在线零售由于是以在线零售订单和第三方支付等方式确认交易合同的真实性，以个人行邮、商业快件等非货物贸易方式通关和运输，同时进出口交易者也不一定进行了进出口经营者备案，所以检验检疫部门无法给予正常贸易方式的检验检疫，海关也无法出具相应的商业贸易通关单，导致企业无法进行正常结汇和退税。

 知识拓展

"E 贸易"

基于保税中心的，以快件/邮件为物流配送方式的，且按照行邮征收管理办法来管理的，服务于现代新型跨境贸易电子商务的综合物流服务方案，称为"E 贸易"。"E 贸易"具体内涵是指以郑州的河南保税物流中心的特殊功能为前提要件，结合河南中部内陆区域的物流特性、企业的强烈需求，参考国家的相关政策，研究利用保税中心的平台功能，搭建的一个跨境贸易电子商务综合服务平台。2012 年 9 月 12 日，我国从 30 个电子商务示范城市中甄选"跨境贸易电子商务服务"试点城市。最终，上海、杭州、郑州、宁波、重庆一起成为跨境贸易五个试点城市，同时，郑州还成为全国唯一一个综合性"E 贸易"试点城市。

"E 贸易"进口优势：对跨境贸易的进口商品实行征收行邮税的管理办法，引导国外的供应商将其物流配送中心前移至中国，使其商品靠近市场，不仅提高了配送的时效性，增强了市场竞争力，而且更可获得因物流成本降低带来的巨大收益；对我国来讲，也增加了原本流失在国外的企业所得税收益。

"E 贸易"出口优势：由于采取了行邮配送的体系，使得我国出口商品可以直接享受目的国的行邮税优惠政策，从而吸引现有的、我国出口企业设在国外的境外仓移回国内（保税物流中心内），进而使这部分企业对国外市场直销所产生的所得税收益也保留到了国内。

5. 常见跨境电子商务搜索引擎网站

(1) 综合商务网站。

商务领航：http://www.b2b98.com/ 外贸平台中网站的网站

广交会：http://www.cecf.com.cn/ 介绍参展商品和参展机构、企业信息查询等

国际贸易网：http://www.vooec.com/ 商品信息发布、各国贸易管理制度等
阿里巴巴：http://alibaba.com 提供全球最新商业资讯\供求信息、行业查询等
环球资源网：http://www.globalsources.com 为企业发布供货信息
敦煌网：http://seller.dhgate.com/ 中小企业外贸平台

(2) 综合行业网站。

中国服装网：http://www.efu.com.cn
中国皮革交易网：http://www.chinaleather.com
中国机械网：http://www.ejixie.cn
中国五金工具网：http://www.zgwjgj.com/
国家建材网：http://www.chinabmnet.com
中国纺织网：http://www.texnet.com.cn
中国家电网：http://www.cheaa.com
中国家具网：http://www.jiaju.com

(3) 综合经贸网站。

中国经济咨询网：http://www.ecoinfo.com.cn/cyjj/xdzb/jinrong04/zq.htm
中国年鉴信息网：http://www.chinayearbook.org/qgnj.htm
中国金融学会：http://www.ripbc.com.cn/jrxh/index.htm
中国货币网：http://www.chinamoney.com.cn/
中华人民共和国商务部：http://www.mofcom.gov.cn
美国商务部：http://www.commerce.gov
日本经济产业省：http://www.meti.go.jp/english/index.html

1.3 国际贸易基本业务流程

所谓国际贸易业务流程，是指在国际贸易过程中业务操作的次序或顺序的布置和安排。不同的交易方式和交易条件会有不同的业务程序或交易环节；同一笔业务的做法也会因为每个人的不同经历和所处的不同地域而有所不同。各环节之间，是先后进行，还是同时进行，主要看交易的成本是否够低、花费的时间是否够少。但基本上来说，不论是出口贸易还是进口贸易，国际贸易业务流程都会经历四个阶段：交易准备阶段、合同磋商阶段、合同订立阶段和合同履行阶段。

1.3.1 国际贸易出口业务流程简图

国际贸易出口业务（CIF 合同）流程简图如图 1.1 所示。

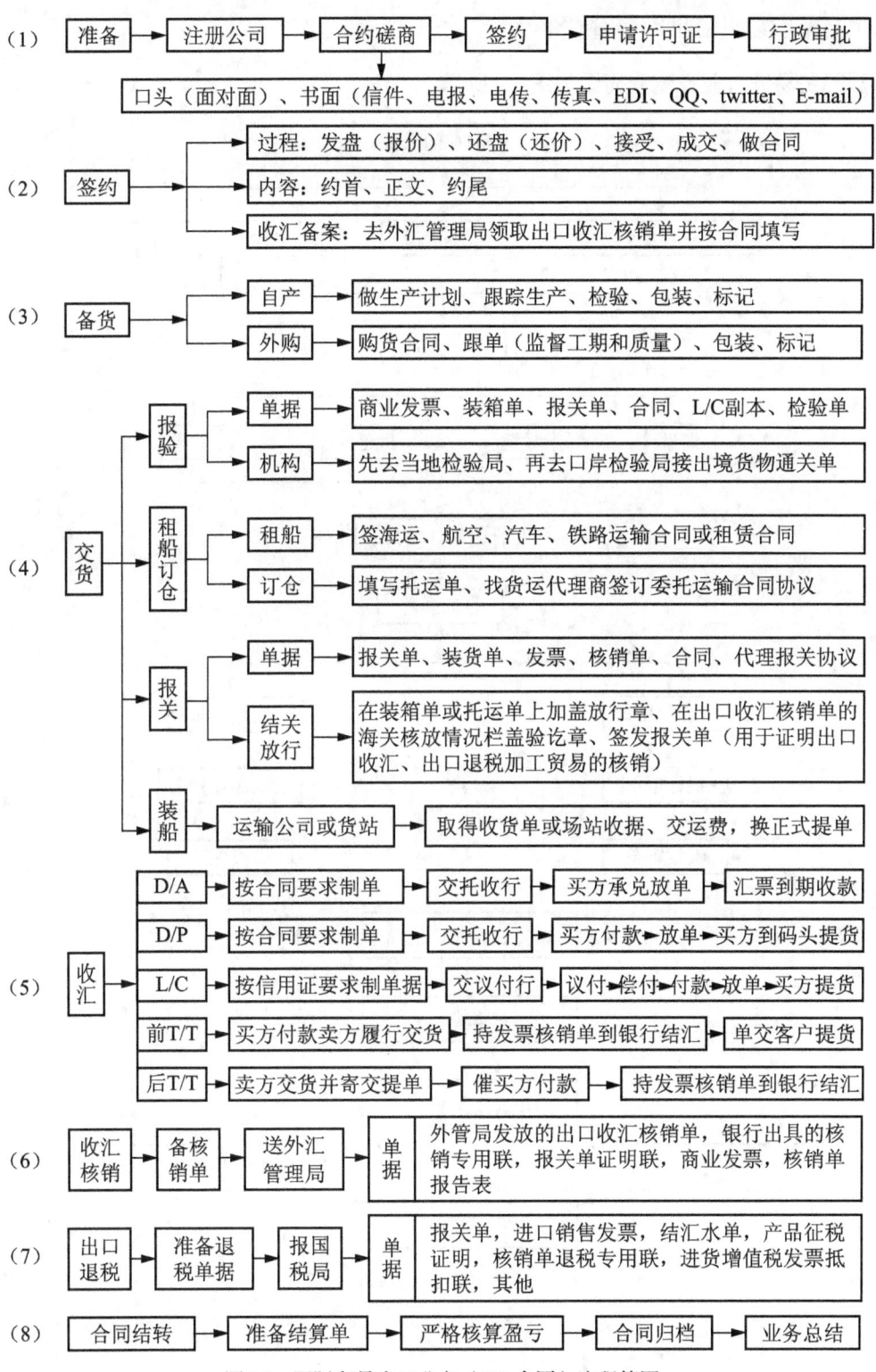

图1.1 国际贸易出口业务（CIF合同）流程简图

1.3.2 国际贸易进口业务流程简图

国际贸易进口业务流程简图如图 1.2 所示。

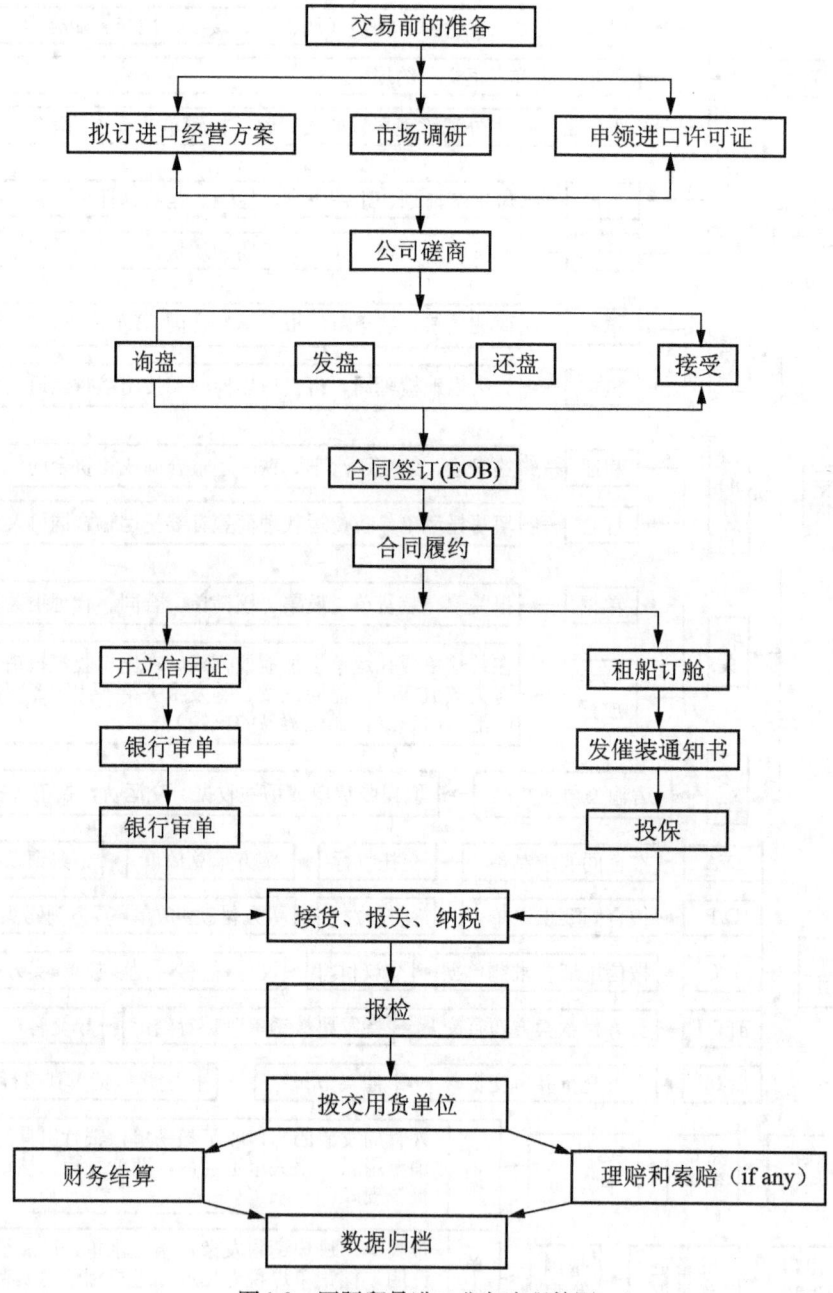

图 1.2 国际贸易进口业务流程简图

本章小结

本章介绍了从事国际贸易所需具备的条件和国际贸易基本业务的流程,介绍了国际贸易市场寻找客户技巧和方法,主要包括进出口经营的资格和外贸经营权申请,如何通过各种展会和跨境电子商务平台寻找客户,还介绍了国际贸易进出口业务的流程。

 关键术语

外贸经营权、注册资本、海关登记、电子口岸IC卡、展会、中国进出口商品交易会、进口许可证、出口许可证、跨境电子商务、进口流程、出口流程

综合练习

1. 英译汉

(1) Where a party has more than one place of business the relevant "place of business" is that which has the closest relationship to the contract and its performance, having regard to the circumstances known to or contemplated by the parties at any time before or at the conclusion of the contract.

(2) This Law is enacted in order to protect the lawful rights and interests of the contracting parties, to maintain social and economic order, and to promote the process of socialist modernization.

(3) This Convention applies to contracts of sale of goods between parties whose places of business are in different States: (a) When the States are Contracting States; or (b) when the rules of private international law lead to the application of the law of a Contracting State.

(4) Article 7 In concluding and performing a contract, the parties shall comply with the laws and administrative regulations, respect social ethics, and shall not disrupt the social and economic order or impair the public interests.

2. 简答题

(1) 对外贸易经营者应当熟悉的相关国际法规和惯例有哪些?
(2) 简述申请外贸经营权的办法。
(3) 试列举五个以上国际著名展会的名称、地点、时间和内容。
(4) 国际贸易市场寻找客户技巧有哪些?
(5) 谈谈中国进出口商品交易会的举办时间。
(6) 什么是离岸公司?什么是跨境电子商务?

3. 选择题

(1) 与 SOHO 意思最接近的是（　　）。
　　A. 搜狐　　　　　　　　　　　　B. 小型办公室
　　C. 超级的办公室　　　　　　　　D. 依靠个人力量，在家办公做外贸

(2) 根据《中华人民共和国公司法》规定有限责任公司注册资本的最低限额为人民币（　　）。
　　A. 3 万元　　　B. 500 万元　　　C. 10 万元　　　D. 1 元

(3) 目前在国际市场上获得客户的渠道有（　　）。
　　A. 参加世界主要贸易展会　　　　B. 获取各个进出口企业名录
　　C. 利用国家使团寻找客户　　　　D. 通过电子商务平台寻找客户

(4) 目前做跨境电子商务常用的平台有（　　）。
　　A. 淘宝网　　　B. 速卖通　　　C. 环球资源网　　　D. 敦煌网

4. 判断题

(1) "一块钱开公司"的说法只是一个形象的比喻，并不是就没有条件或不用花钱就可以办公司。（　　）

(2) 办理企业相关登记手续的流程在全国都是采用"一表申报，一口受理"的工作机制。（　　）

(3) "一处违法，处处受限"即完善市场监管机制，加强部门间的协调配合，尤其是加强海关、工商、税务、商检、银行建立健全相应的信用激励惩戒制度，对失信行为的企业共同采取的措施。（　　）

(4) 新办公司申请外贸经营权和已成立内贸公司增加外贸经营权的手续及办法完全相同。（　　）

(5) 广交会即中国出口商品交易会，一年春秋两届，每届三期。（　　）

5. 案例分析

某民营服装公司（A 公司）主要生产销售中高档服装。虽然 A 公司拥有不错的设计能力，但是一般是生产挂牌服装，即通过国外品牌服装公司授权在 A 公司生产的服装上挂上本公司的标签后销售。A 公司必须按挂牌的服装件数向国外公司交付商标使用费，这使 A 公司的利润减少了不少，但是现在消费者对意大利、中国香港等国家和地区的品牌认同度还是远远高于国内品牌。另外，服装生产和销售量越来越大，所得税对最后收益的影响也越来越明显。针对这一问题，再结合离岸公司的特征，请考虑如何到国外或地区自己注册一个商标，以便能够合理合法地为 A 公司减少税负，并分析其可能的效果。

6. 技能实训

实训项目： 离岸公司买单出口

实训目的： 目前，随着我国外贸政策的变动和小型外贸企业（如 SOHO）的发展，这几年操作离岸公司的业务人员越来越多，并且也确实有很多业务员通过买单出口，得到了很多的利润；但是，现在国内的外贸从业人员对离岸公司如何申请合法的免税存在一定的

误区，也存在一些问题。希望通过此次实训使学生对公司成立和运作有一个初步概念，让学生对利用离岸公司进行买单业务有一个正确理解。

实训内容：

龚先生是一家 SOHO 模式的轻纺外贸公司 A 的经理，在这之前，由于亚洲金融危机的影响致使其公司业务步履维艰，业绩出现严重萎缩。而且，其公司产品一直以来均要通过中间代理商出口，除了成本高，还得担心商业机密及结汇安全。为图长治久安，避免汇率差额损失，龚先生注册了一家海外离岸公司，自主出口或买单结汇，业务有了好转。现在，假设一美国客户下单 100 万元给公司 A，公司 A 将 100 万元的货物出口给美国客户。其中成本价是 80 万元，利润是 20 万元。那在完成此项贸易后，其所得利润 20 万元就要按中国的税率，一般是缴纳 25% 的企业所得税，并且企业还要交纳其他税费（企业的出口退税退的是增值税，所得税不会因为是出口而免掉）。如上所述，假如现在龚先生在我国香港地区注册成立了一家有限公司，就可以用这个公司先与美国客户签订 100 万元的合同，而后通过该公司再下单给他的公司 A，以 80 万元购得。在美国客户收到货后，会按合同，将货款 L/C 或 T/T 给香港公司 100 万元，香港公司再转账 80 万元给公司 A 做"外汇核销"（目前已经取消），这样，20 万元利润就可以留存在香港公司的账户中。并且，按香港公司税务条例，只要客户、货物、账户不在香港，那香港公司的业务利润，就属于海外利得，不用交税。

实训要求：

1. 注册离岸公司的优点有哪些？
2. 离岸公司运作过程中有哪些弊端？有什么解决办法？
3. 按照实训内容提示，如何操作离岸出口和买单出口？
4. 如果是代理出口和工厂出口又如何操作呢？

第 2 章　国际贸易合同磋商与签订

本章教学要点

知识要点	掌握程度	相关知识	应用方向
合同磋商的形式和内容	熟悉	面对面磋商、电话磋商、书面磋商、行为表示；一般交易条款、主要交易条款	根据交易需要，恰当选择交易磋商方式，就合同的一般和主要条款达成一致意见
磋商礼仪	熟悉	基本原则、商务信函礼仪、商务电话礼仪、商务谈判礼仪	任何交易磋商方式必须注重商务礼仪，礼仪直接影响到交易成败
磋商环节	重点掌握	询盘、发盘、还盘、接受	磋商环节是判断合同是否成立的标志；发盘和接受是必经环节
合同的签订	掌握	合同成立条件、合同形式、合同内容	合同一旦成立，对双方当事人都有约束力；双方均应按照合同条款履行责任并行使权力

阅读链接

1. CISG：Arti 9，Arti 13-24
2. Principles of International Commercial Contracts(PICC)：Arti 13-24
3. Contract Law of P.R.C.：Arti 9-43
4. ICC 2010：Arti 2.1.1-2.1.13

导入案例

我国某对外工程承包公司于5月3日以电传请意大利某供应商发盘出售一批钢材。我方在电传中声明：要求这一发盘是为了计算一项承造一幢大楼的标价和确定是否参加投标之用；我方必须于5月15日向招标人送交投标书，而开标日期为5月31日。意供应商于5月5日用电传就上述钢材向我方发盘。我方据以计算标价，并于5月15日向招标人递交投标书。5月20日，意供应商因钢材市价上涨，发来电传通知撤销他5月5日的发盘，我方当即复电不同意撤盘。于是，双方为能否撤销发盘发生争执。及至5月31日招标人开标，我方中标，随即电传通知意供应商我方接受该商5月5日的发盘。但意供应商坚持该发盘已于5月20日撤销，合同不能成立。而我方则认为合同已经成立。对此，双方争执不下，遂协议提交仲裁。

讨论与分析：

1. 如你为仲裁员，将如何裁决本案？理由是什么？
2. 如果我方5月3日询价中未声明用于投标，此案结果又将如何？

一笔国际货物买卖的交易在经过必要的交易前准备工作后,进入交易磋商阶段。交易磋商是买卖双方订立合同的重要过程。交易磋商是一项比较复杂的工作,因为买卖双方分属不同的国家和地区,分别面临不同的社会制度、政治制度、法律体系和经济体制,有着不同的文化背景、价值观念、民族习惯、交易习惯,以及在语言文字等方面的差异。本章对交易磋商和合同订立的相关知识予以阐述。

2.1 磋商的形式和内容

交易磋商(business negotiation)又称交易谈判,是指买卖双方就交易的货物及各项交易条件进行协商,最终达成协议并订立合同的整个过程。交易磋商是国际贸易业务活动中最重要的环节,直接决定交易的成败,关系到外贸企业的经济利益。因此,无论作为买方还是作为卖方都应当努力做好这一环节的工作,妥善处理好交易磋商中出现的各种问题,以期达成合理的协议,维护双方的利益。

交易磋商是以成立合同为目的,一旦双方对各项交易条件协商一致,买卖合同即告成立。交易磋商的过程也就是合同成立的过程;磋商是合同的根据,合同是磋商的结果。

2.1.1 磋商的形式

1. 面对面磋商

面对面磋商是指买卖双方面对面地就交易的主要条件和双方的权利义务关系进行磋商的方式。具体包括参加各种交易会、洽谈会,委托驻外机构、海外企业代理与当地客户进行磋商,以及贸易小组出访、邀请客户来华洽谈交易等方式。

面对面磋商是国际贸易中通常采用的磋商形式。即使在信息技术较发达的今天,面对面谈判仍因其综合优势全面而在各种交易磋商方式中居首要位置。该种谈判方式的特点是比较正式、正规,能够使谈判的内容深入细致,有利于双方交流感情,便于信息传递,及时了解交易对方的态度和诚意,也便于施展谈判的策略和技巧,促成交易的达成。尤其适合于谈判内容复杂,涉及问题较多的交易。但是,面对面磋商对于谈判人员的素质要求较高。

2. 电话磋商

电话磋商是随着通信技术的广泛采用和日益普及而产生的,该种谈判方式的优势是快速、方便、及时,联系广泛,在当今生活、工作节奏不断加快的社会时代,越来越多地为人们所青睐。但电话磋商也有一定的缺陷,因为电话谈判双方相距较远,只能听到,不能看到对方的表情、手势等,容易造成磋商双方的误解,某些交易条件很容易被遗漏。

3. 书面磋商

书面磋商又称书面谈判,是指买卖双方通过函电往来进行交易磋商的方式,具体可采用信函、电报、传真、电子邮件等手段。目前,对外贸易谈判中大量利用先进快捷的通信方式进行交易磋商,特别是在信息化程度日益提高的情况下,利用EDI系统(电子数据交换系统)进行交易磋商,已经成为广泛采用的外贸谈判方式。书面磋商的优点是费用支出相对较低,在产生争议时也因有据可查而有利于争议的解决,在对外交易磋商中被广泛使用。

 知识拓展

需要注意的是,目前,较多企业使用传真治谈交易。由于传真件会褪色,不能长期保存,所以,如通过交换传真达成交易,必须补寄正本文件或另行签订书面合同或确认书,以掌握合同成立的证据。

 条款举例

CISG Arti 13: For the purposes of this Convention "writing" includes telegram and telex. (为本公约的目的,"书面"包括电报和电传。)

4. 行为表示

如在拍卖行、交易所等场合所进行的货物买卖形式。

2.1.2 合同磋商的内容

合同磋商的内容涉及签订买卖合同的各项条件,其中包括品名、品质、数量、包装、价格、装运、保险、支付方式以及商检、索赔、仲裁和不可抗力等条款。从理论上讲,上述条款都要逐一磋商,全部达成一致意见即可签订合同。然而在实际业务中,并非每次磋商都需要把这些条款一一列出,逐条商讨。这是因为在普通的商品交易中,一般都使用固定格式的合同,而上述条款中的商检、索赔、仲裁、不可抗力等通常作为一般交易条款(general conditions)印在合同中,只要对方没有异议,就不必逐条重新协商。这些条件也就成为双方进行交易的基础。而货物的品名、品质、数量、包装、价格、装运、保险、支付方式等交易条款在每笔交易中都各不相同,因此都要具体磋商,被称为主要交易条款(main conditions)。

当然,主要交易条款与一般交易条款的区分也不是绝对的。买卖双方在初次接触时可能视各项交易条款为主要交易条款并进行认真磋商,对某些交易条款形成习惯做法后,便不再反复协商,视其为一般交易条款。

 条款举例

CISG Arti 9(1): The parties are bound by any usage to which they have agreed and by any practices which they have established between themselves. (双方当事人业已同意的任何惯例和他们之间确立的任何习惯做法,对双方当事人均有约束力。)

2.2 磋商的礼仪

国际货物买卖中,由于交易双方来自不同国家或地区,有着不同的政治经济制度、历史、文化传统和风俗习惯,所以各国商人的文化背景、价值观念和逻辑思维方式也存在明显的差异。在合同磋商过程中,如果不了解这些差异,就可能产生误解,轻则引起笑话,重则可能因此而失去商机。因此,礼仪在合同磋商中占有十分重要的地位。在磋商中以礼待人，不仅体现着自身的教养与素质，而且还会对对方的思想、情感产生一定程度的影响。因此，礼仪是交易磋商的重要组成部分，是每个参与者必须掌握和遵守的规则。

2.2.1 磋商礼仪的基本原则

在合同磋商中礼仪非常重要，甚至可以说关系到交易的成功与否，因此，合同磋商中礼仪的一些基本原则是非常重要的，应该引起足够的重视。

1. 相互尊敬原则

自古以来，"人敬我一尺，我敬人一丈"，一直为人们所尊奉。尊敬是礼仪的情感基础。在当今人际交往中，人与人是相互平等的，无论职务高低、年龄长幼、民族大小、种族强弱，人格上没有贵贱之分。尊敬领导，尊敬长辈，尊敬客户，尊敬宾朋不但不卑下，而且是一种讲究礼仪的表现。只有尊敬对方，才能获得对方的尊敬。只有相互尊敬，才能建立和保持和谐愉快的人际关系，才会给事业上的合作提供良好的基础。所谓和气生财，就是这个道理。以礼待人还是一种自重的表现，任何时候都应该以礼待人，以理服人。

2. 入乡随俗原则

国际货物买卖中的合同磋商是涉及不同国家不同文化间的商业活动。来自不同的国家，有着不同的政治背景和宗教信仰、不同的文化背景、不同风土人情和风俗习惯的人，有着不同的商业习惯。我们要真正做到尊重交往对象，就必须了解和尊重对方所独有的风俗习惯。

首先，我们应该掌握民族禁忌。世界上许多民族都有自己本民族的禁忌，如美国人不吃大蒜，俄罗斯人不吃海蜇、墨鱼，英国人不吃狗肉和动物的内脏，日本人不吃皮蛋等。其次，应该掌握宗教禁忌。在所有的禁忌中，宗教方面的饮食禁忌最为严格，而且绝对不容许有丝毫违犯，如印度教徒忌食牛肉；犹太教徒忌食非反刍动物等。最后，对于不同地区、不同国度具体的、特殊的民俗与禁忌也应了如指掌，以便区别对待。

3. 谦虚适度原则

在国际商务谈判中，要做到不卑不亢，反对一味地抬高自己，但也绝对没有必要妄自菲薄。谦虚适度原则就是要把握好各种情况下的社交距离及彼此间的感情尺度，也就是说待人既要彬彬有礼，又不低三下四；既要殷勤接待，又不失庄重；既要热情大方，又不轻浮谄谀。比如说在握手时，毫不用力，会令人产生一种被冷淡或不被重视的感觉；用力过大，会令人觉得粗俗；只有用力适中，才会被觉得热情真诚。

4. 尊重隐私原则

在合同磋商中，一定要把尊重隐私作为国际礼仪的一项原则来看待。在和别人交谈与沟通时我们要主动回避与隐私相关的问题。但在国际交往中，各国的文化和习俗差异很大，关于隐私的理解也大不一样，只有明白什么是隐私才能把握好分寸，充分做到尊重他人的个人隐私，也保护好自己的隐私。一般来说，在对外交往中不要涉及与收入、年龄、健康、婚姻、信仰和政见等相关的话题，这些都属于隐私的范畴。

5. 注意细节原则

俗话说，"细节决定成败"。在合同磋商中，一定要时刻注意自己的言行，有时候往往由于自己平时的不良生活习惯而引起客户的反感，从而导致谈判的失败。

 小贴士

一口痰吐掉一个合作项目

国内一家医疗器械厂与美国客商初步达成了引进"大输液管"生产线的协议，第二天就要签字了。可该厂的厂长就在陪同外商参观车间时，向墙角随口吐了一口痰，然后用鞋底擦了擦。这一幕让外商很反感，第二天美国客商借故取消了该协议。

2.2.2 商务信函礼仪

在合同磋商过程中，信函的往来非常频繁，为了促成交易，必须掌握一定的商业信函的写作技巧。一般来说，国际商务信函礼仪包括信笺使用礼仪和信函写作礼仪。

1. 信笺使用礼仪

信笺在商业交易和创造公司形象上扮演着重要的角色。从某种意义上说，商业信笺是公司的第二张脸，因此，了解并正确使用商业信笺对商务交易成功具有重要作用。

下面是使用信笺的礼节。

(1) 信纸折好再收进信封。

(2) 电话和传真号码要注明在信笺的开头处，以便对方在需要时及时回电。

(3) 使用印有公司名称、地址和电话号码的信封。

(4) 同一封信内使用相同的信笺。

(5) 如果信笺上的公司资料变更（地址、电话号码等），立即更换新的信笺。

(6) 使用封口黏着性好的信封。

2. 信函写作礼仪

(1) 称谓要有礼貌。称谓是对收信人的尊称语，总是写在信笺的左边，大约在信头下面半英寸左右的地方。在撰写商务信函时，要注意称谓符合收信人所在国家的风俗习惯与收信人的实际情况，注意礼貌。收信人的姓名务必写正确，姓名前一般需加尊称，对一般男子用"先生"，对未婚女子用"小姐"，对已婚女子用"女士"，对有头衔的则应冠以头衔；如不知收信人姓名，可用职称或职务替代。

(2) 正文要明确、严谨。正文是信函的核心部分。正文要严谨、规范，内容完整，意思表达明确、恰当，避免产生歧义，切忌冗长烦琐或者词不达意。同时语气要得体，本着友好平等的精神，诚恳热情、不卑不亢。

(3) 结束语和谦称要妥当。信的正文写完后，应有致敬的结束语和谦称。结束语通常为几个常用的词或词组，接在信的正文下面。谦称有尊卑亲疏之分，要与收信人的称谓相配合。确切的措辞应取决于发信人对收信人的友谊深浅程度。现代商务信函一般都由电脑打印，但即使是打印的信函，结束语也最好用手书写，这样可以给人一种亲切、郑重的感觉。

（4）格式正确、形式美观。涉外交往中的信函还要注意格式的正确以及外在形式的美观。信函要保持干净、整洁。笔误、涂改或拼错字均会被认为不严谨、不尊重。

（5）手写的信函比打印的信函更能引起收信人的重视。

2.2.3 商务电话礼仪

电话已经成为商务沟通的重要方式和手段。打电话时的形象虽然不是直观的，但往往给对方留下的印象却是鲜明深刻的。因而，要重视与形象有密切关系的电话礼仪规范。

1. 体态

虽然听电话的一方不能直接看到打电话人的体态，但不良体态总会影响打电话的情绪与声音，而且给周围的人留下不好的印象。

打电话时，身体不应倚靠桌子、墙壁，更不能坐在桌子上。在通话时，不宜抱着电话机四处走动，边走边谈，或者歪在沙发里、斜靠在办公桌上。除了利用必要的参考资料和做记录之外，不可三心二意去做其他事，更不可同时吃东西，喝饮料，看文件。

2. 表情

人的表情与人的语音有自然联系统一性，都是情绪的表露，因此，打电话时，要力求保持良好、平和的心态，脸色愉快、安详。这样声音就能客气、亲切、安详，谦恭而有礼貌。

3. 语言

打电话时，语音要平静、柔和，发音要清晰，吐字要准确。音量不要太大，以免使对方震耳欲聋，但要保证对方听得清。语速要适中。

另外，要使用一些规范用语，电话中的语言要文明健康。还应注意根据不同对象，恰当地调整语气、语调，使之自然适宜。

4. 时间

首先是拨打电话的时间问题。一般情况下，有关公务的电话，最好在上班时间打，而不宜在下班以后打。尤其不应在早晨7：00以前和晚上10：00以后，或在午休和用餐时间随便给别人打电话。在节假日期间，同样要少打电话以免妨碍他人休息。如果知道对方有重要会议或会见重要客人，也不宜打电话打扰。

其次是通话时长的问题。通话应注意"3分钟原则"，即一次打电话的全部时间，应当不超过3分钟。除非有重要问题必须字斟句酌地反复解释、强调外，一般通话都应简明扼要。

5. 通话

通话如果意外中断，通常由主叫方重新拨打；电话如果无人接听，应另选时间再拨，忌反复重拨；尽量少在单位用公家电话打私人电话；被叫方听到电话铃声之后应迅速拿起听筒，最好在三声之内接听；回答对方要有礼貌，讲话应尽量简练；要等对方挂电话后，再轻轻放下听筒。

2.2.4 商务谈判礼仪

礼仪在商务谈判中显得尤为重要。由于国与国之间的文化差异，对一国商人得体的礼仪，对另一国商人则可能显得不得体，甚至是失礼，从而产生误会、摩擦，有时甚至导致商务谈判失败。因此，在商务谈判中，应当充分了解、重视商务礼仪。

商务谈判的礼仪主要包括服饰礼仪、见面礼仪、洽谈礼仪和馈赠礼品礼仪。

1. 服饰礼仪

服饰礼仪是商务谈判中最基本的礼仪。得体的服饰，不仅是个人仪表美、素质高的表现，而且也是对他人的尊重。商界历来最重视服饰规范，服饰是商人成功的关键，在国际商务谈判这种正规场合更是要求穿得传统、庄重、高雅。对于男性，一般应穿西装系领带，一套非常合体的深色套服（通常是蓝色、灰色或黑色）会适合大多数国家，甚至包括出席谈判宴会或看演出。对于女性，职业套装则是最佳选择，这在世界任何地方都适用。男性切忌穿非正式的休闲装、运动装；女性切忌穿得太露、太透，也切忌佩戴太多首饰，适当点缀即可。无论男性或女性，稀奇的发型、过浓的妆容、大量的首饰、浓浓的香水味都会损坏商务职业人员的形象。

应用案例

案例简介：中国某企业与德国一公司洽谈割草机出口事宜。按礼节，中方提前5分钟到达公司会议室。客人到后，中方人员全体起立，鼓掌欢迎。不料，德方脸上不但没有出现期待的笑容，反而均显示出一丝不快的表情。更令人不解的是，按计划一上午的谈判日程，半个小时便草草结束，德方匆匆离去。

事后了解到，德方之所以提前离开，是因为中方谈判人员的穿着。德方谈判人员中男士个个西装革履，女士个个都穿职业装，而中方人员除经理和翻译穿西装外，其他人有穿夹克衫的，有穿牛仔服的，有一位工程师甚至穿着工作服。

案例分析：德国是个重礼仪的国家，德国人素以办事认真而闻名于世。在德国人眼里，商务谈判是一件极其正式和重大的活动，中国人穿着太随便说明了两个问题：一是不尊重他人；二是不重视此活动。所以，德方在发现中国人服饰不规范时脸上出现不快，并且提前离去就不足为奇了。

知识拓展

男士商务着装礼仪要点

商务活动中，西装被认为是男士的正统服装。但是一套好的西装能否穿出韵味，还要靠与其他衣饰的搭配。

衬衫：衬衫的领头要硬扎、挺括，下摆要扎进西裤里面，衣袖要长出西装袖2厘米左右。正规的商务应酬中，白色衬衫是商界男士的唯一选择。正装衬衫必须为长袖衬衫。衬衫里面一般不穿棉毛衫。

领带：领带的标准长度，应当是下端正好触及腰带扣的上端。

鞋袜腰带：正式场合，穿西装必须穿皮鞋。正式的皮鞋为黑色系带。袜子首选黑色、深蓝色，尼龙袜、运动袜、白色袜子不适合在正式场合穿。袜子的长度以跷腿时不露出小腿的皮肤为宜。腰带以黑色为宜，带头要美观大方，不要太花哨。

扣子：西装在穿着时，如穿单排扣的西装，两粒扣的只扣上面一粒，三粒扣的则扣中间的一粒或扣上面一两粒，在非正式场合，可以不扣纽扣。如穿双排扣的西装一般应将纽扣都扣上。西装的脖领上通常有一只扣眼，为插花眼，参加婚礼、葬礼或出席盛大宴会、典礼时用来插鲜花。

口袋：西装上衣的几个前襟外侧口袋是做装饰用的。除左上方的口袋可以根据需要放置折叠考究的西装手帕外，别的口袋不应放任何东西。名片夹、钱夹等物品应放入西装前襟两边内侧的口袋里，但要避免装得鼓鼓囊囊。

"三一律"：男士正式场合着装时，公文包、鞋子、腰带颜色应相同，黑色为最佳。

商标：穿西装之前，一定将袖子上的商标去掉。

2. 见面礼仪

见面是商务谈判中的一项重要活动。见面礼仪主要包括介绍礼仪和握手礼仪。介绍一般是双方主谈各自介绍自己小组的成员。顺序是女士优先，职位高的优先。

握手是中国人最常用的一种见面礼，也是国际上通用的礼节。握手貌似简单，但这个小小的动作关系着个人及公司的形象，关系到谈判的成败。

握手的力度。中国人初次见面，通常是握到为止，一般不会过重。而欧、美人则喜欢用力握对方的手，握得太轻则被认为是软弱、没有信心的表现。

握手的时间。握手的时间不宜太长，也不宜太短，国际上通用的标准是3秒钟左右。但老朋友重逢，或谈判中达成了一项重大协议，或谈判成功签字后，握手的时间可略长。

握手的顺序。女士先伸出手，男士一般不先伸出手。在场人员较多时，要稳步寻找握手对象，防止交叉握手、争手的情况发生。

握手时伴随的动作。握手时，双眼要正视对方，面带微笑，以示致意；不可东张西望，或面无表情。东张西望显示心不在焉，面无表情显示不友好，二者都缺乏对别人的尊重。

当然，在有些国家见面时并不握手，譬如日本常采用鞠躬的方式，泰国采用双手合十的方式，法国人采用亲吻的方式，阿根廷人不仅亲吻而且拥抱，男人亲吻女人，女人亲吻女人，但男人不亲吻男人。而在大多数非洲国家中，习惯用身体打招呼——长时间地把手放在客人的肩上。至于选择采用何种见面礼仪，应视不同文化而定，入乡随俗是上策。

应用案例

案例简介：某厂长去广交会考察，恰巧碰上出口经理和印尼客户在热烈地洽谈合同。见厂长来了，出口经理忙向客户介绍，厂长因右手拿着公文包，便伸出左手握住对方伸出的右手。谁知刚才还笑容满面地客人忽然笑容全无，并且就座后也失去了先前讨价还价的热情，不一会便声称有其他约会，急急地离开了摊位。

案例分析：在伊斯兰国家，左手是不能用来从事如签字、握手、拿食物等干净的工作的，否则会被看作是粗鲁的表现，因为左手一般是用来做不洁之事的。这次商务谈判失败，就是因为厂长不了解这一文化差异，而是用了对中国人来说可以接受的左手与对方握手。

3. 洽谈礼仪

商务谈判的过程，就是双方洽谈的过程。任何洽谈，都有一定的礼仪。要想洽谈成功，就必须遵守洽谈礼仪。

语言礼仪。语言是人类进行信息交流的符号系统。谈判语言要做到既恰当又礼貌。所谓恰当，就是根据谈判需要，该明确时明确，该模糊时模糊。所谓礼貌，就是言语、动作谦虚恭敬，不讲粗话和侮辱人格的话。

非语言礼仪。非语言沟通是指不通过语言而传达出意思的沟通。非言语礼仪包括目光礼仪，面部表情礼仪，手势礼仪，身体空间礼仪及沉默礼仪。非言语礼仪是一门真正的艺术，因文化的不同而有很大的出入。在一种文化中表示欢乐的手势，可能在另一种文化中表示粗野的侮辱。点头在中国、美国和加拿大，表示"同意"，但在保加利亚和尼泊尔，点头表示"不同意"。同日本人讲话时，他们点头仅表示"理解"，并不表示"同意"。美国人认为眼睛正视对方是诚实和真诚的象征，而在日本和中国则认为是不礼貌的。

 应用案例

案例简介：一个英国商人在伊朗进行商务洽谈。期间事事顺利，同伊朗客商建立了商业关系，在谈判中尊重伊斯兰的文化，合同顺利签署。英国商人兴高采烈地签完字后，对着他的伊朗朋友竖起了大拇指。现场几乎是立刻，出现了紧张空气，一位伊朗官员离开了房间。英国的这位商人摸不着头脑，不知发生了什么，他的伊朗主人也觉得很尴尬，不知如何向他解释。

案例分析：在英国，竖起大拇指是赞成的标志，它的意思是"很好"；然而在伊朗，它是否定的意思，表示不满，甚至挑衅，近似令人厌恶，是一种无礼的动作。

4. 馈赠礼品礼仪

馈赠礼品既是国际商务谈判中的一种润滑剂，又是一种文化地雷阵，因为它一方面能加深感情，促进与客户的关系，另一方面却又由于文化差异而容易犯种种禁忌。赠酒在法国很流行，尤其是备受法国人欢迎和引以为豪的红葡萄酒或白葡萄酒，但在阿拉伯国家却是禁品。赠送绿色领带给沙特阿拉伯人会大受欢迎，因为绿色是穆斯林喜欢的颜色；但赠送给捷克人则意味着断绝关系，因为绿色在那里是毒药和毒素原料的象征。欧美人较重视礼物的意义，而不在价值，礼太重则有贿赂之嫌；而在亚、非、拉国家，礼太轻则不受欢迎。在中国，送礼以双数为吉祥；在日本则以奇数表示吉利。在美国，收到礼品时应当场打开，然后对礼品大加赞赏（即使你不喜欢），并对送礼者表示感谢；而在日本，除非应送礼者请求，否则当面打开礼物是不礼貌的。

 应用案例

案例简介：中国一个专家团到美国采购约3 000万美元的化工设备和技术。美方自然想方设法令中方满意，在第一轮谈判后送给中方代表每人一个小纪念品。纪念品的包装很讲究，是一个漂亮的红色盒子。可当中国代表高兴地按照美国人的习惯当面打开盒子时，每个人的脸色却显得很不自然——里面是一顶高尔夫帽，但颜色是绿色的。第二天，中国专家团找了个借口，离开了这家公司。

案例分析：美国人这次送礼，可以说也是经过精心策划的：一是礼品盒的颜色是红色，红色在中国代表兴旺发达；二是礼品本身是时尚的高尔夫帽，意思是签合同后去打高尔夫，这在当时对中国人来说是很奢侈的，也是很有品位的。但美国人的工作毕竟没有做细，而且犯了中国男人最大的禁忌——戴绿帽子。

总之，国际商务谈判礼仪是国际商务人员必须遵守的行为准则。但由于各国的文化差异，对一个国家有礼的行为，在另一个国家可能是失礼的。作为成功的商务谈判人员，无论面对哪种文化，恰当的礼仪意味着在尊敬别人的前提下，保持自己的价值观，不需要卑屈地效仿他国的礼仪来讨好对方，只需了解对方的文化习俗，熟悉文化差异，以免失礼，冒犯对方，或产生不愉快，导致商务谈判失败。

2.3 磋商的环节

2.3.1 询盘

1. 询盘的含义

询盘（enquiry）也称询价，是准备购买或出售商品的人向潜在交易对象探寻该商品的成交条件或交易可能性的业务行为，它不具有法律上的约束力。

询盘的内容可简可繁，可以仅询问价格，也可以询问商品名称、规格、质量、数量、交货期等其他多项交易条件，或索取样品、商品目录等。因询问价格者居多，故又称询价。

询盘多由买方向供应商发出，询问有关交易条件，称为"邀请发盘"。

 函电举例

Please quote us your lowest prices of FOB London for projector at the earliest delivery.（请报投影仪 FOB 伦敦最快交货期的最低价格。）

询盘也可由卖方发出，提出交易条件的有保留建议，称为"邀请递盘"。

 函电举例

We can supply Northeast soybean with shipment in July. Please fax us if you are interested.（我方可供应东北大豆，七月份交货。如有兴趣，请致传真。）

询盘只是邀请对方发盘的一种意思表示，因此，对询盘人和被询盘人均无法律上的约束力。询盘也并非交易磋商的必经步骤，在某些特定情况下，买方可能直接收到卖方的发盘，或直接向卖方发盘。但一般来说，询盘往往是一笔交易的起点。

 条款举例

CISG Arti 14(2)：A proposal other than one addressed to one or more specific persons is to be considered merely as an invitation to make offers, unless the contrary is clearly indicated by the person making the proposal.（非向一个或一个以上特定的人提出的建议，仅应视为邀请发盘，除非提出建议的人明确地表示相反的意向。）

2. 询盘阶段应注意的问题

（1）询盘对象的多少要根据商品和交易的特点来确定。既不宜只局限于个别客户而无法进行比较，也不宜在同一地区多头询盘，影响市场价格。同时对外询盘的时间不要过于集中，以免给对方留下急于交易的印象，使得在后面的磋商环节中处于不利地位。

（2）在询盘时，要注意策略。一般来说，询盘的内容既要为客户报盘提供充分的信息，又要防止过早透露采购数量、价格等信息，以防被客户摸到底细。对于采用书面形式做出的询盘，还应注明编号以加速国外复电、复函的传递，并力求详细说明应报商品品种、规格、型号、技术要求，以免商品不符合要求。

（3）对接到的询盘应予以重视，并做出及时和适当的处理。询盘虽不是交易磋商的必经步骤，但它往往是一笔交易的起点。每一个询盘都意味着一个可能带来长期合作关系的机会。作为被询盘的一方,应对接到的询盘及时予以回复,即使无法立即报价,也应该及时告知询盘人,以表示对对方的尊重,并显示自己的效率与诚意。

(4) 询盘虽然对双方无法律上的约束力,即询盘发出后,买卖双方没有必须购买或出售货物的义务,但在实际业务中也要避免做没有诚意的询盘,以防影响到企业的声誉。此外,由于交易的达成是双方在询盘的基础上多次磋商的结果,所以若履约时双方发生争议,原询盘的内容也会作为磋商成交文件的不可分割部分而成为处理争议的依据。

(5) 应对对方的资信状况、财力以及对方国家的贸易政策等做充分的调查,进而根据调查结果来决定是否询盘或接受对方询盘。

2.3.2 发盘

1. 发盘的含义

发盘(offer)又称报盘、报价、发价,既是商业行为,又是法律行为,在合同法中称之为要约。《联合国国际货物销售合同公约》(本章中简称《公约》)第14条规定,"向一个或一个以上特定的人提出订立合同的建议,如果内容十分确定并且表明发盘人在得到接受时承受约束的意旨,即构成发盘。"发盘可以是应对方询盘的要求提出,也可以是在没有询盘的情况下,直接向对方提出,发盘多由卖方提出,习惯上称为"卖方发盘"(Selling Offer)。

条款举例

CISG Article14 (1): A proposal for concluding a contract addressed to one or more specific persons constitutes an offer if it is sufficiently definite and indicates the intention of the offer or to be bound in case of acceptance. A proposal is sufficiently definite if it indicates the goods and expressly or implicitly fixes or makes provision for determining the quantity and the price.(向一个或一个以上特定的人提出的订立合同的建议,如果十分确定并且表明发盘人在得到接受时承受约束的意旨,即构成发盘。一个建议如果写明货物并且明示或暗示地规定数量和价格或规定如何确定数量和价格,即为十分确定。)

函电举例

We have received your fax of June 10th, inquiring for projector, and take pleasure to offer as follows: …

(我方已收到贵方6月10日发来的询问投影仪的传真,我方报盘如下:……)

如由买方提出,习惯上称为"买方发盘"(Buying Offer)或"递盘"(Bid)。

函电举例

Our clients have tested the sample sent to us on 1 May and are much interested. Now bid as follows: …(我方客户已经测试过你方5月1日样品,很感兴趣。现递盘如下:……)

2. 构成发盘的条件

根据《公约》对发盘所做的定义以及《公约》第15条的规定:"发盘于送达受盘人时生效"。构成法律上有效的发盘必须具备四个条件:

1) 向一个或一个以上特定的人提出

发盘必须由发盘人向一个或一个以上特定的人提出。特定的人指的是在发盘中指明个人姓名或企业名称的受盘人。只有该特定人可对发盘表示接受而成立合同。不是向特定的人提出的建议,在一般情况下仅仅应视为邀请发盘(Invitation to offer)。例如,向国外大批客户寄发商品目录,其中印有各种商品的价格,或散发价目表,或在报刊上登载广告,向社会广大公众宣传、兜售商品,只能视作发盘的邀请。在实际业务中,谨慎的出口商往往在这些宣传品上注明"所列价格仅供参考"(the price stated are for reference only)、"价格需经确认为准"(the price shall be subject to confirmation)等字句,以防发生误解,引起不必要的争议。但是,如果发盘人在做出上述行为时,明确地表示"在得到接受时承受约束"的意旨,那么,他在商品目录、价目表或广告中所提出的建议,将被视作"发盘"。我国《合同法》第15条第2款规定,商业广告的内容符合要约规定的,视为要约。例如,在报上刊登出售某种商品的广告时,说明"在××年××月××日前按所列价格汇到价款,保证供货",则该广告的刊登者必须对任何按期汇到价款的人,履行供货的义务。

2) 表明承受约束的意旨

一项发盘必须明示或默示地表明当受盘人做出接受时发盘人承受约束的意旨。所谓"承受约束",即发盘人承担按发盘的条件与受盘人订立合同的责任。"明示"可以通过在发盘中注明"发盘""发实盘""递盘""递实盘""订货"或规定"有效至××日"等表示。"默示"是在发盘中不适用上述词语,而是通过其他方式,例如当事人之间确立的任何习惯做法、惯例,或当事人随后的任何行为来表示。

"表明承受约束的意旨"还要求发盘中所规定的各项交易条件是终局的,即没有任何诸如"以我方确认为准"(subject to our confirmation)"以未售出为准"(subject to prior sale)"不受约束"(without engagement)等保留条件或限制性的条件;否则,该项发盘将被视为发盘邀请。

3) 内容必须十分确定

发盘的目的是为了订立合同,而且发盘一经受盘人接受,合同即告成立,因此,发盘的内容必须十分确定。一般来说,发盘最好包含有关货物的品质、数量、包装、价格、交货和支付方式等主要交易条件。但在实际业务中,一项发盘的内容可能并不完整,某些交易条件在发盘中未提及。对此,《公约》规定,"一个建议如果写明货物并且明示或暗示地规定数量和价格或规定如何确定数量和价格,即为十分确定。"据此,一项发盘只要包括了商品名称、数量和价格三项内容,就构成"内容十分确定"。

发盘的条件表面上不完整而实际上是完整的几种情况

需要指出的是,在实际业务中,一项发盘有可能表面上是不完整的,但实际上是完整的。这是因为发盘中没有列明的交易条件可以从其他方面得到确认,具体有以下三种情况:

第一,买卖双方事先已经订立有"一般交易条款"协议,即买卖双方就适用于每笔交易的一些共同的基本交易条件达成书面协议,在双方日后的交易中,作为发盘和接受的具体内容。这种协议中如果包括了某些主要交易条件，那么发盘中可以忽略。

第二，援引有关磋商的函电及以前的合同。交易磋商可能需要多次的函电往来，在不少情况下，各项主要交易条件往往分散在多次往来的函电中提出。因此，在后面的发盘中，有时仅仅援引之前的函电，对某些交易条件并未重复提出。此时，单从该发盘看，内容是不完整的，但是如果结合之前的函电，该发盘仍然构成"内容十分确定"。如果交易磋商经历多次函电往来，谨慎的做法是，在最后的发盘中将此前函电往来中的各项主要交易条件做出总结概括，以免双方出现疏漏和误解。

第三，买卖双方在过去交易往来中已经形成惯例。这些习惯做法为双方所熟知，或为该行业惯例。这样，在双方具有共同理解的基础上，发盘人在发盘中即使不列明这些条件，也不影响主要交易条件的完整性。

可见，判断发盘的内容是否完整，不能孤立地以一函一电为依据，应结合以前的交往记录、交易习惯等综合考虑。

4）传达到受盘人

构成发盘的第四个必备条件是，发盘必须传达到受盘人。这是《公约》和各国法律普遍的要求。发盘无论是口头的还是书面的，只有被传达到受盘人时才生效。例如，发盘人通过电话向受盘人发盘，中途电话发生故障，传送声音模糊，必须待电话修复后，让受盘人听清全部发盘内容，发盘方为有效。又如，发盘人用信件或电报发盘，如该信件或电报在投递过程中被遗失，以致受盘人未收到发盘，则该发盘无效；如果通过电传发盘，传送过程中线路中断，或电传机发生故障，则须修复后重新传送，使受盘人能收到清晰无误的发盘电传文本。

条款举例

ICSG Article 15(1)：An offer becomes effective when it reaches the offeree.（发盘于送达被发盘人时生效。）

3. 发盘的有效期

发盘都应当规定有效期。发盘的有效期是指可供受盘人对发盘做出接受的期限。如果受盘人在规定的有效期内未作答复，发盘即告失效。发盘人对发盘的有效期可作明确规定，也可不作明确规定。明确规定有效期的发盘，从发盘被送达受盘人时开始生效到规定的有效期届满为止。不明确规定有效期的发盘，在一段合理时间内有效。在实际业务中，明确规定发盘有效期的方法主要有以下三种：

1）规定最迟接受的期限

函电举例

Offer subject reply June 10.（发盘限6月10日复。）
Offer subject reply reaching here June 10.（发盘限6月10日复到此地。）

按照上述例一的规定方法，依据有些国家的法律，受盘人只要在当地时间6月10日24点钟以前将表示接受的通知投邮或将电报向电报局交发即可。另外，在国际贸易中，买卖双方所在地的时间大都存在时差，发盘人为了进一步明确发盘的有效时限，可规定受盘人表示接受的时限以接受通知送达发盘人为准，即采用以上例二的规定方法。按此规定，受盘人的接受通知不得迟于6月10日送达发盘人，否则构成逾期。

2) 规定一段接受的期间

发盘人也可规定发盘在一段期间 (a period of time) 内有效。

 函电举例

offer valid three days.（发盘有效期为三天。）
offer reply in ten days.（发盘限 10 天内复。）

按《公约》规定，发盘人在电报或信件中订立的一段接受期间，从电报交发时刻或信上载明的发信日期起算。如信上未载明发信日期，则从信封上所载日期起算。发盘人用电话、电传或其他快速通信方法做出发盘，并订立一段接受期间，从发盘送达受盘人时起算。在计算接受期间时，此期间内的正式假日或非营业日应计算在内。但是，如果接受通知在接受期间的最后一天未能送达发盘人的地址，是因为那天在发盘人的营业所在地是正式假日或非营业日时，则应顺延至下一个营业日。

3) 不作明确规定或仅笼统规定

 函电举例

OFFER...CABIE REPLY（发盘……电复）
OFFER...REPLY IMMEDIATELY（发盘……速复）
OFFER...REPLY URGENTLY（发盘……急复）
OFFER...REPLY AS SOON AS POSSIBLE（发盘……尽快答复）

在这些情况下，按照英美法系国家习惯，受盘人应在"合理时间"内接受有效；按照大陆法系国家习惯，受盘人应在"通常情况可期待得到承诺的时间"接受有效。但对于何谓"合理时间"和"通常情况可期待得到承诺的时间"，各国法律并无统一明确的规定。《公约》也采用了"合理时间"的说法，但对合理时间也没有确切的解释，但提出要考虑到交易的情况，包括发盘人所使用的通信方法的迅速程度。因此，实务中发盘还是明确规定有效期为妥。

4. 发盘的撤回与撤销

1) 发盘的撤回

发盘的撤回 (withdrawal) 是指发盘送达受盘人之前，发盘人采取措施，阻止其生效。

发盘人在发盘后，如发现有错误，或者遇到国际市场价格剧烈波动，或者汇率发生变化，发盘人就可能会要求更改发盘内容或撤回其发盘。在这个问题上，《公约》第 15 条第 2 款规定，"一项发盘即使是不可撤销的，也可以撤回，如果撤回的通知在发盘被送达受盘人之前或同时送达受盘人。"因此，如果发盘人想改变主意，可以用更迅速的通信方法，将发盘的撤回或更改通知赶在受盘人收到该发盘之前或同时送达受盘人，则发盘即可撤回或修改。

 条款举例

CISG Arti 15(2)：An offer, even if it is irrevocable, may be withdrawn if the withdrawal reaches the offeree before or at the same time as the offer.（译文见上文）

根据这一规定，在实际业务中，并非所有的发盘都可以撤回。口头发盘立即生效，无法撤回；以电邮、电传、传真等电信工具所做的发盘，将立即到达受盘人，无法撤回。只有采用信件或电报发盘时，由于信件和电报的传递需要一定时间，在这段时间内，如果发盘人发现发盘内容有误，才可能采用更快的方式阻止发盘生效。

2）发盘的撤销

发盘的撤销（revocability）是指发盘人在发盘已经送达受盘人之后，将该项发盘取消的行为。

发盘生效之后能否撤销的问题各国法律存在很大分歧。英美法系国家认为发盘对于发盘人并无约束力，只要受盘人没有表示接受，发盘可以随时撤销。这种观点对发盘人有利。有的英美法系国家在制定或修改法律时实际上已经不同程度放弃了这种观点。大陆法系国家认为发盘人应受发盘的约束，不得随意撤销，除非发盘人在发盘中表明不受其约束。《公约》第16条对此规定，发盘可以撤销，如果撤销通知于受盘人发出接受通知之前送达受盘人；如果受盘人已经发出接受通知，则发盘人无权撤销该发盘。

此外，《公约》还规定，下列两种情况下的发盘一旦生效，不得撤销：一是在发盘中规定了有效期，或以其他方式表示该发盘是不能撤销的；二是受盘人有理由信赖该发盘是不可撤销的，并已本着对该发盘的信赖行事。

 条款举例

CISG Arti 16 (1)：Until a contract is concluded an offer may be revoked if the revocation reaches the offeree before he has dispatched an acceptance. (2) However, an offer cannot be revoked:

(a) if it indicates, whether by stating a fixed time for acceptance or otherwise, that it is irrevocable;or

(b) if it was reasonable for the offeree to rely on the offer as being irrevocable and the offeree has acted in reliance on the offer.（译文见上文）

5. 发盘的失效

任何一项发盘，其效力均可在一定条件下终止。发盘效力终止的原因，一般有以下几个方面：

(1) 在有效期内未被接受而过期。在发盘规定的有效期内未被接受，或虽未规定有效期，但在合理时间内未被接受，则发盘的效力即告终止。

(2) 发盘被发盘人依法撤销。

(3) 被受盘人拒绝或还盘。发盘一经受盘人拒绝或还盘，不论原发盘的有效期是否已经届满，发盘即告失效。如果受盘人拒绝之后又反悔，对原发盘重新表示接受，即使在原发盘的有效期内，合同也不成立，除非原发盘人对该"接受"予以确认。

(4) 不可抗力。发盘人发盘之后，发生了不可抗力事件，如所在国政府对发盘中的商品或所需外汇发布禁令，或标的物灭失等。在这种情况下，按出现不可抗力可免除责任的一般原则，发盘的效力即告终止。

(5) 发盘人或受盘人在发盘被接受前丧失行为能力（如死亡、精神失常等），则该发盘的效力终止。

2.3.3 还盘

1. 还盘的含义

还盘（counter-offer）在法律中称为反要约，是指受盘人对发盘中的交易条件不完全同意而提出修改或变更的表示。还盘不是交易的必经程序。

还盘可以是还价，也可以是改变其他交易条件，如改变支付条件、改变贸易术语、佣金和折扣等，目的都是使各项交易条件能对己方更有利。对于双方已经同意的交易条件，一般可以不在还盘中重复列出。

 函电举例

Such being the case, it is impossible for us to accept your price. And our required quantity is 1000 M/t. So, we would counter offer as follows: …（鉴于此，我方无法接受贵方的价格，同时我方所需数量为1000吨。因此，我方还盘如下：……）

2. 还盘的法律效力

（1）使原发盘失效。发盘经受盘人还盘后即失去效力，发盘人不再受其约束。除非得到原发盘人的同意，受盘人不得在还盘后，再表示接受原发盘的内容。

（2）构成一项新的发盘。受盘人做出还盘，相当于以新的条件提出一项发盘，建议原发盘人考虑。如该项发盘被原发盘人接受，则合同即告成立；如原发盘人对还盘条件不满意，还可以进行再还盘。有时一笔交易要经过往返多次的还盘才能成交。

3. 还盘阶段应注意的问题

（1）还盘的做出应以全面的分析和比价为基础。收到国外来盘后，要对来盘中的各项交易条件进行全面分析，并将从其他方面调查和收集的价格材料进行综合比较，预测成交价格，以便选择适当的对象进行还盘。

（2）还盘要在交易双方互利互让的基础上最终实现"双赢"。还盘虽不是交易磋商的必经阶段，但在大多数贸易实践活动中，却是达成交易的重要一环。还盘是交易双方就共同的利益不断交换意见从而调整各自的想法的过程，因而可以说是真正的磋商阶段，决定了双方能否最终达成交易。因此，还盘的成功不在于打击对手，而在于实现互利，促进整个交易活动的成功，这就要求在还盘阶段交易双方必须处理好冲突与合作的关系，以实现"双赢"目标。

（3）一个成功的还盘，既要能够维护自身的利益又要能使对方做出接受的决定。因此，还盘重在向对方陈述要求其变更交易条件的理由，最大限度地说服对方做出让步，接受己方的条件。以价格条件为例，还盘方可以将报价与其他不同出口商的同期报价比较；也可以将过去进口同样商品的成交价格与现在的价格进行比较；还可以根据国际市场的价格趋势，供求态势以及国内市场的竞争程度等来说服对方调低价格。理由的陈述要以一定的事实为依据，否则会被认为缺乏达成交易的诚意，失去获得优惠条件的机会。

 应用案例

案例简介：我方10日电传出售货物限于15日复到有效，13日收到受盘人答复"价格太高"，15日又收到受盘人来电"接受你方 10 日发盘",此时市价上浮,我方复电拒绝。我方这样做是否合理?

案例分析:上述磋商过程中,13 日受盘人答复"价格太高",构成对我方 10 日发盘的还盘。还盘产生的效力之一是使原发盘失效,故我 10 日发盘已经失效,对方 15 日又电称接受,是无效接受,双方合同并未成立。因此,我方复电拒绝为合理。

2.3.4 接受

1. 接受的含义

接受(acceptance)在法律上称为"承诺",是指受盘人在发盘规定的有效期内,以声明或行为表示同意发盘人提出的各项条件。接受是订立合同的必经环节。接受与发盘一样,既是一种商业行为又是一种法律行为。受盘人对发盘一旦表示接受,合同即告成立,发盘中的交易条件对发盘人、受盘人都构成法律约束力。

条款举例

CISG Art18(1): A statement made by or other conduct of the offeree indicating assent to an offer is an acceptance. Silence or inactivity does not in itself amount to acceptance. (受盘人声明或做出其他行为表示同意一项发盘,即是接受。缄默或不行动本身不等于接受。)

2. 构成接受的要件

《公约》第 18 条规定:"受盘人声明或做出其他行为表示同意一项发盘,即是接受。缄默或不行动本身不等于接受。接受发盘于表示同意的通知送达发盘人时生效。"根据《公约》的这一规定以及第 18 条和 19 条的其他规定,构成法律上有效的接受,必须具备以下四个条件:

1) 接受必须由特定的受盘人做出

这一条件是与构成发盘的第一项条件相呼应的。发盘是由发盘人向特定的受盘人做出的,表明发盘人愿意按照发盘中所列条件与受盘人订立合同。但是这并不表明发盘人愿意按照这一条件与任何人达成交易,因为针对不同的客户,交易条件是不相同的。因此,接受必须由特定受盘人做出,任何第三人对发盘表示的接受均不是有效接受。

应用案例

案例简介:我某公司向国外 A 公司发一实盘,在有效期内,A 公司没有作出反应,B 公司却向我公司发出接受的通知。至此我某公司与 B 公司是否成立交易关系?

案例分析:根据《公约》规定,接受应当由受盘人作出。我公司向 A 公司发盘,只有 A 公司有资格表示接受。B 公司接受无效,我公司未与 B 公司成立交易关系。

2) 接受必须以某种形式表示

接受必须由受盘人以某种形式表示出来。如果受盘人在思想上已经愿意接受发盘,但不做任何表示,则不能构成接受。根据《公约》的规定,表示接受的方法有以下几种。

(1) 用"声明"(statement)表示。这是国际贸易中最常使用的表示方式。通常使用的词语有"接受"(accept、accepted)或"确认"(confirm、confirmed)。至于接受的形式,《公约》中规定既可以是书面的,也可以是口头的。但是,在《公约》不适用的情况下,还要考虑所适用的法律对合同形式的具体要求。如果所适用法律要求合同应当是书面的,那么表示接受的声明也应当是书面的。

(2) 用"行为"(performance)表示。受盘人虽未以声明形式表示接受，但是采取了实际行动表明其接受的意图。例如，卖方以安排生产、组织货源、装运货物等行为表示对买方发盘的接受，或者买方以开立信用证、预付定金、派人提货等行为表示对卖方发盘的接受。受盘人以行为表示接受时，必须符合下述条件之一：第一，所做出的行为符合发盘的要求。例如，发盘中要求立即装运，受盘人收到发盘后立即装运货物，即可视为以行为表示接受。第二，所做出的行为必须符合双方已经确定或形成的习惯做法。例如，根据双方长期交易习惯，买方下订单后卖方立即根据订单安排生产，则卖方安排生产的行为可视为以行为表示接受。

(3) 沉默或不行为不等于接受。《公约》规定，沉默或不行为本身，并不等于接受。如果受盘人收到发盘后，不采取任何行动对发盘做出反应，而只是保持沉默，则不能认为是对发盘表示接受或"默认"。即使发盘人在发盘中使用了"×日之内未作答复视为接受"这样的表示方法，沉默也不能认为接受。因为，从法律责任看，受盘人一般并不承担对发盘必须进行答复的义务。但是，如果沉默或不行为与其他因素结合在一起，足以使对方确信沉默或不行为是同意的一种表示，即可构成接受。例如，交易双方有协议，或双方之前业已确认了这种惯例或习惯做法。

3) 接受必须在发盘有效期内送达发盘人

接受的生效问题关系到合同的成立时间，关系到做出接受的受盘人能否变更或撤回自己的接受，是一个重要的问题。

根据各国法律的一般要求，接受必须在发盘的有效期内被传达到发盘人方能生效。在当面磋商、电话谈判、电传磋商或电邮往来时，由于受盘人的接受通知可立即传达到发盘人，所以接受是"发出生效"还是"到达生效"没有太大区别。当受盘人采用信件或电报方式进行磋商时，接受的通知不能立即传达到发盘人，对此，接受应当何时生效，各国法律解释不一。

英美法系采用"投邮生效"(dispatch theory)原则，即：作为一般规则，接受必须送达发盘人才生效。但是，如果接受是用信件或电报做出时，法律例外地承认，当信件投邮或电报交发时，接受即生效。即使接受的函电在邮递途中延误或遗失，发盘人未能在发盘有效期内收到，甚至根本没有收到，也不影响合同的成立，也即接受传递延误或遗失的风险由发盘人承担。当然，如发盘人在发盘中规定了接受答复到达的时限，则接受的函电传达到发盘人时，接受方能生效。

大陆法系则采用"到达生效"(receipt theory)，认为接受必须送达发盘人才生效，即使用信件或电报做出表示者也不例外。如果表示接受的信件或电报在邮递途中延误或遗失，该项接受无从生效，合同也不能成立。其传递延误或遗失的风险由受盘人承担。

《公约》采用"到达生效"原则。其第18条第2款规定：接受于表示同意发盘的通知送达发盘人时生效。如果接受通知在发盘的有效期内，或者如发盘未规定有效期，在合理时间内未送达发盘人，接受即为无效。对口头发盘必须立即接受，但情况有别者不在此限。

《公约》同时规定，如果根据发盘或依照当事人之间的习惯做法，受盘人可以做出某种行为来表示接受时，可以无须向发盘人做出接受的通知，接受于该项行为做出时生效，但是该项行为必须在发盘规定的时间内或合理时间内做出。

 条款举例

CISG Artl8（2）：An acceptance of an offer becomes effective at the moment the indication of assent reaches the offeror. An acceptance is not effective if the indication of assent does not reach the offeror within the time he has fixed or, if no time is fixed, within a reasonable time, due account being taken of the circumstances of the transaction, including the rapidity of the means of communication employed by the offeror. An oral offer must be accepted immediately unless the circumstances indicate otherwise.（接受发盘于表示同意的通知送达发盘人时生效。如果表示同意的通知在发盘人所规定的时间内，如未规定时间，在一段合理的时间内，未曾送达发盘人，接受就成为无效，但须适当地考虑到交易的情况，包括发盘人所使用的通讯方法的迅速程度。对口头发盘必须立即接受，但情况有别者不在此限。）

 应用案例

案例简介：一法国商人于某日上午走访我外贸企业洽购某商品，我方口头发盘后对方未置可否。当日下午法商再次来访，表示无条件接受我方上午的发盘。那时，我方已获悉该项商品的国际市场价格有趋涨的迹象。对此，你认为我方应如何处理？为什么？

案例分析：根据《公约》规定，除非另有约定，口头发盘必须立即表示接受。我方上午对法商口头发盘，对方没有立即表示接受，我方上午发盘即告失效。法商下午再表示的接受已经错过了接受的时限，故为无效接受。因市场价格有上涨趋势，我方应当拒绝对方的接受，并根据市场行情作出新的报价。

4）接受必须与发盘相符

根据传统的法律规则，接受必须与发盘完全相符。也就是说，接受必须是绝对的、无保留的，必须与发盘人所做出的发盘的条件完全相符。根据英美法系的"镜像规则"（mirror-image rule），接受必须像照镜子那样丝毫不差地反映发盘。大陆法系也采取类似的规则，它要求接受必须"纯净"（pure）并与发盘"完全相符"（totally conform）。

但是，在国际贸易的实际业务中，受盘人在表示接受时，往往对发盘做出某些添加、限制或其他更变。为了适应现代商业的需要，尽量促进交易的达成，防止因为受盘人在接受时对发盘做出任何添加、限制或更改而影响合同的成立，《公约》第19条将接受中所做的添加或变更条件分成两类：实质性变更（material alteration）和非实质性变更（non-material alteration）。

凡对货物的价格、付款方式、质量和数量、交货地点和时间、赔偿责任范围和解决争端等的添加、限制或更改，均视为实质上变更发盘的条件。表示接受但包含有实质性变更，仅构成还盘。发盘人对此不予确认，合同不能成立。

至于非实质性变更，例如，要求增加提供重量单、装箱单、商检证和原产地证等单据，要求增加提供装船样品或某些单据的份数等，附加这类非实质性变更的接受，除非发盘人在不过分迟延的期间内表示反对其间的差异外，仍构成接受，合同得以成立，并且合同的条件以该项发盘的条件以及在接受中所载的变更为准。

 案例思考

我出口企业于6月1日向英商发盘供应某商品，限6月7日复到有效。6月2日收到英商电传表示接受，但提出必须降价5%。我正研究如何答复时,由于该商的国际市场发生对英商有利的变化,该商又于6月5日电传表示,无条件接受我方6月1日的发盘。试问我方应如何处理?为什么?

 案例思考2

我某出口公司于2月1日向美商报出某农产品,在发盘中除列明各项必要条件外,还表示"Packing in second hand gunny bags"。在发盘有效期内美商复电称:"Refer to your telex first accepted, packing in new gunny bags"。我方收到上述复电后,即着手备货。数日后,该农产品国际市场价格猛跌,美商来电称:"我方对包装条件做了变更,你方未确认,合同并未成立。"而我出口公司则坚持合同已经成立,于是双方对此发生争执。你认为,此案应如何处理?

 案例思考3

我某公司与国外洽谈一笔玉雕交易,经过双方对交易条件往返磋商之后,已就价格、数量、交货期等达成协议,我方公司于是在8月6日致电对方:"确认售予你方玉雕一件,请先电汇一万美元"。对方于8月9日复电:"确认你方电报,我购玉雕一件,按你方电报规定,已汇交你方银行一万美元,该款在交货前由银行代你方保管。"这笔交易是否达成?

3. 逾期接受

接受必须在发盘规定的有效期内送达,如发盘未规定有效期,在合理时间内送达发盘人,方为有效。如果接受晚于规定的有效期或合理时间才送达发盘人,该项接受成为一项逾期接受(late acceptance),或称迟到的接受。逾期接受一般无效。但是,根据《公约》规定,在下列两种情况下逾期接受仍然有效:

(1) 如果发盘人毫不迟延地口头或以书面形式将该项逾期接受仍然有效意见通知受盘人。

(2) 如果载有逾期接受的信件或其他书面文件表明,它是在传递正常、能及时送达发盘人的情况下寄发的,则该项逾期接受具有接受效力,除非发盘人毫不迟延地口头或以书面形式通知受盘人发盘已经失效。

 条款举例

CISG Arti 21(1): A late acceptance is nevertheless effective as an acceptance if without delay the offeror orally so informs the offeree or dispatches a notice to that effect.(译文见上文)(2)If a letter or other writing containing a late acceptance shows that it has been sent in such circumstances that if its transmission had been normal it would have reached the offeror in due time, the late acceptance is effective as an acceptance unless, without delay, the offeror orally informs the offeree that he considers his offer as having lapsed or dispatches a notice to that effect.(译文见上文)

由此可见,发生逾期接受时,合同是否成立取决于发盘人。所以,在接到逾期接受时,发盘人及时通知受盘人,明确对该逾期接受所持的态度,是十分必要的。

 案例思考4

我出口企业对意大利某商发盘限10日复到有效。9日意商用电报通知我方接受该发盘,由于电报局传递延误,我方于11日上午才收到对方的接受通知。而我方在收到接受通知前已获悉市场价格上涨。对此,我方应如何处理?

4. 接受的撤回

《公约》第 22 条规定："接受得予撤回，如果撤回通知于接受原应生效之前或同时送达发盘人。"根据《公约》规定，接受到达发盘人才生效。所以接受通知发出之后到达发盘人之前，如果受盘人发现接受有误，或市场行情发生对其不利的变化，则受盘人可以采取更快的方式撤回接受，但撤回接受的通知必须先于原接受通知到达发盘人，或与原接受通知同时到达发盘人。

条款举例

CISG Arti22: An acceptance may be withdrawn if the withdrawal reaches the offeror before or at the same time as the acceptance would have become effective.（接受得予撤回，如果撤回通知于接受原应生效之前或同时送达发盘人。）

需要注意的是，实践当中接受是否有机会撤回，与做出接受的方式有关。口头接受（包括电话磋商、面谈）和电传、电邮等快速接受方式，发出接受通知与到达发盘人几乎为同时，所以没有机会撤回；以行为做出的接受，接受于该行为做出时生效，也无法撤回。只有以信件或电报形式表示接受时，方有可能以更快捷的方式撤回接受。接受的通知一经到达发盘人，既不能撤回，也不能撤销。

2.4 合同的签订

在进出口交易磋商中，当一方的发盘被另一方接受后，进出口合同即告成立，买卖双方就构成了合同关系。双方在磋商过程中的往来函电即是合同的书面证明。但根据国际贸易习惯，进出口双方往往还要订立书面合同（written contract），以进一步明确双方的权利义务关系。

2.4.1 合同成立的条件

根据各国合同法规定，一项合同，除买卖双方就交易条件通过发盘和接受达成协议后，还需具备以下要件，才是一项有效的合同，才能得到法律上的保护。

1. 当事人必须具备签订合同的行为能力

即双方当事人应具有商订国际货物买卖合同的合法资格。签订买卖合同的当事人，主要分自然人和法人。自然人的行为能力受其年龄、智力和精神健康状况的制约，具有订立合同能力的自然人一般是指理智正常的成年人，而未成年人或精神病人只能进行与其年龄、精神健康状况相适应的民事活动，否则须待其法定代理人追认才能产生法律效力。法人签订合同的行为能力受其经营范围的限制。各国法律一般都认为，法人可以通过其代理人在其经营权限内签订合同，超过经营权限所签订的合同在法律上是无效的。我国法律还规定，没有取得进出口经营权的企业或其他经济组织必须委托有进出口经营权的企业代理签订国际货物买卖合同。

2. 合同必须有对价或约因

英美法系认为，对价（consideration）是指当事人为了取得合同利益所付出的代价。

法国法系认为，约因（cause）是指当事人签订合同所追求的直接目的。也就是说，国际货物买卖合同是双方有偿合同，在合同中一方所享有的权利应该以对方的义务为基础，对方的权利又以这一方的义务为代价，双方应都有权利和义务。按照英美法系和法国法系的规定，合同只有在有对价或约因时，才是法律上有效的合同。无对价或无约因的合同，是得不到法律保障的。

3. 合同标的和内容必须合法

合同的标的物必须是法律允许买卖的商品，属于政府管制的商品必须有许可证和配额。合同的内容必须符合买卖双方国家的法律，不得违反公共秩序或公共政策，也不得违反善良的风俗习惯和道德，否则合同无效或可以被撤销。

4. 合同必须符合法律规定的形式

国际货物销售合同是基本经济合同。有的国家法律规定必须采用书面形式，或超过一定金额的合同必须采用书面形式，而不承认口头合同的有效性；有的国家的法律则允许使用口头形式。我国法律规定涉外合同必须是书面形式。

5. 合同当事人的意思表示必须真实

各国法律都认为，合同当事人的意思表示必须是真实的才能成为一项有约束力的合同，否则这种合同无效。根据我国《合同法》第52条规定，有下列情形之一的，合同无效：一是一方以欺诈、胁迫的手段订立合同；二是恶意串通，损害国家、集体或者第三人利益；三是以合法形式掩盖非法目的；四是损害社会公共利益；五是违反法律、行政法规的强制性规定。

2.4.2 合同的形式

《公约》规定：销售合同无须以书面订立或书面证明，在形式方面也不受任何其他条件的限制。销售合同可以用包括人证在内的任何方法证明。所以根据《公约》的解释，合同的形式可以是口头的，也可以是书面的。但是为了避免之后的纠纷，国际货物买卖合同最好以书面形式订立。合同的书面形式可采用正式的合同、确认书、协议，也可采用备忘录、意向书、订单等形式。

1. 合同和确认书

合同的内容比较全面详细，对双方的权利义务及争议的处理均有明确的规定。除了包括交易的主要条件，如品名、规格、数量、包装、价格、交货、支付方式等之外，合同还包括保险、商品检验、索赔、不可抗力、仲裁等一般条款。由出口商草拟提出的合同称为"销售合同"或"售货合同"（sales contract）；由进口商草拟提出的合同称为"购货合同"（purchase contract）。对于大宗商品或成交金额较大的交易适宜采用这种形式的合同。

确认书（confirmation）是合同的简化形式，一般只包括交易的主要条件，如货物名称、品质、规格、数量、包装、单价、总值、装运港和目的港、交货期、支付方式、运输标志、商品检验等条款。出口商出具的确认书是"售货确认书"，或称"销售确认书"（sales confirmation);进口商出具的确认书是"购货确认书"(purchase confirmation)。确认书的法律效力与合同完全相同,适用于金额不大,批次较多的成交,或者已订有包销、代理等长期协议的交易。

外贸企业一般都印有合同和确认书的固定格式,于成交后,由业务员按照双方磋商的交易条件逐项填写即可。合同和确认书虽然在格式、条款项目的设立和措辞上有所不同,但作为合同主体的双方协商一致的主要交易条件,都应完整、明确地加以订立。经买卖双方签署的合同和确认书,都是法律上有效的文件,对交易双方有同样的约束力。

2. 协议

"协议"或"协议书"(agreement),在法律上是"合同"的同义词,合同本身就是当事人为了设立、变更或终止民事关系而达成的协议。如果书面合同冠以"协议"或"协议书"的名称,只要它的内容对买卖双方的权利和义务已作了明确、具体的规定,就与合同一样对买卖双方具有约束力。

如果买卖双方所洽谈的交易比较复杂,经过谈判后,商定了一部分条件,还有一部分条件有待进一步商洽,在此情况下,双方可先签订一个"初步协议"(preliminary agreement)或"原则性协议"(agreement in general),把双方已商定的条件确定下来,其余条件容后再谈。这种初步协议内应当订明"本协议属初步性质,正式合同有待进一步洽商后签订"(this agreement is of preliminary nature, a formal contract will be signed after further negotiation),或做出其他类似声明,明确该协议不属于正式有效合同,以免引起误解。

3. 备忘录

备忘录(memorandum)也是书面合同的形式之一,一般在外贸实际业务中运用较少。如果双方经洽谈后,就某些事项达成一定的理解和谅解,并将这种"理解"和"谅解"以"备忘录"的形式记录下来,作为双方进一步合作的依据和参考,那么这种"备忘录"在法律上不具约束力。如果双方在备忘录中对交易条件作了明确、具体的规定,并经双方签字,那么这种"备忘录"的性质与合同无异,在法律上具有约束力。

4. 意向书

意向书(letter of intent)只是双方当事人为了达成某项协议所做出的一种意愿表示,它不是法律文件,对有关当事人没有约束力。但意向书上载明双方的实现目标设想、意愿可作为进一步谈判的参考和依据。

5. 订单

订单(order)是指由进口商或实际买家拟定的货物订购单。在出口业务中,外贸企业于交易达成后,将合同或确认书缮制一式两份,经签署后寄给国外客户,要求其签署后,将合同退回一份,以备存查。但有些客户将其订单寄来,要求我方签回。以便我方据以履行交货和交单等合同义务,有的还寄来正本一式两份,要求我方签署后退回一份,这种经洽谈成交后寄来的订单,实际上是国外客户的购货合同或购货确认书。

条款举例

Contract Law of P.R.C. Arti 130: A sales contract is a contract whereby the seller transfers the ownership of a subject matter to the buyer, and the buyer pays the price for it .(买卖合同是卖方转移标的物的所有权于买方，买方支付价款的合同。)

2.4.3 书面合同的内容

国际货物买卖合同一般由下列三部分构成，即约首、本文和约尾。

1. 约首

约首是合同的序言部分，包括合同的名称，合同编号，缔约日期和地点，缔约双方的名称和地址、电传或传真号码，缔约双方订立合同的意愿和执行合同的保证。

在规定这部分内容时应注意：第一，要把双方当事人的全称和法定详细地址列明。有些国家法律规定这些是合同成立的必要条件。第二，要认真规定好缔约地点。因为合同中如对合同适用的法律未做明确规定时，按照国际惯例，适用合同缔约地国家的法律。

2. 本文

合同的本文是合同的主体部分，具体列明买卖双方的各项交易条件或条款。如商品的名称、质量（或规格）、数量、价格、包装、交货时间与地点、运输与保险条件、支付方式及检验检疫、索赔、仲裁、不可抗力等。这些条款体现了买卖双方当事人的权利和义务。为避免签订合同后买卖双方发生争执，应把这些条款规定的准确、详细而严密。

3. 约尾

约尾是合同的尾部内容，一般包括合同使用的文字及其效力、合同正本份数、副本效力、合同生效时间、买卖双方的签字、合同适用的法律和惯例等内容。

 条款举例

Contract Law of P.R.C. Arti 12 & 131: The contents of a contract shall be agreed upon by the parties, and shall generally contain the following clauses: (1) titles or names and domiciles of the parties; (2) subject matter; (3) quantity; (4) quality; (5) price or remuneration; (6) time limit, place and method of performance; (7) liability for breach of contract; (8) method to settle disputes;and (9) package manner, inspection standards and method, method of settlement and clearance, language adopted in the contract and its authenticity. The parties may conclude a contract by reference to a model text of each kind of contract. [合同的内容由当事人约定，一般包括以下条款：(1)当事人的名称或者姓名和住所；(2)标的；(3)数量；(4)质量；(5)价款或者报酬；(6)履行期限、地点和方式；(7)违约责任；(8)解决争议的方法；(9)包装方式、检验标准和方法、结算方式、合同使用的文字及其效力等条款。当事人可以参照各类合同的示范文本订立合同。]

总体来说，书面合同的内容应与磋商的内容相一致，并且符合国家政策。由于书面合同一经签订即成为约束双方当事人的法律文件，外贸业务人员在缮制和签订书面合同的过程中，要审慎认真，谨防疏漏，保证所签合同内容完备、条款明确、文字严密、前后一致。详见下面销售合同样本。

SALES CONTRACT

THE SELLER: SHANGHAI HONGDA IMPORT AND EXPORT CO., LTD.　DATE: JULY 2, 2011
　　　　　　×××NANJING ROAD, SHANGHAI, P.R.C.　　CONTRACT NO.: SIE1107
THE BUYER: MOON CORPORATION
×××HATTA ROAD, DUBAI, UAE

This Contract is made by and between the Buyer and the Seller, whereby the Buyer agrees to buy and the Seller agrees to sell the under-mentioned commodity according to the terms and conditions stipulated below:

Commodity & Specification	Quantity	Unit Price	Amount
Forged Brass Ball Valves, Article no. V10033, Full Port, Nickel Plated, BSP Thread 1/2 inch 1 inch 1-1/2 inch	17 280 sets 9 600 sets 3 840 sets	CFR Southampton, U.K. USD1.10/set USD2.40/set USD5.10/set	USD19 008.00 USD23 040.00 USD19 584.00
Total	30 720 sets		USD61 632.00

Contract Value (In Words): U.S. DOLLARS SIXTY ONE THOUSAND SIX HUNDRED THIRTY TWO ONLY.

More or less 5% of the quantity and the amount are allowed.

PACKING: Packed in carton, then in wooden pallet.

TIME OF SHIPMENT: Within 60 days upon receipt of the L/C which accord with relevant clauses of this S/C.

PORT OF LOADING AND DESTINATION: From Shanghai, China to Dubai, UAE

Transportation: Transshipment is allowed and partial shipment is prohibited.

INSURANCE: To be covered by the Seller for 110% of invoice value covering All Risks and War Risks as per CIC of PICC dated 01/01/1981.

TERMS OF PAYMENT: By irrevocable Letter of Credit by sight payment, reaching the Seller not later than Aug. 30, 2011. In case of late arrival of the L/C, the Seller shall not be liable for any delay in shipment and shall have the right to rescind the contract and/or claim for damages.

DOCUMENTS:

+ Signed Commercial Invoice in triplicate, one original of which should be certified by CCPIT and Legalized by UAE embassy/consulate in seller's country.
+ Full set (3/3) of clean on board ocean B/L marked "freight prepaid" made out to order and endorsed in blank notifying the applicant.
+ Insurance policy or certificate in duplicate endorsed in blank.
+ Packing List in triplicate.

+ Certificate of Origin certified by the China Council for the Promotion of International Trade and legalized by UAE embassy/consulate in seller's country.

INSPECTION: The certificate of Quality issued by AQSIQ shall be part of the documents for payment under the relevant L/C.

CLAIMS: In case quality, quantity or weight of goods be founded not in conform with those stipulated in this contract within 15 days after arrival of the goods at the port of destination, the buyers shall return the goods to or lodge claims against the sellers for compensation of losses upon the strength of Inspection Certificate issued by a public surveyor approved by the Seller, with the exception of this claims for which the insurers or the carriers are liable. All expenses and losses arising from the return of the goods or claims should be borne by the sellers.

LATE DELIVERY AND PENALTY: In case of late delivery, the Buyer shall have the right to cancel this contract, reject the goods and lodge a claim against the Seller except for Force Majeure. If late delivery occurs, the Seller must pay a penalty. The rate of penalty is charged at 0.5% for every 7 days, odd days less than 7 days shall be counted as 7 days. The total penalty will not exceed 5% of the shipment value. The penalty shall be deduced by the paying bank or the Buyer from the payment.

FORCE MAJEURE: If the shipment of contracted goods is prevented or delayed in whole or in part by reason of war, earthquake, fire, flood, heavy snow, storm or other causes of Force Majeure, the seller shall not be liable for non-shipment or late shipment of the goods of this contract. However, the seller shall notify the buyer by cable or telex and furnish the letter within 15 days by registered airmail with a certificate issued by the China Council for the Promotion of International Trade attesting such event or events.

ARBITRATION: All disputes in connection with this contract or the execution thereof shall be settled amicably through negotiation. In case no settlement can be reached through negotiation, the case shall then be submitted to the China International Economic Trade Arbitration Commission for arbitration in accordance with the Commission's Arbitration Rule. The arbitral award is final and binding upon both parties. The charges arising from the arbitration shall be borne by the losing party unless otherwise awarded.

This contract is made in two original copies and becomes valid after both parties' signature, one copy to be held by each party.

Signed by:

THE SELLER	THE BUYER
SHANGHAI HONGDA IMPORT AND EXPORT CO., LTD.	MOON CORPORATION
(SIGNED)	(SIGNED)

本章小结

本章主要介绍合同的磋商与商订。交易磋商的形式包括面对面磋商、电话磋商、书面磋商和行为表示。

交易磋商的过程分为四个环节：询盘、发盘、还盘和接受，其中发盘和接受是交易必经环节。构成有效的发盘和接受必须符合《公约》规定的要件。合同订立必须符合一定的条件，包括当事人具有行为能力、有对价或约因、合同标的和内容合法、形式符合法律规定、意愿表示真实。对外贸易中，合同的形式主要采用合同、确认书、协议、备忘录、意向书、订单等形式。书面合同的内容应当包括约首、本文、约尾三部分。

关键术语

交易磋商、一般交易条款、主要交易条款、询盘、发盘、撤回、撤销、还盘、接受、投邮生效、到达生效、实质性变更、非实质性变更、逾期接受、合同、确认书、协议、备忘录、意向书、订单

综合练习

1. 英译汉

(1) A proposal for concluding a contract addressed to one or more specific persons constitutes an offer if it is sufficiently definite and indicates the intention of the offeror to be bound in case of acceptance. A proposal is sufficiently definite if it indicates the goods and expressly or implicitly fixes or makes provision for determining the quantity and the price.

(2) A proposal other than one addressed to one or more specific persons is to be considered merely as an invitation to make offers, unless the contrary is clearly indicated by the person making the proposal.

(3) An offer becomes effective when it reaches the offeree.

(4) An offer, even if it is irrevocable, may be withdrawn if the withdrawal reaches the offeree before or at the same time as the offer.

(5) A reply to an offer which purports to be an acceptance but contains additions, limitations or other modifications is a rejection of the offer and constitutes a counter-offer.

(6) A reply to an offer which purports to be an acceptance but contains additional or different terms which do not materially alter the terms of the offer constitutes an acceptance, unless the offeror, without undue delay, objects orally to the discrepancy or dispatches a notice to that effect. If he does not so object, the terms of the contract are the terms of the offer with the modifications contained in the acceptance.

(7) A late acceptance is nevertheless effective as an acceptance if without delay

the offeror orally so informs the offeree or dispatches a notice to that effect.

(8) An acceptance may be withdrawn if the withdrawal reaches the offeror before or at the same time as the acceptance would have become effective.

2. 简答题

(1) 合同磋商有哪些形式？
(2) 商务谈判的礼仪包括哪些方面？
(3) 什么是发盘？构成发盘的要件有哪些？
(4) 什么情况下会出现发盘的条件表面上不完整而实际上是完整的？
(5) 什么是发盘的撤回和撤销？
(6) 发盘在什么情况下失效？
(7) 什么是接受？接受有哪些要件？
(8) 一项合同具备哪些要件才算有效成立？

3. 选择题

(1) 某发盘人在其订约建议中加有"仅供参考"字样，则这一订约建议为（　　）。
A. 发盘　　　　B. 递盘　　　　C. 邀请发盘　　　　D. 还盘

(2) 根据《公约》规定，发盘必须具备的基本要素是（　　）。
A. 货名、品质、数量　　　　　　B. 货名、数量、价格
C. 货名、价格、支付方式　　　　D. 货名、品质、价格

(3) A 公司 5 月 18 日向 B 公司发盘，限 5 月 25 日复到有效。A 公司向 B 公司发盘的第二天，A 公司收到 B 公司 5 月 17 日发出的，内容与 A 公司发盘内容完全相同的交叉发盘，此时（　　）。
A. 合同成立
B. A 公司向 B 公司或 B 公司向 A 公司表示接受且接受通知送达对方，合同成立
C. 合同无效
D. 必须是 A 公司向 B 公司表示接受且接受通知送达对方，合同成立

(4) 下列条件，（　　）不是构成发盘的必备条件。
A. 发盘的内容必须十分明确　　　　B. 主要交易条件必须十分完整齐全
C. 向一个或一个以上的特定的人发出　　D. 表明发盘人承受约束的意旨

(5) "兹报飞鸽牌自行车 5 000 辆（规格详见 2 月 10 日订单），68 美元/辆 CIF 纽约，标准出口包装，6 至 7 月份装船，不可撤销信用证付款，限 2 月 25 日复到有效。"这则传真属于（　　）。
A. 询盘　　　　B. 发盘　　　　C. 还盘　　　　D. 接受

(6) 我某进出口公司于 2011 年 11 月 15 日上午 8：50 用电报向美国 S 公司发盘，限 11 月 20 日复到我公司有效。11 月 18 日上午 10：00 同时接到 S 公司的接受和撤回接受的电传。根据《公约》的规定，此接受：（　　）。
A. 可以撤回
B. 不得撤回，必须与我公司签约
C. 在我公司同意的情况下，才可撤回
D. 由双方协商决定其效力

(7) 下列（　　）的修改不属于实质性变更发盘的内容。
　　A. 增加某项单据的份数　　　　　　B. 数量、支付方式
　　C. 交货时间和地点　　　　　　　　D. 要求分两批装运
(8) 我某出口公司于5月5日以电报对德商发盘，限8日复到有效。对方于7日以电报发出通知，由于电信部门的延误，出口公司于11日才收到德商的接受通知，事后该出口公司也未表态，此时（　　）。
　　A. 除非发盘人及时提出异议，否则，该逾期接受仍有接受效力，合同成立
　　B. 不管我方是否及时提出异议，合同未成立
　　C. 只有发盘人毫不延迟地表示接受，该通知才具有接受效力，否则，合同未成立
　　D. 由电信部门承担责任
(9) 英国某商人3月15日向国外某客商用口头发盘，若英商与国外客商无特别约定，国外客商（　　）。
　　A. 任何时间表示接受都可使合同成立　　B. 应立即接受方可使合同成立
　　C. 当天表示接受即可使合同成立　　　　D. 在两三天内表示接受可使合同成立
(10) 我方6月10日向国外某客商发盘，限6月15日复到有效，6月13日接到对方复电称："你10日电接受，以获得进口许可证为准。"该接受（　　）。
　　A. 相当于还盘　　　　　　　　　　B. 在我方缄默的情况下，则视为有效接受
　　C. 属有效的接受　　　　　　　　　D. 属于一份非实质性改变发盘条件的接受
(11) 在发盘人发盘后的第三天，发盘人收到受盘人通过往来银行开来的即期不可撤销信用证，受盘人的做法属于（　　）。
　　A. 询盘　　　B. 发盘　　　C. 还盘　　　D. 接受
(12) "你方2月9日电悉，所提出的各项条件接受，另在外包装左侧刷唛头。"这则传真属于（　　）。
　　A. 询盘　　　B. 发盘　　　C. 还盘　　　D. 接受
(13) 根据《公约》的规定，受盘人对发盘表示接受，可以有几种方式，不属此列的一项是（　　）。
　　A. 通过口头向发盘人声明　　　　　B. 通过书面向发盘人声明
　　C. 通过沉默或不行为表示接受　　　D. 通过实际行动表示接受
(14) 根据《公约》规定，合同成立的时间是（　　）。
　　A. 接受生效的时间　　　　　　　　B. 交易双方签订书面合同的时间
　　C. 在合同获得国家批准时　　　　　D. 当发盘送达受盘人时
(15) 根据《公约》的规定，受盘人对（　　）条件提出添加或更改，不作为实质性变更发盘的条件。
　　A. 货物的价格和付款
　　B. 货物的品质和数量
　　C. 增加原产地证明书
　　D. 一方当事人对另一方当事人的赔偿责任范围或解决争端的方法

4. 判断题

(1) 询盘又称询价，即向交易另一方询问价格。（　）

(2) 发盘的撤回和撤销是同一回事。（　）

(3) 发盘必须明确规定有效期，未规定有效期的发盘无效。（　）

(4)《公约》规定，如果在发盘中已经规定了有效期，则在该发盘生效后，发盘人仍可以撤销该发盘。（　）

(5)《公约》规定所有的发盘在其已经生效，但受盘人尚未表示接受之前这一段时间内，只要发盘人及时将撤销通知送达受盘人即可将其发盘撤销。（　）

(6) 根据《公约》规定，构成一项有效发盘，必须明确规定买卖货物的品质、数量、包装、价格、交付和货款的支付方式六项主要交易条件缺一不可。（　）

(7) 根据《公约》，规定了有效期的发盘一旦到达受盘人，在有效期限内发盘人不得撤销该发盘。（　）

(8) 在国际贸易中，一项口头发盘，必须立即接受并写成书面文件才能有效。（　）

(9) 接受一旦送到发盘人，不得撤销。（　）

(10) 根据《公约》规定，受盘人可以在发盘有效期内用开立信用证这一行为表示接受。（　）

(11) 买方来电表示接受发盘，但要求将D/P即期改为D/P远期，卖方缄默，此时合同成立。（　）

(12) 根据《公约》的规定，如果接受撤回通知于原接受生效之前或同时送达发盘人，接受得以撤回。（　）

(13) 根据《公约》的规定，接受必须用声明或行动表示出来，沉默或不行动不等于接受。（　）

(14) 如果接受通知在接受期间的最后一天未能送达发盘人地址，是因为那天在发盘人营业地是正式假日或非营业日时，则接受期间应顺延至下一个营业日。（　）

(15) 国际货物买卖交易磋商中的接受，应以声明或行动表示，但在特定条件下，缄默也可构成接受。（　）

5. 案例分析

(1) A国商人将从别国进口的初级产品转卖，向B国商人发盘，B国商人复电接受发盘，同时要求提供产地证。两周后，A国商人收到B国商人开来的信用证，正准备按信用证规定发运货物时，获商检机构通知，因该货非本国产品，不能签发产地证。经电请B国商人取消信用证中要求提供产地证的条款，遭到拒绝。于是引起争议。A国商人提出，其对提供产地证的要求从未表示同意，依法无此义务，而B国商人坚持A国商人有此义务。请根据《公约》（双方所在国均为缔约国）的规定，对此案做出裁决。

(2) 买方发盘要求卖方凭发盘人提供的规格、性能生产供应某机械设备，发盘人除列明品质、数量、价格、付款方式、交货期等必要条件外，规定有效期1个月，以便卖方能有足够时间研究决定是否按所提条件生产供货。卖方收到发盘后，立即组织人员进行设计，探询必要生产设备添置的可能性和成本核标。两周后，突接买方通知，由于资金原因，决定不再订购该项机械设备,并撤销发盘,此时,卖方已因设计、询购生产设备、核算成本等付出了大量费用,接到买方撤盘通知后,卖方被迫停止尚未完成的设计与成本核算等工作。对此,你认为卖方能否提出异议?应该如何处理?并说明理由。

(3) 我某出口公司于3月1日向外商A发盘某商品,限3月8日复到。由于传递过程中的延误,外商A表示接受的电传于3月9日上午送到我方。我方认为答复逾期,未予理睬。这时,该商品国际市场价格已上涨,我公司以较高价将该商品出售给另一名外商。22日,外商A来电称:"信用证已开出,请立即装运"。我公司复电"逾期接受合同不成立"。而外商A坚持认为合同已成立。根据《公约》的解释,此合同是否成立?为什么?

(4) 我某公司与某外商洽谈进口交易一宗,经往来电传磋商,就合同的主要条件全部达成协议,但在最后一次我方所发的表示接受的电传中列有"以签订确认书为准"。事后对方拟就合同草稿,要我方确认,但由于我方认为某些条款的措辞尚待进一步研究,故未及时给予答复。不久,该商品的国际市场价格下跌,外商催我方开立信用证,我方以合同尚未有效成立为由拒绝开证。试分析我方的做法是否有理。

(5) 我国某公司向英国某贸易公司出口一批工艺品,我方于周一上午10点以电传方式发盘,公司原定价格为每单位2 000英镑CIF伦敦,由于经办人员失误,错报为每单位2 000元人民币CIF伦敦,如果当天下午2点发现问题,如何处理?第二天上午9点发现问题,而客户未接受,如何处理?客户已经接受,又应如何处理?请分别按照《公约》的规定进行解释。

6. 技能实训

实训项目:出口合同签订

实训目的:模拟签订出口合同,掌握合同的格式、内容,练习合同主要条款和一般条款的拟定方法。

实训内容:以下是我国XYZ出口公司与马来西亚ABC公司洽谈凤凰牌28英寸自行车的往来电报,请按电文拟制销售确认书一份。

9月2日来电:
有兴趣凤凰牌28英寸自行车2 000辆,请报即装价。

9月3日去电:
凤凰牌28英寸自行车男式黑色2 000辆木箱装每辆75美元CIF吉隆坡11月装即期不可撤销信用证限6日复到此地。

9月5日来电:
你3日电价太高68美元可接受请速复。

9月7日去电:
按你价无利可图,最低72美元请确认。

9月9日来电:
你7日电接受。

实训要求:参考合同示例,销售确认书可以只包括合同主要条款,各合同条款要翻译准确。

第3章 国际贸易术语

本章教学要点

知识要点	掌握程度	相关知识	应用方向
贸易术语含义和作用	熟悉	贸易术语含义和作用	弄清贸易术语价格要涉及双方有关费用、风险和责任划分
与贸易术语有关的国际惯例	了解	主要的国际贸易法规和惯例	弄清他们的名称、成立的时间、制定的单位和代表性贸易术语
适宜水运的贸易术语	熟悉	各贸易术语项下买卖双方的主要义务；各贸易术语的异同	FOB、CFR、CIF
适宜多种运输方式的贸易术语	熟悉	各贸易术语项下买卖双方的主要义务；与水运贸易术语的异同	FCA、CIP、CPT
贸易术语选用	了解	贸易术语与合同的关系；选用的条件；运用技巧	考虑运输方式；物流；企业经营方式；风险

阅读链接

1. UCP600：Article 5
2. ISBP681 No.：89，113，133
3. CISG Article：14，19，30，31，32，54，58，67，69
4. INCOTERMS 2010：FOB，CIF，FCA，CPT
5. 陈国武. 新编进出口业务案例精选[M]. 北京：清华大学出版社，2009.

导入案例

我国某进出口公司与德国某商贸公司达成一笔出口交易，经过协商，双方签订合同，规定采用FOB贸易术语，信用证支付方式。不久，外方按期开来信用证，经审核，卖方发现信用证中将贸易术语写为"FOB××Stowed"（××为装运港），虽知道"Stowed"表示卖方需承担包括理舱费在内的装船费用，但考虑到货物使用集装箱装运不会产生理舱费，因而卖方未在意此问题。结果在装船时，外方派船到达装运港时已无法装载集装箱，卖方只好将货物用单件运输包装装船，并承担了由此产生的理舱费。

讨论与分析：

1. 试问在上述情况下，卖方可否不承担理舱费，为什么？
2. 你对案例中信用证贸易术语条款的内容如何认识？

国际贸易不同于国内贸易,买卖双方是在相距遥远的不同国家或地区之间进行交易的,而且货物需要经过长途运输、多次装卸和存储。因此,交易磋商和合同订立过程中要面临一系列问题,诸如:

(1) 何时何地办理货物的交接?
(2) 由谁租船订舱和支付运费?
(3) 由谁办理货运保险及支付保险费?
(4) 由谁承担运输途中可能出现的货物灭失或损坏的风险?
(5) 由谁办理进出口许可证及通关的手续?
(6) 买卖双方应交接哪些有关的单据?

如果每笔交易都要求买卖双方对上述费用、风险和责任(costs, risks and responsibilities)进行逐项反复磋商和谈判,那会耗费大量的精力、时间和费用,最终将影响交易的达成。所以,在国际贸易的长期实践中逐渐形成了各种不同的习惯做法,后人把这些习惯做法利用文字和字母进行编纂和整理,就形成了今天能方便和促进贸易达成的国际贸易术语。

3.1 贸易术语的含义和作用

3.1.1 贸易术语的含义

贸易术语(trade terms),是在长期的国际贸易实践中产生的,用来表明商品的价格构成,明确买卖双方有关费用、风险和责任的划分,并确定卖方交货和买方接货方面的权利和义务的,由几个大写的英文字母(英文缩写)组成的专门用语。

由于贸易术语与商品的价格直接相关,所以贸易术语有时又被称为价格术语(price terms)。贸易术语不仅涉及不同的价格,而且涉及双方有关费用、风险和责任划分的不同条件,所以也称作交易条件。实际上,价格术语应该是包括贸易术语在内的用来表示交易价格条件的贸易用语。例如,FOB贸易术语,它表示卖方在装运港船上向买方交货的一种贸易术语,所以有人把贸易术语比作"对外贸易的语言"(the language of foreign trade)。

3.1.2 贸易术语的作用

贸易术语是国际贸易发展过程中的产物,它的出现反过来又促进了国际贸易的发展。贸易术语在实际业务中的广泛应用,对于简化交易手续、缩短洽商时间和节约费用开支、减少贸易争端等方面,都具有重要的作用。

具体来讲,贸易术语的作用主要表现在下列几个方面。

1. 有利于买卖双方洽商交易和订立合同

目前,一些国际组织已经对贸易术语进行了统一的解释与规定,并得到了各国的广泛认可。因此,贸易术语的含义是相对确定的,只要买卖双方商定按合同中贸易术语成交,即可明确彼此在交接货物方面所承担的责任、费用和风险,从而避免各国因解释不同而引起误会,有利于买卖双方迅速达成交易和订立合同。

2. 有利于买卖双方核算价格和成本

由于贸易术语表示价格构成因素，买卖双方确定成交价格时，就可以将相关的费用计入货价，力求报价公平合理。不同的贸易术语在如运费、保险费、装卸费、关税、增值税和其他费用等方面费用的承担上大不相同。如果合同中确定了选用的贸易术语，费用开支范畴也就基本确定了，有利于买卖双方进行比价和加强成本核算。

3. 有利于解决贸易争端

买卖双方商订合同时，如对合同条款考虑欠周，使某些事项规定不明确或不完备，则有可能因此而产生贸易争端。在合同中采用了贸易术语的情况下，可以援引有关贸易术语的一般解释来处理。因为贸易术语的一般解释，已成为国际惯例，并被国际贸易界从业人员和法律界人士所理解和接受，从而成为国际贸易中公认的一种类似行为规范的准则。

 条款举例

Incoterms 2010 Foreword：The Incoterms® rules, the ICC rules on the use of domestic and international trade terms, facilitate the conduct of global trade. Reference to an Incoterms 2010 rule in a sale contract clearly defines the parties' respective obligations and reduces the risk of legal complications.（国际商会制定国际贸易术语这些规则在国内和国际贸易用语的使用方面促进了全球贸易的进行。例如，在贸易合同中引用《国际贸易术语解释通则 2010》可明确界定各方义务并降低法律纠纷产生的风险。）

3.2 与贸易术语有关的国际惯例

贸易术语是一定贸易历史条件下的产物，其间经历了漫长的贸易实践的检验，最终为各国贸易界认可并得到广泛使用。然而，最初对各种贸易术语并无统一的解释；后来，有些国际组织和商业团体为了消除分歧、避免争议，试图统一对贸易术语的解释，经过解释并被国际贸易界所承认或采纳的就成为国际贸易惯例。目前，国际上影响较大的与贸易术语有关的国际贸易惯例主要有以下三种。

3.2.1 《1932 年华沙 – 牛津规则》简介

该规则由国际法协会制定，1928 年国际法协会在华沙举行会议，制订了 CIF 买卖合同的统一规则，后经 1930 年纽约会议、1931 年巴黎会议、1932 年牛津会议修订为 21 条，定名为《1932 年华沙 – 牛津规则》。该规则以英国的贸易惯例和案例判定为基础，对 CIF 买卖合同的性质、买卖双方承担的费用、风险、责任做了逐一说明。

该规则规定卖方承担的主要义务有：提供符合贸易合同的货物，并依习惯方式在规定时间或期限内，在装运港将货物装到船上；依据货物性质和预定航线或行业惯例，自付费用订立运输合同；自付费用办理海洋运输保险，除买卖合同另有规定外，保险单按行业或预定航线惯例承保所有风险，但不包括战争险。保险金额依行业惯例确定，一般为 CIF 发票金额加预期利润的 10%；卖方及时发出装船通知，费用由买方负担；卖方有义务以适当的方式将单据提交或使其得以提交给买方。单据是指提单、发票、保险单，以及依据合同

卖方有责任取得并提交买方的附属于这些单据的其他单据。

该规则规定的买方的主要义务有：符合规定的单据在提交时，买方必须接受，并按合同规定付款；买方有合理的时间和机会对单据进行检查；但在正确的单据被提交时，买方无权以没有机会检验货物为由，拒绝接受单据或按合同规定支付价款。

国际贸易术语产生的背景

不同国家对贸易术语的多种解释引起的误解阻碍着国际贸易的发展，基于方便商人们使用，在进行涉外买卖合同商订时，使用共同的贸易术语的不同国家，有一个准确的贸易术语解释出版物是很有必要的。有鉴于此，国际商会于1921年在伦敦举行的第一次大会时就授权搜集各国所理解的贸易术语的摘要。

准备摘要的工作是在一个叫作贸易术语委员会的主持下进行的，并且得到了各国家委员会的积极协助，同时广泛征求了出口商、进口商、代理人、船东、保险公司和银行等各行各业的意见，以便对主要的贸易术语作出合理的解释，使各方能够共同适用。摘要的第1版于1923年出版，内容包括几个国家对下列几种术语的定义：FOB、FAS、FOT或FOR、Free Delivered、CIF以及C&F；摘要的第2版于1929年出版，内容有了补充，摘取了35个国家对上述6种术语的解释，并予以整理。经过十几年的磋商和研讨，国际商会终于在1936年制定了具有历史性意义的贸易条件解释规则，定名为《INCOTERMS 1936》。

3.2.2 《1941年美国对外贸易定义修订本》简介

1919年美国九大商业团体制订了《美国出口报价及其缩写》(The U.S. Export Quotation and Abbreviations)，随着贸易习惯发生巨大变化，1940年美国第27届全国对外贸易会议对该定义进行了修订，并于1941年7月31日经美国商会、美国进口商协会、美国全国对外贸易协会组成的联合委员会通过，称为《1941年美国对外贸易定义修订本》(Revised American Foreign Trade Definitions 1941)。1990年再次对其修订，称为《1990年美国对外贸易定义修订本》(Revised American Foreign Trade Definitions 1990)。它包含Ex、FOB、FAS、C&F、CIF、Ex Dock六种贸易术语，因其贸易术语的解释与其他国际惯例的解释差异较大，除非买卖合同双方同意，并在合同中明文规定采用外，对买卖双方并无约束力。

《1990年美国对外贸易定义修订本》对美洲国家具有较大影响，我国外贸企业在与美洲国家进出口商进行交易时，应予特别注意。

3.2.3 《国际贸易术语解释通则》简介

《国际贸易术语解释通则》在1936年首次由国际商会制定，其后每10年左右修订一次，对国际贸易的术语进行了统一解释。其最早的版本称为《1936年国际贸易术语解释通则》(INCOTERMS 1936)。随着国际贸易实践领域的不断扩展，国际商会分别于1953年、1967年、1976年、1980年、1990年、2000年、2010年七次对《国际贸易术语解释通则》作了修订和补充。其中的INCOTERMS 2010，国际商会于2007年即着手修订，历经两年多的时间，于2010年9月正式公布INCOTERMS 2010——《2010年国际贸易术语解释通则》（以下简称《2010通则》），为国际商会第715号出版物，自2011年1月1日起正式实施。

与INCOTERMS 2000（即《2000通则》）相比，INCOTERMS 2010主要在以下几方面

进行了修改：

(1)《2010通则》考虑到"区域经济一体化"在全球的发展，无关税区的增长和现代商业交易中不断增加的电子通信手段，以及运输方式的变化和对运输安全的重视，将贸易术语总数由13条调整为11条，即用2010版本的DAP和DAT代替2000版本的DAF、DES、DEQ和DDU四种术语。《2010通则》认为，通过在DAP和DAT术语后填注交货地点，包括边境地点、港口、码头、集装箱堆场和终点站等，两种新术语完全可以满足《2000通则》的四种D组术语的使用需要。

(2)《2010通则》将贸易术语按运输方式分成两大类。《2000通则》对13种贸易术语按E组、F组、C组、D组作四组分类，按卖方承担交货义务从小到大渐进排列，并未突出适用的运输方式。而《2010通则》对11种贸易术语按适用运输方式分类表示，见表3-1。

表3-1 《2010通则》术语分类表

术语	交货地点 风险地点	运输合同	保险合同	费用划分	报关 出口	报关 进口	适用的 运输方式
EXW	工厂交货	买方	买方	交货地	买方	买方	任何
FAS	船边交货	买方	买方	船边	卖方	买方	水上
FOB	船上交货	买方	买方	船上	卖方	买方	水上
FCA	货交承运人	买方	买方	承运人	卖方	买方	任何
CFR	装运港装上	卖方	买方	目的港	卖方	买方	水上
CIF	装运港装上	卖方	卖方	目的港	卖方	买方	水上
CPT	货交承运人	卖方	买方	目的港	卖方	买方	任何
CIP	货交承运人	卖方	卖方	目的港	卖方	买方	任何
DAT	站交货	卖方	买方	终点	卖方	买方	任何
DAP	目的地交货	卖方	买方	装运地	卖方	买方	任何
DDP	完税后交货	卖方	买方	目的地	卖方	卖方	任何

鉴于海洋运输是国际贸易的最重要的运输方式，FOB、CFR、CIF这些为人们所熟悉的传统贸易术语仍将会在国际贸易的买卖中广泛适用。

知识拓展

国际商会

国际商会(International Chamber of Commerce, ICC)1919年在美国亚特兰大成立，现总部设于法国巴黎，其成员涵盖了世界上140多个国家和地区。国际商会下设国际商业实务委员会、银行委员会、仲裁院等专业委员会和专门机构，为联合国常设咨询机构。设立目的是在经济和法律领域内，以有效的行动促进国际贸易和投资的发展。1994年11月中国国际商会(China Chamber of International Commerce, CCOIC)获得成员国地位，并于1995年1月1日正式建立国际商会中国国家委员会。目前，国际商会已在全球60多个国家设立了国家委员会。

(3) 取消以"船舷"为界的规定。原先的《2000通则》规定FOB、CFR、CIF三种术语的交货地点以装运港"船舷"为界,卖方将货物在装运港将货物装船,货物越过船舷,交货义务完成,风险即转移。但在国际贸易的实际业务中,FOB、CFR、CIF 的买方通常要求卖方在装运港将货物交到船上,并提供清洁已装船提单。在卖方同意买方的上述要求下,实际的交货点已从"船舷"移到了"船上"。为此,通则为紧密反映国际贸易的交易实际状况,在《2010 通则》中把 FOB、CFR、CIF 卖方的交货改为"将货物装到船上",FOB、CFR、CIF 卖方的交货地点也就为"装运港船上"。

(4) 对 FOB、CFR、CIF 贸易术语的卖方交货义务的添加规定。《2000 通则》规定 FOB、CFR、CIF 卖方必须在装运港将货物交到船上。《2010 通则》对此规定添加了"或取得已如此交付的货物"(or procure the goods so delivered)。在添加后的规定中,FOB、CFR、CIF 卖方除了可以在装运港将货物装运上船完成交货义务以外,也可以不负责装运货物,而以取得如此交付的货物履行交货义务。"取得已装运的货物"的义务是上述三种贸易术语的装运货物义务的一种替代条件。在大宗商品交易中,货物在运输途中往往会被多次转售而形成链式交易。在此情况下,处于链式交易中间位置的某个或某几个交易方并不实际装运货物,而是以取得已在装运港交到船上的货物履行其交货义务。

(5)《2010 通则》明确了其不但可以适用国际贸易,也可适用国内贸易。在《2010 通则》导言中明确说明:通则在传统上适用于跨境交易的贸易合同,随着世界上区域性贸易集团的增多和发展,不同国家间边境手续的办理(即清关义务)已不太重要。同时,鉴于国际上许多贸易商在单纯的国内货物买卖合同中使用通则的贸易术语,特别是在美国国内贸易中较多地使用通则对贸易术语的解释,因而《2010 通则》正式承认其规则适用于国际和国内贸易。但要明确的是,无论国际贸易还是国内贸易,如买卖双方愿意采用通则的术语,均应在合同中明确援引《2010 通则》为妥。

知识拓展

《2010 通则》中术语的使用解释

承运人(carrier):就《2010 通则》而言,强调的是"承运人",承运人是指与托运人签署运输合同的一方。而在《2000 通则》里则强调的是"托运人"(Shipper),托运人既表示将货物交付运输的人,又表示与承运人订立合同的人,而这两个"托运人"可能是不同的人,如在 FOB 合同中,卖方将货物交付运输,而买方则与承运人订立运输合同。

交货(delivery):本来这个概念在贸易法和实务中有着多重含义,但在《2010 通则》中,它被用于表明货物遗失损害风险何时由卖方转移到买方。而在《2000 通则》里则强调"交货"这个词有两种不同含义。首先,"交货"一词被用来判断卖方何时完成了其交货义务;其次,"交货"也被用于表示买方受领或接收货物的义务。

包装(packing):在《2000 通则》中,这个词被用于不同的情况时有三个意思,其一,遵照销售合同中任何要求的货物包装;其二,使货物适合运输的包装;其三,集装箱或其他运输工具中已包装货物的配载。但在《2010 通则》中,"包装"一词有以上前两项的含义,如果涉及集装箱内货物的理舱义务,当事人应在销售合同中予以确定。

链式交易(string sales):在农矿产品销售中,相对于工业品的销售,货物经常在链条运转中被频繁销售多次。这种情况发生时,在链条中间环节的卖方并不"船运"这些货物,因为这些货物已经由最开始的卖方船运了。因而连环运转中间环节的卖方履行其对下一个买方的义务,并不是通过船运货物,而是通过"取得"已经被船运的货物。所以,一般而言,在船舶起航前,可采用 FOB 或 CFR 贸易术语,在

第3章 国际贸易术语

船舶起航后可以采用 CIF 贸易术语，因为此时，卖方需要对货物提供保险单和已装船的清洁提单。

3.3 适用于水运的贸易术语

在《2010 通则》的 11 种贸易术语中，使用最多的就是适用于水上运输方式的三种贸易术语，即在装运港交货的贸易术语：FOB、CFR、CIF。三种贸易术语都只适用于海运和内河运输，买卖双方在货物交接中的责任、费用、风险划分基本一致，只是在运输和保险的责任上有所区别。

3.3.1 FOB：Free on Board(...named port of shipment) 船上交货 (……指定装运港)

FOB 贸易术语中，卖方的基本责任是：负责在合同规定的装运港和规定的期限内，将货物装上买方指定的船只，并及时通知买方；负责货物装船前的一切费用和风险；负责办理出口手续，提供出口国政府或有关方面签发的证件；负责提供有关货运单据。

买方的基本责任是：负责租船或订舱，支付运费，并将船期、船名及时通知卖方；负担货物装船后的一切费用和风险；接受卖方提供的有关货运单据并按照合同规定及时支付货款；负责办理保险及支付保险费；办理在目的港的收货和进口手续。

条款举例

"Free on Board" means that the seller delivers the goods on board the vessel nominated by the buyer at the named port of shipment or procures the goods already so delivered. The risk of loss of or damage to the goods passes when the goods are on board the vessel, and the buyer bears all costs from that moment onwards. ["船上交货"是指卖方在指定的装运港，将货物交至买方指定的船只上，或者指（中间销售商）设法获取这样交付的货物。一旦装船，买方将承担货物灭失或损坏造成的所有风险。]

要点提示

1．风险的划分

《2010 通则》规定，使用 FOB 术语时，风险转移界限是在货物装于装运港船舶之上。表明货物在装上船之前的风险，包括在装船时货物跌落码头或者海中所造成的损失，均由卖方承担；货物装上船之后，在运输过程中所发生的损失或灭失，则由买方承担。在实际业务中，卖方还应向买方提供"已装船清洁提单"，这表明双方约定由卖方承担货物装入船舱为止的一切风险和费用责任，提单表明的装船日期为买方开始承担风险的日期。

2．费用的划分

由于装船作业是一个连续的过程，在卖方承担装船责任的情况下，他必须完成这一全过程。因此，在实际业务中，买卖双方完全可以出于不同的考虑，对于装船费用问题做出各种不同的规定，主要是指装货费用、理舱费、平舱费怎么负担。双方可以在合同中用文字做出具体规定，也可采用在 FOB 术语后加列字句或缩写，即所谓 FOB 的变形来表示。常见的 FOB 术语变形有：

(1) FOB 班轮条件 (FOB liner terms)。指装货费用如同以班轮运输那样，由支付运费的一方负担，而班轮是由买方租来的，故装货费用都由买方负责。班轮运费包括装货和卸货费用。

(2) FOB 吊钩下交货 (FOB under tackle)。指卖方将货物置于轮船吊钩可及之处，从货物起吊开始的装货费用由买方负担。

(3) FOB 理舱费在内 (FOB stowed, FOBS)。指卖方负担将货物装入船舱并支付包括理舱费在内的装货费用。

(4) FOB 平舱费在内 (FOB trimmed, FOBT)。卖方负担将货物装入船舱并支付包括平舱费在内的装货费用。

有些合同中，不论货物是件杂货还是散装货，会笼统的采用 FOBST(FOB Stowed and Trimmed)，表明卖方承担包括理舱费和平舱费在内的装船费用。

3．船货衔接问题

在 FOB 条件下卖方需要按照规定的时间和地点完成装货，但安排运输工具、租船订舱又是由买方负责，这就涉及船货衔接的问题。买方在合同规定的期限内安排船只到合同指定的装运港接受装货。如果船只按时到达，而卖方因货未备齐不能及时装运，则卖方应承担由此造成的空舱费或滞期费；反之，如果买方延迟派船，使卖方不能在合同规定的装运期内将货物装船，则由此而引起的卖方仓储、保险等费用的支出增加，以及因迟收货款而造成的利息损失，均由买方负责。因此，在 FOB 合同中，买卖双方为避免货等待船或船等待货，在备货和派船等问题上双方一定要加强联系。

4．注意《1941 年美国对外贸易定义修订本》对 FOB 的解释

《1941 年美国对外贸易定义修订本》规定了六种 FOB 术语，三种在出口国内陆指定地点的内陆运输工具上交货；一种在出口地点的内陆运输工具上交货；一种在装运港船上交货；一种在进口国指定内陆地点交货。在同美洲商人签订合同时，如果要强调是在装运港船上交货，必须注明是 FOB VESSEL，以区别于其他的运输工具。另外，还要注意出口报关的责任和费用不同：《2010 通则》规定是由卖方负责，而《1941 年美国对外贸易定义修订本》则规定是由买方负责，因此，在与美洲商人签订合同时也应注明出口报关由谁负责，以免履行合同时引起争议。

 应用案例

案例简介：我国北方 A 化工进出口公司与美国加利福尼亚 B 化学制品公司按照 FOB 大连条件签订了一笔化工原料的买卖合同。A 公司在规定的装运期届满前三天将货物装上 B 公司指派的某新加坡轮船公司的海轮上，且装船前检验时，货物的品质良好，符合合同的规定。货到目的港旧金山，B 公司提货后经目的港商检机构检验发现部分货物结块，品质发生变化。经调查确认原因是货物包装不良，在运输途中吸收空气中的水分导致原颗粒状的原料结成硬块。于是，B 公司向 A 公司提起索赔。但 A 公司认为，货物装船前经检验是合格的，品质变化是在运输途中发生的，也就是越过船舷之后才发生的，按照国际贸易惯例，其后果应由买方承担，因此，A 公司拒绝赔偿。试问，A 公司的申辩是否有理？此争议应如何处理？并请说明理由。

案例分析：本案中卖方 A 公司应承担赔偿责任，其引用国际贸易惯例，以货物越过船舷风险已转移给买方 B 公司为由而拒绝赔偿是没有道理的。理由是，虽然货物品质发生变化，导致买方损失的情况是发生在运输途中，但损失是由于包装不良造成的，这就说明致损的原因是在装船前已经存在了，因此，货物发生损失已带有必然性。这属于卖方履约中的过失，应构成违约。而根据国际贸易惯例对 FOB 的风险转移的解释，如果途中由于突然发生的意外事件导致货物的损失由买方承担。本案所说的情况显然不属于惯例规定的范围，所以卖方 A 公司拒赔是没有道理的。

3.3.2　CIF：Cost, Insurance and Freight(...named port of destination) 成本、保险加运费付至 (……指定目的港)

CIF 贸易术语下卖方的基本责任是：负责租船或订舱，在合同规定的装运港和规定期限内，将货物装上船并支付至目的港的运费，装船后通知买方；负责货物装上船以前的一切费用和风险；负责办理保险及支付保险费；负责办理出口手续，提供出口国政府或有关方面签发的证件；负责提供有关货运单据，包括正式的保险单据。

买方的基本责任是：负担货物装上船之后的一切费用和风险，货物自装运港至目的港

的运费及保险费除外；接受卖方提供的有关货运单据并按合同规定支付货款；办理在目的港的接货和进口手续。

 条款举例

"Cost, Insurance and Freight" means that the seller delivers the goods on board the vessel or procures the goods already so delivered. The risk of loss of or damage to the goods passes when the goods are on board the vessel. The seller must contract for and pay the costs and freight necessary to bring the goods to the named port of destination. ("成本加运费"是指卖方交付货物于船舶之上或采购已如此交付的货物，而货物损毁或灭失之风险从货物转移至船舶之上起转移，卖方应当承担并支付必要的成本加运费以使货物运送至目的港。)

 要点提示

1. 保险的险别

在 CIF 贸易术语下，卖方负责办理运输保险，但此项保险主要是为了保障货物装船后在运输途中的风险，所以只是为了买方的利益，属于代办性质。按《2010 通则》的解释，卖方只需投保最低的险别，即保险责任范围最小，保险费率最低的险别。但在买方要求下，并由买方承担费用时，也可加保战争、罢工、暴乱和民变险等险别，一般双方都在合同中对此加以规定。保险金额一般是在合同价格的基础上加成 10%。

2. 费用的划分

CIF 合同中，费用方面的争议主要是卸货费用由谁负担。与 FOB 贸易术语相似，买卖双方可以在 CIF 贸易术语后面加列附加条件，形成若干 CIF 的变形。

(1) CIF 班轮条件 (CIF liner terms)。指卸货费用按班轮条件处理，由支付运费的一方负担，即由卖方负担。

(2) CIF 舱底交货 (CIF ex ship's hold)。买方负担将货物从舱底起吊卸到码头的费用。

(3) CIF 吊钩下交货 (CIF ex tackle)。卖方负责将货物从舱底吊至船边卸离吊钩为止的费用。如果船舶无法靠近码头，驳船费和码头费由买方负担。

(4) CIF 卸到岸上 (CIF landed)。指卖方负担将货物卸到目的港岸上的费用，包括驳船费和码头费。

 应用案例

案例简介：我国山东某出口公司按 CIF 条件与韩国某进口公司签订了一笔初级产品的交易合同。在合同规定的装运期内，卖方备妥了货物，安排好了从装运港到目的港的运输事项。在装船时，卖方考虑到从装运港到目的港距离较近，且风平浪静，不会发生什么意外，因此，没有办理海运货物保险。实际上，货物也安全及时抵达目的港，但卖方所提交的单据中缺少了保险单，买方因为市场行情发生了对自己不利的变化，就以卖方所交的单据不全为由，要求拒收货物拒付货款。请问，买方的要求是否合理？此案应如何处理？

案例分析：从交货方式上来看，CIF 是一种典型的象征性交货 (Symbolic Delivery)。象征性交货是针对实际交货而言。在象征性交货方式下，卖方是凭单交货，买方是凭单付款。只要卖方如期向买方提交了合同规定的全套合格单据，即使货物在运输途中损坏或灭失，买方也必须履行付款义务；反之，如果卖方提交的单据不符合要求，即使货物完好无损地运达目的港，买方仍有权拒收单据并拒付货款。还需指出，按 CIF 术语成交，卖方履行其交单义务只是得到买方付款的前提条件，除此之外，他还必须履行交货义务。因此，本案中，买方提出的要求是合理的，卖方必须提交符合规定的全套单据，买方可以拒收货物拒付货款，或向卖方提出索赔。

案例思考 1

在按CIF合同成交时,如买方提出"承运货物的船只必须按货物在装船后三星期内到达××港口"(THE GOODS MUST BE SHIPPED BY SAILING SCHEDULE TO ARRIVE IN ××PORT WITHIN 3 WEEKS AFTER DATE OF SHIPMENT),我方能接受吗,为什么?

3.3.3　CFR:Cost and Freight(...named port of destination) 成本加运费 (……指定目的港)

　　CFR贸易术语下,除买方负责办理保险和支付保险费外,买卖双方其他基本责任的划分与CIF贸易术语相同。也正是因为卖方不办理保险,装船通知非常重要。因为卖方租船而买方投保,如果卖方装船后没有及时发出装船通知,致使买方漏保,卖方要承担货物在运输途中的风险。CIF合同中的费用划分问题也同样适用于CFR合同。在实际业务中,我出口企业一般事先与国外买方就如何发装船通知商定具体做法;如果事先未曾商定,则应根据双方已经形成的习惯做法,或根据订约后、装船前买方提出的具体要求,及时以电讯的方式向买方发出装船通知。

　　综合而言,以上这三种术语有一个共同点:都只适用于水上运输,内陆地区的进出口业务不方便使用。同时,随着集装箱和多式联运等运输方式的快速发展,在实际业务中,FCA、CPT、CIP三种贸易术语的应用也越来越多,它们可适用于多种运输方式,逐渐成为贸易领域新的主流术语。

 案例思考 2

一批蜡烛销往欧洲,以CFR价格条件成交,货至目的港,发现严重变形,无法使用。买方应向谁提出索赔?

3.4　适用于多种运输方式的贸易术语

3.4.1　货交承运人的三种贸易术语

　　1. FCA:Free Carrier(...named place) 货交承运人(……指定地点)

　　FCA贸易术语下,卖方的基本责任是:卖方必须在约定交货日期或期间内,在指定的交货地点将货物交给买方指定的承运人或其代理人或其他人接管;卖方必须在将货物交给承运人或其代理人或其他人接管后向买方发出详尽通知,如果指定或其代理人没有在约定时间接受货物,卖方也必须通知买方;卖方承担货物交给指定承运人或其代理人或其他人接管时为止的货物灭失或损坏的一切风险;负责办理出口手续,提供出口国政府或有关方面签发的证件;负责提供有关货运单据。

　　买方基本责任是:自负风险和费用,订立自交货指定地点的运输合同;按合同规定指定承运人或其代理人或其他人,将承运人或其代理人或其他人的名称、运输方式、交货日期或交货期间、交货地点等内容及时通知卖方;承担货物被承运人或其代理人或其他人接管时起的灭失或损坏的风险并支付相应费用;接受卖方提供的有关货运单据并按照合同规定及时支付货款;负责办理进口手续,提供进口国政府或有关方面签发的证件。

第3章 国际贸易术语

条款举例

"Free Carrier" means that the seller delivers the goods to carrier or another person nominated by the buyer at the seller's premises or another named place. The parties are well advised to specify as clearly as possible the point within the named place of delivery, as the risk passes to the buyer at that point. ["货交承运人"是指卖方于其所在地或其他指定地点将货物交付给承运人或买方指定人。建议当事人最好尽可能清楚地明确说明指定交货的具体地点,风险将在此地点转移至买方。]

要点提示

1. 交货义务

按照《2010通则》,若在卖方所在地交货,则卖方无义务提供运输工具,而应由买方指定的承运人或其代理人或其他人提供运输工具。但卖方有装载货物的义务,只有当卖方将货物装上指定的运输工具上并支付相应装货费用,其交货义务才算完成。

若在其他交货地点,则卖方有义务提供运输工具,负责将货物运到指定交货地点使货物置于买方或其代理人指定的地点,此时卖方才完成交货义务。应该指出的是,卖方没有卸货的义务,货物运到指定地点后,其交货义务即已完成。

卖方为了避免因交货地点不明确而增加费用支出,应该在签订买卖合同时,约定卖方将货物交给承运人确定的地点并明确货物以何种方式向承运人交货或货物是否应装入集装箱内等,卖方即可在货物价格中将承担的费用包括在内,防止造成损失。

2. 代替买方指定承运人

按照《2010通则》规定,FCA贸易术语下卖方没有义务签订运输合同。但如果买方请求或者根据交易习惯,卖方可以按通常条件订立运输合同。如果卖方接受买方的请求,卖方必须明确应由买方承担风险与费用。为了保证运费的安全,应要求买方先预付运费,或扩大信用证付款金额,将运费金额包括在信用证金额之中。如果卖方没有条件接受买方指定承运人和订立运输合同的委托或者不愿承担此项义务时,应当立即通知买方。

3. 与运输工具衔接的问题

在FCA合同中,由买方指定承运人和订立运输合同,卖方负责交货,因此,货与运输工具能否顺利衔接非常重要。在实际业务中,常常出现货物等待运输工具或运输工具等货的现象,这样就会引起费用损失,而费用损失由买方负担还是由卖方负担往往会产生争议。有时,买方因货价下跌,市场不景气等原因以不指定承运人和不订立运输合同作为毁约手段,此时卖方要通过法院或仲裁机构的判决或裁决才能得到经济损失的补偿,给卖方带来许多麻烦。为了避免此类情况发生,卖方在签订买卖合同时可以规定:"买方不及时指定承运人或其他人,或者买方指定的承运人或其他人不及时接管货物,卖方有权在交货期截止时起代为指定承运人或其他人,订立运输合同,因此而产生的风险和费用由买方承担。"

应用案例

案例简介: 我国江苏某食品进口公司在某年3月与越南金兰市某出口公司签订了购买2 350吨咖啡豆的合同,交货条件是FCA金兰每吨870美元,约定提货地为卖方所在地。合同中规定,由买方在签约后的20天内预付货款金额的25%作为定金,而剩余款项则由买方在收到货物之后汇付给卖方。合同签订后两星期内,买方如约支付了25%的定金。当年5月7日,买方指派越南的一家货代公司到卖方所在地提货,此时,卖方已装箱完毕并放置在其临时的敞篷仓库中,买方要求卖方帮助装货,卖方认为货物已交买方照管,拒绝帮助装货。两日后买方再次到卖方所在地提货,但因遇湿热台风天气,致使堆放货物的仓库进水,300吨咖啡豆被水浸泡损坏。由于货物部分受损,买方以未收到全部约定的货物为由,仅同意支付40%的货款,拒绝汇付剩余35%的货款。于是,买卖双方产生争议,经过协商未果,因此,买方于当年7月向中国国际贸易仲裁委员会南方某分会提出申诉。根据《2010通则》的规定,卖方的交货义务是否完成？买卖双方孰是孰非？仲裁机构将如何裁定？

案例分析： 本案例主要涉及FCA术语中风险转移地点的问题。按照《2010通则》的解释，在FCA术语下，交货在以下情况才算完成：若指定的地点是卖方所在地，则当货物被装上买方指定的承运人，或代表买方的其他人提供的运输工具时；若指定的地点不是卖方所在地，而是其他任何地点，则当货物在卖方的运输工具上，尚未卸货而交给买方指定的承运人或其他人，或由卖方选定的承运人或其他人的处置时；若在指定的地点没有约定具体交货点，且有几个具体交货点可供选择时，卖方可以在指定的地点选择最适合其目的的交货点。本案例中卖方公司应负责在其所在地将货物装车后交付给买方公司指定的运输代理人，才算完成交货义务。

2. CIP:Carriage and Insurance Paid to (...named place of destination) 运费、保险费付至（……指定目的地）

CIP贸易术语下，卖方的基本责任是：必须订立运输合同，经惯常路线、按习惯方式将货物运至指定目的地的约定地点或其他合适的具体地点；必须自负费用，按合同约定办理货物保险，并使买方或其他对货物有可保利益的人有权直接向保险人索赔，以及向买方提供保险单或其他保险凭证；卖方按约定将货物交给承运人或其他人接管，或者有后续承运人时交给第一承运人，承担货物交给承运人或其他人接管为止灭失和损坏的风险；卖方必须在货物交给承运人或其他人接管后向买方发出已交货的详尽通知；负责办理出口手续，提供出口国政府或有关方面签发的证件；负责提供有关货运单据。

买方的基本责任是：必须将交货时间和目的地指定收货地点通知卖方，并在目的地指定地点收取货物；承担货物被承运人或第一承运人接管时起的灭失或损坏的风险并支付相应费用；接受卖方提供的有关货运单据并按照合同规定及时支付货款；负责办理进口手续，提供进口国政府或有关方面签发的证件。

条款举例

"Carriage and Insurance Paid to" means that the seller delivers the goods to the carrier or another person nominated by the seller at an agreed place (if any such place is agreed between the parties) and that the seller must contract for and pay the costs of carriage necessary to bring the goods to the named place of destination.［"运费和保险费付至"含义是在约定的地方（如果该地在双方间达成一致）卖方向承运人或是卖方指定的另一个人发货，以及卖方必须签订合同和支付将货物运至目的地的运费。］

要点提示

1. 问题

按照《2010通则》规定，在CIP贸易术语下由卖方负责办理货物保险，与保险人签订保险合同，支付保险费。在CIP贸易术语下，卖方投保与CIF贸易术语下一样是卖方代替买方投保的性质。由于CIP贸易术语适用于不同运输方式，卖方可以按照不同运输方式货物保险条款投保最低承保范围的险别，但不包括投保战争、罢工、暴动和民变险等特殊附加险，若买方提出请求并由其承担费用的条件下，卖方可以予以投保。最低保险金额一般为合同金额加成10%（即合同金额的110%）。

2. 费用和过境清关费用

在CIP条件下，若交货地点在卖方所在地，卖方应该负担装货费用；若在其他地点交货，卖方则不负担装货费用。至于在目的地（港）的卸货费用则由买方负担。

按照惯例规定，在CIP条件下，由卖方订立运输合同，需经第三国转运时，由买方或卖方负担经由第三国海关的有关费用必须在买卖合同中加以明确，否则会产生争议。在《2010通则》中提出该类税费原则上由买方负担，这样与买方负责办理途经第三国的进口清关手续相协调。但是，有时根据运输合同规定，卖方有可能需负担货物经第三国过境运输所产生的有关海关费用，卖方必须注意这一点。

 应用案例

案例简介：我某出口公司按 CIP 条件，凭不可撤销议付信用证支付方式向某外商出售货物一批。该商按合同规定开来的信用证经我审核无误。我出口公司在信用证规定的装运期限内在装运港将货物装上开往目的港的海轮，并在装运前向保险公司办理了货物运输保险。但装船完毕不久，海轮起火爆炸沉没，该批货物全部灭失。外商闻讯后来电表示拒绝付款。你认为我出口公司应如何处理？并说明理由。

案例分析：本案涉及 CIP 合同的性质，即 CIP 术语下达成的合同对买卖双方承担风险的划分。按《2010通则》的规定，采用 CIP 术语，买卖双方以货交承运人为界划分货物风险，凡货物在装船后发生的风险，应当由买方负责。CIP 合同是一种象征性交货合同，特点是"凭单交货，凭单付款"，只要卖方按合同要求将货物装船并提交了合格的单据，即使货物已在运输途中损坏或丢失，买方也必须履行付款义务。因此在本案中，我方不应同意对方的要求，应由对方持我方转让的保险单据向保险公司索赔。

3. CPT:Carriage Paid to（...named place of destination）运费付至（……指定目的地）

在 CPT 贸易术语下，除了由买方办理保险和支付保险费外，买卖双方其他责任的划分与 CIP 贸易术语相同。

 要点提示

1. 应该及时发出交货通知

卖方必须在货物交给承运人或其他人接管后，向买方发出交货的详尽通知，也称为"装运通知"。其内容通常包括合同号或订单号、信用证号、货物名称、数量、总值、运输标志、起运地、起运日期、运输工具名称及预计到达目的地日期等，作用在于使买方及时办理货物运输保险和办理进口手续、报关及接货。若卖方未按惯例规定发出或未及时发出装运通知，使买方投保无依据或造成买方漏保，货物在运输过程中一旦发生灭失或损坏，应由卖方承担赔偿责任。

2. 应买方请求提供投保信息

CPT 贸易术语规定由卖方根据买方的请求，提供投保信息，这是卖方合同义务中的通知义务。买方在选择保险公司的地点和保险公司时完全是自由的，买方有可能选择卖方所在国家的保险公司办理保险，所以要求卖方将指定保险公司的保险条款等情况提供给买方。按惯例规定，若买方提出请求卖方提供投保信息，卖方未能提供该信息，致使买方来不及或无法为货物投保，一旦货物在运输途中出现灭失或损坏的风险，卖方应承担过错损害赔偿责任。

综合而言，以上三种贸易术语和 FOB、CFR、CIF 贸易术语达成的合同都是装运合同，在交货方式上都属于象征性交货。象征性交货（symbolic delivery）是针对实际交货而言。在象征性交货方式下，卖方是凭单交货，买方是凭单付款。卖方只要在约定地点完成装运，并向买方提交合同规定的包括物权凭证在内的有关单证，就算完成了交货义务，而无须保证到货。而实际交货则是指卖方要在规定的时间和地点，将符合合同规定的货物提交给买方或其指定人，而不能以交单代替交货。但是，必须指出，按这些术语成交，卖方履行其交单义务，只是得到买方付款的前提条件。除此之外，卖方还必须履行交货义务。如果卖方提交的货物不符合要求，买方即使已经付款，仍然可以根据合同的规定向卖方提出索赔。

3.4.2 其他五种贸易术语

1. EXW：EX Works(...named place) 工厂交货（……指定地点）

卖方在其所在处所（工厂、仓库等）将货物置于买方处置之下，即履行了交货义务。卖方不负责将货物装上买方备妥的车辆，也不负责清关。买方自行负担从卖方所在地提取货物至目的地所需的一切费用与风险，这个术语是卖方负担义务最少的术语。如买方无法直接或间接办理货物出境手续，则不宜使用这一方式。作为一个较常用的术语，其更适合国内贸易。

2．FAS：Free Alongside Ship（…named port of shipment）船边交货（……指定装运港）

卖方负责将货物交至装运港买方指定的船边，若买方所派船只不能靠岸，卖方应负责用驳船把货物运至船边，卖方在船边完成交货义务，风险责任同时转移，由买方负责装船的手续和费用。同时 FAS 术语要求卖方办理货物出口清关手续。

3．DAT：Delivered at Terminal（…named terminal at port or place of destination）运输终端交货（……指定目的港或目的地运输终端）

卖方将货物运至指定港口或目的地的指定运输终端，并将货物从抵达的运输工具卸下，交给买方处置，即为交货。运输终端意味着任何地点，如码头、仓库、堆场或公路、铁路、航空货站等。卖方承担货物卸下后完成交货之前的一切风险。DAT 贸易术语要求卖方办理货物出口清关，但无义务办理货物进口清关。

4．DAP：Delivered at Place（…named place of destination）目的地交货（……指定目的地）

卖方将货物运至指定目的地，将在运输工具上可供卸载的货物交由买方处置时，即为交货。卖方承担将货物运至指定地点的一切风险，如果运输合同中已包含了在目的地的卸货费用，该费用仍由卖方承担。同时，卖方办理货物出口清关，但无义务办理货物进口清关。买方则自行负责从运输工具上卸载货物，并承担可能发生的费用和一切风险。

DAT 与 DAP 的不同之处在于卸货责任不同，如果双方希望由卖方承担将货物由运输终端搬运至另一地点的风险和费用，则更适宜选用 DAP 贸易术语。

5．DDP：Delivered Duty Paid（…named place of destination）完税后交货（……指定目的地）

卖方将货物运至进口国的指定地点，将仍处于抵达的运输工具上，但已完成进口清关，且可供卸载的货物交由买方处置，即为交货。卖方应承担交货前的一切风险、责任和费用，其中包括进口清关手续，并支付任何出口和进口关税、税捐和其他费用。DDP 贸易术语是卖方负担义务最多的术语。

3.5　国际贸易术语选用

3.5.1　贸易术语的表达

贸易术语一般在贸易合同的货物单价中得以体现，国际货物贸易合同的单价条款包括计价单位、计价货币、单价和贸易术语。在贸易术语的后面写上规定的装运港（地）或目的港（地）。例如，USD500 per M/T FOB Shanghai，每公吨 500 美元 FOB 上海。

3.5.2 贸易术语的选用

使用不同的贸易术语，买卖双方承担的义务、风险、费用也就不同。采用何种贸易术语，既关系到贸易双方的利益，也关系到能否顺利履约。因而在贸易磋商时，应选择恰当的贸易术语。在国际贸易的实际业务中，大多使用象征性交货的术语。我国外贸企业在传统的进出口业务中，也倾向于自己办理保险与运输事宜的贸易术语。这一方面有利于我国远洋运输业和保险业的发展，另一方面也可适当降低贸易中的风险，增加我方的可控性。例如，我方在大多数的进口贸易中，多使用 FOB 或 FCA 术语，在出口贸易中，多使用 CIF 和 CIP 贸易术语。在大宗商品出口时，国外买方为谋求较低的运费，我方也可考虑使用 FOB 或 FCA 术语与之成交。

 要点提示

1．与运输方式相适应

FOB、CFR、CIF 仅适合海洋运输和内河运输，而 FCA、CPT、CIP 等适合多种运输方式。但即使是海洋运输，在以集装箱方式运输时，出口商在货交承运人后即失去了对货物的控制，因而应尽量采用 CIP、CIF 术语成交，此类贸易术语有利于出口方提早转移风险，提前出具运输单据，早日收汇，加快资金周转。

2．适合企业本身的经营方式

有些企业考虑到管理成本不愿承担过多的义务而增加人力和物力的投入，所以通常在出口业务中选用 FOB 术语，在进口中选用 CIF 术语。

3．与供应链物流解决方案相适应

在一般的进出口业务中，买卖双方往往有长期的合作关系，如加工贸易、跨国公司的内部贸易，作为供应链物流体系中的某个环节，由何方负责办理运输已不是单一的合同买卖问题，而是取决于整体供应链的配合。实际业务中大量出现的 FOB 出口和 CIF 进口，大都是供应链主导企业安排的结果。

4．规避风险

无论是进口还是出口，自行办理运输和保险事宜都比较安全。应该注意的是，在我方进口大宗货物需以租船方式装运时，如系单笔交易，原则上应采用 FOB 贸易术语，由我方安排租船、订舱、投保事宜，以免交易对方与船方勾结，利用租船提单骗取货款。

贸易术语只是合同诸多内容的一个方面，它的选用还应与贸易合同中的其他条款相配合。

 案例思考 3

美国哈迪公司以"FOB 里斯本"的条件向一英国公司购买 300 吨葡萄牙松节油。在签订合同时，卖方知道买方打算以德国一港口作为目的港，而作为卖方的英国公司是向葡萄牙供货人购买这批货物的，并规定由该供货人取得出口许可证。但是，当作为买方的美国船只到达里斯本时，葡萄牙政府拒绝签发货物发往德国的许可证，美国船只因此未能装船。此损失应由谁承担，为什么？

本 章 小 结

> 本章主要介绍了贸易术语的含义和作用以及与贸易术语有关的法规和惯例。其中，《2010 通则》包含了 11 种贸易术语，分别为 EXW、FAS、FOB、FCA、CFR、CIF、CPT、CIP、DAT、DAP、DDP。最后分析了国际贸易术语的选用。

关键术语

国际贸易惯例、贸易术语、《2010通则》、链式交易、象征性交货、FOB、CFR、CIF、FCA、CPT、CIP

综合练习

1. 英译汉

(1) If a credit states that costs additional to freight are not acceptable, a multimodal transport document must not indicate that costs additional to the freight have been or will be incurred. Such indication may be by express reference to additional costs or by the use of shipment terms which refer to costs associated with the loading or unloading of goods, such as Free In (FI), Free Out (FO), Free In and Out (FIO) and Free In and Out Stowed (FIOS). A reference in the transport document to costs which may be levied as a result of a delay in unloading the goods or after the goods have been unloaded e.g., costs covering the late return of containers, is not considered to be an indication of additional costs in this context.

(2) If the seller, in accordance with the contract or this Convention, hands the goods over to a carrier and if the goods are not clearly identified to the contract by markings on the goods, by shipping documents or otherwise, the seller must give the buyer notice of the consignment specifying the goods.

(3) If the buyer is not bound to pay the price at any other specific time, he must pay it when the seller places either the goods or documents controlling their disposition at the buyer's disposal in accordance with the contract and this Convention. The seller may make such payment a condition for handing over the goods or documents.

(4) The seller has no obligation to the buyer to make a contract of carriage. However, if requested by the buyer or if it is commercial practice and the buyer does not give an instruction to the contrary in due time, the seller may contract for carriage on usual terms at the buyer's risk and expense. In either case, the seller may decline to make the contract of carriage and, if it does, shall promptly notify the buyer.

2. 简答题

(1) 什么是贸易术语？
(2) 简述适于水上运输的三种贸易术语的含义，并比较它们的异同点。
(3) 什么是"货交承运人"？
(4) 为什么说FCA、CPT、CIP是FOB、CFR、CIF从海运方式向各种运输方式的延伸？
(5) 写出《2010通则》所规定的11种贸易术语的英文缩写和中文名称。
(6) 在国际贸易中，应如何选择使用贸易术语？

3. 选择题

(1) CIF landed London 条件是指（   ）。

A. 出口人承担货物在伦敦码头交货前的一切费用和风险
B. 出口人承担货物在伦敦码头交货前的一切费用和风险并包括进口关税
C. 出口人承担在伦敦的卸货费用
D. 出口人不承担在伦敦的卸货费用

(2) 按《2010通则》的规定,由买方负责办理货物出境手续和负担有关费用的贸易术语是（　　）。
　　A. EXW　　　　B. FCA　　　　C. FAS　　　　D. FOB

(3) 下列FOB变形中,表明卖方不负担装货费用的有（　　）。
　　A. FOB Liner Terms　　　　B. FOB Under Tackle
　　C. FOB Stowed　　　　　　D. FOB Trimmed
　　E. FOB Stowed and Trimmed

(4) 根据《2010通则》的规定,在下列贸易术语中适合于各种运输方式的是（　　）。
　　A. EXW　　　　B. FCA　　　　C. FAS　　　　D. CFR

(5) 按照CFR条件达成大宗货物出口交易,如需采用租船运输,应在合同中通过加注贸易术语变形来明确（　　）由谁负担。
　　A. 装船费用　　B. 卸货费用　　C. 出口报关　　D. 进口报关

(6) 对于承运人利益考虑较多的关于提单的国际公约是（　　）。
　　A. 《海牙规则》　　　　　　B. 《维斯比规则》
　　C. 《汉堡规则》　　　　　　D. 《约克－安特卫普规则》

4. 判断题

(1) 根据《联合国国际货物销售合同公约》的规定,卖方对在货物的风险转移到买方之后,出现的货物短少和损坏,一律不承担责任。　　　　　　　　　　　　（　　）
(2) FCA贸易术语,适用于多式联运,也可适用于海运、陆运、空运等运输方式。（　　）
(3) 在FAS条件下,如买方所派的船只不能在装运港靠岸,则应自行负责将货物从码头货位驳运至船方的费用。　　　　　　　　　　　　　　　　　　　　　（　　）
(4) 买方采用FOB条件进口散装小麦,货物用程租船运输,买方如不愿承担装船费用,可用FOB Trimmed变形。　　　　　　　　　　　　　　　　　　　　　（　　）
(5) 根据国际商会的《2010通则》的解释,在买方不能直接或间接办理出口手续的情况下,不宜采用EXW术语成交。　　　　　　　　　　　　　　　　　　　（　　）
(6) 所以称CIF价为"到岸价",是因为在货物运达目的港后,货物的所有权和风险即从卖方转移到买方。　　　　　　　　　　　　　　　　　　　　　　　（　　）

5. 计算题

某贸易公司向新西兰客户出口童车,公司报出的价格是每辆26美元CIF DUNEDIN,童车的运费为每辆5美元,保险按CIF成交价格加20%投保,保险费率0.8%,现请按客户要求改报FOB上海的美元单价。

6. 案例分析

(1) 美国西雅图一进口商从非洲刚果进口一批可可,合同采用CIF价格条件,由卖方向刚果保险公司投保了一切险,这批货物从卖方仓库运往码头途中发生了承保责任内的风险损失。当美国进口商凭刚果出口商转让的保险单向保险公司提起索赔时,遭到保险公司拒绝,理由是在风险发生时,买方未持有保险单,对货物也无所有权,所以不具有保险利益,无权提起索赔。保险公司的说法成立吗,为什么?

(2) 我某公司以 FOB 条件向国外一公司出售一批油菜籽,合同规定买方于 2 月份派船来接,但至 3 月 15 日,买方仍未派船接货,卖方于是提出警告,他将撤销合同并保留索赔权;结果买方船只直到 4 月 5 日才到,于是卖方拒绝交货并提出损失索赔。卖方的做法合理吗,为什么?

7. 技能实训

实训项目: 外贸公司业务员如何选用合适的贸易术语

实训目的: 通过该项目的训练,理解国际贸易术语的含义,熟练运用国际贸易术语完成贸易合同制定,使学生学会各种国际贸易术语的运用。

实训内容: 西安一贸易公司与北美的客户达成交易意向,交易的标的物为 2 400 箱蓝莓罐头(装一个 20 英尺的集装箱)。假如你是该贸易公司的业务员,应该如何使用合适的贸易术语向客户报价?

货物情况说明:

(1) 品名:蓝莓罐头。

(2) 数量:2 400 箱。

(3) 采购价格:每箱 67 元(含增值税 17%)。

信用证要求:

(1) 起运地:西安。

(2) 装货港:上海。

(3) 目的地:纽约。

(4) 保险加成率为 10%,投保保险的费率为 0.6%,战争险费率 0.08%。

其他条件:

(1) 内陆运费 2 280 元(20 英尺的集装箱汽运费)。

(2) 报关报检费:370 元。

(3) 业务费 3 000 元。

(4) 银行费率 1%。

(5) 退税率 13%。

(6) 海洋运费 1 044 美元(20 英尺集装箱包箱费率)。

(7) 人民币兑美元汇率 6.80∶1。

(8) 预期利润 10%。

实训要求:

(1) 确定价格构成。

(2) 确定相关费用。

(3) 分别使用 FOB、CFR、CIF 贸易术语完成报。

第4章 贸易商品

本章教学要点

知识要点	掌握程度	相关知识	应用方向
商品品名	熟悉	国际货物买卖合同中品名的基本知识	熟悉商品品名的订立原则和应注意事项
商品质量	掌握	品质的基本知识，表示品质的方法	掌握不同商品的质量条款的订立要求
商品数量	掌握	计量单位、计量方法等有关商品数量的知识	灵活掌握商品的单位，可准确地应用溢短装条款
商品包装	熟悉	包装分类及包装标志的相关知识	熟悉商品包装的种类，掌握商品包装条款写作方法
商品检验	熟悉	商品检验的意义与要件	熟悉商品检验的时间、地点、机构，掌握商品检验条款订立

阅读链接

1. UCP600：Arti 30
2. CISG：Arti 35, Arti 38, Arti 42, Arti 52, Arti 56
3. Contract Law of P.R.C.：Arti 132-133
4. 李晓燕. 国际贸易理论与实务[M]. 北京：清华大学出版社，2010.

 导入案例

中国 A 公司曾向 B 外商出售一批农产品。成交前，该公司给外商寄送过样品。签约时，在合同品质条款中规定了商品的具体规格。签约后，卖方经办人员又主动电告买方，确认"成交商品与样品相似"。在货物装运前，中国进出口商品检验检疫局对货物进行了检验并签发了品质规格合格证书。但该批货物运到目的地后，买方认为，所交货物品质比样品低，要求减价。卖方认为，合同并未规定凭样成交，而且所交货物，经检验符合约定的规格，故不同意减价。于是买方便请当地检验机构检验，出具了交货品质比样品低7%的证明，并据此提出了索赔要求，卖方拒赔。由于合同中未规定仲裁条款而发生争议后，双方又达不成仲裁协议，买方遂请中国仲裁机构协助处理解决此案争议。鉴于签约前卖方给买方寄送过样品。签约后，卖方又主动确认"交货与样品相似"且卖方存样已经遗失，故在仲裁机构的协调下，由卖方赔付买方品质差价的办法了结此案。

讨论与分析：
1. 你认为中国仲裁机构这样处理的理由是什么？
2. 合同中表示商品的品质时应注意哪些问题？

买卖合同是转移标的物所有权的合同。在国际贸易中，交易的标的物种类很多，每种标的物都有其具体名称，并表现为一定的质量，每笔交易的标的物都有一定的数量，而且交易的大多数标的物都需要有一定的包装，交货之前还涉及产品的检验。因此，买卖双方洽商交易和订立合同时，必须确定商品的品名及其质量、数量与包装等这些主要交易条件，并在买卖合同中做出明确具体的规定。

4.1 商品品名

4.1.1 确定商品品名的意义

商品的名称（name of commodity）也称"品名"，就是对买卖合同中标的物的确定。买卖合同是一种实物买卖，它以一定物体的实际交付为要件，即买卖的对象是具有一定外观形态并占有一定空间的有形物。买卖合同的特征是通过合同的履行，将合同标的物的所有权由卖方转移至买方。众所周知，在国际贸易中，看货成交、一手交钱、一手接货的情况极少，而且国际货物买卖，从签订合同到交付货物往往需要相隔一段较长的时间。加之交易双方在洽商交易和签订买卖合同时，通常很少见到具体商品，一般只是凭借对拟买卖的商品作为必要的描述来确定交易的标的。可见，在国际货物买卖合同中，列明合同的标的，就成为必不可少的条件。

按照有关的法律和惯例，对交易标的物的描述，是构成商品说明的一个主要组成部分，是买卖双方交接货物的一项基本依据，它关系到买卖双方的权利和义务。若卖方交付的货物不符合约定的品名或说明，买方有权提出损害赔偿要求，直至拒收货物或撤销合同。因此，确定商品的品名，具有重要的法律和实践意义。

Contract Law of P.R.C. Arti 132：The subject matter to be sold shall be owned by the seller or of that the seller shall have the right to dispose. Where the transfer of a subject matter is prohibited or restricted by laws or administrative regulation, such provision shall be applied.（出卖的标的物，应当属于出卖人所有或者出卖人有权处分。法律、行政法规禁止或者限制转让的标的物，依照其规定。）

4.1.2 品名条款的内容

国际货物买卖合同中的品名条款的规定，并无统一的格式，可由交易双方酌情商定。

合同中的品名条款通常都是在"商品名称或品名"的标题下，列明交易双方成交商品的名称。有时为了省略起见，也可不加标题，只在合同开头部分，列明交易双方同意买卖某种商品的文句。

品名条款的规定，还取决于成交商品的品种和特点。就一般商品来说，有时只要列明商品的名称即可。但有的商品，往往具有不同的品种、等级和型号。因此，为了明确起见，也有把有关具体品种、等级或型号的概括性描述包括进去，作进一步限定的情况。此外，有的甚至把商品的品质规格也包括进去，在此情况下，它就不单是品名条款，而是品名条款与品质条款的合并。

4.1.3 确定商品品名条款的注意事项

1. 必须明确、具体

命名商品的方法多种多样，如有些以其主要用途命名，有些以其使用的主要原材料或主要成分命名，有些以其外观造型或制造工艺命名，有些结合人名或地名命名，也有些冠以褒义词命名等。因此，在规定品名条款时，必须订明交易标的物的具体名称，避免空泛、笼统或含糊的规定，以确切地反映商品的用途、性能和特点，并便于合同的履行。

2. 针对商品实际做出实事求是的规定

条款中规定的品名，必须是卖方能够供应而买方所需要的商品，凡做不到或不必要的描述性词句，都不应列入，以免给履行合同带来困难。

3. 尽可能使用国际上通用的名称

有些商品的名称，各地叫法不一，为了避免误解，应尽可能使用国际上通行的称呼。若使用地方性的名称，交易双方应事先就其含义达成共识。对于某些新商品的定名及其译名，应力求准确、易懂，并符合国际上的习惯称呼。

4. 注意选用合适的品名

有些商品具有不同的名称，因而存在着同一商品因名称不同而交付关税和班轮运费不一的现象，且其所受的进出口限制也不同。为了减低关税、方便进出口和节省运费开支，在确定合同的品名时，应当选用对我方有利的名称。

 知识拓展

命名商品的方法

命名方法	举 例
以其主要用途命名	织布机、旅游鞋、杀虫剂、自行车、口红等
以其所使用的主要原料命名	棉布、涤纶纱、羊毛衫、铝锅、玻璃杯、冰糖燕窝、银耳莲子粥等
以其主要成分命名	西洋参蜂王浆、人参珍珠霜等
以其外观造型命名	绿豆、喇叭裤、宝塔纱、纸管等
以其褒义词命名	青春宝、太阳神口服液、生命一号等
以人物名字命名	孔府家酒、王守义十三香等
以制作工艺命名	二锅头、小磨油、精制油等
以其独特的发音而命名	眼镜 OIC(Oh, I see)、奶粉 KLIM(Milk)、可口可乐 (Coca Cola)

 应用案例

案情简介： 我国一家外贸公司出口一批苹果酒，国外来证货名为"Apple Wine"。于是为了单证一致，所有单据上均用"Apple Wine"。不料货到国外后遭海关扣留罚款，因该批酒的内外包装上均写的是"Cider"字样。结果外商要求我方赔偿其罚款损失。我方对此有无责任？

案例分析： 我方对此应负责任，商品的品名是合同中的主要条款，买卖双方对于品名应严格按照合同的规定来执行。案例中虽然选用的是合同中品名的同义词，但是也造成了海关扣留罚款的严重后果。

4.2 商品的品质

4.2.1 品质的重要性

商品的品质（quality of goods）又称商品的质量，是指商品的内在素质和外观形态的综合。前者包括商品的物理性能、机械性能、化学成分和生物特征等自然属性；后者包括商品的外形、色泽、款式和透明度等。

提高商品品质具有十分重要的意义。因为品质的优劣直接影响商品的使用价值和价格，它是决定商品使用效能和影响商品市场价格的重要因素。在当前国际市场竞争空前激烈的条件下，许多国家都把提高商品质量、力争以质取胜，作为非价格竞争的一个重要组成部分，它是加强对外竞销的重要手段之一。因此，在出口贸易中，不断改进和提高出口商品的质量，不仅可以增强出口竞争能力，扩大销路，提高售价，为国家和企业创造更多的外汇收入，还可以提高出口商品在国际市场的声誉，并反映出口国的科学技术和经济发展水平。在进口贸易中，严格把好进口商品质量关，使进口商品适应国内生产建设、科学研究和人民生活上的需要，是维护国家和人民利益并确保提高企业经济效益的重要问题。

为了使进出口商品的品质适应国内外市场的需要，在出口商品的生产、运输、存储和销售过程中，必须加强对品质的全面管理。在进口商品的订货、运输、接受等环节中，应当切实把好质量关。

由于国际贸易的商品种类繁多，即使是同一种商品，在品质方面也可能因自然条件、技术和工艺水平以及原材料的使用等因素的影响而存在着种种差异，这就要求买卖双方在商订合同时，必须就品质条件作出明确规定。

合同中的品质条件是构成商品说明的重要组成部分，是买卖双方交接货物的依据。例如，英国货物买卖法把品质条件作为合同的要件（condition）；《公约》规定，卖方交付货物，必须符合约定的质量，如卖方交货不符合约定的品质条件，买方有权要求损害赔偿，也可要求修理或交付替代货物，甚至拒收货物和撤销合同。

 条款举例

CISG Arti 35(1)：The seller must deliver goods which are of the quantity, quality and description required by the contract and which are contained or packaged in the manner required by the contract.（卖方交付的货物必须与合同所规定的数量、质量和规格相符，并须按照合同所规定的方式装箱或包装。）

4.2.2 对品质的要求

1. 对出口商品质量的要求

由于商品质量关系到用户的切身利益，故在国际市场上，用户不仅要对品质进行评价，而且还要对生产企业的质量体系进行评价，这已成为当前国际贸易中的通常做法。ISO 9000 系列标准是国际标准化组织（the International Organization for Standardization）为适应国际贸易发展的需要而制定的品质管理和品质保证标准，它为国际市场商品的生产企业质量体系评定，提供了统一的标准，具有国际通行证的作用它与 OHSAS 18000、ISO 14000 的异同如表 4-1 所示。当前，许多国家都把质量体系认证作为参加国际市场竞争的手段。采用 ISO 9000 系列标准，不仅有利于出口商品生产企业提高自身技术和管理素质，而且也有利于提高出口商品质量和发展对外贸易。

为了适应国际贸易发展的需要，有利于对我国出口商品生产企业按照 ISO 9000 系列标准进行质量体系评审，我国制定了《出口商品生产企业质量体系评审管理办法》，并于 1992 年 3 月 1 日起试行。该办法规定，由国家商检局（1998 年 7 月起为国家出入境检验检疫局，2001 年 4 月为中华人民共和国质量监督检验检疫总局）统一管理对出口商品生产企业质量体系的评审工作，凡取得评审合格证书的出口商品生产企业必须接受商检局的监督检查。对于买卖合同约定和外国政府要求或按我国有关规定应提供质量体系评审合格证书的生产企业的出口商品，商检局则凭生产企业评审合格证书接受出口检验。这就有助于全面加强对出口商品的质量管理，从而有利于保证出口商品质量符合国际市场的要求。

知识拓展

表 4-1　ISO 9000 与 OHSAS 18000、ISO 14000 的异同

相同或相似之处	不同之处
都是推荐采用的管理标准	标准的服务点不同：ISO 9000 面对产品质量，ISO 14000 对外环境影响，OHSAS 18000 是企业内部安全卫生
都是采用相同的管理模式；结构和要素等内容上有相同或相似之处	标准的级别不同：前后两者是 ISO 正式发布的国际性标准；OHSAS 18000 未经 ISO 组织统一发布，不是国际性标准
均可成为贸易准入的条件，有利于企业消除贸易壁垒，进入国际市场	要素内容完全不同，结构不完全对应
都有审核的内容，但程序相似；适用范围相同，都适用于各种类型的企业组织	管部门不相同：我国的 ISO 9000 由技术监督局主管，ISO 14000 由环境保护局主管。前者属于国家经贸委安全生产局主管
通过管理体系的建立、实施和改进，对企业内的活动过程及要素进行控制和优化	作用不相同：ISO 9000 偏向品质管理和品质保证标，ISO 14000 偏向对外环境的管理。前者偏向对企业职业健康与安全管理

我国出口商品要同全世界广大用户和消费者见面，为了适应他们的需要，必须贯彻"以销定产"的方针、坚持"质量第一"的原则，大力提高出口商品质量，使其符合下列具体要求。

(1) 针对不同市场和不同消费者的需求来确定出口商品质量。由于世界各国经济发展不平衡，各国生产技术水平、生活习惯、消费结构、购买力和各民族的爱好互有差异，所以要从国外市场的实际需要出发，搞好产销结合，使出口商品的品质、规格、花色、式样等适应有关市场的消费水平和消费习惯。

(2) 不断更新换代和精益求精。凡质量不稳定或质量不过关的商品，不宜轻易出口，以免败坏声誉。即使质量较好的商品，也不能满足现状，要本着精益求精的精神，不断改进、提高出口商品质量，加速更新换代，以赶上和影响世界的消费潮流，增强商品在国际市场上的竞争能力。

(3) 适应进口国的有关法令规定和要求。各国对进口商品的质量都有某些法令规定和要求，凡质量不符合法规和要求的商品，一律不准进口，有的还要就地销毁，并由货主承担由此引起的各种费用。因此，必须充分了解各国对进口商品的法令规定和管理制度，以便使我国出口商品能顺利地进入国际市场。

(4) 适应国外自然条件、季节变化和销售方式。由于各国自然条件和季节变化不同，销售方式各异，商品在运输、装卸、存储和销售过程中，其质量可能发生某种变化，所以注意自然条件、季节变化和销售方式差异，掌握商品在流通过程中的变化规律，使我国出口商品质量适应这些方面的不同要求，也有利于增强我国出口商品的竞争能力。

2. 对进口商品质量的要求

进口商品质量的优劣，直接关系到国内用户和消费者的切身利益。凡品质、规格不符合要求的商品，不应进口。对于国内生产建设、科学研究和人民生活急需的商品，进口时要货比三家，切实把好质量关，使其品质、规格不低于国内的实际需要，以免影响国家的生产建设和人民的消费与使用。但是，也不应超越国内的实际需要，任意提高对进口商品品质、规格的要求，以免造成不应有的浪费。总之，对进口商品品质的要求，要从我国现阶段的实际需要出发，分别不同情况，实事求是地予以确定。

 条款举例

CISG Arti 46(2)：If the goods do not conform with the contract, the buyer may require delivery of substitute goods only if the lack of conformity constitutes a fundamental breach of contract and a request for substitute goods is made either in conjunction with notice given under article 39 or within a reasonable time thereafter.（如果货物不符合同，买方只有在此种不符合同情形构成根本违反合同时，才可以要求交付替代货物，而且关于替代货物的要求，必须与依照第39条发出的通知同时提出，或者在该项通知发出后一段合理时间内提出。）

4.2.3 表示品质的方法

在国际贸易中，由于交易的商品种类繁多，特点各异，故表示品质的方法也不相同。归纳如表 4-2 所示。

表4-2 表示商品品质的方法

大 类	细 类	适用商品
用实物表示	看货买卖	只适合具有独特性质的商品，如珠宝、首饰、字画等
	凭样品买卖	难以规格化或标准化的商品，如工艺品等
用文字说明表示	凭规格买卖	大多数商品，尤其是能用科学的指标说明其质量的商品
	凭等级买卖	能用科学的指标说明其质量的商品
	凭标准买卖	能用科学的指标说明其质量的商品
	凭商标或牌名买卖	品质稳定的工业制成品或经过科学加工的初级产品，拥有名优商标或品牌
	凭产地名称买卖	具有地方风味和特色的产品
	凭说明书和图样买卖	技术性能复杂的制成品

1. 以实物表示商品质量

以实物表示商品质量通常包括凭成交商品的实际品质(actual quality)和凭样品(sample)两种表示方法。前者为看货买卖,后者为凭样品买卖。

1) 凭实际品质买卖

若买卖双方根据成交商品的实际品质进行交易,通常是先由买方或其代理人在卖方所在地验看货物,达成交易后,卖方就应按验看过的商品交付货物。只要卖方交付的是验看过的商品,买方就不得对品质提出异议。

在国际贸易中,由于交易双方远隔两地,交易洽谈多靠函电方式进行。买方到卖方所在地验看货物有诸多不便,即使卖方有现货在手,买方也有代理人代为验看货物,也无法逐件查验,所以采用看货成交的有局限。这种做法,多用于寄售、拍卖和展卖业务中。

2) 凭样品买卖

样品通常是指从一批商品中抽出来的或由生产、使用部门设计、加工出来的,足以反映和代表整批商品质量的少量实物。凡以样品表示商品质量并以此作为交货依据的,称为凭样品买卖(sale by sample)。

在国际贸易中,按样品提供者的不同,可分为下列几种:

(1) 卖方样品(seller's sample)。由卖方提供的样品称为"卖方样品"。凡凭卖方样品作为交货的品质依据者称为"凭卖方样品买卖"。在此情况下,在买卖合同中应订明:"品质以卖方样品为准"(quality as per seller's sample)。日后,卖方所交整批货的品质,必须与其提供的样品相同。

(2) 买方样品(buyer's sample)。买方为了使其订购的商品符合自身要求,有时也提供样品交由卖方依样承制,如卖方同意按买方提供的样品成交,称为"凭买方样品买卖"。在这种场合,买卖合同中应订明:"品质以买方样品为准"(quality as per buyer's sample)。日后,卖方所交整批货的品质,必须与买方样品相符。

(3) 对等样品(counter sample)。在国际贸易中,谨慎的卖方往往不愿意凭买方样品交易,以免因交货品质与买方样品不符而招致买方索赔、甚至退货的风险。在此情况下,卖方可根据买方提供的样品,加工复制出一个类似的样品交买方确认,这种经确认后的样品,称为"对等样品"或"回样",也有称为"确认样品"(confirming sample)的。当对等样品被买方确认后,则日后卖方所交货物的品质,必须以对等样品为准。

此外,买卖双方为了发展贸易关系和增进彼此对对方商品的了解,往往采用互相寄送样品的做法。这种以介绍商品为目的而寄出的样品,最好标明"仅供参考"(for reference only)字样,以免与标准样品混淆。在寄送"参考样品"的情况下,如买卖合同中未订明交货品质以该项样品为准,而是约定了其他方法来表示品质,这就不是凭样品买卖,这种样品对交易双方均无约束力。

在国际货物买卖中,实物样品的使用非常广泛,不仅存在于国际货物买卖合同的磋商阶段,而且在市场开发和履约阶段,买卖双方处于不同的商业目的,也会使用实物样品。例如,参考样品(reference sample)、免费样品(free sample)、推销样品(selling sample)、装运样品(shipping sample)、到货样品(outturn sample)、检验用样品(sample for test)等。这些实物样品的使用目的及意义不同于作为所交货物品质依据的实物样品,应当注意区分。

应用案例

案例简介： 大连某厂向中东出口一批门锁，合同规定三四月装船，需要买方认可回样之后方能发运。2月下旬买方开来的信用证上亦有同样文字。该厂三次试寄回样，均未获得买方认可，所以该厂迟迟未能如期装船。5月，外商以该厂延误船期为由提出索赔要求。我方如何处理？

案例分析： 根据合同规定买卖双方是以回样来确定商品的品质，回样必须经过买方的确认才能成为买卖双方交货的依据。本案例由于买方的原因使回样得不到确认，无法确定交货的品质，故买方对此要承担相应的责任。

2. 以文字说明表示商品质量

凡以文字、图表、相片等方式来说明商品的品质者，均属凭说明表示商品品质的范畴。属于这个范畴的表示方法，具体包括下列几种。

1) 凭规格买卖（sale by specification）

商品规格（specification of goods）是指一些足以反映商品质量的主要指标，如化学成分、含量、纯度、性能、容量、长短、粗细等。

在国际贸易中，买卖双方洽谈交易时，对于适于凭规格买卖的商品，应提供具体规格来说明商品的基本品质状况，并在合同中订明。凭规格买卖时，说明商品品质的指标因商品不同而异，即使是同一商品，因用途不同，对规格的要求也会有差异。例如，买卖大豆时，如作榨油用，就要求在合同中列明含油量；而作食用者，则不一定列明含油量，但蛋白质的含量，就成为应当列明的重要指标。

用规格表示商品品质的方法，具有简单易行、明确具体，且可根据每批成交货物的具体品质状况灵活调整的特点，故这种方法在国际贸易中被广为运用。

例：

Chinese Groundnut 2007 Crop, F.A.Q	2007年产的、普通中等品质的中国落花生
Moisture (max.) 13%	水分（最大）13%
Admixture (max.) 5%	杂质（最大）5%
Oil content (min.) 44%	含油量（最小）44%

2) 凭等级买卖（sale by grade）

商品的等级（grade of goods）是指同一类商品，按其规格上的差异，分为品质优劣各不相同的若干等级。如我国出口的钨砂，主要根据其三氧化钨和锡含量的不同，可分为特级、一级和二级三种。凭等级买卖时，由于不同等级的商品具有不同的规格，为了便于履行合同和避免争议，在品质条款列明等级的同时，最好一并规定每一等级的具体规格。当然，如果交易双方都熟悉每个级别的具体规格，则也可以只列明等级，而不需规定其具体规格。

商品的等级，通常是由制造商或出口商根据其长期生产和了解该商品的经验，在掌握其品质规格的基础上制定出来的。它有助于满足各种不同的需要，也有利于根据不同需要来安排生产和加工整理。这种表示品质的方法，对简化手续、促进成交和体现按质论价等方面都有一定的作用。但是，应当说明，由个别厂商制定的等级本身并无约束力，买卖双方洽商交易时，可根据合同当事人的意愿予以调整或改变，并在合同中具体订明。

例：

Fresh Hen Eggs: Shell light brown and clean, even in size	鲜鸡蛋：浅棕色蛋壳、表面清洁、大小均匀
Grade AA: 60～65 g per egg	AA级：每枚鸡蛋60～65克
Grade A: 55～60 g per egg	A级：每枚鸡蛋55～60克
Grade B: 50～55 g per egg	B级：每枚鸡蛋50～55克
Grade C: 45～50 g per egg	C级：每枚鸡蛋45～50克

3) 凭标准买卖（sale by standard）

商品的标准是指将商品的规格和等级予以标准化。商品的标准，有的由国家或有关政府主管部门规定，也有的由同业公会、交易所或国际性的工商组织规定。在国际贸易中，有些商品习惯于凭标准买卖，人们往往使用某种标准作为说明和评定商品品质的依据。例如，美国出售小麦时，通常使用美国农业部制定的小麦标准。

国际贸易中采用的各种标准，有些具有法律上的约束力，凡品质不符合标准要求的商品，不许进口或出口。但也有些标准不具有法律上的约束力，仅供交易双方参考使用，买卖双方洽商交易时，可另行商定对品质的具体要求。在我国实际业务中，凡我国已规定有标准的商品，为了便于安排生产和组织货源，通常采用我国有关部门所规定的标准成交，但为了把生意做活，也可根据需要和可能，酌情采用国外规定的品质标准。尤其是对国际上已被广泛采用的标准，一般可按该标准进行交易。由于各国制定的标准经常进行修改和变动，加之一种商品的标准还可能有不同年份的版本，其品质标准也往往有差异。因此，在采用国外标准时，应载明所采用标准的年份和版本，以免引起争议。例如，在凭药典确定品质时，应明确规定以哪国的药典为依据，并同时注明该药典的出版年份。

例1：

Chinese Groundnut 2007 Crop, F.A.Q	2007年产的、普通中等品质的中国落花生

例2：

Female Mink Overcoat Full Let Out Made Chinese Standard Body length 120X115cm	母水貂皮串刀长大衣 中国标准　胸围长度120厘米×115厘米

在国际贸易中，对于某些品质变化较大而难以规定统一标准的农副产品，往往采用"良好平均品质"（Fair Average Quality, FAQ）这一术语来表示其品质。所谓"良好平均品质"，是指一定时期内某地出口货物的平均品质水平，一般是指中等货而言。其具体解释和确定办法是：

(1) 指农产品的每个生产年度的中等货。采用这种解释时，一般是由生产国在农产品收获后，经过对产品进行广泛抽样，从中制定出该年度的"良好平均品质"的标准和样品，并予以公布，作为该年度"FAQ"的标准。

(2) 指某一季度或某一装船月份在装运地发运的同一种商品的"平均品质"。它一般是从各批出运的货物中抽样，然后综合起来，取其中一些样品作为良好平均品质的标准。它可由买卖双方联合抽样，也可由共同委托检验人员抽样，送交指定的机构（可以是进口地的专业公会）检验决定。

在我国出口的农副产品中，也有用"FAQ"来说明品质的。但是，一般所说的"FAQ"是指大路货，是和"精选货"（selected）相对而言的，而且在合同中除了标明大路货之外，还订有具体规格。例如,"木薯片1998年产,大路货,水分最高16%。"在交货时,则以合同规定的具体规格作为依据。

4) 凭说明书和图样买卖(sale by descriptions and illustrations)

在国际贸易中,有些机器、电器和仪表等技术密集型产品,因其结构复杂,对材料和设计的要求非常严格,用以说明其性能的数据较多,很难用几个简单的指标来表明其品质的全貌,而且有些产品,即使其名称相同,但由于所使用的材料、设计和制造技术的某些差别,也可能导致功能上的差异。因此,对这类商品的品质,通常是以说明书并附以图样、照片、设计、图纸、分析表及各种数据来说明其具体性能和结构特点。按此方式进行交易,称为凭说明书和图样买卖。

例:

Channahon brand color TV sets details as per attached descriptions and illustrations. 长虹牌彩电,详情按照所附说明书和图样为准。

凭说明书和图样买卖时,要求所交的货物必须符合说明书所规定的各项指标。但是,由于这类产品的技术要求比较高,品质与说明书和图样相符合的产品有时在使用时并不一定能达到设计的要求,所以在合同中除列入说明书的具体内容外,一般需要订立卖方品质保证条款和技术服务条款。例如,规定:"卖方须在一定期限内保证其商品的质量符合说明书所规定的指标,如在保证期内发现品质低于规定,或部件的工艺质量不良,或因材料内部隐患而产生缺陷,买方有权提出索赔,卖方有义务消除缺陷或更换有缺陷的商品或材料,并承担由此引起的各项费用。"

5) 凭商标或品牌买卖(sale by trade mark or brand)

商标(trade mark)是指生产者或商号用来说明其所生产或出售的商品的标志,它可由一个或几个具有特色的单词、字母、数字、图形或图片等组成。品牌(Brand Name)是指工商企业给其制造或销售的商品所冠的名称,以便与其他企业的同类产品区别开来。一个品牌可用于一种产品,也可用于一个企业的所有产品。前者是指每一个产品都使用一个品牌,以代表其具有不同的品质,如美国通用汽车公司出产的汽车,各有其不同的品牌;后者是指一个厂商所出产的各种商品,都使用同一品牌,以表示都达到该厂商的规定的标准品质,如美国奇异电器公司即以奇异(GE)命名其所有的商品。当前,国际市场上行销的许许多多商品,尤其是日用消费品、加工食品、耐用消费品等都标有一定的商标或品牌。各种不同商标的商品都具有不同的特色。一些在国际上久负盛誉的名牌产品,都因其品质优良稳定,具有一定的特色且能显示消费者的社会地位,故其售价远远高出其他同类产品。这种现象特别是在消费水平较高、对品质要求严格的所谓"精致市场"(Sophisticated Market)表现得尤其突出。而一些名牌产品的制造者为了维护其商标的信誉,对其产品都规定了严格的品质控制,以保证其产品品质达到一定的标准。因此,商标或品牌本身实际上是一种品质象征。人们在交易中就可以只凭商标或品牌进行买卖,无须对品质提出详细要求。但是,如果一种品牌的商品同时有许多种不同型号或规格,为了明确起见,就必须在规定品牌的同时,明确规定型号或规格。凭商标或品牌的买卖,一般只适用于一些品质稳定的工业制成品或经过科学加工的初级产品。在进行这类交易时,必须确实把好质量关,保证产品的传统特色,把维护名牌产品的信誉放在首要地位。

例1：
　　Maling Canned Pork Luncheon Meat　　　　　　梅林牌午餐肉罐头

例2：
　　Finger Citron Brand Ve-Tsin (Gourmet Power) 90% & up　　佛手牌味精　　90度或以上

此外，应当指出，如我国接受国外客户订货并按规定刷印其提供的品牌时，应注意该项品牌是否合法，以免运往国外触犯进口国家的商标法而引起纠纷。

6) 凭产地名称买卖 (Sale by Place of Origin)

在国际货物买卖中，有些产品，因产区的自然条件、传统加工工艺等因素的影响，在品质方面具有其他产区的产品所不具有的独特风格和特色，对于这类产品，一般也可用产地名称 (Name of Origin) 来表示其品质，如"青岛啤酒"等。

例：
　　Yantai Apples　　　烟台苹果
　　Xinjiang Raisins　　新疆葡萄干

上述各种表示品质的方法，一般是单独使用，但有时也可酌情将它们混合使用。

应用案例

案例简介： 香港某商行向内地一企业按FOB条件订购5 000吨铸铁井盖，合同总金额为305万美元（约人民币2 534.5万元）。货物由买方提供图样进行生产。该合同品质条款规定：铸件表面应光洁；铸件不得有裂纹、气孔、砂眼、缩孔、夹渣和其他铸造缺陷。合同规定：订约后10天内卖方须向买方预付约人民币25万元的"反保证金"，交第一批货物后5天内退还保证金；货物装运前，卖方应通知买方前往产地抽样检验，并签署质量合格确认书；若质量不符合合同要求，买方有权拒收货物；不经双方一致同意，任何一方不得单方面终止合同，否则由终止合同的一方承担全部经济损失。

案例分析： 本案是一起典型的外商利用合同中的品质条款进行诈骗的案例。铸件表面"光洁"是一个十分含糊的概念，没有具体标准和程度；"不得有裂纹、气孔等铸造缺陷"存在的隐患更大，极易使卖方陷入被动。对方的实际目标是25万元反保证金。这类合同的特点：价格诱人，工艺简单；技术标准含糊，并设有陷阱；预收保证金等后逃之夭夭，或者反咬一口；被欺诈对象多为合同管理不严、缺乏外贸经验、急功近利的中小企业。

4.2.4　品质条款的规定

在品质条款中，一般要写明商品的名称和具体品质。但由于品种不同，表示品质的方法不一，故品质条款的内容及其繁简，应视商品特性而定。规定品质条款，需要注意下列事项。

1. 品质条款必须明确、具体、切合实际

应尽量避免笼统含糊，如好大米、上等苹果等，也应该避免使用大约、左右等类似的字眼。但品质也不应规定得过于繁和细，否则容易给生产和销售带来困难。从产销角度来看，应在兼顾国外市场需求与国内供应能力的基础上，合理确定品质条件，防止把品质订得过高或过低。

2. 应视商品特性，合理运用各种表示品质的方法

3. 品质条款还应注意必要的灵活性和科学性

在实践中，由于商品特性、运输条件、气候因素的影响，卖方要做到交货品质与合同完全一致并非易事。灵活确定品质条款的办法有：

(1) 规定货样品质大体相同等类似条款。

(2) 品质公差条款。品质公差是指国际上公认的产品品质误差。在工业制成品生产过程中，产品的质量指标出现一定的误差是难免的。即使合同中没有规定，凡在品质公差范围内的货物买方也不得拒收或要求调整价格；如果公差不明确，则在合同中具体规定公差的内容。例如，上海手表品质允许合理差异，24 小时内最大误差不超过 10 秒。

(3) 品质机动幅度条款。某些初级产品（如农矿产品等）的质量不甚稳定，为了交易顺利进行，在规定其品质指标的同时，可订立一定的品质机动幅度，即允许卖方所交货物的品质指标在一定幅度内有灵活性。为体现按质论价，订法也有下列两种：其一是规定范围，例如 9k 黄金饰品，含金量 37.5%～41.7%；其二是规定极限，例如中国芝麻，水分最高 8%，杂质最高 2%，含油量最低 52%。只要卖方交货在允许的幅度内，买方就无权拒收，一般不调整价格。但有些商品，为体现按质论价，卖方也可根据合同规定适当调整价格，所根据的合同条款往往被称为品质增减价条款，例如大米，水分 9%±1%，价格 ±1.5%。

4. 争取加入降低货物（特别是复杂货物）被拒收风险的条款

(1) 规定禁止买方拒收条款。即只准买方索赔，但不能拒收货物的条款。

(2) 规定违约后的价格调整条款。在某一百分比内的品质偏差，买方只可要求货价调整，而不能拒收；如超出这一百分比，买方有权拒收。例如，"大豆含水量 8%，实际交货含水量每增减 1%，合同价格减增 1%。含水量超过 8%，买方才可以拒收。"

(3) 规定装运港检验为最终品质依据的条款。

条款举例

PICC 2010 Arti 5.1.6: Where the quality of performance is neither fixed by, nor determinable from, the contract a party is bound to render a performance of a quality that is reasonable and not less than average in the circumstances.（如果合同中既未规定而且也无法根据合同确定履行的质量，则一方当事人有义务使其履行的质量达到合理的标准，并且不得低于此情况下的平均产水准。）

应用案例

案例简介： 我某出口公司与德国一家公司签订出口一批农产品的合同。其中品质规格为：水分最高 15%，杂质不超过 3%，交货品质以中国商检局品质检验为最后依据。在成交前我方曾向对方寄送过样品，但并未声明是参考样品；合同签订后我方又电告对方，确认成交货物与样品相似。货物装运前由中国商检局签发品质规格合格证书。货物运抵德国后，该外国公司提出：虽然有检验证书，但货物品质比样品差，卖方有责任交付与样品一致的货物，因此要求每吨减价 6 英镑。我公司以合同中并未规定凭样交货为由不同意减价。于是，德国公司请该国某检验公司检验，出具了所交货物平均品质比样品差 7% 的检验证明，并据此提赔。我方不服，提出该产品系农产品，不可能做到与样品完全相符，但不至于低 7%。由于我方留存的样品遗失，无法证明，最终只好赔付一笔品质差价。

案例分析： 虽然双方合同中并没有明确表示采用样品作为交货品质依据，但是双方成交过程中，我方出口公司向对方寄送过样品，并明确告知对方交货品质与样品类似，事实上双方已经形成成交货物品质依据样品的品质。由于农产品属于品质波动幅度较大的产品，虽然我方采用相应的品质机动幅度来表示商品品质，但是"成交商品与样品相似"所列标准相对模糊，没有规定相对的机动幅度，而对方商检机构所监测我方实际交货比样品品质低 7%，属于较大幅度的出入，同时我方没有留存样品。故我方实际交货和样品存在差异，属于所交货物存在品质缺陷，构成违约，理应赔付品质差价。

4.3 商品的数量

商品的数量是国际货物买卖合同中不可缺少的主要条件之一。按照某些国家的法律规定，卖方交货数量必须与合同规定相符；否则，买方有权提出索赔，甚至拒收货物。《公约》也规定，按约定的数量交付货物是卖方的一项基本义务。如卖方交货数量大于约定的数量，买方可以拒收多交的部分，也可以收取多交部分中的一部分，但应按合同价格付款；如卖方交货数量少于约定的数量，卖方应在规定的交货期届满前补交，但不得使买方遭受不合理的不便或承担不合理的开支，即使如此，买方也有保留要求损害赔偿的权利。由于交易双方约定的数量是交接货物的依据，所以正确掌握成交数量和订好合同中的数量条件，具有十分重要的意义。买卖合同中的成交数量的确定，不仅关系到进出口任务的完成，还涉及对外政策和经营意图的贯彻。正确掌握成交数量，对促成交易的达成和争取有利的价格，也具有一定的作用。

4.3.1 计量单位和计量方法

在国际贸易中，由于商品的种类、特性和各国度量衡制度的不同，所以计量单位和计量方法也多种多样。了解各种度量衡制度，熟悉各种计量单位的特定含义和计量方法，乃是从事外经贸人员所必须具备的基本常识和技能。

1. 计量单位

国际贸易中使用的计量单位（表4-3）很多，究竟采用何种计量单位，除主要取决于商品的种类和特点外，还取决于交易双方的意愿。

表4-3 计量单位

计量单位分类	计量单位举例	在国际贸易中所适用的商品
按重量计量	公吨、长吨、短吨、公斤、磅、盎司等	大宗农副产品、矿产品以及一部分工业制成品
按数量计量	个、件、套、组、台、打、箩、令、卷、张、箱、桶、包等	大多数工业制成品，尤其是日用消费品、轻工业品、机械产品以及部分土特产
按长度计量	米、尺和码等	常用于金属绳索、布匹、绸缎等
按面积计量	平方米、平方尺、平方码等	常用于玻璃板、地毯、皮革等商品
按体积计量	立方米、立方尺、立方码等	木材、天然气和化学气体等商品
按容积计量	蒲式耳、加仑、公升等	常用于各种谷物和液体商品

1) 计量单位的确定方法

国际贸易中不同类型的商品，需要采用不同的计量单位。通常使用的有下列几种。

(1) 按重量 (weight) 计算。按重量计量是当今国际贸易中广为使用的一种计量单位。按重量计量的单位有公吨 (metric ton)、长吨 (long ton)、短吨 (short ton)、公斤 (kilogram)、克 (gram)、盎司 (ounce) 等。对黄金、白银等贵重商品，通常采用克或盎司来计量；对钻石之类的商品，则采用克拉作为计量单位。

(2) 按数量 (number) 计算。其所使用的计量单位有件 (piece)、双 (pair)、套 (set)、打 (dozen)、卷 (roll)、令 (ream)、罗 (gross) 以及袋 (bag) 和包 (bale) 等。

(3) 按长度 (length) 计算。通常采用米 (meter)、英尺 (foot)、码 (yard) 等长度单位来计量。

(4) 按面积 (area) 计算。在玻璃板、地毯、皮革等商品的交易中；一般习惯于以面积作为计量单位，常见的有平方米 (square meter)、平方英尺 (square foot)、平方码 (square yard) 等。

(5) 按体积 (volume) 计算。这方面的计量单位，有立方米 (cubic meter)、立方英尺 (cubic foot)、立方码 (cubic yard) 等。

(6) 按容积 (capacity) 计算。其中，美国以蒲式耳 (bushel) 作为各种谷物的计量单位，但每蒲式耳所代表的重量，则因谷物不同而有差异。例如，每蒲式耳亚麻籽为56磅，燕麦为32磅，大豆和小麦为60磅。公升 (litre)、加仑 (gallon) 则用于酒类、油类商品。

2) 国际贸易中的度量衡制度

世界各国的度量衡制度不同，致使计量单位上存在差异，即同一计量单位所表示的数量不同。

在国际贸易中，通常采用公制 (The Metric System)、英制 (The British System)、美制 (The US System) 和国际标准计量组织在公制基础上颁布的国际单位制 (The International System of Units)。《中华人民共和国计量法》规定："国家采用国际单位制。国际单位制计量单位和国家选定的其他计量单位，为国家法定计量单位。"目前，除个别特殊领域外，一般不许再使用非法定计量单位。我国出口商品，除照顾对方国家贸易习惯约定采用公制、英制或美制计量单位外，应使用我国法定计量单位。我国进口的机器设备和仪器等，应要求使用我国法定计量单位；否则，一般不许进口；如确有特殊需要，也必须经有关标准计量管理部门批准。

 条款举例

CISG Arti 56: If the price is fixed according to the weight of the goods, in case of doubt it is to be determined by the net weight.（如果价格是按货物的重量规定的，如有疑问，应按净重确定。）

由于度量衡制度不同，即使是同一计量单位所表示的数量差别也很大。就表示重量的吨而言，实行公制的国家一般采用公吨，每公吨为1 000公斤；实行英制的国家一般采用长吨，每长吨为1 016公斤；实行美制的国家一般采用短吨，每短吨为907公斤。此外，有些国家对某些商品还规定有自己习惯使用的或法定的计量单位。以棉花为例，许多国家都习惯于以包 (bale) 为计量单位，但每包的含量各国解释不一：如美国棉花规定每包净重为480磅；巴西棉花每包净重为396.8磅；埃及棉花每包为730磅。又如糖类商品，有些国家习惯采用袋装，古巴每袋糖重规定为133公斤，巴西每袋糖重规定为60公斤等。由此可见，了解各不同度量衡制度下各计量单位的含量及其计算方法是十分重要的。

为了解决由于各国度量衡制度不一带来的弊端，以及为了促进国际科学技术交流和国际贸易的发展，国际标准计量组织在各国广为通用的公制的基础上采用国际单位制，国际单位制的实施和推广，标志着计量制度日趋国际化和标准化，现在已有越来越多的国家采用国际单位制。

 **应用案例**

案例简介：大连某出口公司向日本出口大米一批，在洽谈时，谈妥 2 000 公吨，每公吨 280 美元 FOB 大连口岸。但在签订合同时，在合同上只是笼统地写了 2 000 吨，我方当事人认为合同上的吨就是指公吨而言，而发货时日商却要求按长吨供货。

案例分析：这是一起外商利用合同对计量单位的规定不严格而要求多付货物的纠纷。由于双方在洽谈时采用的单位是公吨，同时作为计量单位的吨又有公吨、长吨和短吨等不同的解释，所以外商这种要求是不合理的。处理这一纠纷可以采取两种办法解决：一种是将合同中笼统规定的吨改为公吨，仍维持原合同价格；另一种是按外方要求将合同的吨改为长吨，但原合同的价格也要按长吨与公吨之间的比例作相应更改。如果本案例是在发货时外商提出的要求，尚可据理力争；若货到目的地后，国外市场价格下跌，外商以此压我让步，我方在白纸黑字面前，可能损失惨重。

2. 计算重量的方法

在国际贸易中，按重量计量的商品很多。根据一般商业习惯，通常计算重量的方法有毛重、净重、公量、法定重量和理论重量。

1) 毛重（gross weight）

商品本身重量加包装的重量称为毛重。这种计重办法一般适用于低值商品。

2) 净重（net weight）

商品本身重量，即除去其包装物后的实际重量称为净重，这是国际贸易中最常见的计重方法。不过，有些价值较低的农产品或其他商品，有时也采用"以毛作净"（gross for net）的办法计重。例如，蚕豆 100 公吨，单层麻袋包装以毛作净。所谓"以毛作净"，实际上就是以毛重当作净重计价。

在采用净重计重时，对于如何计算包装重量，国际上有下列几种做法。

(1) 按实际皮重（actual tare 或 real tare）计算。实际皮重即指包装的实际重量，它是指对包装逐件衡量后所得的总和。

(2) 按平均皮重（average tare）计算。如果商品所使用的包装比较划一，重量相差不大，就可以从整批货物中抽出一定的件数，称其皮重，然后求出其平均重，再乘以总件数，即可求得整批货物的皮重。近年来，随着技术的发展和包装材料及规格的标准化，用平均皮重计算净重的做法已日益普遍。有人把它称为标准皮重（standard weight）。

(3) 按习惯皮重（customary tare）计算。有些商品，由于其所使用的包装材料和规格已比较定型，皮重已为市场所公认，所以在计算其皮重时，就毋需对包装逐件过秤，按习惯上公认的皮重乘以总件数即可。

(4) 按约定皮重（computed tare）计算。即以买卖双方事先约定的包装重量作为计算的基础。

国际上有多种计算皮重的方法，究竟采用哪一种方法来求得净重，应根据商品的性质、所使用包装的特点、合同数量的多寡以及交易习惯，由双方当事人事先在合同中订明，以免事后引起争议。

3) 公量（conditioned weight）

国际贸易中的棉毛、羊毛、生丝等商品有较强的吸湿性，其所含的水分受客观环境的影响较大，故其重量很不稳定。为了准确计算这类商品的重量，国际上通常采用按公量计算的办法，即以商品的干净重（指烘去商品水分后的重量）加上国际公定回潮率与干净重的乘积所得出的重量，即为公量。

公量＝干量＋标准水分＝商品净重×(1＋标准回潮率)/(1＋实际回潮率)

计算题

试题：生丝、羊毛公认的标准回潮率（也称为公定回潮率）为11%。某公司进口羊毛10公吨，假设抽取10千克来测量其实际回潮率，用科学方法去掉货物中的水分后，若净重8千克羊毛。求实际回潮率和公量？

解答：

实际回潮率（含水量与干量之比）＝2÷8＝25%

公量＝10×(1＋11%)÷(1＋25%)＝8.88(吨)

或者　　公量＝干量＋标准含水量＝8＋8×11%＝8.88(吨)

4) 法定重量（legal weight）和实物净重（net net weight）

按照一些国家海关法的规定，在征收从量税时，商品的重量是以法定重量计算的。法定重量是商品重量加上直接接触商品的包装物料，如销售包装等的重量。而除去这部分重量所表示出来的纯商品的重量，则称为实物净重。

5) 理论重量（theoretical weight）

即根据理论数据算出的重量。某些有固定和统一规格的货物，如马口铁、钢板等，有统一形状和尺寸，只要每件或每张规格相同、尺寸一致，其重量便大致相等，因而根据其件数或张数即可推算出其总重量。

应用案例

案例简介：某粮油食品进出口公司出口一批驴肉到日本。合同规定，该批货物共25吨，装1 500箱，每箱净重16.6千克。如按规定发货，则总重量应为24.9吨，余下100千克可以不再补交。当货物运抵日本港口后，日本海关人员在抽查该批货物时，发现每箱净重不是16.6千克而是20千克，即每箱多装了3.4千克。因此该批货物实际装了30吨。但在所有单据上都注明了24.9吨。议付货款时也按24.9吨计算，白送5.1吨驴肉给客户。此外，由于货物单据上的净重与实际重量不符，日本海关还认为我方少报重量有帮助客户逃税的嫌疑，向我方提出意见。经我方解释，才未予深究。但多装5.1吨驴肉，不再退还，也不补付货款。本案说明了什么问题？

案例分析：世界上许多国家的海关一般对货物进口都实行严格的监管，如进口商申报进口货物的数量与到货数量不符，进口商必然受到询查；如果到货数量超过报关数量，就有走私舞弊之嫌，海关不仅可以扣留或没收货物，还可追究进口商的刑事责任。本案中，由于我方的失误，不仅给自己造成损失，还给进口商带来麻烦。

4.3.2　数量条款的规定

买卖合同中的数量条款，主要包括成交商品的数量和计量单位。按照合同规定的数量交付货物是卖方的基本义务。为了避免买卖双方日后的争议，合同的数量条款应当完整准确。

条款举例

CISG Arti 52：(1) If the seller delivers the goods before the date fixed, the buyer may take delivery or refuse to take deliver.（如果卖方在规定的日期前交付货物，买方可以收取货物，也可以拒绝收取货物。）(2) If the seller delivers a quantity of goods greater than that provided for in the contract, the buyer may take delivery or refuse to take delivery of the excess quantity. If the buyer takes delivery of all or part of the excess quantity, he must pay for it at the contract rate.（如果卖方交付的货物数量大于合同规定的数量，买方可以收取也可以拒绝收取多交部分的货物。如果买方收取多交部分货物的全部或一部分，则必须按合同价格付款。）

按重量成交的商品，还需订明计算重量的方法。数量条款的内容及其繁简，应视商品的特性而定。规定数量条款，需要注意下列事项。

1. 正确掌握成交数量

在洽商交易时，应正确掌握进出口商品成交的数量，防止心中无数，盲目成交。

1) 对出口商品数量的掌握

为了正确掌握出口商品的成交量，在商订具体数量时，应当考虑下列因素。

(1) 国外市场的供求状况。当我们确定向某市场出口时，应了解该市场的需求量和各地对该市场的供应量，有效地利用市场供求变化规律，按国外市场实际需要合理确定成交量，以保证我国出口商品能卖得适当的价钱。对我国出口商品的主销市场和常年稳定供货的地区与客商，应经常保持一定的成交量，防止因成交量过少或供应不及时，而导致国外竞争者乘虚而入，使我们失去原有市场和客户。

(2) 国内货源供应情况。确定出口商品的成交数量，应当同国内的生产能力货源供应状况相适应。在有生产能力和货源充沛的情况下，可适当扩大成交量；反之，如货源紧张，则不宜盲目成交，以免给生产企业和履行合同带来困难。

(3) 国际市场的价格动态。在确定出口商品成交数量时，还应考虑该项商品的市场价格动态。当价格看跌时，如有货源，应争取多成交，快抛售；价格看涨时，不宜急于大量成交，应争取在有利的时机抛售。

(4) 国外客户的资信状况和经营能力。出口商品的成交数量应与国外客户的资信状况和经营能力相适应，对资信情况不了解的客户和资信欠佳的客户，不宜轻易签订成交数量较大的合同，对小客户的成交数量也要适当控制，对大客户的成交数量过小，势必缺少吸引力。总之，要根据客户的具体情况确定适当的成交量。

2) 对进口商品数量的掌握

为了正确地掌握进口商品的成交数量，一般需要考虑下列因素：

(1) 国内的实际需要。在洽购进口商品时，应根据国内生产建设和市场的实际需要来确定成交量，避免盲目进口。

(2) 国内支付能力。确定进口商品数量，应与国内支付能力相适应，当外汇充裕而国内又有需要时，可适当扩大进口商品数量；反之，如外汇短缺，而非急需商品，则应控制进口成交数量，以免浪费外汇和出现不合理的贸易逆差。

(3) 市场行情变化。在洽购进口商品时，还应根据国际市场行情变化情况确定成交数量，当市场行情发生对我方有利的变化时，应适当扩大成交数量；反之，则应适当控制成交数量。

2. 数量条款应当明确具体

为了便于履行合同和避免引起争议，进出口合同中的数量条款应当明确具体。比如，在规定成交商品数量时，应一并规定该商品的计量单位。对按重量计算的商品，还应规定计算重量的具体方法，如"中国大米1 000公吨，麻袋装，以毛作净"。某些商品如需要规定数量机动幅度时，则数量机动幅度多少，由谁来掌握这一机动幅度，以及溢短装部分如何作价，都应在条款中具体订明。

此外，在进出口合同中，一般不宜采用大约、左右（about、approximate）等带伸缩性的字眼来说明，成交数量只是一个约量。因为各国和各行业对这类词语的解释不一，有的理解为2%的伸缩，也有的理解为5%，甚至10%的伸缩，众说纷纭，容易引起争议。根据《跟单信用证统一惯例》规定，这个约数，可解释为交货数量有不超过10%的增减幅度。鉴于国际上对约数有不同解释，为了明确责任和便于履行合同，某些难以准确地按约定数量交货的商品，特别是大宗商品，可在买卖合同中具体规定数量机动幅度。

3. 合理规定数量机动幅度

在粮食、矿砂、化肥和食糖等大宗商品的交易中，由于商品特性、货源变化、船舱容量、装载技术和包装等因素的影响，要准确地按约定数量交货，有时存在一定困难。为了使交货数量具有一定范围内的灵活性和便于履行合同，买卖双方可在合同中合理规定数量机动幅度。只要卖方交货数量在约定的增减幅度范围内，就算按合同规定数量交货，买方就不得以交货数量不符为由而拒收货物或提出索赔。数量机动幅度条款，即数量增减条款（plus or minus clause）或溢短装条款（more or less clause），就是在规定具体数量的同时，再在合同中规定允许多装或少装的一定百分比。为了订好数量机动幅度条款需要注意下列几点。

1）数量机动幅度的大小要适当

数量机动幅度的大小通常都以百分比表示，如3%或5%不等。究竟百分比多大合适，应视商品特性、行业或贸易习惯和运输方式等因素而定。数量机动幅度可酌情做出各种不同的规定，其中一种是只对合同数量规定一个百分比的机动幅度，而对每批分运的具体幅度不作规定，在此情况下，只要卖方交货总量在规定的机动幅度范围内，就算按合同数量交了货；另一种是，除规定合同数量总的机动幅度外，还规定每批分运数量的机动幅度，在此情况下，卖方总的交货量，就得受上述总机动幅度的约束而不能只按每批分运数量的机动幅度交货，这就要求卖方根据过去累计的交货量，计算出最后一批应交的数量。此外，有的买卖合同，除规定一个具体的机动幅度（如3%）外，还规定一个追加的机动幅度（如2%），在此情况下，总的机动幅度应理解为5%。

条款举例

UCP600 Arti 30：

a. The words "about" or "approximately" used in connection with the amount of the credit or the quantity or the unit price stated in the credit are to be construed as allowing a tolerance not to exceed 10% more or 10% less than the amount, the quantity or the unit price to which they refer.（"约"或"大约"用于信用证金额或信用证规定的数量或单价时，应解释为允许有关金额或数量或单价有不超过10%的增减幅度。）

b. A tolerance not to exceed 5% more or 5% less than the quantity of the goods is allowed, provided the credit does not state the quantity in terms of a stipulated number of packing units or individual items and the total amount of the drawings does not exceed the amount of the credit.(在信用证未以包装单位件数或货物自身件数的方式规定货物数量时,货物数量允许有5%的增减幅度,只要总支取金额不超过信用证金额。)

c. Even when partial shipments are not allowed, a tolerance not to exceed 5% less than the amount of the credit is allowed, provided that the quantity of the goods, if stated in the credit, is shipped in full and a unit price, if stated in the credit, is not reduced or that sub-article 30 (b) is not applicable. This tolerance does not apply when the credit stipulates a specific tolerance or uses the expressions referred to in sub-article 30 (a).(如果信用证规定了货物数量,而该数量已全部发运,以及如果信用证规定了单价,而该单价又未降低,或当第30条b款不适用时,则即使不允许部分装运,也允许支取的金额有5%的减幅。若信用证规定有特定的增减幅度或使用第30条a款提到的用语限定数量,则该减幅不适用。)

2) 机动幅度选择权的规定要合理

在合同规定有机动幅度的条件下,由谁行使这种机动幅度的选择权呢?一般来说,是履行交货的一方,也就是由卖方选择。但是,如果涉及海洋运输,交货量的多少与承载货物的船只的舱容关系非常密切,在租用船只时,就得跟船方商定。所以在这种情况下,交货机动幅度一般是由负责安排船只的一方(如FOB的买方)选择,或是干脆由船长根据舱容和装载情况作出选择。总之,机动幅度的选择权可以根据不同情况,由买方行使,也可由卖方行使,或由船方行使。因此,为了明确起见,最好是在合同中做出明确合理的规定。过去,我国按FOB条件从国外进口一项大宗商品,合同规定卖方交货总数和每批装船数量均有5%的机动幅度,此项机动幅度都由卖方确定。显然,此项规定是极不合理的,今后应当避免。

此外,当成交某些价格波动剧烈的大宗商品时,为了防止卖方或买方利用数量机动幅度条款,根据自身的利益故意增加或减少装船数量,也可在机动幅度条款中加订:"此项机动幅度只是为了适应船舶实际装载量的需要时,才能适用。"

 应用案例

案例简介:某进出口合同的数量条款规定"10 000M/T 5% MORE OR LESS AT SELLER'S OPTION。"卖方正等待交货时,该货物国际市场价格大幅度上涨。如果你是卖方拟实交付多少货量?为什么?如果站在买方立场上,磋商合同溢短装条款时,应注意什么问题?

案例分析:卖方可以尽量少交货,拟实交付9 500MT。因为合同没有规定溢短装部分的作价,按照国际惯例,则该溢短装部分应该按照合同价格计价。卖方正等待交货时,该货物国际市场价格大幅度上涨,卖方会有意识少交。

完整的溢短装条款应该由三部分构成,即溢短装幅度、溢短装的选择权、溢短装部分的计价。如果买方没有选择权,就应争取在溢短装条款中明确表明溢短装部分按照市价计算,才可以防止有选择权的对方在订约后,有意识地在国际行情上涨时少装或在国际行情下降时多装,侵害自己的利益。

3) 溢短装数量的计价方法要公平合理

目前,对机动幅度范围内超出或低于合同数量的多装或少装部分,一般是按合同价格结算,这是比较常见的做法。但是,数量上的溢短装在一定条件下关系到买卖双方的利益。在按合同价格计价的条件下,交货时市价下跌,多装对卖方有利;但如市价上升,多装却对买方有利。因此，为了防止有权选择多装或少装的一方当事人利用行市的变化，有意多装或少装以获取额外的好处，也可在合同中规定，多装或少装的部分，不按合同价格计价，而按装船时或货到时的市价计算，以体现公平合理的原则。如双方对装船时或货到时的市价不能达成协议，则可交由仲裁解决。

 应用案例

　　案例简介：我某出口公司与匈牙利商人订立了一份出口水果合同，支付方式为货到验收后付款。但货到经买方验收后发现水果总重量缺少10%，而且每个水果的重量也低于合同规定，匈牙利商人不但拒绝付款，而且拒绝提货。后来水果全部腐烂，匈牙利海关向中方收取仓储费和处理水果费用5万美元。我出口公司陷于被动。从本案中可以吸取什么教训？

　　案例分析：商品的数量是国际货物买卖合同中不可缺少的主要条件之一。按照某些国家的法律规定，卖方交货数量必须与合同规定相符；否则，买方有权提出索赔，甚至拒收货物。此案中显然我方陷于被动，但仍可据理力争，挽回损失。首先应查明短重是属于正常途耗还是我方违约没有交足合同规定数量，如属我方违约，则应分清是属于根本性违约还是非根本性违约；如不属根本性违约，匈方无权退货和拒付货款，只能要求减价或赔偿损失；如属根本性违约，匈方可退货，但应妥善保管货物，对鲜活商品可代为转售，尽量减轻损失。《公约》第86条第一款明确规定："如果买方已收到货物，但不打算行使合同或本公约任何权利，把货物退回，买方必须按情况采取合理措施，以保全货物，买方有权保有这些货物，直至卖方把他所付的合理费用偿还给他为止"。而匈方未尽到妥善保管和减轻损失的义务，须对此承担责任。因此，我方公司可与匈牙利商人就商品的损失及支出的费用进行交涉尽可能挽回损失。

4.4　商品的包装

4.4.1　包装的重要性

　　在国际贸易中，商品种类繁多，性质、特点和形状各异，因而它们对包装的要求也各不相同。除少数商品难以包装、不值得包装或根本没有包装的必要而采取裸装（nude pack）或散装（in bulk）的方式外，其他绝大多数商品都需要有适当的包装。

　　商品的包装是商品生产的继续，凡需要包装的商品，只有通过包装，才算完成生产过程，商品才能进入流通领域和消费领域，最终才能实现使用价值。这是因为，包装是保护商品在流通过程中质量完好和数量完整的重要措施，有些商品甚至根本离不开包装，它同包装成为不可分割的统一体。例如，照相胶卷必须用黑纸加以包装，才能保持其效用；流体商品和流汁食品，必须盛入容器内才能进入流通领域和消费市场。

　　经过适当包装的商品，不仅便于运输、装卸、搬运、储存、保管、清点、陈列和携带，而且不易丢失或被盗，为各方面提供了便利。

　　在当前国际市场竞争十分激烈的情况下，许多国家都把改进包装作为加强对外竞销的重要手段之一。因为良好的包装不仅可以保护商品，而且能宣传和美化商品，提高商品身价，吸引顾客，扩大销路，增加售价，并在一定程度上显示出口国家的科技、文化艺术水平。

　　此外，在国际货物买卖中，包装还是说明货物的重要组成部分，包装条件是买卖合同中的一项主要条件。按照某些国家的法律规定，如卖方交付的货物未按约定的条件包装，或者货物的包装与行业习惯不符，买方有权拒收货物；如果货物虽按约定的方式包装，但却与其他货物混杂在一起，买方可以拒收违反规定包装的那部分货物，甚至可以拒收整批货物。由此可见,搞好包装工作,对顺利履行合同也有重要的意义。

根据包装在流通过程中所起作用的不同,可分为运输包装(即外包装)和销售包装(即内包装)两种类型。前者的主要作用在于保护商品和防止出现货损货差;后者除起保护商品的作用外,还有促销的功能。为了充分发挥包装的作用,以扩大商品出口和提高经济效益,必须高度重视包装工作,切实掌握包装方面的基本知识,密切注意国际市场的包装动态,并订好合同中的包装条款。

 应用案例

案例简介:中国某公司出口一批自行车,合同包装条款规定:木箱装,C.K.D.,中方将自行车用木箱整件装好后发送给对方,结果对方拒收。因为C.K.D.的意思是"complete knocked down",即完全拆散包装。如此规定包装条款,主要是为了以散件进口,报关时可以少缴纳关税。中方误解了包装条款,包装方式不符合合同要求,给自己带来了不必要的损失。

案例分析:根据合同的规定货物要完全拆散包装,卖方没有按照合同的约定包装,需要承担给买方造成的损失。

4.4.2 运输包装

1. 对运输包装的要求

国际贸易中的商品,一般都需要通过长途运输才能到达收货人和消费者手中。为了保证长途运输中的货物不受外界影响和安全到达,就需要有科学合理的运输包装。一般来说,国际贸易商品的运输包装比国内贸易商品的运输包装的要求更高。因此,制作出口商品的运输包装时,应当体现下列要求。

1) 必须适应商品的特性

每种商品都有自己的特性,例如,水泥怕潮湿,玻璃制品容易破碎,流体货物容易渗漏和流失等,这就要求运输包装相应具有防潮、防震、防漏、防锈和防毒等良好的性能。

2) 必须适应各种不同运输方式的要求

不同运输方式对运输包装的要求不同,例如,海运包装要求牢固,并具有防止挤压和碰撞的功能;铁路运输包装,要求具有不怕震动的功能;航空运输包装,要求轻便而且不宜过大。

3) 必须考虑有关国家的法律规定和客户的要求

各国法律对运输包装的规定不一,例如,美国政府宣布,从1998年12月17日起,凡未经处理的中国木制包装箱和木制托架,一律不准入境,以免带进天牛(即甲虫)而危害美国森林。又如,有些国家禁止使用柳藤、稻草之类的材料做包装原料,因恐将病虫害带进去;有些国家对包装标志和每件包装的重量,有特殊的规定和要求。此外,如客户就运输包装提出某些特定的要求时,也应根据需要尽可能予以考虑。

4) 要便于各环节有关人员进行操作

运输包装在流通过程中需要经过装卸、搬运、储存、保管、清点和查验,为了便于这些环节的有关人员进行操作,包装的设计要合理,包装规格和每件包装的重量与体积要适当,包装方法要科学,包装上的各种标示要符合要求,这就需要根据不同商品实现运输包装标准化。因为,标准化的运输包装既易于识别、计量和查验,又便于装卸、搬运和保管。

5) 要在保证包装牢固的前提下节省费用

运输包装成本的高低和运输包装重量与体积的大小，都直接关系到费用开支和企业的经济效益。因此，在选用包装材料、进行包装设计和打包时，在保证包装牢固的前提下，应注意节约。比如，选用量轻、价廉而又结实的包装材料，有利于降低包装成本和节省运费；包装设计合理，可以避免用料过多或浪费包装容量；包装方法科学，也有利于节省运费，因为轻泡货物按体积收取运费，包装紧密，体积小，可以少付运费。此外，还要考虑进口国家的关税税则。对输往从量征税的国家的出口包装，就不宜采用自重大的包装；对输往从价征税的国家的出口包装，就不宜采用价格昂贵的包装以免遭受损失。

2. 运输包装的分类

运输包装的方式和造型多种多样，包装用料和质地各不相同，包装程度也各有差异，这就导致运输包装的多样性。一般地说，运输包装可从下列各种不同的角度进行分类。

1) 按包装方式划分

按包装方式，运输包装可分为单件运输包装和集合运输包装。前者是指货物在运输过程中作为一个计件单位的包装；后者是指将若干单件运输包装组合成一件大包装，以便更有效地保护商品，提高装卸效率和节省运输费用。在国际贸易中常见的集合运输包装有集装包和集装袋，通常是用塑料重叠丝纺织成的圆形大口袋或方形大包，这种集装袋或包的容量不一，一般为1～4吨，最高达13吨左右。此外，随着集装箱运输和托盘运输的出现，将货物装在特制的集装箱内或固定的特制的托盘上进行运输的情况越来越多。虽然集装箱和托盘是运载工具的组成部分，但由于它们也起着保护商品的作用，故有人把它们也当作运输包装看待。

2) 按包装造型划分

按包装造型不同，运输包装可分为箱、袋、包、桶和捆等不同形状的包装。

3) 按包装材料划分

按包装材料不同，运输包装可分为纸制包装，金属包装，木制包装，塑料包装，麻制品包装，竹、柳、草制品包装，玻璃制品包装和陶瓷包装等。

4) 按包装质地划分

按包装质地划分，运输包装可分为软性包装、半硬性包装和硬性包装，究竟采用其中哪一种，须视商品特性而定。

5) 按包装程度划分

按包装程度不同，运输包装可分为全部包装 (full packed) 和局部包装 (part packed) 两种。前者是指对整个商品全面予以包装，绝大多数商品都需要全部包装；后者是指对商品需要保护的部位加以包装，而不受外界影响的部分，则不予包装。

在国际贸易中，买卖双方究竟采用何种运输包装，应根据商品特性、形状、贸易习惯、货物运输路线的自然条件、运输方式和各种费用开支大小等因素，在洽商交易时谈妥，并在合同中具体订明。

3. 运输包装的标志

为了装卸、运输、仓储、检验和交接工作的顺利进行，防止发生错发错运和损坏货物与伤害人身的事故，以保证货物安全迅速、准确地运交收货人，就需要在运输包装上书写、压印、刷制各种有关的标志，以资识别和提醒人们操作时注意。运输包装上的标志按其用途可分为运输标志（shipping mark）、指示性标志（indicative mark）和警告性标志（warning mark）三种。

1) 运输标志

运输标志习惯称为"唛头"（shipping mark），通常只由一个简单的几何图形或一些字母、数字及简单的文字组成。其主要内容包括：收货人及发货人名称的代用简称字母）或代号和简单的几何图形（有时仅有字母或代号，没有图形），这一部分又称为"主唛"（main mark/principal mark）；目的港（地）名称或代号；件号、批号是箱号（case number）、袋号（bag number）等的总称，说明该批货物的总件数与本件货物的顺序号数。例如，箱号 No.30/100，表示这批货物共有 100 箱，这是第 30 箱。

此外，有时根据需要还列有原产国标志（country of origin mark），如"made in China"；品质标志（quality mark）和重量与体积标志（weight and measurement mark）；有时根据国外进口商要求还印刷上信用证、合同或进口许可证号码。

鉴于运输标志差异较大，有的过于繁杂，不利于刷唛、单据制作和传输，因此联合国欧洲经济委员会简化国际贸易程序工作组，在国际标准化组织和国际货物装卸协调协会的支持下，制订了一套标准运输标志向各国推荐使用。该标准运输标志包括：收货人或买方名称的代码或简称；参考号，如运单号、订单号或发票号；目的港（地）名称或代号；件号或批号。例如：

ABC ……………	收货人代号
1234 ……………	参考号
NEW YORK ……	目的地
1/50 ……………	件数代号

2) 指示性标志（indicative mark）

指示性标志是指示人们在装卸、运输和保管仓储过程中需要注意的事项，又称"注意标志"或"操作性标志"，具体内容见表 4-4。

表 4-4 指示性标志

① 易碎物品 运输包装件内装易碎品，因此搬运时应小心轻放		② 禁用手钩 搬运运输包装时禁用手钩	
③ 向上 表明运输包装件的正确位置是竖直向上		④ 怕晒 表明运输包装件不能直接照射	
⑤ 怕辐射 包装物品一旦受辐射便会完全变质或损坏		⑥ 怕雨 包装件怕雨淋	

续表

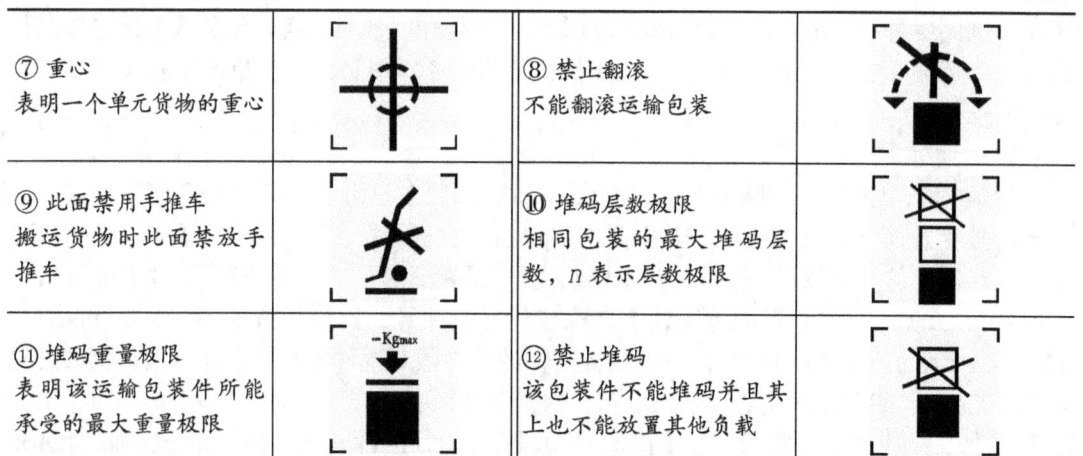

⑦ 重心 表明一个单元货物的重心		⑧ 禁止翻滚 不能翻滚运输包装	
⑨ 此面禁用手推车 搬运货物时此面禁放手推车		⑩ 堆码层数极限 相同包装的最大堆码层数，n 表示层数极限	
⑪ 堆码重量极限 表明该运输包装件所能承受的最大重量极限		⑫ 禁止堆码 该包装件不能堆码并且其上也不能放置其他负载	

3) 警告性标志 (Warning Mark)

为了在对危险货物 (Dangerous Goods) 装卸、运输和保管过程中以示警告，使有关人员加强保护措施以保护货物和人身安全而加在外包装上的标志，又称危险货物包装标志 (图 4.1)。

（符号：黑色；底色：白橙红色）

（符号：黑色；底色：白色）

（符号：黑色或白色；底色：正红）

（符号：黑色；底色：白色）

（符号：黑色；底色：白色）

（符号：黑色；底色：上黄下白，附三条红竖条）

图 4.1　警告性标志示例

4.4.3　销售包装

1. 对销售包装的要求

销售包装又称内包装 (inner packing)、小包装 (small packing) 或直接包装 (immediate packing），它是直接接触商品并随商品进入零售网点和消费者直接见面的包装。这类包装除必须具有保护商品的功能外，更应具有促销的功能。因此，对销售包装的造型结构、装潢画面和文字说明等方面，都有较高的要求。不断改进销售包装的设计，改善包装用料，更新包装式样，美化装潢画面，搞好文字说明，提高销售包装的质量，乃是加强对外竞销能力的一个重要方面。

为了使销售包装适应国际市场的需要，在设计制作销售包装时，应体现下列要求。

1）便于陈列展售

许多商品在零售前，一般都要陈列在商店或展厅货架上，让成千上万种商品构成一个琳琅满目的"商品海洋"，以吸引顾客和供消费者选购。因此，商品的造型结构，必须适于陈列展售。

2）便于识别商品

采购商品时，顾客一般都希望对包装内的商品有所了解，有些顾客则习惯于看货成交。因此，采用某些透明材料做包装，或在销售包装上辅以醒目的图案及文字标示，使人一目了然，便于识别商品。

3）便于携带和使用

销售包装的大小要适当，以轻便为宜，必要时还可附有提手装置，为携带商品提供方便。对于某些要求密封的商品，在保证封口严密的前提下，要求开启容易，便于使用。

4）要有艺术吸引力

销售包装应具有艺术上的吸引力，造型考究和装潢美观的销售包装，不仅能显示商品的名贵，而且包装本身也具有观赏价值，有的还可作装饰品用，这就有利于吸引顾客、提高售价和扩大销路。

2. 销售包装的分类

销售包装可采用不同的包装材料和不同的造型结构与式样，这就导致了销售包装的多样性。究竟采用哪种销售包装，主要根据商品特性和形状而定。常见的销售包装有下列几种形式。

1）挂式包装

凡带有吊钩、吊带、挂孔等装置的包装，称为挂式包装，这类包装便于悬挂。

2）堆叠式包装

凡堆叠稳定性强的包装（如罐、盒等）称为堆叠式包装，其优点是便于摆设和陈列。

3）携带式包装

在包装上附有提手装置者为携带式包装，这类包装，携带方便，颇受顾客欢迎。

4）易开包装

对要求封口严密的销售包装，标有特定的开启部位，易于打开封口，其优点是使用便利，如易拉罐等。

5）喷雾包装

流体商品的销售包装有的带有自动喷出流体的装置，它如同喷雾器一样使用相当便利。

6）配套包装

对某些需要搭配成交的商品，往往采用配套包装，即将不同品种、不同规格的商品配套装入同一包装。

7) 礼品包装

对某些送礼的商品，为了包装外表美观和显示礼品的名贵，往往采用专作送礼用的包装。

8) 复用包装

这种包装除了用作包装出售的商品外，还可用作存放其他商品或供人们观赏，它具备多种用途。

3. 销售包装的装潢画面

在销售包装上，一般都附有装潢画面。画面要求美观大方，富有艺术美感，并能够突出商品特点；其图案和色彩，应符合有关国家的民族习惯和爱好。例如，日本人认为荷花图形不吉祥，意大利人喜欢绿色，埃及人禁忌蓝色等。在设计装潢画面时，应投其所好，以利于扩大商品的出口量。

4. 销售包装的文字说明

在销售包装上应有必要的文字说明，如商标、品牌、品名、产地、数量、规格、成分、用途和使用方法等。文字说明要同装潢画面紧密结合，互相衬托，彼此补充，以达到宣传和促销的目的。使用的文字必须简明扼要，并让销售市场顾客能看懂，必要时也可以中外文同时并用。

在销售包装上使用文字说明或制作标签时，还应注意有关国家的标签管理条例的规定。例如，日本政府规定，凡销往该国的药品，除必须说明成分和服用方法外，还要说明其功能，否则不准进口；美国进口药品，也有类似的规定。又如，有些国家进口罐头等食品，必须注明制造日期和食用有效期，否则不准进口。再如，有些国家甚至对文字说明所使用的语种也有具体规定，如加拿大政府规定，销往该国的商品必须同时使用英、法两种文字说明。

5. 条形码

商品包装上的条形码（bar code）是由一组带有数字的黑白及粗细间隔不等的平行条纹所组成，它是利用光电扫描阅读设备为计算机输入数据的特殊代码语言。20 世纪 70 年代以后，美国将条形码技术应用于商品销售领域，只要将条形码对准光电扫描器，计算机就能自动识别条形码的信息，确定商品品名、品种、数量、生产日期、制造厂商、产地等，并据此在数据库中查询其单价，进行货价结算，打出购货清单。中国于 1988 年建立了"中国物品编码中心"，负责推广条形码技术，并对其进行统一管理。1991 年中国正式加入国际物品编码协会，该协会预留给中国的国别号是 690～699，凡标有"690、691、692……"条形码的商品，即表示是中国生产的商品。

 知识拓展

国际物品编码协会

国际物品编码协会（EAN International，EAN）成立于 1977 年，是基于比利时法律规定建立的一个非营利性质的国际组织，总部设在比利时首都布鲁塞尔。

EAN 的前身是欧洲物品编码协会，主要负责除北美以外的 EAN·UCC 系统的统一管理及推广工作，

其会员遍及99多个国家和地区,全世界已有约百万家公司、企业通过各国或地区的编码组织加入了EAN·UCC系统。从20世纪90年代起,为了使北美的标识系统尽快纳入EAN·UCC系统,EAN加强了与美国统一代码委员会(UCC)的合作,先后两次达成EAN/UCC联盟协议,以共同开发、管理EAN·UCC系统。2002年11月26日,UCC和加拿大电子商务委员会(ECCC)正式加入国际EAN,使EAN·UCC系统的全球统一性得到进一步的巩固和完善。

随着全球经济一体化对物流供应链管理要求的不断提高,EAN也在不断地完善EAN·UCC系统,并相应调整自身的组织架构。继美国统一代码委员会(UCC)和加拿大电子商务委员会(ECCC)加入EAN后,2005年2月,该协会正式向全球发布了更名信息,将组织名称由EAN International正式变更为GSI。更名对GSI的发展意义重大,表明了机构的性质、品牌、发展目标及宣传方针等内容的变化。

经过30多年的不断完善和发展,GSI已拥有一套全球跨行业的产品、运输单元、资产、位置和服务的标识标准体系和信息交换标准体系,使产品在全世界都能够扫描和识读;GSI的全球数据同步网络(GDSN)确保全球贸易伙伴都使用正确的产品信息;ESI通过电子产品代码(EPC)、射频识别(RFID)技术标准提供更高的供应链运营效率;GSI可追溯解决方案,帮助企业遵守欧盟和美国食品安全法规,实现食品消费安全。从条码到新一代技术,GSI正在通过一个全球系统来引领未来的商业发展。

4.4.4 中性包装和定牌

采用中性包装(neutral packing)和定牌生产,是国际贸易中常有的习惯做法,现分别予以介绍。

1. 中性包装

中性包装是指既不标明生产国别、地名和厂商和名称,也不标明商标或牌号的包装。也就是说,在出口商品包装的内外,都没有原产地和出口厂商的标记。中性包装包括无牌中性包装和定牌中性包装两种。前者是指包装上既无生产地名和厂商名称,又无商标、品牌;后者是指包装上仅有买方指定的商标或品牌,但无生产地名和出口厂商的名称。

采用中性包装,是为了打破某些进口国家与地区的关税和非关税壁垒以及适应交易的特殊需要(如转口销售等),它是出口国家厂商加强对外竞销和扩大出口的一种手段。为了把生意做活,我们对国际贸易中的这种习惯做法,也可酌情采用。

2. 定牌

定牌(specified brand)是指卖方按买方要求在其出售的商品或包装上标明买方指定的商标或品牌。这种做法也叫定牌生产。当前,世界许多国家的超级市场、大百货公司和专业商店,对其经营出售的商品,都要在商品上或包装上标有本商店使用的商标或品牌,以扩大本店知名度和显示该商品的身价。许多国家的出口厂商,为了利用买主的经营能力及其商业信誉和牌名声誉,以提高商品售价和扩大销路,也愿意接受定牌生产。

在我国出口贸易中,如外商订货量较大,且需求比较稳定,为了适应买方销售的需要和有利于扩大出口,也可接受定牌生产,具体做法有下列几种。

(1) 在定牌生产的商品包装上,只用外商所指定的商标或品牌,而不标明生产国别和出口厂商名称,这属于采用定牌中性包装的做法。

(2) 在定牌生产的商品包装上,标明我国的商标或品牌,同时也加注国外商号名称或表示其商号的标记。

（3）在定牌生产的商品包装上，采用买方所指定的商标或品牌的同时，在其商标或品牌下标示"中国制造"字样。

 应用案例

案例简介：2002年世界杯期间，日本一进口商为了促销运动饮料，向中国出口商订购T恤衫，要求以红色为底色，并印制"韩日世界杯"字样，此外不需印制任何标识，以在世界杯期间作为促销手段随饮料销售赠送现场球迷，合同规定2002年5月20日为最后装运期，我方组织生产后于5月25日将货物按质按量装运出港，并备齐所有单据向银行议付货款。然而货到时由于日本队止步于16强，日方估计到可能的积压损失，以单证不符为由拒绝赎单，在多次协商无效的情况下，我方只能将货物运回以在国内销售减少损失，但是在货物途径海关时，海关认为由于"韩日世界杯"字样及英文标识的知识产权为国际足联所持有，而我方外贸公司不能出具真实有效的商业使用权证明文件，因此，海关以侵犯知识产权为由扣留并销毁了这一批T恤衫。请分析海关的处理是否正确。

案例分析：海关的处置正确。这实际上是一个定牌中性包装问题，在国际贸易中对于中性包装，尤其是定牌中性包装，在按照买方的要求注明有关商标、牌号外，还应注明以后因此而产生的侵权行为或知识产权纠纷，由买方承担一切责任和费用。

4.4.5 包装条款的规定

合同中包装条款的内容一般包括包装材料、方式和每件包装中所含物品的数量或重量。

例：

In cartons of 100 sets, each set packed in a poly bag.（纸箱装，每箱100套，每套用塑料袋包装。）

To be packed in poly bags, 50 pounds in a bag, 4 bags in a wooden case.（用塑料袋包装，50磅装一袋，4袋装一木箱。）

In cloth bags, lined with polythene bags of 50 kgs net each.（用布袋包装，内衬聚乙烯袋，每袋净重50千克。）

规定合同中的包装条款应该注意以下问题。

1. 根据商品的性能、特点及采用的运输方式而定包装条款的内容

不同的运输方式和不同的商品，其包装条款的规定也不相同，若合同对包装事项无约定，按《国际货物销售合同公约》要求，货物应按同类货物通用的方式装箱或包装；如果没有此种通用方式，则按足以保全或保护货物的方式装箱或包装。

 条款举例

CISG Arti 35(2)：Except where the parties have agreed otherwise, the goods do not conform with the contract unless they:（除双方当事人业已另有协议外，货物除非符合以下规定，否则即为与合同不符。）

(d) are contained or packaged in the manner usual for such goods or, where there is no such manner, in a manner adequate to preserve and protect the goods（货物按照同类货物通用的方式装箱或包装，如果没有此种通用方式，则按足以保全和保护货物的方式装箱或包装。）.

2. 条文规定应明确具体

在实际业务中，有时对包装条款作笼统的规定，如使用"海运包装"（seaworthy packing）"习惯包装"（customary packing）或"卖方惯用包装"（seller's usual packing)之类的术语。然而此类术语含义模糊,各国理解不同,容易引起争议,因此应尽量避免使用。

3. 明确包装费用由何方负担

包装物料和费用一般包括在货价之内,不另计价,但如果买方对于包装材料和包装方式提出特殊要求,除非事先明确包装费用包括在货价内,其超出的包装费用原则上应由买方负担,并应在合同中具体订明。经双方商定,全部或部分包装材料由买方供应者,合同中应明确规定买方提供包装材料的时间以及逾期未到的责任。

进口合同中,对包装技术性能较强的商品,一般要在货物单价条款后注明"包括包装费用"(packing charge, included),以免日后发生纠纷。

4. 掌握各国对包装的具体要求

世界各国出于本国环保和风俗习惯的要求,对包装的材料、大小、外观有不同要求,交易双方必须准确掌握。如出口到美国、澳大利亚的商品,对木制包装必须经过熏、蒸处理。

应用案例

案例简介:3月初,山东某乡镇企业与A国的M贸易公司签订了一份出口烤花生的合同。合同规定出口数量为40吨,采用纸箱装,每箱装10袋,每袋450克。合同规定,付款方式为即期信用证,交货时间为当年的4月30日前,目的港为A国S港。由于M贸易公司对货物的内包装袋不太满意,认为太粗糙,图案不很理想,于是签约时决定使用自己的包装袋。因此,在合同的包装条款中附带了一句:内包装由A方提供。

合同签订后,我方遂抓紧时间组织加工,同时催促A方抓紧运送包装袋。我方于4月15日将货物加工完毕,只等A方包装袋到位,但A方包装袋始终未到。我方多次催促之后,A方提供的内包装终于在4月24日到货。中方立即组织装袋打包,但货物最终没能赶上28号的船期,我方于28日致电A方公司,指出由于A方公司内包装袋的迟交,导致了我方公司不能按时交货,因此要求将交货期改为5月15日之前。

29日,对方回电说:"由于贵方延迟交货已成事实,我方不同意贵方迟交系由我方造成的说法。但我方考虑到贵方的实际困难,要求中方公司在价格上减让10%,否则拒绝改期交货。"中方加工厂在接到对方的电函后,与对方交涉,对方作出让步,同意交货期改为5月15日之前,中方价格减让了8%。考虑到货物迟交已经形成事实,而且货物已经准备就绪,市场行情不断看跌,没有别的选择,只好同意了对方的要求。试分析发生纠纷的原因。

案例分析:本案例中属于由于买方没有及时提供约定包装导致最后我方交货延误。通常交易中商品包装由卖方提供,若买方对于包装有特殊要求,则应该提供或者承担相关的费用。我方在该案例中的失误在于没有能够在合同中明确对方提交货物内包装的时间,导致我方货物准备好了,但是由于对方内包装没有到位,没能够及时出运导致延期,而不得不接受对方降价的要求。

4.5 商品的检验

4.5.1 商品检验的意义

国际货物买卖中的商品检验(commodity inspection)简称商检,是指商品检验机构对

卖方拟交付货物或已交付货物的品质、规格、数量、重量、包装、卫生、安全等项目所进行的检验、鉴定和管理工作。

商品检验是随着国际货物买卖的发展而产生和发展起来的，它在国际货物买卖中占有十分重要的地位。国际货物买卖中，由于交易双方身处异地，相距遥远，货物在长途运输过程中难免会发生残损、短少甚至灭失，尤其是在凭单证交接货物的象征性交货条件下，买卖双方对所交货物的品质、数量等问题更易产生争议。因此，为了便于查明货损原因，确定责任归属，以利货物的交接和交易的顺利进行，就需要一个公证的第三者，即商品检验机构，对货物进行检验或鉴定。由此可见，商品检验是国际货物买卖中不可缺少的一个重要环节。

由于商品检验直接关系到买卖双方在货物交接方面的权利与义务，特别是某些进出口商品的检验工作还直接关系到本国的国民经济能否顺利协调发展、生态环境能否保持平衡、人民的健康和动植物的生长能否得到保证，以及能否促进本国出口商品质量的提高和出口贸易的发展，因此，许多国家的法律和国际公约都对商品的检验问题做了明确规定。

例如，《中华人民共和国进出口商品检验法》第 5 条规定："列入《商检机构实施检验的进出口商品种类表》的进出口商品和其他法律、行政法规规定须经商检机构检验的进出口商品，必须经过商检机构或者国家商检部门、商检机构指定的检验部门检验。"该条款同时规定，凡是列入《商检机构实施检验的进出口商品种类表》的进出口商品，除非经国家商检部门审查批准免予检验的，进口商品未经检验或经检验不合格的，不准销售、使用；出口商品未经检验合格的，不准出口。

《联合国国际货物销售合同公约》也对货物的检验问题做出了明确规定："买方必须在按实际情况可行的最短时间内检验货物或由他人检验货物。如果合同涉及货物运输，检验可推迟到货物到达目的地后进行。"

 条款举例

CISG Arti 38：

(1) The buyer must examine the goods, or cause them to be examined, within as short a period as is practicable in the circumstances.（买方必须在按情况实际可行的最短时间内检验货物或由他人检验货物。）

(2) If the contract involves carriage of the goods, examination may be deferred until after the goods have arrived at their destination.（如果合同涉及货物的运输，检验可推迟到货物到达目的地后进行。）

上述各种有关商品检验的规定都体现了一个共同的原则，即除非买卖双方另有约定，买方在接收货物之前应享有对所购买的货物进行检验的权利。但需要注意的是，买方对货物的检验权并不是强制性的，它不是买方接收货物的前提条件。也就是说，如果买方没有利用合理的机会检验货物，那么他就自动放弃了检验货物的权利。另外，如果合同中的检验条款规定，以卖方的检验为准，此时，就排除了买方对货物的检验权。

 应用案例

案例简介：某年 11 月，内地某公司与香港一公司签订了一个进口香烟生产线合同。设备是二手货，共18条生产线,由A国某公司出售,价值100多万美元。合同规定,出售商保证设备在拆卸之前均在正常运转,否则更换或退货。设备运抵目的地后发现,这些设备在拆运前早已停止使用,在目的地装配后也因设备损坏、缺件,根本无法马上投产使用。但是,由于合同规定如要索赔需商检部门在"货到现场后14天内"出证,而实际上货物运抵工厂并进行装配就已经超过14天,无法在这个期限内向外索赔。这样,工厂只能依靠自己的力量进行加工维修。经过半年多时间,花了大量人力物力,也只开出了4套生产线。

案例分析: 该案例的要害问题是合同签订者把引进设备仅仅看作是订合同、交货、收货几个简单环节,完全忽略了检验、索赔这两个重要环节。特别是索赔有效期问题,合同质量条款订得再好,索赔有效期订得不合理,质量条款就成为一句空话。大量事实说明,外商在索赔有效期上提出不合理意见,往往表明其质量上存在问题,需要设法掩盖。如果只满足于合同中形容质量的漂亮辞藻,不注意索赔条款,就很可能发生此类事故。

4.5.2 检验时间和地点

检验时间和地点是指在何时、何地行使对货物的检验权。所谓检验权,是指买方或卖方有权对所交易的货物进行检验,其检验结果即作为交付与接收货物的依据。确定检验的时间和地点,实际上就是确定买卖双方中的哪一方行使对货物的检验权,也就是确定检验结果以哪一方提供的检验证书为准。谁享有对货物的检验权,谁就享有了对货物的品质、数量、包装等项内容进行最后评定的权利。由此可见,如何规定检验时间和地点是直接关系到买卖双方切身利益的重要问题,因而是交易双方商定检验条款时的核心所在。

在国际货物买卖合同中,根据国际贸易习惯做法和我国的业务实践,有关检验时间和地点的规定办法可归纳为以下几种。

1. 在出口国检验

此种方法又包括产地(工厂)检验和装运港(地)检验两种。

1)产地(工厂)检验

产地(工厂)检验是指货物在产地出运或工厂出厂前,由产地或工厂的检验部门或买方的验收人员进行检验和验收,并由买卖合同中规定的检验机构出具检验证书,作为卖方所交货物的品质、数量等项内容的最后依据。卖方只承担货物离开产地或工厂前的责任,对于货物在运输途中所发生的一切变化,卖方概不负责。

2)装运港(地)检验

装运港(地)检验又称"离岸品质、离岸重量"(shipping quality and weight),是指货物在装运港或装运地交货前,由买卖合同中规定的检验机构对货物的品质、重量(数量)等项内容进行检验鉴定,并以该机构出具的检验证书作为最后依据。卖方对交货后货物所发生的变化不承担责任。

采用上述两种规定办法时,即使买方在货物到达目的港或目的地后,自行委托检验机构对货物进行复验,也无权对商品的品质和重量(数量)向卖方提出异议,除非买方能证明,他所收到的与合同规定不符的货物是由于卖方的违约或货物的固有瑕疵所造成的。因此,这两种规定办法从根本上否定了买方的复验权,对买方极为不利。

2. 在进口国检验

此种方法又分为目的港(地)检验和买方营业处所(最终用户所在地)检验两种。

1) 目的港（地）检验

目的港（地）检验又称为"到岸品质、到岸重量"（landed quality and weight），是指货物运达目的港或目的地时，由合同规定的检验机构在规定的时间内，就地对商品进行检验，并以该机构出具的检验证书作为卖方所交货物品质、重量（数量）的最后依据。采用这种方法时，买方有权根据货物运抵目的港或目的地时的检验结果，对属于卖方责任的品质、重量（数量）不符点，向卖方索赔。

2) 买方营业处所（最终用户所在地）检验

对于一些因使用前不便拆开包装，或因不具备检验条件而不能在目的港或目的地检验的货物，如密封包装货物、精密仪器等，通常都是在买方营业处所或最终用户所在地，由合同规定的检验机构在规定的时间内进行检验。货物的品质和重量（数量）等项内容以该检验机构出具的检验证书为准。

采取上述两种做法时，卖方实际上须承担到货品质、重量（数量）的责任。如果货物在品质、重量（数量）等方面存在的不符点属于卖方责任所致，买方则有权凭货物在目的港、目的地或买方营业处所或最终用户所在地经检验机构检验后出具的检验证书，向卖方提出索赔，卖方不得拒绝。由此可见，这两种方法对卖方很不利。

3. 出口国检验、进口国复验

出口国检验、进口国复验是指卖方在出口国装运货物时，以合同规定的装运港或装运地检验机构出具的检验证书，作为卖方向银行收取货款的凭证之一，货物运抵目的港或目的地后，由双方约定的检验机构在规定的地点和期限内对货物进行复验。复验后，如果货物与合同规定不符，而且属于卖方责任所致，此时，买方有权凭该检验机构出具的检验证书，在合同规定的期限内向卖方索赔。由于这种做法兼顾了买卖双方的利益，较为公平合理，因而它是国际货物买卖中最常见的一种规定检验时间和地点的方法，也是我国进出口业务中最常用的一种方法。

4. 装运港（地）检验重量、目的港（地）检验品质

在大宗商品交易的检验中，为了调和买卖双方在商品检验问题上存在的矛盾，常将商品的重量检验和品质检验分别进行，即以装运港或装运地检验机构出具的重量检验证书，作为卖方所交货物重量的最后依据，以目的港或目的地检验机构出具的品质检验证书，作为商品品质的最后依据。货物到达目的港或目的地后，如果货物在品质方面与合同规定不符，而且该不符点是卖方责任所致，则买方可凭品质检验证书，对货物的品质向卖方提出索赔，但买方无权对货物的重量提出异议。这种规定检验时间和地点的方法就是装运港（地）检验重量、目的港（地）检验品质，习称"离岸重量、到岸品质"（shipping weight and landed quality）。

需要指出的是，由于实际业务中检验时间和地点的规定，常常与合同中所采用的贸易术语、商品的特性、检测手段、行业惯例以及进出口国的法律、法规密切相关，因此，在规定商品的检验时间和地点时，应综合考虑上述因素，尤其要考虑合同中所使用的贸易术语。通常情况下，商品的检验工作应在货物交接时进行，即卖方向买方交付货物时，买方随即对货物进行检验。货物经检验合格后，买方即受领货物，卖方在货物风险转移之后，

不再承担货物发生品质、重量（数量）等变化的责任。这一做法特别适用于以 E 组和 D 组实际交货的贸易术语达成的交易。但如果按 FOB、CFR 和 CIF 贸易术语成交时，情况则大不相同。这是因为在采用上述三种术语成交的情况下，卖方只要按合同规定在装运港将货物装上船舶，并提交符合合同规定的单据，就算完成交货义务，但此时买方却并没收到货物，自然更无机会检验货物。因此，这类贸易术语达成的买卖合同，在规定检验时间和地点时，采用"出口国检验、进口国复验"最为适宜。

4.5.3 检验机构

在国际货物买卖中，交易双方除了自行对货物进行必要的检验外，通常还要委托独立于买卖双方之外的第三方对货物进行检验。有时，虽然买卖双方未要求对所交易的商品进行检验，但根据有关法律、法规的规定，必须由某机构进行检验，经检验合格后方可出境或入境。这种根据客户的委托或有关法律、法规的规定对进出境商品进行检验、鉴定和管理的机构就是商品检验机构，简称检验机构或商检机构。

1. 国际上商品检验机构的类型

国际上的商品检验机构，种类繁多，名称各异，有的称作公证行（Authentic Surveyor）、宣誓衡量人（Sworn Measurer），也有的称作实验室（Laboratory）。检验机构的类型大体可归纳为官方检验机构、半官方检验机构和非官方检验机构三种。

1）官方检验机构

官方检验机构是指由国家或地方政府投资，按照国家有关法律、法规对出入境商品实施强制性检验、检疫和监督管理的机构，例如美国食品药物管理局（FDA）、美国动植物检疫署、美国粮谷检验署、日本通商省检验所等。

2）半官方检验机构

半官方检验机构是指一些有一定权威的、由国家政府授权、代表政府行使某项商品检验或某一方面检验管理工作的民间机构。例如，根据美国政府的规定，凡是进口与防盗信号、化学危险品以及与电器、供暖、防水等有关的产品，必须经美国担保人实验室（Underwriter's Laboratory）这一半官方检验机构检验认证合格，并贴上该实验室的英文缩写标志"UL"，方可进入美国市场。

3）非官方检验机构

非官方检验机构主要是指由私人创办的、具有专业检验、鉴定技术能力的公证行或检验公司。目前在国际上比较有名望、有权威的民间商品检验机构有：瑞士日内瓦通用鉴定公司（Societe Generale de Surveillance S.A.，简称 SGS）、英国的劳埃氏公证行（Lloyd's Surveyor）、英国英之杰检验集团（IITS）、日本海事检定协会（NKKK）、新日本检定协会（SK）、日本海外货物检查株式会社（OMIC）、美国安全试验所（UL）、美国材料与试验学会（ASTM）、加拿大标准协会（CSA）、国际羊毛局（IWS）。

2. 我国的商品检验机构

在我国，主管全国出入境商品检验、鉴定和管理工作的机构是中华人民共和国国家出入境检验检疫局（以下简称国家商检部门）及其设在各地的分支机构，其前身为中华人民共和国国家进出口商品检验局,它是负责统一管理全国出入境商品检验工作的机关。国家商检部门设在全国各地的检验机构,负责管理所辖地区的出入境商品检验工作。国家商检部门根据对外贸易发展的需要,对涉及社会公共利益的进出口商品,制定和公布了《商检机构实施检验的进出口商品种类表》(以下简称《种类表》),并根据实际情况随时予以调整。

根据《中华人民共和国进出口商品检验法》和《中华人民共和国进出口商品检验法实施条例》(以下简称《商检法实施条例》)的规定,国家商检部门及其设在各地的检验机构的职责有下述三项。

1) 对进出口商品实施检验

商检机构实施进出口商品检验的内容,包括商品的质量、规格、数量、重量、包装以及是否符合安全、卫生要求。商检机构实施进出口商品检验的范围可归纳为两个方面,即法定检验和对法定检验以外的进出口商品的检验。

法定检验是指商检机构或者国家商检部门、商检机构指定的检验机构,根据国家的法律、行政法规,对规定的进出口商品和有关的检验事项实施强制性检验。凡属法定检验范围内的进出口商品,必须经过商检机构或者国家商检部门、商检机构指定的检验机构的检验,未经检验或经检验不合格的商品,一律不准进出口。商检机构和国家商检部门、商检机构指定的检验机构对进出口商品实施法定检验的范围如下。

(1) 对列入《种类表》的进出口商品的检验。

(2) 对出口食品的卫生检验。

(3) 对出口危险货物包装容器的性能鉴定和使用鉴定。

(4) 对装运出口易腐烂变质食品、冷冻品的船舱、集装箱等运载工具的适载检验。

(5) 对有关国际条约规定须经商检机构检验的进出口商品的检验。

(6) 对其他法律、行政法规规定必须经商检机构检验的进出口商品的检验。

对于法定检验以外的进出口商品,商检机构可以抽查检验。此外,商检机构还对对外贸易合同约定或者进出口商品的收货人、发货人申请商检机构签发检验证书的进出口商品实施检验。

2) 对进出口商品的质量和检验工作实施监督管理

监督管理是指国家商检部门、商检机构对进出口商品的收货人、发货人及生产、经营、储运单位以及国家商检部门、商检机构指定或认可的检验机构和认可的检验人员的检验工作实施监督管理。例如,向列入《种类表》的出口商品的生产企业派出检验人员,参与监督出口商品出厂前的质量检验工作;进行进出口商品质量认证工作;对重要的进出口商品及其生产企业实行质量许可制度;通过考核,认可符合条件的国内外检验机构承担委托的进出口商品检验工作;对指定或认可的检验机构的进出口商品检验工作进行监督,抽查检验其已检验的商品。

3) 办理进出口商品鉴定

鉴定业务是指商检机构和国家商检部门、商检机构指定的检验机构以及经国家商检部门批准的其他检验机构接受对外贸易关系人(通常指出口商、进口商、承运人、保险人以及出口商品的生产、供货部门和进口商品的收货、用货部门、代理接运部门等)以及国内外有关单位的委托,办理规定范围内的进出口商品鉴定业务。进出口商品鉴定业务的范围主要包括：进出口商品的质量、数量、重量、包装、海损鉴定、集装箱及集装箱货物鉴定、进口商品的残损鉴定、出口商品的装运技术条件鉴定、货载衡量、产地证明、价值证明以及其他业务。

进出口商品鉴定业务不同于法定检验。鉴定业务最突出的特点是凭进出口商品经营者或有关关系人的申请和委托而进行进出口商品的检验和鉴定；法定检验则是根据国家有关法律、法规的规定，对进出口商品实施强制性检验。

此外，为了适应我国对外贸易发展的需要，20世纪80年代初，经国务院批准我国成立了中国进出口商品检验总公司（以下简称商检公司）。商检公司作为一家独立的检验机构，以非官方身份和公证科学的态度，接受进出口业务中的当事人和外国检验机构的委托，办理进出口商品的检验鉴定业务，签发检验、鉴定证书并提供咨询服务。商检公司的成立既为进出口商品的顺利交接、结汇以及合理解决索赔争议提供了诸多便利条件，同时也促进了我国同世界各国进出口商品检验机构的联系与合作。

4.5.4 检验证书

检验证书（Inspection Certificate）是检验机构对进出口商品进行检验、鉴定后签发的书面证明文件。

1. 检验证书的种类

国际货物买卖中的检验证书，种类繁多。卖方究竟需要提供哪种证书，要根据商品的特性、种类、贸易习惯以及政府的有关法令而定。在实际业务中，常见的检验证书主要有以下几种。

(1) 品质检验证书（Inspection Certificate of Quality）。即证明进出口商品品质、规格的证书。

(2) 数量检验证书（Inspection Certificate of Quantity）。即证明进出口商品数量的证书。

(3) 重量检验证书（Inspection Certificate of Weight）。即证明进出口商品重量的证书。

(4) 价值检验证书（Inspection Certificate of Value）。即证明出口商品价值的证书，通常用于证明发货人发票所载的商品价值正确、属实。

(5) 产地检验证书（Inspection Certificate of Origin）。即用于证明出口商品原生产地的证书，通常包括一般产地证、普惠制产地证、野生动物产地证等。

(6) 卫生检验证书（Sanitary Inspection Certificate）。即证明食用动物产品、食品在出口前已经过卫生检验、可供食用的证书。

(7) 兽医检验证书（Veterinary Inspection Certificate）。即证明动物产品在出口前已经过兽医检验、符合检疫要求的证书。

(8) 消毒检验证书（Disinfection Inspection Certificate）。即证明动物产品在出口前已经过消毒处理、符合安全及卫生要求的证书。

(9) 残损检验证书（Inspection Certificate on Damaged Cargo）。即证明进口商品残损情况、估计残损贬值程度和判断致损原因等，供索赔时使用。

此外，常见的检验证书还有植物检疫证明、积货鉴定证书、船舱检验证书、货载衡量检验证书等。

2. 检验证书的作用

(1) 检验证书是证明卖方所交货物的品质、数量、包装以及卫生条件等方面是否符合合同规定的依据。在国际货物买卖中，交付与合同规定相符的货物是卖方的基本义务之一。因此，合同或信用证中通常都规定："卖方交货时必须提交规定的检验证书，以证明所交货物是否与合同规定一致。"如检验证书中所列结果与合同或信用证规定不符，银行有权拒绝议付货款。

(2) 检验证书是海关验关放行的依据。凡属法定检验范围的商品，在办理进出口清关手续时，必须向海关提供商检机构签发的检验证书；否则，海关不予放行。

(3) 检验证书是卖方办理货款结算的依据。当合同或信用证中规定在出口国检验，或规定在出口国检验、进口国复验时，一般合同中都规定，卖方须提交规定的检验证书。此种情况下，卖方在向银行办理货款结算时，在所提交的单据中，必须包括检验证书。

(4) 检验证书是办理索赔和理赔的依据。当合同或信用证中规定在进口国检验，或规定买方有复验权时，如果买方所收到的货物经指定的商检机构检验与合同规定不符，此时，买方必须在合同规定的索赔有效期内，凭指定的商检机构签发的检验证书向有关责任方提出索赔或要求解除合同，有关责任方也需根据商检机构出具的检验证书办理理赔。

在我国，法定检验商品的检验证书由国家出入境检验检疫局及其设在各地的分支机构签发；法定检验以外的商品，如合同或信用证中无相反规定，也可由中国对外贸易促进委员会或中国进出口商品检验总公司或生产企业出具。在填制检验证书时，应注意证书的名称和具体内容必须与合同及信用证的规定一致。另外，检验证书的签发日期不得迟于提单签发日期，但也不宜比提单日期提前过长。

 应用案例

案例简介：进口方委托银行开出的信用证上规定卖方须提交"商品净重检验证书"。进口商在收到货物后，发现除质量不符外，卖方仅提供重量单。买方立即委托开证行向议付行提出拒付，但货款已经押出。事后，议付行向开证行催付货款，并解释卖方所附的重量单即为净重检验证书。重量单与净重检验证书一样吗？开证行能否拒付货款给议付行？

案例分析：商品净重检验证书是由商检机构签发的关于货物重量的公证文件，而重量单为发货人所出具的货物重量说明文件，二者是不同的。信用证中要求卖方提供商品净重检验证书，而议付行误以为重量单即商品净重检验证书，则议付行必须为此过失承担责任。按《跟单信用证统一惯例》的规定，开证行有权对议付行拒付，而议付行可向出口商追索押汇款项。

4.5.5 检验标准

检验标准是指对进出口商品实施检验所依据的标准，如对商品品质、规格、包装等项目的具体规定和要求；抽样、制样或检验方法及对检验仪器的具体规定和要求等。在国际货物买卖合同中，即使是同一种商品，对其实施检验所依据的标准和方法不同，检验结果往往会大不一样。因此，交易双方在签订买卖合同时，除了规定检验时间和地点、检验机构及检验证书之外，往往还要明确检验标准。检验标准的具体内容，视商品的种类、特性及进出口国家有关法律或行政法规的规定而定。

1. 国际上对检验标准的分类

(1) 对买卖双方具有法律约束力的标准。这是国际货物买卖中普遍采用的检验标准，其中最常见的是买卖合同和信用证。

(2) 与贸易有关国家所制定的强制执行的法规标准。这主要指商品生产国、出口国、进口国、消费国或过境国所制定的法规标准，如货物原产地标准、安全法规标准、卫生法规标准、环保法规标准、动植物检疫法规标准。

(3) 国际权威性标准。这是指在国际上具有权威性的检验标准，其中又包括国际标准、区域性标准化组织标准、国际商品行业协会标准和某国权威性标准四种。

①国际标准，是指国际专业化组织所制定的检验标准，如国际标准化组织、国际海事组织、国际电工委员会、联合国食品法典委员会等制定的标准。

②区域性标准化组织标准，是指区域性组织所制定的标准，如欧洲标准化委员会、欧洲电工标准委员会、泛美技术标准委员会等制定的标准。

③国际商品行业协会标准，是指国际羊毛局、国际橡胶协会等国际性商品行业协会所制定的标准。

④某国权威性标准，是指某些国家所制定的具有国际权威性的检验标准，如英国药典、美国公职分析化学家协会制定的标准。

2. 我国商检机构对进出口商品实施检验的标准

根据《商检法实施条例》的有关规定，我国商检机构按下述标准对进出口商品实施检验。

(1) 法律、行政法规规定有强制性标准或者其他必须执行的检验标准的，按照法律、行政法规规定的检验标准检验。

(2) 法律、行政法规未规定有强制性检验标准或者其他必须执行的检验标准的，按照对外贸易合同规定的检验标准检验；凭样成交的，应当按照样品检验。

(3) 法律、行政法规规定的强制性检验标准或者其他必须执行的检验标准，低于对外贸易合同约定的检验标准的，按照对外贸易合同约定的检验标准检验；凭样成交的，应当按照样品检验。

(4) 法律、行政法规未规定有强制性检验标准或者其他必须执行的检验标准；对外贸易合同又未约定检验标准或者约定检验标准不明确的，按照生产国标准、有关国际标准或者国家商检部门指定的标准检验。

ISO 为了促进各国产品质量及企业质量管理水平的提高和保护消费者权益，在总结传统产品检验、测试及质量控制工作的基础上，于 1987 年制定了 ISO 9000 质量管理与质量保证系列国际标准。该标准自发布以来，又得到世界许多国家的普遍重视，我国近几年来也在大力推广 ISO 9000 系列标准。

在我国，根据《中华人民共和国标准化法》的规定，商品的标准分为四种，即国家标准、行业标准、地方标准和企业标准。国家标准由国务院标准化行政主管部门制定；对没有国家标准，但需要在国家某行业范围内统一技术要求的，可以制定行业标准；没有国家标准和行业标准的，可以制定地方标准或企业标准；对于既有我国标准又有国际标准或国外标准的商品,一般情况下应采用我国标准进行买卖;对于已被国际上广泛采用的标准,或有助于扩大产品在国际市场销路的标准,交易时应尽量采用该种标准。

应用案例

案例简介: 买卖双方在履行买卖六角螺栓合同过程中,买方认为,卖方交货品质存在严重缺陷,便通告卖方拟聘请国际检验机构,并建议选择劳合社在希腊的代理机构对到货进行检测。在卖方未表示同意的情况下,买方于某年9月26日擅自聘请检测机构进行检测。卖方认为该项检测报告是无效的,不能作为认定货物品质的依据。因此,双方产生争议,买方遂向国际经济贸易仲裁委员会提请仲裁。仲裁庭在查阅双方提供的资料并经开庭审理后,认为申请人单方面对货物进行检验,不符合双方合同的规定,其检测报告不能作为认定货物品的合法依据。你是怎样看待此案的?

案例分析: 仲裁庭依据合同规定和具体事实,对其裁定的理由作了分析,本案合同规定"品质异议须于货到目的口岸之日起30天内提出,但均须提供已经卖方同意的公证行的检验证明。"经庭审查明,作为买方的申请人委托劳合社设在希腊比雷埃夫斯港的检验机构,并未经过作为卖方的被申请人同意,因而不具有合约的依据。在此应指出的是,当买方提出品质异议时,卖方曾建议由中国商检机构检验,并表示同意全部退货,而买方拒不按合同规定处理品质异议,却坚持擅自找检验机构检测,这是对合同的违反。

本 章 小 结

本章详细介绍了商品的名称、品质、数量、包装和检验条款的含义、内容以及商品的名称、品质、数量、包装及检验条款的制定方法。具体内容还涉及制定品名条款时应注意的事项;商品品质的表示方法;数量的计量单位和计量方法以及溢短装条款的具体内容;运输包装的标志的指示性标志、警告性标志、中性包装和定牌包装;检验的方法、检验机构和检验证书等。

关键术语

品名、品质、样品规格、商品、等级、标准、公差、重量、毛重、净重、溢短装条款、包装、运输唛头、指示性标志、警告性标志、条形码、中性包装、定牌生产、商品检验、检验机构、检验证书

综 合 练 习

1. 英译汉

(1) If the seller has delivered goods before the date for delivery, he may, up to that date, deliver any missing part or make up any deficiency in the quantity of the goods delivered, or deliver goods in replacement of any non-conforming goods delivered or remedy any lack of conformity in the goods delivered, provided that the exercise of this right does not cause the buyer unreasonable inconvenience or unreasonable expense. However, the buyer retains any right to claim damages as provided for in this Convention.

(2) If the goods are redirected in transit or redispatched by the buyer without a reasonable opportunity for examination by him and at the time of the conclusion of the contract the seller knew or ought to have known of the possibility of such redirection or redispatch, examination may be deferred until after the goods have arrived at the new destination.

(3) The seller must deliver goods which are of the quantity, quality and description required by the contract and which are contained or packaged in the manner required by the contract.

(4) The Seller shall possess the qualities of goods which the seller has held out to the buyer as a sample or model.

(5) The goods are contained or packaged in the manner usual for such goods or, where there is no such manner, in a manner adequate to preserve and protect the goods.

2. 简答题

(1) 表示品质的方法有哪些？
(2) 什么是溢短装条款？它包括哪些内容？合同中应如何规定？
(3) 简述规定数量条款的注意事项。
(4) 包装标志有哪几种？标准运输标志包括哪些主要内容？
(5) 买卖合同中的包装条款一般包括哪些内容？简述规定包装条款的注意事项。
(6) 简述检验证书的作用。

3. 选择题

(1) 对于大批量交易的散装货，因较难掌握商品的数量，通常在合同中规定（　　）。
　A. 品质公差条款　　　　　　　　　B. 溢短装条款
　C. 立即装运条款　　　　　　　　　D. 仓至仓条款

(2) 国际贸易中，大宗农副产品、矿产品以及一部分工业制成品习惯的计量方法是（　　）。
　A. 按面积计算　　　　　　　　　　B. 按长度计算
　C. 按重量计算　　　　　　　　　　D. 按容积计算

(3) 某公司出口电扇 1 000 台，纸箱包装，合同和信用证均规定不允许分批装运。装船时候有 40 台包装破裂，风罩变形，不能出口。根据 UCP600 的有关规定，只要货款不超过信用证总金额，交货数量允许有 5% 的增减。据此，发货人（　　）。
　A. 可以装运 960 台　　　　　　　　B. 必须装运 1 000 台
　C. 可以装运 950～1 050 台的任意数量　　D. 可以装运 950 台

(4) 某卖方同意以每吨 300 美元的价格向买方出售 1 200 公吨一级大米，麻袋包装，合同和信用证金额都为 36 万美元。但卖方实际交付货物时，大米的价格已发生了波动。因价格波动，一级大米的价格是 350 美元/公吨，而三级大米的价格为 300 美元/公吨，则（　　）。
　A. 卖方可交三级大米替代一级米
　B. 卖方应按合同规定交货

C. 因价格波动卖方可按比例少交 5% 的货物
D. 卖方可以多交 5% 货物，且采用市场价格

(5) 在国际贸易中，造型上有特殊要求或具有色香味方面特征的商品适合于（　　）。
A. 凭样品买卖　　　　　　　　B. 凭规格买卖
C. 凭等级买卖　　　　　　　　D. 凭产地名称买卖

(6) 以下（　　）属于运输包装的标志。
A. 运输标志　　B. 条形码　　C. 指示性标志　　D. 警告性标志

(7) 唛头的主要内容包括（　　）。
A. 目的港（地）名称　　　　　B. 收货人及（或）发货人名称的代用简字或代号
C. 件号、批号　　　　　　　　D. 许可证号

(8) 贸易合同中商品检验时间与地点的规定方法主要有（　　）。
A. 在出口国检验　　　　　　　B. 在进口国检验
C. 在出口国检验，进口国复检　　D. 把货物运到第三国检验

(9) 采用中性包装的目的是（　　）。
A. 避开进口国家地区的关税和非关税壁垒　　B. 适应交易特殊需要
C. 使出口厂商加强对外竞销　　　　　　　　D. 使出口厂商扩大出口

(10) 某公司向国外某客商出口 50 公吨小麦，合同规定卖方交货的数量可溢短装 5%，卖方实际交货时多交了 2 公吨，买方可就卖方多交的 2 公吨货物做出（　　）的决定。
A. 收取 52 公吨货物　　　　　B. 拒收 52 公吨货物
C. 收取多交的 1 公吨货物　　　D. 拒收多交的 2 公吨货物

4. 判断题

(1) 表达品质的方法多种多样，为了明确责任最好采用既凭样品又凭规格买卖的方法。（　　）

(2) 在品质公差范围内的品质差异，除非另有规定，一般不另行增减价格。（　　）

(3) 某外商来电要我方提供大豆，按含油量 18%、含水量 14%，不完善粒 7%，杂质 1% 的规格订立合同。我方可以接受。（　　）

(4) 由卖方根据买方样品复制的样品称之为"对等样品"或者"回样"。（　　）

(5) 溢短装条款只适用于散装货物，非散装货物不允许溢短装。（　　）

(6) 定牌中性包装是指产品没有生产的国别，但是要采用卖方自己的牌号。（　　）

(7) 双方签约规定成交货物为不需要包装的散装货物，而卖方交货时候用麻袋包装，但是净重和合同规定完全相符，且不需求另外加收麻袋包装费。货到后，买方向卖方索赔是不合理的。（　　）

(8) 我 A 外贸公司向美国 B 公司进口谷物，合同规定交货数量为 10 万公吨，允许溢短装 10%。B 公司装船时，共装运了 14 万公吨。根据《公约》规定，我方有权拒收全部货物。（　　）

(9) 某外贸公司向澳大利亚 A 公司进口铁矿砂一批，合同规定交货数量为 20 万公吨，允许溢短装 10%。卖方装船时，共装运了 25 万公吨。根据《公约》规定，我方可只收取 22 万公吨货物。（　　）

(10) 运输包装上的标志就是运输标志,也就是通常所说的唛头。　　　　　　(　　)

5. 计算题

某公司出口生丝,买卖双方约定标准回潮率为11%。现有生丝105公吨,经过测定,回潮率为13%。问符合双方约定回潮率的重量应为多少公吨?

6. 案例分析

(1) 我某出口公司以CIF条件与意大利客商签订了一份出口500公吨大豆的合同,合同规定:双线新麻袋包装,每袋50千克,外销价为每公吨200美元CIF悉尼,即期信用证付款。我公司凭证出口并办妥了结汇手续。货到后买方来电称:我公司所交货物扣除皮重后不足500公吨,要求我方退回因短量而多收的货款。请问:对方的要求是否合理?为什么?

(2) 我某出口公司对美出口电冰箱4 500台,合同规定PYW-A、PYW-B、PYW-C型三种型号各1 500台,不得分批装运。待我方发货时,发现PYW-B型电冰箱只有1 450台,而其他两种型号的电冰箱存货充足,考虑到PYW-B数量短缺不大,我方于是便以50台PYW-A代替PYW-B装运出口。请问:我方这样做是否合适?为什么?

(3) 国内某公司向日本某公司出口某商品,合同指定由我方出唛头,因此,我方在备货时就将唛头刷好。但在货物即将装运时,国外开来的信用证上又指定了唛头。请问:在此情况下,我方应如何处理?

(4) 菲律宾某公司与上海某自行车厂洽谈进口业务,打算从我国进口"永久"自行车1 000辆。但要求我方改用"剑"牌商标,且在包装上不得注明:"永久"和"Made in China"字样。请问:我方是否可以接受?在处理此项业务时,应注意什么问题?

7. 技能实训

1. 商品数量的磋商

实训项目:商品数量的磋商
实训目的:学会正确把握商品的数量条件,合理订立合同中的数量条款。
实训内容:加拿大的进口商(Carters Trading Company.),LLC希望宏昌国际股份有限公司(Grand Western Foods Corp.),增加20%的罐头供应量数量。
实训要求:将参加实训的学生分成2个谈判小组,分别代表进口商(Carters Trading Company),LLC和宏昌国际股份有限公司(Grand Western Foods Corp.),就商品的数量条件进行磋商。

2. 唛头的设计

实训项目:设计唛头
实训目的:初步掌握唛头的基本内容及其设计要领。
实训内容:根据编号GW2004X06合同(素材4-1)设计唛头。
实训要求:简要说明唛头的主要内容和设计思路。

第 5 章　国际贸易货物运输

本章教学要点

知识要点	掌握程度	相关知识	应用方向
海运方式	了解	国际货物运输的特点和方式；提单的性质、种类和作用	班轮运输特点、运费计算；租船运输方式、运费计算，提单物权凭证、作用、功能
其他运输方式	了解	其他国际货物运输的方式和特点，尤其是集装箱运输	集装箱运输；铁路运输；航空运输；公路、内河、邮包和管道运输；国际多式联运
国际货运代理	了解	国际货运代理的分类和流程	国际货代企业；货代、船东、船代和报关行等相关当事人；流程
运输条款	熟悉	国际贸易货物运输条款的主要内容；与运输条款相关的各种国际法规和惯例	装运时间和地点；装卸地点；分运和转运；装卸时间和装卸率；滞期费和速遣费；装运通知

阅读链接

1. UCP600：Arti 19-27, Arti 31, Arti 32
2. ISBP745：Para A18 a, Para A19, Para C15, Para D1-D32, Para E1-E28, Para F1-F25, Para G1-G27, Para H1-H27, Para J1-J20
3. CISG：Arti 31-34, Arti 51-52, Arti 67-68, Arti 73
4. 孙瑛，韩杨. 国际贸易运输实务与案例 [M]. 北京：清华大学出版社，2009.
5. 李勤昌. 国际货物运输实务 [M]. 北京：清华大学出版社，2008.

导入案例

有一份 CIF 合同，出售矿砂 6 000 公吨。合同规定："CIF 汉堡，2 月份由一船或数船装运，并凭单据付款。"事后卖方于 2 月 15 日装运 4 100 公吨，余数在 3 月 1 日装上另一艘轮船。当卖方凭单据要求买方付款时，买方以"第二批货物是 3 月 1 日装船，违反合同的装船时间"为由，拒绝接受全部单据和拒付全部货款，但卖方提出异议。

讨论与分析：

1. 试问在上述情况下，买方能否拒绝接受全部单据和拒付全部货款？为什么？
2. 你对卖方在装船过程中只晚装船一天的这种违约情况是怎么认识的？

第5章 国际贸易货物运输

国际货物运输（international cargo transportation）是货物在国际上的运输，这是货物凭借运输工具在国际范围内的流通，是与国内货运运输相对而言的。国际货物运输的特点是线长、面广、风险大、情况复杂多变，而且是实现货物交付的关键一环。国际货物运输有水、陆、空等多种运输方式（modes of transportation），它们有各自的特点和独特的经营方式。选择何种运输方式，关系到运费的高低、速度的快慢以及货物的安全。因此，必须谨慎选择（choose）合理的运输方式，选好（select）国际货代公司，计算（calculate）出准确的运输成本，洽订（negotiate）合适的运输条款，缮制（make out）正确的运输单据。

5.1 海洋运输

根据有关统计，国际贸易中80%以上的货物是通过海上运输完成的。因此，海洋运输（sea transport 或 ocean transport）是国际贸易中最主要的运输方式。按照船舶经营方式的不同，海洋运输可分为班轮运输和租船运输两种方式。

5.1.1 海洋运输的优、缺点

1. 海洋运输的优点

(1) 运力强。海洋运输有天然的航道，四通八达，它不像汽车、火车受道路的限制，如遇特殊情况（政治、军事及自然灾害和意外事故等）还可改道航行。

(2) 运量大。海上货轮小的能载货几千吨，大的能载货几万吨，一般杂货船都为5万公吨左右；集装箱船第六代可载15 000TEU，重达16万公吨，巨型油轮可载50万公吨以上。

(3) 运费低。由于海运运量大、运程远，与其他运输方式相比，单位运输成本较低，约为铁路运费的1/5，公路运费的1/10，航空运费的1/30。

(4) 海上运输本身又是一种服务贸易，可以扩大外汇收入。海上运输提供运输工具和劳务，从而收取租金和运费。它不是以商品形式收汇，而是以服务形式收汇，是服务贸易的一种。在希腊的外汇收入中，航运收入能占到第二位；在英国的外汇收入中，航运收入约占12%。

(5) 海上运输往往还对一国家的国防有重要作用。商船运输队平时运送货物，战时可以运送军用物资、人员。美国前总统艾森豪威尔曾在一次谈话中明确提出："商船运输队是美国的第四方面军"，2003年3月美国为打伊拉克就是借用商船把它的第四步兵师从地中海的土耳其港运往波斯湾的。俄罗斯的商船多数都有厚甲板、大舱口并装置重吊，以待必需时装载重武器之用。最近几年，我国在东海进行军事演习都征用了大量的商船。

2. 海洋运输的缺点

(1) 速度慢。海洋运输由于船体大，水的阻力高，因而速度慢，一般货轮为每小时15节左右，最新集装箱船为35节（knot）左右。

(2) 风险大。海洋运输易受气候和自然条件的影响，如遇上暴风、巨浪、冰冻、雷击、迷雾等船舶可能会出事故，每年全世界遇险的船约为300艘。

条款举例

CISG Arti 32: If the seller is bound to arrange for carriage of the goods, he must make such contracts as are necessary for carriage to the place fixed by means of transportation appropriate in the circumstances and according to the usual terms for such transportation.（若卖方有义务安排货物的运输，他必须订立必要的合同，以按通常运输条件，用适合情况的运输工具，把货物运到指定地点。）

5.1.2 班轮运输

班轮运输（liner transport）量约占国际货物贸易的 20%。例如，中国远洋运输集团公司（COSCO，简称中远运输集团）是中国主要的海运公共承运人。

1. 班轮运输及其特点

班轮运输也叫定期船运输（regular liner），它是在一定航线上，在一定的停靠港口，按事先公布的航期表（sailing schedule），以事先公布的费率收取运费船舶运输。这也就是它最主要的"四固定"特点，即航线、港口停靠、船期及运费率相对固定。

此外，它还有以下四个特点。

(1) 承运人和货主之间不签订租船合同，仅按船公司签发的提单，处理运输中有关问题。
(2) 通常托运人送货至承运人指定码头仓库交货，收货人在承运人指定码头仓库提货。
(3) 运费中已包括装卸费，货方不再另付装卸费，船货双方也不计算滞期费和速遣费。
(4) 货主按需订舱，特别适合于货流稳定、货种多、批量小件杂货和集装箱货物的运输。

知识拓展

全球十大班轮公司及网址

1. Mearsk 马士基（丹麦）。总部设在丹麦哥本哈根，在全球 100 多个国家设有数百间办事机构，雇员逾 6 万多名，服务遍及世界各地。马士基物流 80 年代末进入中国，目前在华已有 16 个办事机构（http://www.maersk.com/Pages/default.aspx）。
2. MSC 地中海航运（瑞士）。在世界十大集装箱航运公司中排名第二，业务网络遍布世界各地（http://www.mscgva.ch）。
3. CMA-CGM 达飞轮船（法国）。总部设在法国马赛，世界排名第三的集装箱全球承运人。目前，在全球 126 个国家和地区设立了 420 家分公司和办事机构（http://baike.baidu.com/view/1220416.htm）。
4. COSCO 中远（中国）。作为以航运、物流为核心主业的全球性企业集团，中远在全球拥有近千家成员单位、8 万余名员工。中国远洋在综合排名中名列第四（http:// www.coscon.com/home.screen）。
5. Hapag-Lloyd 赫伯罗特（德国）。赫伯罗特是德国运输公司组成的一个货柜航运公司。它成立于 1970 年，是目前世界前五大船公司之一，致力于全球化的集装箱服务，在 100 多个国家拥有约 500 家分支机构（http://www.hapag-lloyd.com/zh/home.html）。
6. Evergreen 长荣海运，http:// www.evergreen-marine.com/tw/。
7. AMERICAN PRESIDENT LINES 美国总统轮船 http://www.apl.com/；
8. China Shipping (GROUP) Company 中国海运 http://www.cnshipping.com/，
9. HANJIN 韩国韩进海运株式会社（韩国），http://www.hanjin.com/cn/main.jsp；
10. NYK(Nippon Yusen Kaisha) 日本邮船（日本）http://www.nykline.com.cn/nyk_cn/cnindex.html

2. 班轮运费

1) 班轮运费的构成

班轮运费（liner's freight）由班轮公司为运输货物向货主收取的运费。从计算费用的角度说，它们都由基本运费和附加运费构成，从属性上可分为散货运输费用和集装箱运输费用。影响班轮运费的因素很多，主要由航运成本和利润两部分组成。航运成本包括固定成本和可变成本两部分：其中固定成本包括船员工资、津贴、伙食、奖金、船舶折旧、修理费、物料费、保险费、公司管理费分摊、利息及其他费用等；可变成本包括燃料费、港口费（装卸、港务、停泊、移泊等费用）、货物费（装卸费、加班费、待时费、特殊货物装卸附加费、垫料费、捆扎费、理货费等）、税金、代理费和佣金等。

 知识拓展

班轮公会

班轮公会（freight conference）又称航运公会、运价协会、水脚公会，即海上运费同盟，是指在同一航线或相关航线上经营班轮运输的两家以上的船公司，为避免相互之间的激烈竞争，通过制定统一的费率或最低费率以及在经营活动方面签订协议而组成的联合经营组织。世界上第一个班轮公会是1875年由经营英国与印度港口之间货物运输的7家班轮船公司组成的加尔各答班轮公会。到20世纪70年代初，全世界已先后组成了360多家班轮公会。班轮公会限制竞争的手段主要有运价协定和联营协定。

2) 散货班轮运费计算

班轮运费都是按班轮公司公布的班轮运价表（liner's freight tariff）的规定计算的。计算基本运费的单价称为班轮运价。一船公司会定期公布自己的运价表。运价表一般包括货物分级表、各航线费率表、附加率表以及计算运费的规则和规定。货物分级表将商品分为20个等级，不同等级有不同的费率，其中1级运费率最低，20级运费率最高。

(1) 计算公式：

基本运费 = 基本运费率 × 货运量（即运费吨）

附加费 = 基本运费 × 附加费率

班轮运费 = 基本运费率 × 货运量 × $(1 + \Sigma$ 附加费率$)$

(2) 基本运费。它是指货物从装运港到目的港的海上运费以及货物的装卸费，是构成运费的主体。根据商品的不同，基本运费的计收，通常有以下几种计算标准，见表5-1。

表 5-1 国际海运基本运费计算标准

基本运费名称和缩写	解 释
运价表上的"W"，即表示按重量吨（weight Ton）计收	每一重量吨是按货物的毛重（或按一长吨或一短吨）计算，适用于价值不大、体积较小、重量较大货物，如钢材、电焊条等
运价表上的"M"，即表示按尺码吨（measurment ton）计收	每一尺码吨是按货物体积一立方米（或按40立方英尺）计算，适用于价值不高、重量较轻、体积较大货物，如棉花、家具
运价表上的"A·V"或"Ad.Va"（拉丁文Advalorem的缩写），即表示按货物的价格计算	按货物的FOB价收百分之零点几到5%的运费，俗称从价运费，表示适用于黄金、白银、精密仪器、手工艺品等贵重商品
运价表上的W/M，即表示按重量吨或按尺码吨计收	由轮船公司根据从高收费的原则选择其中一种标准收费

续表

基本运费名称和缩写	解　释
运价表上的 W/M or A.V., 即表示按重量吨或按尺码吨或按从价计收	由轮船公司从三者中选择收费最高的一种标准收费
运价表上的 W/M plus A.V., 即表示按重量吨或按尺码吨再加收从价费计算	船方除先按重量吨或尺码吨中收费较高的标准外再另行加收一定百分比从价运费
运价表上的 per unit/per head	按货物件数计收，如卡车按辆，活牲畜按头
按议价 (open rate) 计收	如粮食、矿石、煤炭等大宗货物，往往都是由货主与轮船公司临时商定运价
按起码运费 (mini rate) 计收	凡不足1运费吨（1重量吨或1尺码吨的统称）的货物，无论该货物属于几级货，均按该航线上的一级货收取运费，称为起码运费。按起码运费收费时所签发的提单称起码提单，在运价表中一般都表明所到港口的起码提单的运费数额，无须另计

> **要点提示**
>
> 计算运费的重量吨（W）和尺码吨（M）统称为运费吨（Freight Ton），又称计费吨。换言之，重量吨或尺码吨都可称为运费吨。现在国际上一般都采用公制（米制），其重量单位为公吨（Metric Ton, M/T）。尺码单位为立方米（Cubic Metre, CBM），计算运费时1立方米作为1尺码吨。如果运价表上是 W/M，则选择较高者计收运费。

（3）附加费。它是指对一些需要特殊处理的货物或者由于突发事件的发生或客观情况变化等原因而需另外收取的费用，以弥补基本运费的不足。根据原因不同，附加运费的计收，通常有以下几种计算标准，见表5-2。

表5-2　国际海运附加费计算标准

附加运费名称和缩写	解　释
超重附加费 (heavy lift additional)	一件货物毛重超过运表中规定的重量即为超重货。我国的轮船公司规定每件货物不得超过5公吨，如超过限额，则按每公吨加收一定的超重附加费
超长附加费 (long length additional)	一件货物的长度超过运价表中规定的长度即为超长货。一般规定为9公尺，如超过则按每公尺加收超长附加费；如一件货物既超重又超长，则按高者计收；若需转船，则每转一次，加收一次超重或超长附加费
转船附加费 (transshipment surcharge)	凡运往非基本港口且需转船运往目的港的货物，需加收转船附加费，其中包括中转费和二程运费
燃油附加费 (bunker adjustment factor, BAF)	在燃油价格上涨时，轮船公司便按基本运价的一定百分比加收附加费，或每一运费吨加收
直航附加费 (direct surcharge)	运往非基本港口的货物达到一定数量（"中远"规定近洋直航须够2 000公吨，远洋直航须够5 000公吨），轮船公司始肯安排直航，因直航附加费较转船附加费低
港口附加费 (port surcharge)	有些港口由于设备条件差或装卸效率低，轮船公司便加收附加费以弥补其因船舶靠港时间延长所造成的损失。一般按基本运价的百分比收取

续表

附加运费名称和缩写	解 释
港口拥挤附加费（port congestion surcharge）	有些港口由于压港压船，以致停泊时间较长，一般按基本运价收取附加费。通常此项费用较大，遇有这种费用，卖方应设法由买方负担
选港附加费（optional port surcharge）	托运时因不能确定卸货港口，只能预先提出两个或两个以上（最多不得超过三个）的港口作为选卸港，但所选港口必须是班轮的基本港口
变更卸货港附加费（alternation of destin-ation charge）	货主要求改变原定卸货港口，如有关当局（海关）准许、船方又同意时便要加收此项附加费；如因倒舱困难或使船舶停留时间过长，船方也可拒绝。此项费用应由货主负担
绕航附加费（deviation surcharge.）	当正常航道不能通行，需绕道才能将货物运至目的港时，轮船公司便要加收此项费用
货币贬值附加费（devaluation sure或currency adjustment factor, CAF）	当运价表中规定的货币贬值时，轮船公司为弥补其损失便按基本运价加收一定百分比的货币贬值附加费

由此可见，基本运费的计收标准不一，附加费又名目繁多且时有变动，因此在对外报价和匡算运算时应仔细测算，以防漏计或错算造成不应有的经济损失。

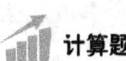 **计算题**

试题1：某企业以CIF合同出口柴油机一批，共15箱，总毛重为5.65公吨，总体积为10.676立方米。在青岛装中国远洋运输公司轮船，经香港转船至苏丹港，试计算该企业应付船公司多少运费？

解答：

第一步，查阅货物分级表。

按柴油机的英文名称diesel engine，查阅货物分级表，属于10级货，计费标准为W/M。

第二步，计算和比较货物的体积和重量。

因为10.676＞5.65，所以应用尺码吨计费。

第三步，查运价表。

在"中国—香港航线费率表"中10级货自青岛至香港费率为22美元，香港中转费为13美元；再从"香港—红海航线费率表"中查出10级货费率为95美元；最后查"附加费率表"，了解到苏丹港要收基本运费10%的港口拥挤附加费。

第四步，计算。

因为每一运费吨的运费为：$22 + 13 + 95 + 95 \times 10\% = 139.5$（美元）

则总运费为：$139.5 \times 10.676 = 1\,489.302$（美元）

试题2：某公司按CFR LONG BEACH出口自行车零件共100箱，每箱体积为40厘米×35厘米×30厘米，毛重为50千克，装运港为深圳。相关材料见表5-3。请计算该批商品的运费。

表5-3 深圳至美国航线的运价表

Scale of Class Rates for China-America Service (in USD)				
CLASS	SEATTLE, PORTLAND SAN FRANCISCO	LOS ANGELES LONG BEACH	MIAMI CHARLESTON	PHILAOELPHIA NEW YORK, HUSTON
1	95	100	115	120
2	100	105	120	125

续表

	Scale of Class Rates for China-America Service (in USD)			
CLASS	SEATTLE, PORTLAND SAN FRANCISCO	LOS ANGELES LONG BEACH	MIAMI CHARLESTON	PHILAOELPHIA NEW YORK, HUSTON
...				
7	130	135	142	145
8	136	140	146	150
9	143	147	153	156
10	150	155	160	165

说明：需另加收 10% 货币贬值附加费。

另外，在计算基本运费时，应注意以下三种情况。

第一，若不同商品混装在同一包装内，则全部运费按其中计费标准较高者收取。

第二，同一票货物若包装不同，其计费等级和标准也不同。除非货运人按不同包装分列毛重和体积，否则全部货物均按计费标准较高者计收运费。

第三，若同一提单内有两种或两种以上的货名，如果托运人未列不同货名的毛重和体积，则全部货物也均按计费标准较高者计收运费。

5.1.3 租船运输

租船运输（charter transport）又称不定期船运输（tramp shipping），是指租船人向船东租赁船舶，用以运输货物的一种运输方式。它适用于成交量大、交货期集中，或对方港口无直达轮船依靠的情况。与班轮运输相比，其特点为：航运时间、航线、停靠港口、船方收取的运费（或租金）以及货物装卸费用的承担都由租船人和船方临时议定。租船运输主要适用于粮谷、矿砂、煤炭、石油、木材等大宗货物的运输。

1. 租船运输的方式

第一类，程租船（voyage charter; trip charter）。又称航次租船，即由船所有人负责提成供船舶在指定港口之间进行一个航次或数个航次承运指定货物的租船运输。它又包括四种类型：单程租船（single voyage charter）、连续单航次程租（consecutive voyage charter）、来回航次程租（round voyage charter）、包运合同租船（contract of affreightment，又称大合同单航次程租）。

在程租船运输情况下，有关货物的装卸费用由租船人和船东协商确定后在程租船合同中具体规定。装卸费具体由谁负担，具体见表 5-4。

表 5-4 程租船合同中船货双方关于装卸费用负担一览表

全 称	简 称	含 义
Liner Terms (Gross Terms)	Liner Terms	船方负责货物的装、卸，程租船运费内包括货物的装卸费
Free In and Out	F.I.O	船方不负责装卸

续表

全 称	简 称	含 义
Free Out	F.O	船方负责装货不负责卸货,程租船运费内只包括货物的装货费,不包括卸货费
Free In	F.I	船方负责装货不负责卸货,程租船运费内只包括货物的卸货费,不包括装货费
Free In & Out. Stowed & Trimmed	F.I.O.S.T	船方既不负责装卸,也不负责理舱和平舱

第二类,期租船(time charter)。即船舶所有人将船舶出租给承租人使用一定的期限,期限内承租人自行调度和经营管理,承租人也可将此租船充作班轮或将租船使用。租船方所付租金取决于船舶的装载能力和租期长短,如规定:按月每载重吨若干金额或整船每天若干金额计算。除非另有规定,租船方可将租赁的船舶作为班轮营运,或作为程租船经营,甚至再转租给第三方,自己充当二船东。

第三类,光船租船(bare boat charter)。也称"干租"或"净船期租船",属于定期租船的一种。船舶所有人只提供一艘空船,一切人员配备及运营维修的费用均由承租人负担,属于单纯的财产租赁。由于这种租船方式比较复杂,当前国际贸易中很少采用。

概念比较

租船运输的三种方式的比较见表5-5。

表5-5 定程租、定期租、光船租的比较

比较项目	定程租	定期租	光船租
租船基础	航程	航期	航期
船舶承租人的权利	小	大	更大
航次成本的负担	船舶所有人	承租人	承租人
固定开支的负担	船舶所有人	船舶所有人	承租人
运费、滞期费和速遣费的计算	都计算	只算租金	只算租金
租租船合同性质	劳务合同	半劳务半租赁合同	租赁合同
适用情况	最为常见	多见	少见

注:航次成本包括船舶燃料费、港口费、装卸费、垫舱物料费等;固定开支包括船员的工资、伙食给养、船舶维修保养、船舶保险等。

2. 租船应注意的问题

(1) 租船前必须了解和熟悉贸易合同中的有关贸易条件,要做到租船条款与贸易条款相衔接。要了解货物的品名、性质(易燃、易腐等)、包装、尺码、重量以及其他一些情况,如卡车的重量和尺寸、冷冻货所需的温度、超长超重货的长度和重量等;还要了解装卸港口情况、装卸率、价格条件(船边交货还中舱底提货)、备货通知期限等。

(2) 弄清装卸港口的地理位置,是海港还是河港,港口和泊位的水深,候泊时间(指拥挤情况），港口的作业时间（是三班还是两班，是5天还是6天），装卸效率、港口费用、捐税、港口习惯等。

（3）要选租船龄较小，质量较好的船，一般不要租用15年以上的超龄船，尽可能租有自动舱盖、有电动绞车的船，对期租要注意船的耗油量是否经济。

（4）要考虑船东的信誉和财务情况，在航运不景气的时候更应如此，以免造成后患。除非确实可靠，一般不要租二船东的船，对只有一两条船的小船东也要提高警惕。

（5）正式报价时要了解市场行情，做好程租与期租、大船与小船、好船与次船和不同航线的比价工作，要随行就市，心中有数。

（6）对外要内紧外松，利用船东之间、代理船东之间、代理商之间、不同船型之间的矛盾，争取按较为有利的条件达成交易。

3. 租船合同

租船合同（charter party）是船东（shipowner）与租船人（charterer）根据自愿原则达成的协议。租船合同的种类很多，当事人可选其中一种作为协商的依据，对其中的条款可作增加、删减或修改，最后经双方签字生效。程租船的合同使用较多的是《标准杂货租船合同》(Uniform General Charter Party，简称GENCON，国内译为"金康合同"）。期租船的合同使用较多的《标准定期租船合同》(Uniform Time Charter Party，简称BALTIME，国内译为"巴尔的摩合同"）。我国租船公司也有《中国期租1980合同》(Sino Time 1980)。

 计算题

试题： 我某粮油贸易公司向西非蒙罗维亚港口出口大米9 000公吨，租一单程船运输，广州港装船。租船合同对装卸条件规定：允许装货时间为6个连续24小时好天气工作日，每日装货1 500公吨；星期六、星期日、节假日除外；节假日前一天18点后和节假日后8点前不计入允许的装卸时间；滞期费为每天5 000美元。装卸时间记录如下：

3月18日星期四8～24时装货（有3小时下雨）

3月19日星期五0～24时装货

3月20日星期六（公休日）0～18时装货

3月21日星期日（公休日）8～24时装货

3月22日星期一0～24时装货（有4小时下雨）

3月23日星期二8～11时装货完毕

试计算我方应得滞期费或应得的速遣费是多少？

解答：

允许装货时间为：6×24＝144（小时）

实际的装船时间为：(16－3)＋24＋18＋16＋(24－4)＋3＝94（小时）

因为滞期费为每天5 000美元，所以每天的速遣费为：[(144－94)/24]×(5 000/2)＝5 208（美元）

 条款举例

ISBP745 Para G27： Unless UCP600 sub-article 22(b) is specifically excluded and the credit specifically indicates the data that are to be examined and to what extent, banks do not examine any content of a charter party contract, even when such contract is required as a stipulated document under the credit.（除非信用证特别排除适用UCP600第22条b款，且明确规定了需要审核的数据和范围，银行

将不审核租船合同的内容,即便信用证要求将该租船合同作为规定的单据。)

5.1.4 海运提单

1. 海运提单及其性质

海运提单(bill of lading,B/L)是海上货物运输的主要运输单据。提单是海上货物运输合同的证明(evidence of a contract),也是承运人或其代理人收到货物的收据(receipt for goods)。此外,提单还是承运人凭以交付货物的具有物权特性的凭证(document of title to the goods),这是提单最重要的独特功能。正因为提单是物权凭证,所以持有提单就像拥有货物一样,提单的转让就等于货物的交易。

 条款举例

UCP 600 Arti 32: a. A bill of lading, however named, must appear to: i. indicate the name of the carrier and be signed by: the carrier or a named agent for or on behalf of the carrier, or the master or a named agent for or on behalf of the master. (a. 无论其称谓如何,提单必须表面上看来: i. 显示承运人名称并由下列人员签署:承运人或承运人的具名代理或代表,或船长或船长的具名代理或代表。)

ISBP745 Para E18 c: When a bill of lading is issued "to order" or "to order of the shipper", it is to be endorsed by the shipper. An endorsement may be made by a named entity other than the shipper, provided the endorsement is made for [or on behalf of] the shipper. (当提单收货人做成"凭指示"或"凭托运人指示"时,该提单应当由托运人背书。只要背书是为托运人或代表托运人做出,该背书就可以由托运人之外的具名实体做出。)

 应用案例

案情简介: 我方A公司与法国B公司签订一份出口棉织衬衫的合同,CIF条件成交,托收方式付款,即期付款交单。A公司按期装船并取得清洁已装船提单,并委托中国银行收款,但B公司在见票后迟迟不付款。后追查原因发现,船公司已把到港货物交给B公司。问:船公司交货给B公司是否有理?为什么?

案情分析: 船公司交货给B公司无理。海运提单是一种货物所有权的凭证,B公司未取得海运提单,意味着B公司尚未取得货物的所有权,船公司擅自放货是无理的,A公司可以向船公司索赔。

2. 海运提单的种类

(1)根据货物是否已经装船,可分为已装船提单和备运提单。

提单上载明货物"某轮船装船"字样和装运日期的就是已装船提单(on board B/L)。备运提单(received for shipment B/L)是承运人在收到托运货物等待装船期间向托运人签发的提单。在贸易合同中,一般要求卖方提供已装船提单,因其上有船名和装船日期,对收货人按时收货有保障。如果是备运提单,发货人可在货物装船后凭以调换已装船提单,或在备运提单上批注货物已装上某具名船舶及装船日期,并签署后使之成为已装船提单。在集装箱运输的情况下,如信用证未规定提供已装船提单,银行也可接受货物在承运人监管下出具的备运提单或联合运输提单。

 应用案例

案情简介: 英国贸易与运输公司于1951年出售一批钛白粉给A。双方订立CIF合同,目的港是中国香港,付款条件是卖方开立保兑的不可撤销的信用证。货物于10月31日运到装运港,但实际装船是11

月3日。卖方于10月31日货运到码头时，船公司出具了备运提单（received bill of lading），在11月3日货物装船以后，船公司在备运提单上作如下批注："11月3日装船"。但卖方向银行提交单据时，把提单上的批注全部擦掉，蒙骗了银行，取得货款。货到中国香港后，A发现提单被涂改，事后证明货物是11月3日装船，而不是10月31日装船，于是拒绝收货，并要求卖方退回他已付的货款。试问在上述情况下，A有无此项权利？为什么？

案情分析： 本例的提单属备运提单，它同已装船提单是有区别的。买方通常是要求已装船的提单，一般均拒绝接受备运提单。备运提单的签发日期，并不是货物装船的时间，只有在货物实际装船以后，船公司在提单上批注的装船时间，才是真正的装船时间。本例中的卖方，为了掩盖迟发的事实，有意涂改提单上的批注，这是一种欺诈行为。尽管银行已付了货款，买方A仍有拒绝收货和要求卖方退回货款的权利。此案经英国法庭审理，A获得胜诉。另外，开证银行根据单据表面与信用证条款相符的原则，已对卖方的单据作了议付。A也已向银行付款赎单。在此情况下，根据信用证统一惯例的规定，即使A不能向英国贸易与运输公司追回货款，他也不能向银行追索他已付的款项，只能向卖方索赔。

（2）根据提单上对货物外表状况有无不良批注，可分为清洁提单与不清洁提单。

清洁提单（clean B/L）是指货物交运时表面状况良好，承运人在签发提单时不加任何货损和包装不良的批注的提单。不清洁提单（unclean B/L）是指承运人在提单上加注货物及包装状况不良或存在缺陷等批语的提单，如"…packages in damaged condition"。按照国际惯例，除非有规定，卖方有义务提交清洁提单。清洁提单也是提单转让时必须具备的基本条件之一。

应用案例

案情简介： 我A公司向加拿大B公司出口木材一批，装货时船公司发现部分木材受潮变色，大副在收货单上对此作了批注。因合同交货期已临近，信用证也即将过期，A公司出具保函，保函中声明如果收货人对货物有异议，一切责任均由托运人承担，船公司概不负责，要求船公司开出清洁提单。船公司接受了保函并签发了清洁提单。货物抵达目的港后，B公司发现木材受潮变色，当即向法院申请扣押货轮，经船公司交涉，3天后解除扣船。船公司就扣船所造成的损失向A公司提出索赔。问：船公司索赔是否合理？为什么？

案情分析： 船公司索赔有理。对货物及包装状况不良或存在缺陷等情况船公司有权在提单上批注，说明在交货时已存在的问题，以保护船公司自己的利益。本案应签发不清洁提单，但A公司出具保函，保证因签发清洁提单所造成的损失，将由A公司承担，基于此，船公司才出具清洁提单。因此，船公司因保函所声明的内容造成的经济损失，可向A公司索赔。

（3）根据提单收货人的抬头不同，可分为记名提单、指示提单与不记名提单。

记名提单（straight B/L）又称"收货人抬头提单"，是指在提单的"收货人"一栏内具体填写某人或某企业等名称的提单，它只能由提单上所指定的收货人收货。指示提单（order B/L）是指在提单"收货人"一栏不填写收货人名称，而采取"凭指示""凭××指示"的方法填写的提单，它可以通过背书的办法转让给他人提货，故又称为"可转让提单"。凭指示并经空白背书的提单习惯上又称"空白抬头、空白背书"提单，在国际贸易中使用较为普遍。不记名提单（bearer B/L）是指提单收货人栏内没有指明任何收货人，谁持有提单，谁就可以提货，因采用这种提单的风险大，故在业务中很少使用。

应用案例

案情简介： 某公司收到国外开来的一份信用证，开证行为 ABC Bank，证内规定"Full sets of clean shipped on hoard marine bills of lading made out to our order"。问：这是一张什么海运提单？提单上

的收货人应如何填写?该提单提货时是否需要背书?如果要背书由谁背书?

案例分析: 这是一张记名指示清洁已装船海运提单。提单上的收货人只能填写为"TO ORDER OF ABC BANK"。该提单提货时需要 ABC 银行背书。

(4) 根据不同的海运方式,可分为直达提单、转船提单、联运提单和多式联运单据。

货物从装运港转船后,中途不经换船而直接驶达目的港卸货,按照这种条件签发的提单即为直达提单(direct B/L)或直运提单。船舶从装运港装货后不直接驶往目的港而在中途港口换船后把货物运往目的港,凡按此条件签发的包括全程的提单,称为转船提单(transshipment B/L)。经两种或两种以上的运输方式联合运输的货物,托运人在办理托运手续并交纳全程运费后,由第一承运人所签发的包括运输全程并能凭此在目的港提货的提单称为联运提单(through B/L)。联运提单与转船提单虽包括全程运输,但签发提单的承运人一般只担负货物在其负责运输的一段船程内所发生的损失的责任。多式联运提单(combined transport document ,C.T.D)必须是两种或两种以上不同运输方式(其中不一定有海运)的连贯运输,由多式联运经营人(MTO)所签发的提单,在该提单上除列明发货港和卸货港外,还列明收货地、交货地和最终目的地以及前段运输工具名称等。

 应用案例

案情简介: 我某外贸企业与加拿大 S 公司洽谈一笔五金器材出口业务,在装运问题上 S 公司提出"Transshipment allowed on condition that the entire voyage be covered by through B/L and the goods will be transshipped must be at Hong Kong only."意思是说,允许转船,但要求出具联运提单并指定在中国香港转船。问:对此条件我方可否接受?

案例分析: 出具联运提单问题不大,但指定在中国香港转船一事,需与船公司接洽后再定。在一般情况下,我们不能接受指定中转港。但如果装运港输往加拿大目的港的货物一向就是在中国香港转船,那就不妨顺水推舟予以接受。

(5) 根据船舶营运方式的不同,可分为班轮提单和租船提单。

班轮提单(liner B/L)是指由班轮公司承运货物后签发给托运人或其代理人的提单。租船提单(charter party B/L)是指承运人根据租船合同签发的提单。提单上通常注明"一切条件、条款和免责事项按照某某租船合同"字样。这种提单受租船合同条款的约束,银行或买方在接受这种提单时,有时要求卖方提供租船合同副本。

(6) 根据提单内容的繁简,可分为全式提单和略式提单。

全式提单(long form B/L)又称繁式提单,是指不仅具有提单正面内容,而且在是单背面列有承运人和托运人权利和义务详细条款的提单。略式提单(short form B/L)又称简式提单,是指提单背面无条款,而只列出提单面的必须记载事项的提单。这种提单内一般都印有"本提单货物的收受、保管、运输和垂费等事项,均按本公司全式提单上的条款办理"的字样。

(7) 根据提单使用的效力,可分为正本提单与副本提单。

正本提单(original B/L)是指提单上有承运人、船长或其代理人签字盖章并注明签发日期的提单,其上标有正本字样,在法律上和商业上都是公认的有效单证。副本提单(copy B/L)是指提单上无承运人、船长或其代理人签字盖章,而仅供参考之用的提单,其上一般标明"Copy"或"Non-negotiable"字样。

(8) 根据提单出具时间的不同,可分为过期提单、倒签提单、顺签提单和预借提单。

①过期提单(stale B/L)。过期提单有两种情形:一种是提单签发日后 21 天以内未提交的提单,银行有权拒收;另一种是提单晚于货物到达目的港的提单,这种情况在近洋运输中难以避免,须在合同和 L/C 中规定"过期提单可以接受"。

②倒签提单(antedated B/L)。承运人或其代理人应托运人的要求,在货物装船后,以早于该批货物实际装船完毕日期作为签发提单的日期,以符合信用证或合同中关于装运期的规定所签发的一种提单。

③顺签提单(post date B/L)。承运人或其代理应托运人的请求以晚于实际装船日期作为提单的签发日期,以便使提单日期与信用证或合同上规定的装运期相符。

④预借提单(advanced B/L)。因信用证规定的装运期和有效期即将届满而货尚未装船时,要求承运人或其代理人预先签发的、借予托运人的一种提单。

倒签提单、顺签提单、预借提单均侵犯收货人的合法权益,构成侵权行为,即使有保函(Letter of Indemnity,又称认赔书)做支撑,但其合法性往往不予承认,所以要少用或不用。

 应用案例

案情简介:我 A 公司与美国 B 公司达成一笔圣诞礼品的出口业务,CIF 纽约成交,不可撤销信用证竹款,在装运期限上合同规定"Time of Shipment: not later than OCT. 15. 2009."。在履行过程中,由于生产材料短缺,加上节日产品生产任务多,11 月 28 日 A 公司才把货物交运,为了做到单证相符,及时收回货款,A 公司向承运人 D 公司出具保函,要求 D 公司把提单的签发日期倒签到 10 月 15 日,并承诺若因倒签提单而导致的一切损失由托运人承担。D 公司接受 A 公司的请求,并接受了保函。货物于 12 月 20 日到达美国目的港纽约,由于圣诞节已临近,这批新礼品的推广宣传无法进行,严重影响了市场销售,B 公司认为,根据合同规定的装运期限,按惯例应在 11 月中旬到货,于是决定暂缓收货,经调查,发现是 A 公司没能按时交货,D 公司倒签提单所致。因此,B 公司拒绝接收货物,要求退运,并向 A 公司和 D 公司提出损害赔偿。问:B 公司的要求是否有理?为什么?

案情分析:B 公司的要求是有理的。D 公司应 A 公司的要求签发倒签提单,可看成是托运人 A 公司和承运人 D 公司对收货人 B 公司的一种欺诈行为。依据我国《合同法》的规定,受欺诈所为的合同可以变更或撤销。所以,收货人 B 公司有权拒收货物,撤销合同,提出损害赔偿。虽然 A 公司出具了保函,但根据《汉堡规则》的规定,有效的保函仅在托运人和承运人之间产生效力,不得对抗第三人即本案的 B 公司,因此,实际操作上,D 公司可先赔偿 B 公司的损失,然后根据保函向托运人索赔。

 思考案例

某公司出口一批货物,合同规定 4 月份装船。3 月 20 日接到信用证,证上规定:"Shipment after April 10th till 30th"。该公司于 4 月 7 日装船,取得 4 月 10 日的提单。结果到银行议付时遭到退单。这是为什么?

(9) 其他特殊情况下的各种提单。

①运输代理行提单(house B/L)。运输代理行以自己的名义再分别签发几个提单给托运人,分别签发的提单即为运输代理行提单。如果托运人货少不够一箱,可由运输代理行拼凑几个托运人货为一箱。如果承运人签发一张整集装箱提单给运输代理行,这种提单为成组提单(groupage B/L or consolidation B/L)。

②交换提单（switch B/L）。由于贸易上的需要，装运港签发提单后，应托运人的请求凭此提单在中途港另换一套提单，并将此提单收回；中途港即为装运港，发货人为中途港的关系人，货物仍由原船运至目的港。在这种情况下，原装运港签发的提单就成为交换提单。

③舱面提单（on deck B/L）是指承运人所签发的提单上有"货装甲板"字样的提单，又称甲板提单。银行一般不接受这种提单。这种提单的托运人一般向保险公司加保舱面险，以保障货物运输安全。

④集装箱提单（container B/L）是指集装箱运输货物所签发的提单。它有两种形式：一种是在普通海运提单上加注"用集装箱装运"字样；另一种是在"多式联运提单"（combined transport B/L）上增加集装箱号码与"封号"等内容。详细内容可参考集装箱单据部分。

知识拓展

船东单和货代单的关系

船东单英文为 Master Bill Of Lading，缩写为 MB/L，称为主单；货代单英文为 House Bill Of Loading 或 Fororwarder Bill Of Loading，缩写为 HB/L，称为分单。此处的货代就是无船承运人（NVOCC），它与船东单的联系和区别如下所述。

1．船东单与货代单的联系

(1) 托运人以拼箱或整箱向 NVOCC（货代）订舱，无船承运人（NVOCC）向托运人签发 HB/L。

(2) NVOCC 以整箱向船公司订舱，船公司向 NVOCC 签发 MB/L。

(3) NVOCC 将 MB/L 转给目的港自己的代理，NVOCC 目的港的代理持 MB/L 从船公司目的港代理提货。

(4) 托运人将 HB/L 通过银行等渠道转给目的港收货人，收货人凭 HB/L 从 NVOCC 代理处换取 MB/L 提货。

(5) 如果你的货物不是整柜的，而是零散的货物，就一定只能出 HB/L，因为船公司是不会帮你拼箱的，到目的港也不会帮你分货。

(6) 如果你想预付运费并快捷提货，就出 MB/L，还可以省十几美元换单费。如果你想控制货权、运费到付等，你就要出 HB/L，货代可以帮你做到这些，当然，不是免费的。

(7) 如果你是做 L/C 的，但是你在规定的交货期生产不出来或其他原因上不了船，那么你可以选择出 HB/L，并且要求货代帮你倒签提单。当然这个也是不正规的做法，所以一般要你出担保函。

2．船东单与货代单的区别

(1) 提单托运人不同：HB/L 中的托运人是 L/C 中受益人，而 MB/L 中托运人是无船承运人。

(2) 提单收货人不同：HB/L 中收货人是 L/C 开证申请人，而 MB/L 中收货人是 NVOCC 在目的港的代理。

(3) 提单签发人不同：HB/L 中签字处签发人是无船承运人，而 MB/L 中签字处签发人是船公司。

(4) 运输的责任不同：对于 HB/L，NVOCC 要承担全程责任，而对于 MB/L，船公司只承担海上段的责任。

(5) 收取的运费不同：在 HB/L 中，NVOCC 向托运人收取全程运费，而在 MB/L 中船公司向 NVOCC 收取海上段的运费。

(6) 提货的地点不同：在 HB/L 中，收货人到 NVOCC 的代理处提货，而在 MB/L 中是 NVOCC 的代理到船公司的代理处提货。

(7) 提单属性的判断标准不同：在 HB/L 中签字处显示为 as agent of carrier，而 MB/L 显示为 as carrier。

3．海运提单的格式和内容

海运提单的格式很多，每个船公司都有自己的提单格式（参考本书第9章的出口托运单和海运提单格式），但基本内容大致相同，一般都有商议的正面的条款和固定的背面条款。

海运提单格式见本书后面的附件五。

1) 海运提单的正面条款内容

(1) 托运人 (shipper/consignor)。

(2) 收货人 (consignee)。

(3) 被通知人 (notify party)。

(4) 收货地或装运港 (place of receipt or port of loading)。

(5) 目的地或卸货港 (destination or port of discharge)。

(6) 船名及航次 (vessel's name or voyage)。

(7) 唛头件号 (shipping marks and number)。

(8) 货名及件数 (description of goods and number of package)。

(9) 重量与体积 (weight and measurement)。

(10) 运费预付或已付。如果是 CIF and CFR 条件,则填运费预付或已付 (freight prepaid or paid);如果是 FOB 条件,则填运费待付 (freight to collect or be collected)。

(11) 正本提单的份数 (number & original B/C)。

(12) 船公司或代理人签章 (name & signature of the letter)。

(13) 签发提单的地点及日期 (place & Date of insurance)。

2) 提单的背面内容(即固定的或印就的条款)

在提单背面印就的条款规定了承运方与货方之间的权利、义务和责任豁免,是双方处理争议时的主要法律依据。为了缓解船货双方的矛盾并照顾到船货双方的利益,国际上为了统一提单背面条款的内容,曾先后签署了有关提单的国际公约,见表5-6。

表5-6 有关提单的国际公约

签订时间(年月)	签订地点	公约名称	解 释
1924.8	布鲁塞尔	《海牙规则》 The Hague Rules	大多数国家采用的第一个提单国际公约,主要偏袒承运人的利益
1968.2	布鲁塞尔	《维斯比规则》 The Visby Rules	只对《海牙规则》枝节上修改补充,只有少数国家参加
1978.3	汉堡	《汉堡规则》 The Hamburg Rules	对《海牙规则》作了实质修改,对货、承双方利益作公平合理的调整,于1992年11月1日生效,本条约对发展中国家较为有利

5.1.5 海运单

1. 海运单及其性质

海运单 (sea waybill, ocean waybill) 是证明海上货物运输合同和货物由承运人接管或装船,以及承运人保证据以将货物交付给单据所载明的收货人的一种不可流通的单据,因此又称"不可转让海运单" (non-negotiable sea waybill)。这种提单不可向银行押款,也不可上市转让,以防止伪造提单押汇、转让和提取货物,它既可用于一般运输,也可用于集装箱运输。这种提单很适合 EDI 技术,在欧洲的近洋运输的国际贸易中得到广泛使用。

海运单具有以下性质。

(1) 它不是物权凭证，一般都写明"不可流通／不可转让"（non-negotiable）字样。

(2) 它与装船提单等物权凭证不一样，在卸港交出货物是"认人不认票"，认的人是发货人说明的收货人。而在物权凭证下，如海运提单（B/L），在卸货港交出货物是"认票不认人"。

(3) 发货人可以随意指令货物交给谁，航次半途改变也无妨，可由其自由处理。

 条款举例

ISBP745 Para F4 d: When the master (captain) signs a non-negotiable sea waybill, the signature of the master (captain) is to be identified as the "master" ("captain"). The name of the master (captain) need not be stated.（当不可转让海运单由船长签署时，船长签字应当注明"船长"身份，无须注明船长姓名。）

2. 海运单的特点

(1) 海运单的优点：不是物权凭证，不可转让，故收货人不凭海运单据提货，而是凭到货通知提货（类似空运、邮包）；海运单适用赊销交易；通常当货物仍在承运人掌管、并在提交全套原始单据情况下，可按需要将提单与海运单相互转换；海运单适用于仅涉及托运人、承运人、收货人三方的买卖；收货人在提货时无须出示海运单，可避免以下两种情况的发生：一是短距离海运所常发生货到而提单未到；二是因提单遗失或背书不符要求等造成延迟提货增加滞期费和仓租费。方便进口商及时提货、简化手续；可减少利用假单据诈骗的现象；海运单更适用与 EDI 数据交换系统。

(2) 海运单的缺点：不适用于 D/P 和 L/C 结算方式；不可凭以转卖货物；不可抵押贷款。

3. 海运单与海运提单的区别

提单是承运人或其代理人在收到货物后签发给托运人的一种证明文件，它体现了承运人与托运人之间的相互关系。海运单与海运提单相比，既有相同点又有不同点，见表5-7。

表5-7　海运单与海运提单的区别

	项　目	内　容
相同点	要式项目相同	标明承运人的名称；经承运人、船长或他们的具名代理或代表签署；标明船名、货物已装船、装船日期及签发日期；注明信用证规定的装货港和卸货港；注明正本份数；标明无不清洁批注；不得注明受租船合约约束；不得注明承运船只仅以风帆为动力；包括所承运条款或某些条款必须参阅提单以外的某一出处；其他方面符合信用证的规定
	部分功能相同	海运提单与海运单都具有货物收据、运输合同的功能。可以凭海运单与船公司（或代理人）、保险公司（或代理人）、贸易商等相关当事人，处理国际贸易中有可能出现的货物、保险、索赔、海事等问题或纠纷
	适用的规则相同	根据海运实践的需要，1990年国际海事委员会通过了《国际海事委员会海运单统一规则》，该规则既适用于海运单的运输合同，也适用于全部海运的运输合同和含有海运的多式联运合同

续表

	项目	内容
不同点	部分功能不同	海运提单具有货物收据、运输合同、物权凭证的功能；海运单只具有货物收据和运输合同的功能，不是物权凭证。海运提单的持有人为货物所有人，拥有对货物的所有、使用和支配权
	用途不同	承运人提交传统的海运提单以领取货物不适用于近洋运输。这是因为在近洋运输中，货物总是先于通过银行渠道的提单到达卸货港，易延误清关时间，开证申请人不仅要承担滞港费，还要承担因迟提货错过商机而造成的销售损失。海运单可以解决这一问题
	使用方式不同	海运提单是流通性单据，即可通过背书进行转让，收货人需凭提单提货。海运单是一种非流通性收据，因此其收货人一栏采用记名式，即注明实际的收货人，不能做指示性抬头。收货人无须出示该运单，只需证明其为海洋运单上指明的收货人即可，承运人不必收回该运单。因此，海运提单是"认单不认人"，海运单是"认人不认单"
	风险不同	海运提单的风险低于海运单。对于出口商来说，海运单项下出口货物只能交易一次，对于进口商违约和区域性的市场风险的防范和回旋余地较小；而海运提单项下的出口货物可以通过背书进行多次转让、交易。对于进口商而言，进口商是海运单的收货人，不是运输合同的签订人，与承运人无契约关系，如出口商交单议付取得款项后，却通知承运人变更收货人名称，进口商的权益将受到威胁

5.2 其他国际运输方式

5.2.1 集装箱运输

集装箱运输（container transport）是以集装箱作为运输单元，在箱内装载货物，通过各种运输工具进行货物运输的一种现代化运输方式。它可根据不同需要适用于海洋运输、航空运输、铁路运输、公路运输、内河运输与国际多式联运等。

严格地讲，集装箱运输不是独立的货运方式，而是为了方便各种散货运输所采取的一种货物集装方式，它是实现散杂货运输集成化、合理化和效率化的重要手段。集装箱运输是运输方式上的革命，是运输技术的巨大进步。

1. 集装箱运输优点

集装箱又称货箱或货柜，原是一个容器。自从 1966 年正式用于国际航线以来，集装箱运输获得了飞速发展，到 20 世纪末集装箱的国际吞吐量已达到近 2.223 亿箱，2010 年将达到 4.400 亿箱，约占世界货运总量的 90%。主要原因是集装箱运输有以下优点。

(1) 可露天作业，露天存放，不怕风雨，节省仓库。

(2) 可节省商品包装材料，可保证货物质量、数量，减少货损差。

(3) 装船作业机械化，节省劳动力和减轻劳动强度。

(4) 装船速度快，提高了车船的周转率，减少港口拥挤，扩大港口吞吐量。据统计，一个集装箱码头的作业量可顶 7～11 个普通码头，一台起中吊设备装集装箱要比装普通件杂货快 30 倍，一艘集箱船每小时可装货物 400 公吨而普通货轮每小时只能装 35 吨，每小时的装效率相差 11 倍。

(5) 减少了运输开支，降低了运费，据国际航运界报道，集装箱运输要比普通件杂货运费低 5%～10%。

2. 集装箱的规格及其外体标志

国际标准化组织 (ISO) 第 104 条技术委员会规定，集装箱应具备下列条件：能长期反复使用；途中转运时可以不动容器内货物直接换装；能快速装卸，并能从一种运输工具上直接和方便地换装到另一种运输工具上；便于货物的装满和卸空；每个容器有一立方米（即 35.32 立方英尺）或以上的容积。

国际标准化组织 1970 年制定的集装箱标准规格共有 13 种。在这些规格中应用较广的是 20 英尺（8′×8′×20′）和 40 英尺（8′×8′×40′）的箱型。20 英尺的集装箱是国际上计算集装箱的标准单位，英文称为 Twenty-foot Epuivalent Unit，简称 "TEU"。一个 40 英尺的集装箱等于 2 个 TEU，以此类推。20′ 的箱子最大毛重为 20M/T，最大容积为 $31m^3$，一般可装 17.5/(M/T) 或 $25m^3$ 的货币，40′ 的箱子最大毛重为 30M/T，最大容积为 $67m^3$，一般可装 25M/T 或 $55 m^3$ 的货物。

集装箱外体上的一些标志，都大同小异，不外乎箱主的名称（俗称箱属）、箱子的尺寸、箱子的编号和经检验合格的标志等。

3. 集装箱货物交接

1) 集装箱货物的交接形态

在集装箱运输中，货方（发货人、收货人）与承运方货物的交接形态有两种：整箱交接与拼箱交接。

(1) 整箱交接 (full container load, FCL) 是指发货人与承运人交接的是一个（或多个）装满货物的集装箱。在整箱交接方式下，发货人自行装箱 (stuffing) 并办好海关加封 (sealed by the customs) 等手续，承运人接收的货物是外表状态良好，铅封完整的集装箱。货物运抵目的地时，承运人将集装箱原状交付给收货人，收货人自行将货物从箱中掏出 (unstuffing)。整箱交接集装箱中的货物，一般只有一个发货人，一个收货人。

(2) 拼箱交接 (less container load, LCL) 是指发货人将各自小量货物交给承运人，由承运人根据流向相同的原则将这些货物装入同一个集装箱进行运输的交接形式。在拼箱交接形式下，承运人或其代理人从发货人手中接收货物并组织装箱运输，运到目的地交货地点时，承运人或集装箱代理人将货物从箱中取出，以原来的形态向各收货人交付。在这种交接形态下，每个集装箱的货物有多个发货人，多个收货人。拼箱货物的交接和装箱要在码头集装箱货运站、内陆货运站、中转站和铁路办理站等地进行。

在货物交接中，有时也会出现这两种交接形态结合的情况，即承运人以整箱形态接收货物，而以拼箱形态交付货物（即每个货箱中的货物只有一个发货人，但有多个收货人的情况），或者相反（即每个箱中的货物有多个发货人，而只有一个收货人的情况）。

2) 集装箱货物的交接地点

集装箱货物的交接地点有三类，即集装箱堆场 (CY)、集装箱货运站 (CFS)、发货人或收货人的工厂或仓库的门口（door）。

(1) 集装箱堆场交接（CY 交接）。

集装箱堆场交接包括集装箱码头堆场交接和集装箱内陆堆场交接。集装箱码头堆场交接是指发货人将在工厂、仓库装好的集装箱运到装运港码头集装箱堆场，承运人（集装箱运输经营人）或其代理在集装箱码头堆场接收货物，运输责任开始。货物运达卸货港后，承运人在集装箱码头堆场向收货人整箱交付货物，运输责任终止。

集装箱内陆堆场交接是指在集装箱内陆货站、中转站或集装箱办理站的堆场的交接，这种交接方式适用于国际多式联运方式。在内陆 CY 交接时，货主与多式联运经营人或其代理人在内陆集装箱堆场办理交接手续，货物交接后，由多式联运经营人或其代理人将货物从堆场运到码头堆场。集装箱内陆 CY 交接也是整箱交接。

(2) 集装箱货运站交接（CFS）。

集装箱货运站一般包括集装箱码头的货运站、集装箱内陆货站、中转站和集装箱办理站。CFS 货运交接一般是拼箱交接。因此，CFS 交接一般意味着发货人自行负责将货物送到集装箱货运站，集装箱经营人或其他代理人在 CFS 以货物的原来形态接收货物并负责安排装箱，然后组织海上运输或陆海联运、陆空联运或海空联运的多式联运。货物运到目的地货运站后，多式联运经营人或其代理人负责拆箱并以货物的原来形态向收货人交付。收货人自行负责提货后的事宜。

(3) 发货人或收货人的工厂或仓库的门口交接（即"门至门"交接）。

发货人或收货人的工厂或仓库的门口交接是指多式联运经营人或集装箱运输经营人在发货人的工厂或仓库接收货物，在收货人的工厂或仓库交付货物。"门至门"交接的货物都是整箱交接，由发货人或收货人自行装（拆）箱。运输经营人负责自接收货物地点到交付货物地点的全程运输。

3）集装箱运输中货物的交接方式

凡装货量达到每个集装箱容积 75% 或达到每个集装箱负荷量 95% 即为整箱货，由货主或货代自行装箱后以箱为单位向承运人进行托运，运往集装箱堆场（container yard, CY）；凡货量达不到上述整箱标准的，须按拼箱托运，即由货主或货代将货物送交集装箱货运站（container freight station, CFS），货运站收货后，按货物的性质、目的地分类整理，而后将去同一目的的货物拼装成整箱后再行发运。

根据实际交接地点不同，集装箱货物的交接有多种方式。在不同的交接方式下，集装箱运输经营人与货方承担的责任、义务是不同的，见表 5-8。

表 5-8 集装箱的交接方式和交接地点

集装箱的交接方式	适用的交接地点
FCL/FCL，整箱交整箱接	"Door to Door" "CY to CY" "Door to CY" "CY to Door"（一个发货人，一个收货人）
FCL/LCL，整箱接拼箱交	"CY to CFS" "Door to CFS"（一个发货人，多个收货人）
LCL/FCL，拼箱接整箱交	"CFS to Door or CY"（多个发货人，一个收货人）
LCL/LCL，拼箱交拼箱接	"CFS to CFS"（收货、发货人均不只一个）

第5章 国际贸易货物运输

4. 集装箱班轮运费的计算

集装箱班轮运费与杂货班轮一样,也由基本运费和附加费组成。基本运费的计算方法有两种:第一种是采用与普通杂货班轮运输基本运费相同的方法,对具体的航线按货物等级和不同的计费标准来计算基本运费,一般适用于拼箱货,在班轮运价表上注明LCL价格,但还要加收拼箱服务费;第二种是采用包箱费率,即一个集装箱为计费单位,常用于集装箱整箱交货的情况。常见的包箱费率有以下三种形式。

(1) FAK 包箱费率 (freight for all kinds),即对每一集装箱不分货类统一收取的费率。

(2) FCS 包箱费率 (freight for class)。按不同货物等级制定的包箱费率。货物等级为1～20级,但级差大大小于杂货费率级差。一般低价集装箱收费率高于传统运输费率,高价集装箱则低于传统费率;同一等级货物,重量货运价高于体积货运价。

(3) FCB 包箱费率 (freight for class or basic),是指按不同货物的类别、等级以及,又按计算标准制定的包箱费率。

值得注意的是,许多班轮公司根据自己的需要,订出了不同的包箱费率,即使是同一家公司的费率,不同航线也采用不同的包箱费率,见表 5-9。

表 5-9 黄浦到美国航线的普通干货柜海运费率表 (单位:美元)

FINIAL DESTINATION	FCL 20'GP	FCL 40'GP	FCL 40'HQ
SEATTLE, PORTLAND. SAN FRANCISCO	2 050	3 900	4 000
LOS ANGELES,LONG BEACH	2 100	4 000	4 100
MIAMI, CHARLESTON	2 400	4 600	4 700
PHILADELPHIA. NEW YORK, HUSTON	2 450	4 700	4 800

说明:需另收取美国仓单费 (AMS) USD/25,直接收货附加费 (ORC) 有 USD141/20′GP、USD269/40′GP、USD269/40′HQ。

计算题

试题:某公司按 CFR LONG BEACH 出口自行车零件共 1 000 箱,每箱体积为 40 厘米×35 厘米×30 厘米,毛重为 50 公斤,装运港为黄埔,用集装箱装运,请计算该批商品的运费。

解答:

第一步,计算 1 000 箱商品的总毛重和体积。
总毛重 = 1 000×0.05 = 50(公吨)
总体积 = 1 000×0.4×0.35×0.3 = 42(立方米)

第二步,根据货量选择装运所需的集装箱。因为 20′ 的箱子最大容积为 31m³,一般可装 17.5 M/T 或 25m³ 的货物,所以,本批货物须选择 3 个 20 尺的集装箱装运。

第三步,根据表 5-7,得再加上仓单费和附加费。
总运费 = 3×2 100 + 3×141 + 25 = 6 748(美元)

知识拓展

亏箱费 (short fall freight)

对整箱运输欧洲/远东水脚公会规定有集装箱的最低装货限额,其标准为:若 20′ 箱,17.5 重吨或 21.5 CBM;若 40′ 箱,17.5 重吨或 43 CBM。如果未达到上述重量和体积的任何一个限额,而导致集装箱装载能力未被充分利用，船方将向付费方收取亏舱费，其计算方法是：

$$\frac{短欠吨位 \times 运费}{最低限额 - 短欠吨位}$$

若一个箱子只装19CBM，那么其亏箱费为：

$$\frac{(21.5-19) \times F}{21.5-(21.5+9)}$$

若重吨、容积都达不到限额，则船公司选择对其有利的一种计收。

5. 集装箱运输主要单证

集装箱运输单证可分为两大类：一是进出口运输单证；二是向口岸各监管部门申报的单证。

进出口运输单证主要有设备交接单、装箱单、场站收据、集装箱提单、理货报告、集装箱装载清单、集装箱实装船图、货物舱单、运费舱单和交货记录等。

向海关、商检、动植物检疫、卫检、港监等口岸监管部门申报所用的相关单证主要有报关单、合同副本、信用证副本、商业发票、进出口许可证、产地证明书、免税证明书、商品检验证书、药物/动植物报验单、危险品清单和准运单、危险品包装证书和装箱说明书等。

这些单证中，除了沿用传统杂货国际运输中使用的单证（可能格式上有区别）外，新单证主要有：场站收据、设备交接单、装箱单、集装箱提单和交货记录。下面对这些单证的作用和使用作简要说明。

1) 场站收据

(1) 场站收据及其作用。集装箱运输单证对传统杂货运输单证进行了一定的改革，把货物托运单（订舱单）、装货单（关单）、大副收据、理货单、配舱回单、运费通知等单证汇成了一份综合性的单证，称为场站收据（dock receipt, D/R），实际就是集装箱货物托运单，其格式见本书后面的附件六（场站收据格式）。

场站收据的作用如下：船公司或船代确认订舱，并在场站收据上加盖有报关资格的单证章后，将场站收据交给托运人或其代理人，意味着运输合同开始执行；场站收据是出口货物报关的凭证之一；是承运人已收到托运货物并开始对其负责的证明；是换取海运提单或联运提单的凭证；是船公司、港口组织装卸、理货和配载的凭证；是运费结算的依据。

(2) 场站收据组成及流转过程。场站收据联单是集装箱运输专用的出口单证，不同港站使用的格式不尽相同，有7联、10联、12联不等。现以10联格式为例说明场站收据联单的组成情况。

第1联：集装箱货物托运单（booking note, B/N），白色，货主留底用。

第2联：集装箱货物托运单，白色，船代留底。

第3联：运费通知(1)，白色，船公司向托运人收取运费的依据。

第4联：运费通知(2)，白色，船公司自己留底。

第5联：场站收据副本(1)，白色，场站收据装货单联，类似于传统的装货单（shipping order, S/O），或下货纸（港台地区称谓），经船代盖章有效，海关完成验关手续后，在装货单上加盖海关放行章，所以也叫关单。据此联，船方方可收货装船，并在收货后留底。

第5联附页：为缴纳出口货物港务费申请书，由港区核算应收的港务费用。

第6联：场站收据副本（2），浅红色，场站收据大副联，由场站留底。

第7联：场站收据正本联，黄色，俗称黄色联。此联送船舶理货员，理货员在装船后将该联交给大副，双方签字后返回货代。

第8联：货运代理公司留底联。

第9联：配舱回单（1），白色，船公司配好舱签字后退给货代，货代再退给货主。

第10联：配舱回单（2），白色，缴船公司配好舱签字后退给货代，由货代保存。

知识拓展

场站收据流转过程

在集装箱货物出口托运过程中，场站收据要在多个机构和部门之间流转。在流转过程中涉及的有托运人、货代、船代、海关、堆场、理货公司、船长或大副等。10联单格式场站收据流转程序一般如下：

（1）托运人（或货代）填制后，留下货方留底联给货主，将2至10联送船代签单编号（关单号）承运。

（2）船代编号后，留下2至4联，并在第5联上加盖确认订舱及报关章后将5至10联退给货代，货代留下第8联，并把第9、10联交货主做配舱回执，其余供内部各环节使用。

（3）第5至7联作报关使用。

（4）海关审核认可后，在第5联装货单上加盖放行章，作为装货单使用。

（5）货代负责将箱号、封志号、件数等内容填入第5至7联后将它们和集装箱货物在规定的时间送到堆场。

（6）场站在CY验收货物，在第5至第7联上填入实收箱数、进场日期，并签收和加盖场站公章。第6联由场站留底，第7联送船舶理货员，理货员在装船后将该联交大副，并将经双方签字的第7联场站收据正本返回货代，据以签发提单。

2）设备交接单

集装箱发放/设备交接单（equipment interchange receipt, EIR）是集装箱进出港区、场站时，用箱人、运箱人与管箱人或其代理人之间交接集装箱及设备的凭证，兼有发放集装箱的凭证功能。所以，它既是一种交接凭证，又是一种发放凭证，对集装箱运输特别是对箱务管理起着巨大作用。在日常业务中被简称为"设备交接单"。设备交接单制度应严格要求做到一箱一单、箱单相符、箱单同行。用箱人、运箱人凭设备交接单进出港区、场站，到设备交接单指定的提箱地点提箱，并在规定的地点还箱。

设备交接单分进场（in）和出场（out）两种。这两种交接单正面内容除个别项目外大致相同，都各有三联，分为管箱单位底联、码头或堆场联和用箱人、运箱人联。

设备交接单流转程序如下：

（1）管箱人或其代理人填制并签发设备交接单（三联，每箱一份）交用箱人。

（2）用箱人、运箱人据此单证（三联）到码头或内陆堆场办理提（还）箱手续，堆场经办人（作为管箱人的代理人）核单、签字后，留下码头堆场联与管箱单位底联，将用箱人联退还经营人，双方检验箱体后提走（或还回）集装箱及设备。

（3）码头堆场经办人将管箱单位联退还管箱单位。

（4）集装箱还回码头堆场时，双方按单上条款检验箱体状况，如无损坏，设备交接单作用结束。

3) 集装箱装箱单

集装箱装箱单（container load plan, CLP）是记载箱内货物及情况的单证。此单由装箱人以箱为单位填制、签署。装箱单的作用有以下几个方面。

(1) 表明箱内货物明细。

(2) 是报关、办理保税运输的单证。

(3) 是货物交接的凭证。

(4) 是编制船舶积载计划的依据。

(5) 是安排拆箱作业的资料。

(6) 是货物索赔的依据。

装箱单的主要内容有船名、航次、装卸港、收货地点、集装箱号和规格、铅封号、场站收据或提单号、发货人、收货人、通知人及货名、件数、包装种类、标志、号码、重量和尺码等。对危险品还应做出特殊要求说明。

装箱单一般一式数份，分别由货主、货运站、装箱人留存和交船代、海关、港方、理货公司使用，另外，还需准备足够份数交船方随货带往卸货港以便交接货物、报关和拆箱等用。制作装箱单时，装箱人负有装箱单内容与箱内货物一致的责任。如需理货公司对整箱货物理货时，装箱人应会同理货人员共同制作装箱单。

4) 交货记录联单

交货记录（delivery record）是在卸货港使用的单证联单。交货记录共一式六联：第1联到货通知书（白色）；第2联提货单（白）；第3联费用账单（蓝色）；第4联费用账单（红色）；第5联交货记录（白色）；第6联交货记录（白色）。交货记录的流转程序如下。

(1) 船舶代理人在收到进口货物单证资料后，在国外进口船舶联检后（支线船抵港后）72小时内，向收货人发"到货通知书"。

(2) 收货人或其代理人在收到"到货通知书"后，凭正本提单向船舶代理换取交货记录，在"提货单"（delivery order，简称D/O）上加盖专用章，连同"费用账单""交货记录"共5联交给收货人。

(3) 收货人或其代理人持此5联随进口货物有关资料，向海关申报。海关验放后在"提货单"的规定栏内加盖放行章。收货人或其代理人办妥其他有关手续，必要时还需取得有关单位盖章放行。

(4) 收货人及其代理人凭盖章放行"提货单""费用账单"和"交货记录"向港区或场站办理申请提货作业计划，港区或场站核对船舶代理人签发的"提货单"及有关放行章后，将"提货单"和"费用账单"联留下作为放货依据，结算和收取费用。在第5联、第6联"交货记录"上盖章，以示确认手续完备，受理提货作业申请，安排提货作业。

(5) 收货人及其代理人凭港区或场站已盖章的"交货记录"，到港区、场站库场提取货物。提货完毕后提货人应在"交货记录"规定的栏目内签名，以示确认提取的货物无误。"交货记录"上货物全部提完后，港区或场站应收回交货记录第5联，将第6联退给船舶代理人。

(6) 港区或场站凭收回的交货记录联核算费用，填制"费用账单"一式两联，结算费用。将第3联（蓝色）费用账单留存港区、场站，第4联（红色）费用账单联作为向收获人收取费用的凭证。

5) 集装箱提单

集装箱提单（container B/L）是集装箱运输下的主要运输单证。适用于集装箱运输的提单有两类：一类是港—港的海运提单；另一类是内陆—内陆的多式联运提单。此两类提单的法律效力和作用与传统提单基本相同。为了适应集装箱运输的需要，其正面内容除传统海运提单内容外，还增加了收货地点、交货地点、交接方式、集装箱号、封志号等内容。由于集装箱货物的交接一般都不在船边，集装箱提单一般是待装船提单。为了与信用证要求（已装船提单）一致，集装箱提单一般增加装船记录栏，以便必要时加上"已装船"批注使之转化为已装船提单。

集装箱提单填制时，应注意在箱数或件数栏内，既要填写集装箱数，又要填写箱内所装货物件数。否则发生灭失、损坏时只能以箱作为一个理赔单位。

集装箱提单签发的地点与集装箱运输中货物交接地点是一致的。一般是托运人在上述地点与集装箱运输经营人或其委托的堆场、货运站的业务人员交接货物后，用场站收据向运输经营人换取提单。

6. 集装箱运输业务流程

可以参考 5.3 节整箱和拼箱进出口货运代理业务流程。

5.2.2 国际贸易铁路运输

铁路运输是仅次于海运的一种主要运输方式，具有运量较大、速度较快、风险较小、不受气候条件的限制、全年运输和手续简单等特点。

1. 国际铁路货物联运

国际铁路货物联运（international railway cargo through transport）是指在两个或以上国家铁路运送中，使用一份运送票据，并以连带责任办理货物的全程运送，在由一国铁路向另一国铁路移交货物时，不需要发、收货人参加的运输方式。采用国际铁路货物联运方式会涉及国际铁路联运的规则，具体情况如下。

1) 国际货约

1890 年，欧洲各国在伯尔尼制定《国际铁路运送规则》，1938 年修改为《国际铁路货物运送公约》（即《国际货约》），又称《伯尔尼货运公约》。1970 年 2 月 15 日，西欧有关国家又在伯尔尼重新制定了《铁路货物运输国际公约》，仍然简称《国际货约》。其成员国包括了主要的欧洲国家，如法国、德国、比利时、意大利、瑞士、瑞典、西班牙及东欧各国，此外有西亚的伊朗、伊拉克、叙利亚，西北非的阿尔及利亚、摩洛哥、突尼斯等共计 28 国。

2) 国际货协

1951 年 11 月，苏联与东欧各国签订《国际铁路货物联运协定》，简称《国际货协》。它规定了货物运送条件、运送组织、运送费用计算核收办法以及与发、收货人的权利与义务等问题。参加"国际货协"的国家主要为苏联、周边的一些东欧前社会主义国家以及蒙古、朝鲜和越南等国，我国在 1954 年 1 月正式加入"国际货协"。进入 20 世纪 90 年代初期，随着东欧剧变、苏联解体等因素，先后有前东德、匈牙利、捷克和斯洛伐克等国退出了"国际货协"。目前，原独联体（commonwealth of independent states, CIS）以及其他原"国际货协"成员国家之间的国际铁路货物联运业务仍然沿用该协定。

3) 统一货价

铁路合作组织在1993年制定的《统一过境运价规程》，简称《统一货价》。规定了国际铁路运输过境时办理货物运送手续、过境运送费用和杂费的计算以及过境铁路里程表、货物品名分等表和货物运费计算表等。

目前，我国通往欧洲的国际铁路联运线有两条：1980年第一条欧亚大陆桥，东起海参崴、纳霍特卡港横贯欧亚大陆经莫斯科分三路到西欧、北欧、伊朗；1992年第二条新欧亚大陆桥东起连云港、独联体到荷兰鹿特丹。而且，后者还能比海运缩短9 000公里，比经由西伯利亚大陆桥运输缩短3 000公里，进一步推动了我国与欧亚各国的经贸往来。同时，由于它途径我国中西部地区，对我国中西部开发战略有重要意义。

2. 对港、澳地区铁路运输

对港澳地区的铁路（railway transport to H.K. and Macao）运输按国内运输办理，但又不同于国内运输。出口到港、澳地区的货物，路线有两条：一是到香港的货物，产地→深圳北站→港段→买方；二是到澳门的货物，产地→广州南站→澳门。运输货物后由各地外出运输公司以承运人（carrier）身份签发承运货物收据（cargo receipt）作为向银行办理收汇凭证，为两票运输。京九铁路和沪港直达通车后，内地至香港地区的运输已变得更为快捷。

1) 对香港地区的铁路运输

对香港地区的铁路运输是由大陆段和港九段两部分铁路运输组成，其特点为"两票运输""租车过轨"。也就是出口单位在发送地车站将货物托运至深圳北站，收货人为深圳外运公司。货车到达深圳北站后，由深外运作为各地出口单位的代理向铁路租车过轨，交付租车费（租金从车到深圳之日起至车从香港返回深圳之日止，按车上标定的吨位，每天每吨若干元人民币）并办理出口报关等手续。经海关放行过轨后，由"中国旅行社有限公司"（以下简称"中旅"）作为深外运在港代理，由其在港段罗湖车站向港九铁路另行起票托运至九龙，货到九龙站后由"中旅"负责卸货并交收货人。

2) 对澳门的铁路运输

出口单位或货代在发送地车站将货物托运至广州，整车到广州南站新风码头42道专用线，零担到广州南站，危险品零担到广州吉山站，集装箱和快车到广州车站，收货人均为广东省外运公司，货到广州后由广东省外运公司办理水路中转货物运往澳门，货到澳门由南光集团的运输部负责接货并交付收货人。

3. 国际铁路货物联运运单

国际铁路货物联运运单是国际铁路货物联运的主要运输单据，它是联运的铁路发送国与发货国之间订立的运输合同，其中规定了参加联运的各国铁路和收、发货人之间在货物运送上的权利、义务、责任和豁免，对铁路和收、发货人都有法律约束力。当发货人向始发站提交全部货物，并付清应由发货人支付的一切费用，经始发站在运单和运单副本上加盖始发站承运日期戳记，证明货物已被接妥承运后，即认为运输合同已经生效。运单随同货物自始发站至终到站运送，最后在终到站由收货人付清应由收货人支付的运杂费后，连同货物由铁路交给收货人。运单副本则是发货人凭以向银行办理结算的主要单据。铁路运单并非物权凭证,因而是不能通过背书转让的。

国际铁路货物联运运单由下列几个部分组成:

(1) 运单正本。随同货物到达终点站,并交给收货人,它是铁路和货主之间的运输契约又是铁路承运货物的凭证,也是铁路向收货人交付货物和核收运费的依据。

(2) 运行报单。随同货物至终点站,并留存到达路。

(3) 运单副本。运输合同签订后,交给收货人。是发货人据以结算货款的凭证。

(4) 货物交付单。随同货物至到站交给收货人,并留存到达路。

(5) 货物通知单。随同货物至到站,并连同第1张和货物一起交给收货人。

其中,第(1)张和第(5)张,以及第(2)张和第(4)张在左边相互连接。允许第(1)至第(5)张在上边相连。

为发送路和过境路准备的补充运行报单包括:带号码的补充运行报单必须由发站填制,一式三份,一份留站存查,一份报发局(分局),一份随同货物至出口国际站截留;不带号码的补充运行报单按每一过境路填制一份。货物由我国港口站运往,过境我国铁路运送时,港口站应多填制一份补充运行报单,以便我国出口国境站截留。

中朝、中越铁路间运送的货物,可仅用本国文字填写,同其他国际货协参加路间运送时,则须附俄文译文。但我国经满洲里、绥芬河发到独联体的货物,可只用中文填写,不附俄文。

 知识链接

"三趟快车"的故事

"三趟快车"是供应港、澳地区鲜活冷冻商品快运货物列车的简称,其中751次由江岸、长沙北隔日发;753次由上海的新龙华发;755次由郑州北发,终到站均为深圳北站。从20世纪60年代启用,到20世纪80年代鼎盛,通过"三趟快车"运往香港地区的鲜活冷冻商品,在港、澳地区市场上占据了举足轻重的地位,其中活畜、活禽曾占香港市场份额近90%。随着国家经济的发展,特别是高速公路和货运物流的发达,到港、澳地区的物质也越来越快捷。所以,曾被称为港人"生命线"的"三趟快车",如今已步入历史最低谷:从高峰期的每日500车货量,降到如今的每月不到50车;从高峰时期的28省市鲜活货物供应,到今日基本只剩"上海猪"与"河南牛";从当年的专列运输,到现今的需要混编才能装满列车车厢,而所占供港货物的比例,也从原来的90%左右,降到10%以下,达到历史最低点。现在虽然很少发车,但车次、车道、车线都保留着,只要香港、澳门地区的同胞需要,随时可以启用"三趟快车",应该说,这三趟快运列车为满足港、澳地区同胞的物质生活,保持港、澳地区的稳定做出了很大贡献。

 **条款举例**

ISBP745 Para J4: A rail transport document may bear a date stamp by the railway company or railway station of departure without indicating the name of the carrier or a named agent signing for (or on behalf of) the carrier.(铁路运输单据可以由铁路公司或出发地车站加盖日期戳,无须显示承运人姓名或代表承运人签署的具名代理人姓名。)

5.2.3 航空运输

航空货物运输虽起步较晚,但发展迅速。现全球有1 000余家航空公司,3万余个民用机场,6 000余架民用喷气式飞机,货运量日渐增多,航线四通八达,遍及全球各大港口和城市。我国现已有50余个大中城市、141个机场,开辟967条国内外航线,与40多个国家签订空运协定,与180个航空公司建立业务关系,空运货物可通往欧、亚、美和大洋洲等数十个国家和地区。1997年我国国际空运货物运量约为50万吨。

航空运输(air transport)有其他运输无法比拟的优越性,速度快,运输安全准确,可简化包装节省包装费用,在我国主要适用的货物方面,进口电脑、成套设备中精密部件、电子产品,出口丝绸、纺织品、海产品、水果、蔬菜等。

1. 航空货物运输的方式

1) 班机运输 (scheduled airline transport)

班机运输是指在固定航线上飞行的航班,它有固定的始发站、途经站和目的站。一般航空公司都使用客货混合机型,舱容有限,难以满足大批量的货物运输。

2) 包机运输 (chartered carrier transport)

分整包机与部分包机两种。前者由航空公司或包租代理公司按照事先约定的条件和费用将整机租给租机人,从一个或几个航空站将货物运至指定的目的地,它适合运送大批量的货物,运费不固定,一次一议,通常较班机运费低;后者由几家空运代理公司或发货人联合包租一架飞机,或者由包机公司把一架飞机的舱位分别租给几家空运代理公司,其运费虽较班机低,但运送的时间比班机长。办理包机至少需要发运前一个月与航空公司洽谈,并签订协议,以便航空公司安排运力办理包机过境入境、着陆等有关手续。如货主找空运代办理包机,应在货物发运前40天提出申请。

3) 集中托运 (consolidation transport)

由空运货代公司将若干单独发货人的货物集中起来组成一整批货物,由其向航空公司托运到同一站,货到国外后由到站地的空运代理人办理收货、报关并分拨给各个实际收货人。集中托运的货物越多,支付的运费就越低。因此,空运代理向发货人收取的运费要比发货人直接向航空公司托运低。

4) 陆空陆联运 (TAT combined transport)

陆空陆联运分三种:一是TAT即train-air-truck的联运;二是TA即truck-air的联运;三是TA即Train-Air联运。因大型的国际空港只有北京、天津、上海、广州等少数几个,所以在货量较大的情况下,其他省市便先用火车或卡车将货物运至香港再转运至最终目的地。联运货物的香港收转人为"中旅",发货人必须在发货前三天将"委托书"和"出口货物报关单"以及其他单证寄深圳外运公司以便深圳办理报关后转香港"中旅",货物在发站装车后应立即将装车时间、车号、品名、数量、目的地、收货人等情况电告"深外运"并转"中旅",发货人凭当地外运公司出具的"承运货物收据"或空运代理出具的航空分运单向银行办理结汇。发货人在制作有关单据(如发票等)时,要在单据上注明"发货地至香港装火车(或卡车),由香港至中转地(或目的地)装飞机"之类的字样,并要在唛头上列明"转口货"和加盖"陆空联运"戳记,以加速货运和避免香港征税。

5) 急件传递 (air express)

不同于一般的航空邮寄和航空货运,它是由专门经营这项业务的公司与航空公司合作,设专人用最快的速度在货主、机场、用户之间进行传递。例如,传递公司接到发货人委托后,用最快速度将货物送往机场赶装最快航班,随即用电传航班号、货名、收货人及地址通知国外代理接货，航班抵达后，国外代理提取货物后寄送货人。这种方式又称为"桌至桌"（desk to desk）运输。

6) 送交业务（delivery business）

通常用于样品、目录、宣传资料、书籍报刊之类的空运业务，由国内空运代理委托国外代理办理报关、提取、转送和送交收货人。其有关费用均先由国内空运代理垫付，然后向委托人收取。

7) 货到付款（cash on delivery）

这是发货人或其代理与承运人之间的一种业务。我国航空公司暂未开办此项业务。

中国对外贸易运输总公司既是中国民航的代理，也是各进出口公司的货运代理，它负责输货运出口的报关、托运等工作，同时还负责为空运进口货物全世界报关、提货和中转运输等工作。

2. 国际航空运单

航空运单是承运人或其代理出具的货运单据，也是航空运输合同，但它不同于海运提单，不是物权凭证，不能背书转让，只可凭信用证上的规定用以向银行办理结汇。

航空运单分两种：一种是由航空公司出具的又称"主运单"或"总运单"，英文为"Master Air Way Bill"，缩写为"MAWB"；另一种是由空代出具的又称"分运单"，英文为"House Air Way Bill"，缩写为"HAWB"。空运单是承运合同，须由发货人或其代理和承运人或其代理签署后方能生效。如果代理既是空代又是货代，就要在运单上签署两次。空运单通常为每套12联，其中正本3联，副本9联，每联上都注明该联的用途。

第一联正本上注有"original for the shipper"字样，货物托运后由承运人或空代将该联交托运人作为接收货物的证明。

第二联正本上注有"original for the issuing carrier"字样，该联载有收、发货人应负担的费用，由承运人留存作为运费账单和记账凭证。

第三联正本上注有"original for the consignee"字样，该联随货走，货到目的地将此联交收货人作为核收货物的依据。

以上三联的背面都印有承运条款，是承、托双方的责任和权利的依据。

条款举例

ISBP745 Para H2: An air transport document need not be titled "air waybill", "air consignment note" or words of similar effect, even when the credit so names the required document.（空运单据无须表明"空运单""航空货运单"或类似名称，即便信用证如此命名所要求的单据。）

3. 空运货物的运价

在计算空运货物运费时要考虑三个因素：计费重量、运价种类和货物的声明价值。现分述如下。

1) 计费重量

飞机装载货物受"载重量"和"舱容"的限制，如全装重货则舱容有富余，如全装轻货载重量又不够。承运人为了经济利益，对重量大、体积小的货物便以货物的实际毛重作为计费重量，对体积大、重量轻的货物便按货物的"体积重量"作为计费重量。凡重量1公斤，体积大于 6 000cm³ 的货物便按"体积重量计收"。

2) 运价种类

运价是指机场与机场间的空中费用,不包括提货、报关、接交、仓储以及承运人、代理人或机场收取的各种费用。运价通常分为以下三类。

(1) 特种货物运价(special cargo rate, SCR)。指航空公司对一些特定的货物在特定的航空线上给予的一种特别优惠的运价。特种运价规定有起码重量(100 公斤),如达不到所规定的起码重量则不能按此运价计算,因它比普通货物运价低。

(2) 等级货物运价(class cargo rate, CCR)。它仅适用于少数货物,如:活动物、装活动物的箱子和笼子;贵重物品;尸体;报纸、书籍、商品目录、聋哑人专用设备;作为货物托运的行李。通常是在"一般货物运价"的基础上加或减一定的百分比计收,其起码重量为 5 公斤。

(3) 一般货物运价(general cargo rate, GCR)。如货物的种类既不适用特种货物运价也不适用等级货物运价,就必须按一般货物运价计收。它以 45 公斤为划分点,45 公斤以上较 45 公斤以下的运价低,换言之,货物的重量越大其运价就越低。

运价分上述三种,而运费是选择其中之一计算,如遇两种运价均适用时,首先应选用特种货物运价,其次是等级货物运价,再次才是一般货物运坐,这是选用运价的一般原则。

3) 货物的声明价值

根据《华沙公约》(Warsaw convention)的规定,由于承运人的失职而造成货物损坏、丢失或延误等应承担责任,其最高赔偿限额每公斤(毛重)为 20 美元或 7.675 英镑或等值的当地货币。如果货物的实际价值每公斤超过上述限额,若发货人要求在发生货损货差时全额赔偿,则发货人在托运货物时就应向承运人或空代声明货物的价值,但应另付一笔"声明价值附加费"。该费用一般按声明价值额的 0.4%~0.5% 收取。如果发货人不办理声明价值,则应在运单的有关栏内填上"N、V、D"(no value declared)字样。

4. 航空出口货物的运作程序

采用航空运输需要办理一定的货运手续,但航空公司一般只负责空中运输。而货物在始发机场交给航空公司之前的揽货、接货、报关、订舱以及在目的站机场从航空公司手中接货、报关、交付或送货上门等业务则由航空货运公司办理。以下是货运代理公司对出口货物的航空运输操作的一般流程。

1) 接受发货人的委托,预定舱位

货运代理公司从发货人处取得必要的出口单据;安排运输工具取货或由发货人送货到指定地点,要对货物与单证进行认真的核对。

2) 向海关申报

货运代理公司需要在货物运抵海关监管区后、装货的 24 小时备齐海关所需单证向海关申报。

(1) 报关所需单据一般有商业发票、装箱单、商检证、出口货物报关单,有的商品则需要动植物检疫证书或产地证、出口外汇核销单、外销合同等。

(2) 在海关验收完货物,在报关单上盖验收章后,缮制航空运单。

(3) 将收货人提供的货物随行单据订在运单后面;如果是集中托运的货物,要制作集中托运清单，并将清单、所有分运单及随行单据装入一个信袋，附在运单后面。

(4) 将制作好的运单标签贴在每一件货物上。如果是集中托运的货物，还必须有分运单标签。

(5) 持缮制完的航空运单到海关报关放行。

(6) 将盖有海关放行章的运单与货物一齐交与航空公司，航空公司验收单货无误后在交接单上签字。

(7) 集中托运的货物。需要电传通知国外代理的内容有航班号、运单号、品名、件数、毛重、收货人等。

应用案例

案情简介： 1995年中国某外贸公司（卖方）向德国某商人（买方）按CIF FRANKFORT（法兰克福）出售一批价值20万美元的裘皮服装，双方约定采用航空运输方式，将货物从北京运至法兰克福，支付条件为100%不可撤销的信用证。合同签订后，买方通过一家德国银行开出了信用证，卖方收到来证后，即按合同规定发运了货物，并凭有关单据向国内银行办了议付手续。但国内银行凭有关单据向德国开证行索汇时，开证行却以"单证不符"为由拒付货款。于是卖方立即与承运这批货物的某航空公司联系，但货物早被航空运单上写明的收货人（即买方）提走。再与买方联系，即杳无音讯。后经查证得知，买方公司经理曾以不同公司名义和同样的手法，先后"提货"骗取了我国数家企业发运的货物总价值近百万美元。国外开证行也不是资信好的银行，而是由一家金融公司所办的实力很小的银行。开证行提出所谓"单证不符"的说法，实际上是没有道理和不能成立的。后来，我国内银行以单证不符、遭开证行拒付为由，收回其议付的货款，并加收了利息，结果使卖方蒙受钱、货两空的损失。

案例分析： 导致本案发生的原因很多，其中与航空运输方式的特点也有关系。因为，在航空运输情况下，收货人仅凭承运人的到货通知及有关身份证明，即可提取货物，这就为收货人钻空子和行骗提供了可乘之机。为了防止收货人提货后不付款，采用航空运输方式成交时，应注意下列事项：

第一，要重视对客户的选择。成交前，应对客户的资信情况进行调查了解，防止出现不看对象，盲目成交的情况。

第二，要选择有利的支付条件。在签订航空运输出口合同时，最好力争订立买方预付全部或大部分货款后发货，不宜采用托收方式。如争取不到预付货款的条件，可采用信用证付款方式，同时应尽可能争取由买方开具由我国内银行加以保兑的信用证，或者由开证行指定我国内一家银行为付款行，以利卖方安全收汇。同时，鉴于航空运输货物凭承运人的到货通知提货，风险很大，故采用信用证付款方式时，卖方还可要求将空运单的收货人填写为开证银行，以确保货款的安全。

第三，本案合同项下的交易，由于采用航空运输，应选用CIP术语成交更为合适，它有利于按国际惯例来解释交易双方责任、费用和风险的划分。

5.2.4 公路、内河、邮政和管道运输

1. 公路运输

公路运输（road transportation）机动灵活，简捷方便，可以深入到可通公路的各个角落，它不仅可以直接运进或运出对外贸易货物，而且也是港口、车站、机场集散进出口货物的重要手段。尤其在实现"门到门"运输业务中，更离不开公路运输。但公路运输载货有限，运输成本高，运输风险也较大。我国同越南、朝鲜、尼泊尔、缅甸等邻国都有公路相连通，我国同这些国家的部分进出口货物以及我国港、澳地区的部分进出口货物，可以经由国境公路运输。

2. 内河运输

内河运输（inland water transportation）是水上运输的重要组成部分，它是连接内陆腹地与沿海地区的枢纽，在运输和集散进出口货物中起到重要的作用。我国江河密布，除有边境河流外，内地还分布许多终年通航的河流，特别是长江、珠江水系，航运十分便利，而且有些河港还能直接停靠海洋货轮和装卸进出口货物。

  条款举例

ISBP745 Para J5：A road, rail or inland waterway transport document is to indicate the place of shipment and place of destination stated in the credit. When a credit indicates either of these places by also stating the country in which the place is located, the name of the country need not be stated.（公路、铁路或内陆水路运输单据应当显示信用证规定的装运地和目的地。当信用证规定了这些地点，也表明了这些地点的所在国时，运输单据上无须显示该国别名称。）

3. 邮政运输

邮政运输（parcel post transport）是一种较简便的运输方式。国际邮件可分为函件和包裹两大类。国际邮政运输具有国际多式联运和"门到门"运输的特点。托运人只需按邮局章程办理一次托运、一次付清足额邮资，取得邮政包裹收据（parcel post receipt），交货手续即告完成。邮件在国际的传递由各国的邮政部门负责办理，邮件到达目的地后，收件人可凭邮局到件通知向邮局提取。手续简便，费用不高，适用于重量轻、体积小的货物的传递。

我国与很多国家签订有邮政包裹协议和邮电协议，对这些国家的邮运，可按照协议规定办理。我国也参加了万国邮政联盟（Universal Postal Union），简称"邮联"。按"邮联"要求，为方便运输和递送，各国邮政部门对包裹的重量和体积均有严格限制，以我国为例，每件重量不得超过20公斤，长度不得超过150厘米，长度和长度以外最大横周合计不得超过300厘米。所以通常只适宜运送仪器、机器零件、金银首饰、贸易样品、工程图纸等量轻体小的零星贵重物品。

4. 管道运输

管道运输（pipeline transport）是一种特殊的运输方式。它是货物在管道内借助于高压气泵的压力输往目的地的一种运输方式，主要适用于运输液体和气体货物。它具有固定投资大、建成后运输成本低的特点。例如，中东和北非输往欧洲的石油有很大部分是通过管道运输，俄罗斯输出原油的管道输油能力也很大。

我国管道运输起步较晚，但随着石油工业的发展，为石油运输服务的石油管道也迅速地发展起来。例如，中俄合作建设的从西伯利亚东部的斯科沃罗季诺一直延伸到我国东北大庆的输油管道，已于2010年8月全线开通。

5.2.5 国际多式联运

1. 国际多式联运的含义

国际多式联运（international multimodal transport）是在集装箱运输的基础上产生和

发展起来的，即它是以集装箱为媒介把海、陆（铁路、公路）、空和内河等各种单一的运输方式有机地结合起来，共同完成一批国际货物运输。根据《联合国国际多式联运公约》所下的定义，国际多式联运是指按照多式联运合同，以至少两种不同的运输方式，由多式运输经营人将货物从一国境内接管货物的地点运至另一国境内指定交付货物的地点的一种运输方式。

所以，构成国际多式联运应具备下列条件。

(1) 必须有一个多式联运合同 (a multimodal transport contract)。它明确规定了多式联运经营人和托运人之间的权利、义务、责任和豁免。

(2) 必须使用一份包括全程 (the whole journey) 的多式联运单据 (combined transport documents)。并由多式联运经营人 (multimodal transport operator, MTO) 对全程运输负总的责任。

(3) 必须至少有两个不同运输方式的连贯运输 (successive transportation)。值得注意的是，我国《海商法》还规定：必须至少一种运输方式是海运才构成国际多式联运。

(4) 必须是国际货物运输和全程单一的运费率 (a single factor rate)。

国际多式联运合同有简化手续、加速货运、方便运费计算、缩短发货人收款时间等优点，而且有助于提高货物质量，货物的交接可以做到门对门、门到港站、港站到港站、港站到门等。

2. 国际多式联运单据与一般海运提单的区别

1) 货运单证的内容与制作方法不同

国际多式联运大都为"门到门"运输，故货物于装船或装车或装机后应同时由实际承运人签发提单或运单，多式联运经营人签发多式联运提单。这是多式联运与任何一种单一的国际货运方式根本不同之处。在此情况下，运单上的发货人为多式联运经营人，收货人及通知方一般应为多式联运经营人的国外分支机构或其代理；多式联运提单上的收货人和发货人则是真正的、实际的收货人和发货人。通知方则是目的港或最终交货地点的收货人或该收货人的代理人。

多式联运提单上除列明装货港、卸货港外还要列明收货地、交货地或最终目的地的名称以及第一程运输工具的名称、航次或车次等。

2) 多式联运提单的适用性与可转让性 (negotiability) 与一般海运提单不同

一般海运的提单只适用于海运。从这个意义上说多式联运提单只有在海运与其他运输方式结合时才适用，但现在也适用于除海运以外的其他两种或两种以上的不同运输方式的连贯的跨国运输（国际上采用"国际多式联运单据"就可避免概念上混淆）。

多式联运提单把海运提单 (bill of lading) 的可转让性与运输方式下的运单 (sea waybill) 不可转让性合并在一起，因此，多式联运经营人根据托运人的要求既可签发可转让的也可签发不可转让的多式联运提单。如属前者收货人一栏应采用指示抬头，如属后者收货人一栏应具体列明收货人姓名，并在提单上注明不可转让。

3) 信用证上的条款不同

根据多式联运的需要，信用证上的条款应有以下三点变动 (alteration)。

(1) 向银行议付时不能使用船公司签发的已装船清洁提单，而应凭多式联运经营人签发的多式联运提单，同时还应注明该提单的抬头如何制作，以明确可否转让。

(2) 多式联运一般采用集装箱运输（特殊情况除外，如在对外工程承包下运出的机械设备不一定采用集装箱），因此，应在信用证上增加指定采用集装箱运输条款。

(3) 如不由银行转单，改由托运人或发货人或多式联运经营人直接寄单，以便收货人或代理尽早取得货运单证，加快在目的港（地）提货的速度，则应在信用证上加列"装船单据由发货人或由多式联运经营人直接收货人或其代理"的条款。如由多式联运经营人寄单，发货人出于议付结汇的需要应由多式联运经营人出具一份"收到货运单据并已寄出"的证明。

4) 海关验放的手续不同

一般国际货物运输交货地点大都在装货港，目的地大都在卸货港，因而办理报关和通关的手续都是在货物进出境的港口。而国际多式联运货物的起运地大都在内陆城市，因此，内陆海关只对货物办理转关监管手续，由出境地的海关进行查验放行。进口货物的最终目的地如为内陆城市，进境港口的海关一般不进行查验，只办理转关监管手续，待货物到达最终目的地时由当地海关查验放行。

5.2.6 OCP 运输

OCP（overland common points，陆上公共点）运输又称美国陆桥运输。美国把北起北达科他州南至新墨西哥州的洛矶山脉以东的地区划分为 OCP 地区，占其国土面积的 2/3。凡自太平洋彼岸经美国西海岸港口运往 OCP 地区的货物，只要使用美国西岸航运公司的船舶，海运运费每运费吨低 3～4 美元。另外，铁路运费也较本地费率低 3%～5%。加拿大也划有 OCP 地区并有类似的运费优惠办法。比如中国出口纽约对中国出口商享受较低 OCP 海运优惠费率，对进口商也可享受内陆的优惠费率，因为中国商把货物运到进口商指定的美国海岸后就算完成了责任。

采用 OCP 运输方式时，应注意在买卖合同、运输单据上注明，在保险单上也应做出相应规定。举例如下：

我出口至美国一批货物卸货港为美国西雅图，最终目的地为芝加哥，符合 OCP 规定，经双方同意就可采用 OCP 条款即在贸易合同和信用证内的目的港可填写"西雅图"包括内陆地区，即 CIF Seattle OCP；在提单上除填写目的港西雅图外必须在备注栏内注明"内陆地区芝加哥"字样，即 CIF Seattle OCP Chicago。

5.3 国际货运代理

5.3.1 国际货运代理概述

1. 国际货运代理的含义

国际货物运输代理简称"国际货运代理"或"国际货代"，英文名称为 freight forwarder 或 forwarding agent，可称作货运代理人、运输代理人或货代；在国际贸易中有时也可称作国际货物运输代理企业或国际货运代理企业；在我国台湾地区也称为承揽运输人。在我国，国际货运代理企业可以是中资形式，也可以是中外合资、中外合作或外商独资的形式设立。

一般而言，国际货运代理企业是指接受进出口货物发货人、收货人或承运人的委托，以委托人的名义或者以自己的名义，为委托人办理国际货物运输及相关业务并收取服务报酬的法人企业。

国际货运代理企业可以作为进出口货物收货人、发货人的代理人，收取代理费或佣金，也可以作为独立经营人，接受委托、签发运输单证、履行运输合同并收取运费以及服务费。

2. 国际货运代理企业的分类

国际货运代理企业可以从不同的角度进行分类，为了更好地了解其行业特点和业务内容，以企业的成立背景和经营特点为标准，可以将其分为以下几种类型。

(1) 以对外贸易运输企业为背景的国际货运代理企业。这类国际货运代理企业主要是指中国对外贸易运输（集团）公司及其分公司、子公司、控股公司、合资公司。以海、陆、空国际货运代理业务为主，集海上运输、航空运输、航空快递、铁路运输、国际多式联运、汽车运输、仓储、船舶经营和管理、船舶租赁、船务代理、综合物流为一体。它的特点是一业为主，多种经营，经营范围较宽，业务网络发达，实力雄厚，人力资源丰富，综合市场竞争能力较强。

(2) 以实际承运人企业为背景的国际货运代理企业。这类国际货运代理企业主要是指由公路、铁路、海上、航空运输部门或企业投资或控股的国际货运代理企业，如中国铁路对外服务总公司、中国外轮代理总公司、中远国际货运代理有限公司、中国民航客货运输销售代理公司等。它的特点是专业化经营，与实际承运人关系密切，运价优势明显，运输信息灵通，方便货主，在特定的运输方式下市场竞争力较强。

(3) 以外贸、工贸公司为背景的国际货运代理企业。这类国际货运代理企业主要是指由各专业外贸公司或大型工贸公司投资或控股的国际货运代理企业，如五矿国际货运公司、中化国际仓储运输公司、中粮国际仓储运输公司、中机国际仓储运输公司、中成国际运输公司、长城国际运输代理有限公司等。它的特点是货源相对稳定，处理货物、单据经验丰富，对某些类型货物的运输代理竞争优势较强，但多数规模不大，服务功能不够全面，服务网络不够发达。

(4) 以仓储、包装企业为背景的国际货运代理企业。这类国际货运代理企业主要是指由仓储、包装企业投资、控股的国际货运代理企业或增加经营范围而成的国际货运代理企业，如北京市友谊包装运输公司、天津宏达国际货运代理有限公司、中储国际货运代理公司等。它的特点是凭借仓储优势揽取货源，深得货主信任，对于特种物品的运输代理经验丰富，但多数规模较小，服务网点较少，综合服务能力不强。

(5) 以港口、航道、机场企业为背景的国际货运代理企业。这类国际货运代理企业主要是指由港口、航道、机场投资、控股的国际货运代理企业，如上海集装箱码头有限公司货运公司、天津振华国际货运有限公司等。这类国际货运代理企业的特点是与港口、机场企业关系密切，港口、场站作业经验丰富，对集装箱货物运输代理具有竞争优势，人员素质、管理水平较高，但是服务内容较为单一，缺乏服务网络。

(6) 以境外国际运输、运输代理企业为背景的国际货运代理企业。这类国际货运代理企业主要是指境外国际运输、运输代理企业以合资、合作方式在中国境内的外商投资国际货运代理企业，如华迅国际运输有限公司、华辉国际运输服务有限公司、天保名门（天津国际货运代理有限公司、深圳彩联储运有限公司等。它的特点是国际业务网络较为发达，信息化程度、人员素质、管理水平高，服务质量好。

(7) 其他背景的国际货运代理企业。这类国际货运代理企业主要是指由其他投资者投资或控股的国际货运代理企业。它的投资主体多样，经营规模、经营范围不一，人员素质、管理水平、服务质量参差不齐。有的实力雄厚，业务范围广泛，服务网络较为发达，信息化程度、人员素质、管理水平较高，服务质量较好，如天津大田航空服务代理公司、北京市外国企业服务总公司等；有的规模较小，服务内容单一，人员素质、管理水平不高，服务质量一般。

从工作流程角度划分国际货物运输代理的类型

第一，传统的国际货运代理业务（traditional international freight forward）。是指从货主或委托人那里拿到货交给承运人运输，而从承运人或委托人那里收取佣金的做法。这种传统的货运代理的工作流程用公式表示为："发货人—货运代理—承运人—收货人。"

第二，多式联运业务（international multimodal transport）。根据《联合国国际货物多式联运公约》中所下的定义，其基本内容是指货运代理人从货主那里揽来货物，组织国内外全程多式联运，承担全程货物运输的权利、责任、义务、风险。国际多式联运的工作流程用公式表示为："发货人—货运代理—收货人"。

第三，物流（logistics）。是指包括货物的运输、保管、装卸、包装、流通所需要的加工、分拨、配送、包装物和废品回收等等，以及与之相关的信息服务。其工作流程用公式表示为："生产者—货运代理—消费者（或再生产者）"。

3. 国际货物运输代理的业务范围

国际货物运输代理的业务范围非常广泛，从理论上说，包括与国际货物运输相关的一切运输方式和业务环节。例如，与货物本身相关的加工、包装、分拨、配送、存储、保管、保险等业务；与运输相关的货物国际运输、内陆运输、装卸等业务；与政府法令相关的进出口报关、报检等代理业务。

在我国，政府通过制定规则对国际货物运输代理行为进行管理。根据《国际货物运输代理业管理规定》，国际货物运输代理业务可以包括以下几个方面。

(1) 揽货、订舱（含租船、包机、包舱）、托运、仓储、包装。

(2) 货物的监装、监卸、集装箱装拆箱、分拨、中转及相关的短途运输服务。

(3) 报关、报检、报验、保险。

(4) 缮制签发有关单证、交付运费、结算及交付杂费。

(5) 国际展品、私人物品及过境货物运输代理。

(6) 国际多式联运、集运（含集装箱拼箱）。

(7) 国际快递（不含私人信函）、国际货物运输实务。

(8) 咨询及其他国际货运代理业务。

各国际货物运输代理企业的具体业务范围由政府有关部门审批，在公司的营业执照中体现。

知识拓展

货代、船东、船代和报关行等相关当事人

对于中小型进出口企业而言，在外贸运输过程中直接接触的是货代，即国际货运代理人，它有别于"船代"。"货代"是对"货"而言的第三方主体，货代可以代表货主处理有关的报关、报检、签单、改单、集货和货物跟踪等工作；"船代"是指对"船"而言，却并非船东和货主的第二方主体。"船公司"又称船东，是指自己拥有船舶的企业，一般情况下为了专注于自己的船舶业务，会把自己船舱的销售权承包出去给"船代"，即船务代理人。

对于"船代"而言，货代的主要工作是订舱，船代却可以代表船公司处理有关订舱、报关、车运、签单、改单和放单等工作。从舱位的生产销售过程来看，"船公司—船代—货代"的关系就类似于"生产商—批发商—零售商"的关系。此外，船代是交通部审批并管理的；货代早些年由商务部审批并管理的，现在由工商行政管理局登记备案。

在业务范围内，国际货代与船代、航空销售代理人、无船承运人、多式联运经营人、专业报关行等其他中间人存在一定的身份重叠和业务交叉。而且随着货代提供门到门运输服务、第三方物流服务甚至兼营仓储、铁路、公路集运业务等后，它们之间的同行竞争性更突出了。另外，货代可以自己报关，也可以委托报关行报关，只要报关人员有报关员资格即可。

5.3.2 国际货物运输代理的代理业务

1. 海运班轮代理业务

海运班轮代理业务是指国际货物运输代理以代理人的身份为委托人的进出口货物提供海运班轮订舱及其相关服务的业务。国际海运班轮订舱业务包括两类：一类是集装箱班轮的订舱业务。集装箱班轮运输已经成为当今国际海运班轮运输的最主要和最典型的运输方式，也是国际货物海运班轮代理业务的最主要内容。另一类是传统的普通件杂货班轮订舱业务。在集装箱班轮运输开展之前，普通件杂货班轮运输是国际海运班轮业务的最主要方式。但随着集装箱班轮运输的快速发展，普通件杂货班轮运输已逐步让位于集装箱班轮运输。

1) 整箱货出口代理业务流程

(1) 货代接受委托。在集装箱班轮货物运输过程中，货主一般都委托货运代理人为其办理有关的货运业务。在确立委托代理关系时，双方会签订一份货运代理委托书。

(2) 订舱。货代接受委托后，应根据货主提供的委托书、贸易合同或信用证，填制场站收据向船公司或其代理人申请订舱。船方一旦接受订舱，就会着手编制订舱清单，然后分送集装箱码头堆场、空箱堆场等有关部门，并将据此安排办理空箱及货运交接等工作。

(3) 提取空箱。在订舱后，货运代理人应提出使用集装箱的申请，船方会给予安排并发放集装箱设备交接单。凭设备交接单，货代就可以安排提取所需的集装箱。

在整箱货运输时，通常是由货代安排集装箱卡车运输公司（集卡车队）到集装箱空箱堆场领取空箱。也可以由货主自己安排提箱。无论由谁安排提箱，在领取空箱时，提箱人都应与集装箱堆场办理空箱交接手续，并填制设备交接单。

(4) 货物装箱。整箱货的装箱工作大多是由货代安排进行，可以在货主的工厂、仓库装箱或是由货主将货物交由货代的集装箱货运站装箱。当然，也可以由货主自己安排装箱。

装箱人应根据订舱清单的资料,并核对场站收据和货物装箱情况,填制集装箱货物装箱单。

(5) 整箱货交接签证。由货代或货主自行负责装箱并加封标志的整箱货,通过内陆运输运至承运人的集装箱码头堆场,并由码头堆场根据订舱清单,核对场站收据和装箱单接受货物。整箱货出运前也应办理有关出口手续。

集装箱码头堆场在验收货箱后,即在场站收据上签字,并将签署的场站收据交还给货代或货主。货代或货主可以凭借经签署的场站收据要求承运人签发提单。

(6) 装船。集装箱码头堆场或集装箱装卸区根据接受待装的货箱情况,制订出装船计划,等待船靠泊后即行装船。

(7) 换取提单。货代或货主凭签署场站收据,在支付了预付运费后(在预付运费的情况下),就可以向承运人或其代理人换取提单。货主取得提单后,就可以去银行结汇。

2) 整箱货进口代理业务流程

(1) 货代接受委托。货代接受收货人的委托,代办集装箱整箱货的进口货运业务。根据具体的委托协议,货代可以代办订舱、进口报关、保险、货物装卸、储运等多种业务。

(2) 卸货地订舱。如果货物以 FOB 价格条件成交,货代接受收货人委托后,就负有订舱的责任,并有将船名、航次、装船日期通知发货人的义务。特别是在采用特殊集装箱运输时,更应尽早预订舱位。

(3) 接运工作。接运工作主要包括及时掌握船舶到港时间、及时告知收货人、汇集进口报关报检以及提货所需单证、及时接货等。

(4) 报检报关。如前所述,集装箱货物运抵卸货港,卸至集装箱堆场后,船舶代理人会发出到货通知书。货代应该持正本提单及到货通知书前去办理。

(5) 监管转运。进口货物入境后,一般在港口报关放行后再转运。但经收货人要求,经海关核准也可运往另一设关地点办理海关手续,称为转关运输。

(6) 提取货物。货代向货主交货有两种情况:一是象征性交货,即以单证交接,货物到港经海关验放,并在提货单上加盖海关放行章,将该提货单交给货主,即完成交货;二是实际交货,即除完成报关放行外,货运代理人负责到港口装卸区办理提货,并将货物运至货主指定地点,交给货主。集装箱运输中的整箱货通常还需要负责空箱的还箱工作。

3) 集拼箱货运代理流程

有条件的货代公司能够接受客户尺码或重量达不到整箱要求的小批量货物,把不同收货人、同一卸货港的货物集中起来,拼成一个整箱。这种做法称为集拼(consolidation)。

从事集拼业务的国际货代企业签发分提单(House B/L),通常被视为承运人。如果只经营海运区段的拼箱业务,则是无船承运人。集拼经营人有双重身份,对货主而言,他是承运人;而对真正承运货物的集装箱班轮公司而言,他又是货物托运人。

集拼的每票货物各缮制一套场站收据,然后再附一套汇总的场站收据。汇总的场站收据上的货名可以是"集拼货物",数量、重量、尺码是汇总数。货物出运后,船公司或其代理按总单签一份海运提单(Master B/L),托运人是货代公司,收货人是货代公司在卸货港的代理人。然后,货代公司给各个货主签发自己的提单,提单号采用 Master B/L 上的号,尾部分别缀上各个不同的发货人。拼箱货货运代理流程如下。

(1) 不同货主（发货人处货主）将不足一个集装箱的货物交集拼经营人（无船承运人，货代，英文为 NVOCC）。

(2) 集拼经营人将拼箱货拼装成整箱货后，向班轮公司（或船东）办理整箱货物运输。

(3) 整箱货装船后，班轮公司签发 B/L 或其他单据（如海运单）给集拼经营人。

(4) 集拼经营人在货物装船后也签发自己的提单（HB/L）给每一个货主（发货人）。

(5) 集拼经营人将货物装船及船舶预计抵达卸货港的时间等信息告知其卸货港的机构（代理人），同时，还将 MB/L 及 HB/L 的复印件等单据交卸货港代理人，以便向班轮公司提货和向收货人交付货物。

(6) 货主之间办理包括 HB/L 在内的有关单证的交接。

(7) 集拼经营人在卸货港的代理人凭班轮公司的提单等提取整箱货。

(8) 收货地的不同货主（收货人处货主）凭 HB/L 等在 CFS 提取拼箱货。

2. 租船代理业务

租船业务是海上货物运输中班轮运输以外的另一种主要业务方式，包括航次租船、定期租船和光船租船。作为国际货物运输代理从事租船业务，应当具备以下基本知识。

1) 租船经纪人

租船业务是通过船舶出租人与承租人签订租船合同来实现的。一些租船合同是由船舶出租人与承租人直接签订的，但更多的租船合同是通过中间人，即租船经纪人的搭桥牵线而签订的。

租船经纪人（chartering broker）是在租船业务中代表船舶出租人或承租人进行磋商租船业务的人。他们通常拥有丰富的国际海运知识，拥有灵敏的租船信息网络，与船东或货主保持密切的联系及良好的商业信誉。

租船经纪人根据委托人不同可以分为以下几种。

(1) 出租人经纪人（owner's broker）。指接受船舶出租人委托，代表出租人出租船舶或为其船舶揽取货物的人。其代理费用常常以佣金形式体现。

(2) 承租人经纪人（charterer's broker）。指接受船舶承租人委托，代表承租人在租船市场上洽租船舶的人。其代理费用也常常以佣金形式体现。

租船经纪人也可以同时接受出租人和承租人的委托，作为居间人帮助双方达成交易，赚取佣金。佣金通常为运费或租金的 1.25%，由船东支付。但若双方都委托经纪人时，船东就有可能要支付 2.5% 的佣金。

(3) 独立经纪人。指以独立经营人身份在租船业务中分别与出租人和承租人签订租船合同的人。其赚取的是运费或租金的差价，此时在法律上已经不具有经纪人的含义。

2) 租船经纪人的法律地位

国际货物运输代理从事租船业务的形式多种多样，有的只接受一方的委托，从事租船代理业务；有的作为中间人帮助双方促成交易；有的以独立经纪人名义出租或承租船舶；有的经营期租船业务。为明确国际货物运输代理在业务活动中的法律义务，必须准确界定其在租船业务中的法律性质。

根据业务性质，可以将国际货物运输代理人的租船业务分为以下三类。

(1) 委托代理型。上文中的出租人经纪人和承租人经纪人业务就属于这一类型。其代理经纪人活动适用有关代理的法律规定。

(2) 居间人类型。同时接受出租人和承租人的委托,在出租人和承租人中间帮助促成租船交易并赚取佣金的,就属于这一类型。其业务活动适用于有关居间人的法律规定。

(3) 独立经营型。指在法律上独立承担合同法定义务从事租船业务的货运代理人。这类业务范围较多,可以是以承租人身份与出租人签订运输合同;可以是以出租人身份与承租人签订运输合同;可以是以承租人身份签订其租船合同,然后再以出租人身份签订航次运输合同。

3) 租船经纪人的业务流程

以下以航次租船为例来说明租船经纪人的租船业务流程。

(1) 业务委托。业务委托分为出租人委托和承租人委托两种:出租人委托是指出租人将船舶规范、船舶动态、航次目标提供给经纪人,委托其承揽合适货载;承租人委托是指承租人将买卖合同、信用证主要条款提供给经纪人,主要包括货物描述(货种、数量、包装、积载因素)、装卸港口、装运日期、目标运价等,委托其寻找合适船舶。

(2) 相对人筛选。经纪人将有关信息发送给若干相对人,经附带条件初步洽商选定最终签约人。

(3) 签订合同。经对航次租船合同主要条款逐条洽商,确定意见一致后,签订洽租确认书,最后做出标准合同。

(4) 协助合同履行。合同主体在履行合同过程中,经纪人常常协助各个环节的履行,协调合同执行过程中出现的各种问题,最后完成合同履行,收取代理报酬。

3. 空运代理业务

1) 空运代理业务的种类

根据《中华人民共和国国际货物运输代理业管理规定实施细则》《民用航空运输销售代理业管理规定》等法规,我国的空运代理可分为以下三种。

(1) 货主代理。指接受托运人或收货人的委托,为委托人办理货物航空运输的有关业务并收取代理费用的人。根据有关法律规定,这类代理在向委托人收取代理费的同时,也可从航空运输企业收取佣金。

(2) 航空运输销售代理。在我国,指接受航空公司委托,以委托人的名义为委托人销售航空客运、货运舱位等有关业务并收取代理费用的人。只有取得货主代理资格的企业,才能够取得航空运输销售代理资格。

(3) 航空集运商(consolidator)。指将多个托运人的货物集中后,作为一票货物向航空公司托运的空运代理人。航空集运商分别向实际托运人签发分运单,航空公司向航空集运商签发一份主运单。关于航空集运商的法律地位,目前尚无明确的法律规定。其究竟为代理人还是无船承运人,视其在与实际托运人订立运输合同时是否表明其代理身份而定,不能简单依据航空运单判断。

2) 空运代理业务的范围

空运代理的业务范围由政府有关管理部门核定,在其营业执照中显示,通常包括接受托运人的订舱、包机委托、代其制单、包装、进口货物的提货、分拨、进出口的报关报验等。另外，从事多式联运的国际货物运输代理还以承运人的身份承揽空运业务。

3) 空运代理业务的流程

以下以空运出口为例来介绍空运代理的业务流程。

空运代理的主要业务流程为：接受委托→订舱→接单接货→制单报关→装箱出仓→空运公司签单→交货装机→善后工作。

概念比较

一级货代与二级货代的区别见表 5-10。

表 5-10　一级货代与二级货代的区别

序号	区别	一级货代	二级货代
1	成立条件	相对高，直接服务于空运或海运或铁路承运人	相对低，如报关代理企业或其他代理企业
2	公司账户及开票	人民币账号＋美金账号；可以直接开票	人民币账号；只能到国税局开票
3	资信	资信程度最高，运费最低，服务及时	资信程度、运费、服务比前者较低
4	存在数量	较少	很多
5	订舱权大小	可直接向船公司或船代订舱，但不一定都有资格订舱，有许多船公司只指定了几个少数的货代作为订舱口	通过前者向承运人订舱，即或者通过挂考一代，或者通过一代订舱

5.4　海运条款

在国际贸易中，不管是进口还是出口，运输条款（terms of transport）都是贸易合同的组成部分，如果在成交时运输条款订得明确具体准确，那么，货物交付和合同履约就会顺利完成；如果运输条款订得不恰当，或者责任不明确，就会引起种种纠纷和经济损失，以致使履约无法完成。因此，在签订进出口合同时，充分考虑到运输条件，将运输条款订得尽可能完整、明确和切实可行。

5.4.1　装运时间与地点

1. 装运时间

装运时间（time of shipment）又称装运期。在法律上的意义，它是买卖合同的要件，卖方违反，买方有权撤销合同，并要求卖方赔偿损失。

要点提示

Time of shipment 与 time of delivery 是不同的：在象征性交货下，二者均理解为装运期或交货期；在实际交货条件下，time of shipment 指货物装出时期而 time of delivery 指货物到目的港交货时间。所以，在按 FOB、CFR、CIF、FCA、CPT、CIP 术语订立的合同中，二者的意思是一致的；而在按照 DES、

DEQ、DAT、DAP 和 DDP 贸易术语订立的合同中，因为它们属于实际交货方式的到货合同，最好还是把"装运条款"与"交货条款"严格分开，以避免产生误解。因为这时的装运期是指货物装出的时间，交货期则是指货物到达目的港的时间，它们之间相差一个运输航程。

1）装运时间的规定方法

（1）具体规定装运期限。例如，2011 年 6 月装（shipment during June 2011）、"7/8/9 月份装运（shipment during. July/Aug./Sep.）、"装运期不迟于 7 月 31 日"（shipment not later than June 31st）。这种方法含义明确，在国际贸易中普遍采用。

（2）规定在收到信用证后若干天装运。为防止买方不履行合同而造成损失，可采用此种规定方法。例如，"收到信用证后 30 天内装运"（shipment within 30 days after receipt of L/C）、"买方必须不迟于某月某日将信用证开到卖方"（the relevant L/C must reach the seller not later than...）。在采用此方法时，必须同时规定有关信用证的开到期限或开出日期。

（3）收到信汇、票汇或电汇后若干天装运。例如，采用"装运期限"（Shipment within...days after receipt of L/C）来表示。

（4）采用笼统方法规定。这种方法不规定具体期限，如采用"立即装运（immediate Shipment）"，"尽快装运（shipment as soon as）""即刻装运（prompt shipment）"等语来表示。但由于买卖双方其解释不一，易造成分歧，一般不宜使用。

 条款举例

UCP600 Arti 20 a： The date of issuance of the bill of lading will be deemed to be the date of shipment unless the bill of lading contains an on board notation indicating the date of shipment, in which case the date stated in the on board notation will be deemed to be the date of shipment.（提单的出具日期将被视为装运日期，除非提单包含注明装运日期的装船批注，在此情况下，装船批注中显示的日期将被视为装运日期。）

ISBP745 Para E6 b: When a bill of lading is pre-printed "shipped on board", the date of issue will be deemed to be the date of shipment, and no further on board notation is required.（如果提单为预先印就的"已装船"提单，那么出具日期将视为装运日期，无须装船批注。）

 应用案例

案情简介： 中国某外贸公司（卖方）与科威特某公司（买方）签订一份买卖腈纶衫的合同，合同规定采用不可撤销的信用证付款方式，装运期为某年 10 月。合同签订后，由于卖方交货有困难，后经双方协商展证至次年 3 月。但卖方仍不能按期交货，便采取一边要求买方再次展证和一边安排交货的做法，一直拖到次年 4 月份才装船。当货物运出后，买方又不同意展证，卖方被迫只得将信用证付款方式改为托收。等货物运到科威特后，由于市场发生变化，买方拒收货物。卖方只好将到达的货物卸下来自费存放码头仓库，但库存半年之久，仍无法处理，致使卖方蒙受巨大经济损失。

案例分析： 本案事实表明，合理约定交货期和切实按约定的期限交货，具有重要的意义。通过本案，我们应当吸取下列教训。

第一，约定装运期时要充分考虑货源情况和运输条件，不能盲目从事，以免影响及时交货而处于被动地位。

第二，在信用证付款条件下，如卖方因故不能按时交货而要求展证时，一定要在买方同意展证后，方能发运货物，实践一再表明，卖方采取边要求展证、边安排装船的做法是有很大风险的。

第三，若卖方要求展证遭到买方拒绝时，卖方迫不得已而改为托收，这种由银行信用改变为商业信用的处理办法，显然对卖方是不利的。因为托收风险大，一旦市场出现对买方不利的变化时，买方有可能拒收货物和拒付货款，从而使卖方陷入极端被动的境地，本案事实充分说明了这个问题。

2) 规定装运时间的注意事项

(1) 订装运期应结合商品的性质，选择季节。如雨季不宜装烟叶，夏季不宜装沥青等。还应结合交货港、目的港的特殊季节因素，如北欧港口不宜订在冰冻期，热带某些地区不宜订在雨季等。

(2) 签订出口合同时，应避免信用证结汇有效期与装运期订为同时到期，即"双到期"(double maturity)。一般应争取结汇有效期长于装运期15天，以便货物装船后有足够的时间办理结汇手续。

(3) 不能接受一笔货物在短时期内分若干批出运的条款。因为在规定期内，如无适当的足够数量的船舶，就会影响这批货物的出运。

(4) 如果是按 CIF 条件进口货物，一般是由卖方安排运输，而买方自己的任务少，只管审单受货付款就行了。

(5) 如果是按 FOB 条件进口货物，一般在合同中均应明确规定：卖方必须在合同规定的交货期限30天前，将合同号码、货物名称、数量、装运口岸及预计货物运达装运口岸日期，电告买方，以便买方安排舱位，买方应在船只受载期12天前，将船名、预计受载日期、装货数量、合同号码、代理人，电告卖方。买方所租船只按期到达装运口岸后，如卖方不能按时备货装船，买方因而遭受的一切损失，包括空舱费、滞期费及罚款等由卖方负担。如船只不能于船舶代理人所确定的受载期内到达，在港口免费堆存期满后第××天（一般为16天）起发生的仓库租费、保险费由买方负担。但卖方仍负有载货船只到达装运口岸后立即将货物装船之义务并负担费用及风险。

(6) 如果对于 FOB 出口合同，卖方应在合同规定的交货期前30天，向买方发出准备装船通知。买方应从卖方发通知之日起20天内将装货船只的船舶规范和预计到港日期等通知卖方和装港的船务代理公司。

2. 装卸地点

装卸地点 (place of shipment) 实际就是指装卸港或装运地与卸货地。装运港 (port of shipment) 是指货物起始装运的港口，一般由卖方提出，经买方同意后确认。目的港 (port of destination) 是指最终卸货的港口，一般由买方提出，经卖方同意后确认。在国际贸易中应根据合同使用的贸易术语和运输方式来正确选择和确定装卸地点。一般来讲，如果是出口，规定多个装运港一个卸货港，对卖方有利；反之亦然。

1) 装运港（地）和目的港（地）的规定方法

(1) 在一般情况下，装运港和目的港分别规定各为一个，如"装运港：上海"(Port of Shipment：Shanghai)、"目的港：伦敦"(Port of Destination: London)。

(2) 有时按实际业务的需要，也可分别规定两个或两个以上的装运港或目的港，如"装运港：新港 / 上海"(Xingang/Shanghai)、"大连 / 青岛 / 上海"(Dalian/Qingdao/Shanghai)、"目的港：伦敦 / 利物浦"(London/Liverpool)。

(3) 在磋商交易时，如明确规定装运港或目的港有困难，可以采用选择港 (optional

ports) 办法。规定选择港有两种方式：一种是在两个或两个以上港口中选择一个，如 CIF 伦敦选择港汉堡或鹿特丹（CIF London, optional Hamburg/Rotterdam），或者 CIF 伦敦/汉堡/鹿特丹（CIF London/Hamburg/Rotterdam）；另一种是笼统规定某一航区为装运港或目的港，如"地中海主要港口"，即最后交货则选择地中海的一个主要港口为目的港。

  条款举例

ISBP745 Para E6 f:：A bill of lading is to indicate the port of loading stated in the credit. When a credit indicates the port of loading by also stating the country in which the port is located, the name of the country need not be stated.（提单应当显示信用证规定的装货港。当信用证规定了装货港，也表明了装货港的所在国时，提单上无须注明该国别名称。）

 应用案例

案情简介：中国某外贸公司按 CFR 条件曾向日本某公司出售红小豆 200 公吨，合同规定卸货港为日本口岸。在中方发运前，正好有一货轮将开往日本大阪和神户卸货，中方拟用该轮将 200 公吨红小豆顺便装运出去。在装运前，中方业务科长指示经办人员电告日商，征求在日本哪个口岸卸货合适。当时，正值红小豆价格下降，于是日商故意指示将货卸在日本东北部一个很偏僻的小港，中方表示有困难，要求改在大阪或神户港卸货，日商坚持不同意改变其指定的卸货港，并以此为由撤销了合同，使中方遭受了不应有的经济损失。

案例分析：本案合同规定卸货港为日本口岸，即表明在日本任何一个口岸都可卸货，中方公司本来可顺便将货运至大阪或神户港卸货。中方电告日商时，应让其在大阪或神户两港中任选一个，而不能泛指在日本哪个港口卸货合适。中方征求日商意见的内容，无异于改变合同规定，把自己本来拥有选择卸港的权利又拱手交给了日商。日商见市场价格下降，便故意出难题，指定了一个很偏僻的小港，并以中方要求改港为由而撤销了合同。

 思考案例

案例：我某外贸公司以 FOB 中国口岸与日本 M 公司成交矿砂一批，日商即转手以 CFR 悉尼价售给澳大利亚的 G 公司，日商来证价格为 FOB 中国口岸，目的港为悉尼，并提出在提单上表明"运费已付"。

问题：日商为何这样做？我们应如何处理才能使我方的利益不受损害？

2）确定国内外装运港（地）和目的港（地）的注意事项

（1）要认真了解国外装运港的具体情况。如有无直达班轮航线，港口的装卸条件，运费和附加费用的水平，码头泊位的水深，港口对各种价格条件下，收、发货人应承担的责任和费用的具体情况和惯例，有无冰冻期以及其他有关特殊规定等。

（2）要列明具体的港口名称，而不能笼统地订为"××地区主要港口"，或"××地区，装运港口由卖方选择"等。

（3）在采用选择港时，必须在合同中将港口名称一一列出，一般为两个，最多不超过三个，同时，应订明装运港"由买方选择"或"卖方须在交货期前 45 天将交货名称、数量和装货港口通知买方，并得到买方确认，买方有权变更装货港口"。

（4）对指定码头或专用泊位装货的条款，应向对方了解清楚港口吃水、码头长度、设备能力、费用水平、装货速度、是否拥挤和有无冰冻情况，如以上条件较理想，可考虑接受。签约之前，应与有关运输部门联系，在签订合同时，应订上滞期/速遣条款和对方必须提供安全的装货泊位的条款。但小批量杂货，不能接受在专用码头或指定泊位交货的条款。

(5) 要注意港口有无重名。如美国、加拿大、圭亚那都有"GEORGETOWN"港,英国和澳大利亚都有"ARDROSSAN"港。如发现重名,应在港口名称后注明国别。

(6) 在不以联运方式承办运输的条件下,一般不接受内地城市为目的地的条款。对于内陆国家的贸易,应选择离其最近的我方能安排船舶的海港为目的港。对FOB出口合同中的起运港口只能是国内港口,不能是其他港口。

5.4.2 分批装运和转运

分批装运和转运都直接关系到买卖双方的利益,因此,买卖双方应根据需要在合同中做出具体的规定。一般来说,允许分批装运分批转运,对卖方来说比较主动。根据《跟单信用证统一惯例》(UCP600),除非信用证有相反规定,可准许分批装运和转运。

1. 分批装运

分批装运(partial shipment)又称分期装运(shipment by installments),是指一个合同项下的货物分若干批装运。UCP600规定,同一船只、同一航次、不同时间在不同港口装起货物,即使分别签发了不同的运输单据,只要同时到达同一目的地,也不属于分批装运。

对具体规定各批装运时间和数量的分批装运,如果其中任何一批未按约定时间和数量装运,则该批与以后各批均为违约。因此,在出口合同中不宜规定在很短的时间内分批装运,间隔应适当并尽量避免作限期分批定量的规定,以免因安排装运困难而影响贸易。例如:
"800 M/T of Kidney Beans. Partial shipments are allowed in two lots. 400 M/T to Antwerp not later than May 31, 2005. 200M/T to Brussels not later than June 30, 2006."(800公吨芸豆,允许分批装运,分两批,400公吨于2005年5月31日前运至安特卫普,400公吨于2006年6月30日前运至布鲁塞尔。)

 条款举例

UCP600 Arti 32: If a drawing or shipment by installments within given periods is stipulated in the credit and any installment is not drawn or shipped within the period allowed for that installment, the credit ceases to be available for that and any subsequent installment.(如信用证规定在指定的时间段内分期支款或分期发运,任何一期未按信用证规定期限支取或发运时,信用证对该期及以后各期均告失效。)

ISBP745 Para E19 b: When a credit prohibits partial shipment, and more than one set of original bills of lading are presented in accordance with E19 (a) and incorporate different dates of shipment, the latest of these dates it to be used for the calculation of any presentation period and must fall on or before the latest shipment date stated in the credit.(当信用证禁止分批装运,而按照第E19段a款提交的一套以上的正本提单含有不同的装运日期时,其中最迟的日期将用于计算交单期,且该日期不得晚于信用证规定的最迟装运日期。)

CISG Para 73: In the case of a contract for delivery of goods by installments, if the failure of one party to perform any of his obligations in respect of any installment constitutes a fundamental breach of contract with respect to that installment, the other party may declare the contract avoided with respect to that installment.(对于分批交付货物的合同,如果一方当事人不履行对任何一批货物的义务,便对该批货物构成根本违反合同,则另一方当事人可以宣告合同对该批货物无效。)

思考案例 2

案情： 有一份出售成套设备的合同，合同规定分五批交货。但在第三批交货时，买方发现交货的品质有严重缺陷，根本达不到合同所规定的技术标准。因此，买方主张全部合同无效。

问题： 在上述情况下，买方有无这种权利？为什么？

2. 转运

转运（transshipment）又称转船，是指货物自装运港运至目的港的过程中，从一运输工具转移到另一运输工具上，或是由一种运输方式转为另一种运输方式的行为。凡目的港没有直达船挂靠，或虽有直达船，但船期不定或航次间隔时间太长，以及成交量大而港口条件差或拥挤严重的，均应在合同中加订"允许转运"条款，以利装运。由于转船耽误时间、增加费用，也易产生货损货差，故买方往往要求在合同中加订"限制转船"条款。例如："Transshipment is allowed provided "Through Bills of Lading" are presented.（允许转动但必须提交联运提单。）"除此之外还要注意以下几点。

（1）货物出口至没有直达船或虽有直达船但没有固定船期、航班较少的港口，必须订明"允许转船"以利装运。

（2）对某些数量较大的商品或需要运往条件较差的港口时，应考虑到港口吃水限度和派船的可能条件，在合同中订明"允许转船及分批装运"的条款。

（3）凡是"允许转船"的货物，不能接受买方指定中转港、二程船公司和船名的条件，也不要接受在提单中注明中转港和二程船名的条件。

 应用案例

案情简介： 中国某出口公司按 CIF 魁北克条件出售一批核桃仁，合同规定，装运期不得晚于 10 月 31 日，不准分批装运和转运，并限 11 月 30 日前将货运达目的地，否则，买方有权拒收。中方于 10 月 5 日装船完毕，但 11 月 25 日船到加拿大东海岸时，魁北克即开始结冰，承运人怕船舶驶往魁北克后出不来，便指示船长中途在哈利法克斯卸货，然后转换铁路火车续运目的地，当货到魁北克港时已是 12 月 2 日。于是进口商以货物晚到为由，要求中方降价 20% 以弥补其损失，否则，拒绝提货。后几经交涉，最终以中方降价 15% 了结此案，此笔交易中方共损失 36 万加元。

案例分析： 此案例的焦点在于合同约定不允许转船，而承运人在实际运输中转船从而违反了合同。首先，合同中明确规定不允许转船而卖方没有很好地了解魁北克的天气情况造成临时转运，这违反了合同的规定，买方完全有理由向卖方索赔。其次，此笔交易虽按 CIF 魁北克条件成交，似乎是 CIF 合同。但由于同时约定了限期到货条款，从而改变了装运合同性质，使之变成了到达合同。这样，卖方就得承担货物不能按期到达目的港的风险。再次，对魁北克这个季节性港口在 11 月份即进入冰冻期这一因素，也欠考虑，在合同中要么规定允许转船，要么对转船不做出规定，对卖方都是有利的。

5.4.3 装卸时间和装卸货率

在实际业务中，负责装卸货物的不一定是租船人，而是买卖合同的一方当事人，如 FOB 合同的租船人是买方，而装货是由卖方负责；反之，CIF 合同的租船人是卖方，而卸货是由买方负责。因此，负责租船的一方为了促使对方及时完成装卸任务，故在买卖合同中也要求规定装卸时间、装卸率。

1. 装卸时间

装卸时间是指允许完成装卸任务所约定的时间，它一般以天数或小时数来表示。按照国际航运惯例，船舶到达港口，不论是否靠泊或在锚地，只要船舶具备装卸货条件，船长就可递交"装卸准备就绪通知书"(notice of readiness, NR)。此通知书如在正常办公时间内上午8～12时递交，装卸货时间即于当天下午14时开始起算，如通知书于下午办公时间14～18时递交，装卸货时间则从次日上午8时起算，如在星期六下午或在节假日前一天下午办公时间内递交，则从星期一或节假日后第一天的早晨8时开始起算。有的散装大宗货也可规定在递交通知书24小时后开始起算。

装卸时间的规定方法很多，其中主要有下列几种。

(1) 日(days)或连续日(running days, consecutive days)。所谓日，是指午夜至午夜连续24小时的时间，也就是日历日数，以"日"表示装卸时间时，从装货开始到卸货结束，整个经过的日数，就是总的装货或卸货时间。在此期间内，不论是实际不可能进行装卸作业的时间（如雨天、施工或其他不可抗力），还是星期日或节假日，都应计为装卸时间。这种规定，对租船人很不利。

(2) 累计24小时好天气工作日(weather working days of 24 hours)。这是指在好天气情况下，不论港口习惯作业为几小时，均以累计24小时作为一个工作日。如果港口规定每天作业8小时，则一个工作日便跨及几天的时间。这种规定对租船人有利，而对船方不利。

(3) 连续24小时好天气工作日(weather working days of 24 consecutive hours)。这是指在好天气情况下，连续作业24小时算一个工作日，中间因坏天气影响而不能作业的时间应予扣除。这种方法一般适用于昼夜作业的港口，而且对船方和租船比较公平。当前，国际上采用这种规定的较为普遍，我国一般都采用此种规定办法。

2. 装卸货率

所谓装卸率，即指每日装卸货物的数量。装卸率的具体确定，一般应按照港口习惯的正常装卸速度，掌握实事求是的原则。装卸率的高低，关系到完成装卸任务的时间和运费水平，装卸率规定过高或过低都不合适。规定过高，完不成装卸任务，要承担滞期费的损失；反之，规定过低，虽能提前完成装卸任务，但船方要付速遣费，船方会因装卸率低，船泊在港时间而增加运费，致使租船人得不偿失。因此，装卸率的规定应当适当。

以FOB stowed或FOB stowed & trimmed条件成交的大宗货，应在合同内订明连续24小时晴天工作日(weather working days of 24 consecutive hours)的装货率，特别是偏僻港口，如不订明装货率，我方就会遭到大量的船期损失。如装货率订得太高，对方不肯接受；如订得太低，则对我方不利。一般可参照该港口日常装货速度来确定。如属对方派船，应参照国内各港务局对外公布的卸货率在合同中加以明确。对装卸货率的规定，一般均订明"星期日和节假日除外"(Sundays and holidays excepted)。对该条款的规定通常有两种方法，一是"不用不算，即使用了也不算"(not to count even used)，这种条款对租船人不利，二是"不用不算用了要算"(not to count unless used)。后一种条款较为合理，故较容易为承租双方接受。

5.4.4 滞期和速遣条款

在外贸企业经营的大宗进出口业务中，商品通常采用程租船方式承运。这样就会出现奖罚性质的滞期/速遣条款。在实际业务中，我方派船合同的滞期/速遣条款主要发生在国外装货港，而对方派船合同的滞期/速遣条款则主要发生在国内卸货港，因我方租用的国轮在国内港口装卸货大都不计算滞期/速遣。如租用外轮，则在装卸港均有可能涉及滞期/速遣。即由于装卸的延误会给船方造成船舶周转速度放慢等损失，而程租船方得到的运费中并不包含这一部分损失的弥补。因此，程租船运输通常应规定滞期费和速遣费问题。

1. 滞期费和速遣费的概念

滞期费（demurrage）是指因装卸任务未能在规定期限内完成从而给船方造成损失，有关责任方应给予船方一定的赔偿费。速遣费（dispatch money）是指因提前完成装卸任务给船方带来利益，船方给予负责装卸货物的一方一定的奖励。滞期费一般是参照船舶的大小、经营成本和当时的租船市场价格由买卖双方商定，通常速遣费是滞期费的一半，不足一天的，按比例计算。

2. 滞期时间条款

对滞期时间的计算一般均订明"一旦滞期，永远滞期"（once on demurrage, always on demurrage），这已成为航运界的惯例，即船舶一旦进入滞期，一切星期日、节假日、下雨、下雪等原因造成的不能作业的时间均按滞期计算。对速遣时间，一般均订明"按节约的工作时间计算"（for all working time saved），而不是指一般的日历日（calendar day）。

3. 滞期费和速遣费计算方法

1) 普通法

以租约规定的可用装货时间和可用卸货时间把装货港和卸货港分开计算。这种方法中可用的装卸时间不可相互抵用（laytime non-reversible），如装货港和卸货港各有几个，则都算作一个装货或卸货时间，连续计算。

  普通法：租方装货得速遣费　　$5 \times 1\,500 = 7\,500$ 美元

      租方卸货付滞期费　　$3 \times 3\,000 = 9\,000$ 美元

      租方实付滞期费　　　$9\,000 - 7\,500 = 1\,500$ 美元

2) 平均法

在普通法计算基础上，如装货港速遣5天，卸货港滞期3天，按平均法冲销后为速遣每日1 500美元来计算，可以见到，平均法计算比普通法计算，对租船人有利。

  平均法：租方实得速遣费　　$(5-3) \times 1\,500 = 3\,000$ 美元

但是，使用平均法应该注意一点，如果装货港和卸货港都是滞期或者都是速遣，则平均法不能使用。因此，在租约中很少采用平均法计算滞期和速遣。

3) 相互抵用法

这种计算是可用装卸时间可以相互抵用（laytime reversible）。当装卸可用时间用完了，可以用卸货可用时间来抵用，而不马上计算滞期，直到装卸都完成后，一次总算滞期。这

对租船人是有利的。程租约有一种"All Purpose"条款,规定装卸一共多少天,就是在装卸全部完成后,一次计算滞期。

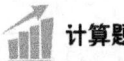 **计算题**

试题:某程租租约规定,装货为1个连续24小时晴天工作日;星期六12时至星期一8时止是假日;星期日和假日即使使用了不计时间;滞期费每日4 000美元,速遣费每日2 000美元。实际装卸记录,装货自星期五0时开始至下周一20时止;卸货自星期五0时开始到下周一20时止。

试以上述三种计算方法计算滞期费和速遣费。

解答:
(1) 用普通法计算(表5-11 和表5-12)

表5-11 装货时间表

摘 要	可用时间	使用时间	滞期时间	备 注
星期五	1	1	—	
六	—	1	1	星期六12时后因滞期照计时间(一旦滞期,永远滞期)
日	—	1	1	星期日照计时间(一旦滞期,永远滞期)
一	—	0.83	0.83	星期一0时至20时共20时合0.83天
共计	1	3.83	283	

装港滞期费:2.83 × 4 000 = 11 320(美元)

表5-12 卸货时间表

摘 要	可用时间	使用时间	速遣时间	备 注
星期五	1	1	—	
六	0.5	0.5	—	星期六0时至12时共12时合计0.5天 12时至24时不计时间
日	—	—	—	星期日不计时间
一	0.66	0.5	0.16	星期一0时至8时不计时间,8时至20时共12时合0.5天 星期一可用时间8时至24时共16小时,合0.66天
二	1	—	1	
三	1	—	1	
四	1	—	1	
五	0.84	—	0.84	卸货为6个连续24小时晴天工作日,星期五仅余0.84天
共计	6	2	4	

卸货速遣费:4 × 2 000 = 8 000(美元)

租方实付滞期费:11 320 − 8 000 = 3 320(美元)

(2) 用平均法计算。

根据上述普通法计算,装货港滞期2.8天,卸港速遣4天,两者冲销后速遣费为:1.17 × 2 000 = 2 340(美元)

(3) 用相互抵用法计算(表5-13 和表5-14)。

表 5-13　装货时间表

摘　要	可用时间	使用时间	滞期/速遣时间	备　注
星期五	1	1	—	
六	0.5	0.5	—	因从卸货时间中取用半天时间，免予滞期
日	—	—	—	星期日不计时间
一	0.5	0.5	—	从卸货时间中取用半天时间
共计	2	2	—	

根据相互抵用法原则，星期五和星期一各在卸货时间中取用半天，共取用1天，故装港无滞期。

表 5-14　卸货时间表

摘　要	可用时间	使用时间	速遣时间	备　注
星期五	1	1	—	
六	0.5	0.5	—	星期六0时至12时共12小时合0.5天，剩余的不计时间
日	—	—	—	星期日不计时间
一	0.66	0.5	0.16	星期一8时至20时共12小时，合0.5天。另0.5天速遣
二	1	—	1	
三	1	—	1	
四	0.84	—	0.84	
共计	5	2	3	卸货原为6天，装港已取用1天，故余5天

租方实得速遣费：3×2 000＝6 000（美元）

计算题

某租约规定：装货为2个连续24小时晴天工作日；卸货为5个连续24小时晴天工作日；星期六12时起至星期一8时止是假日；星期日和假日除非使用才计时间。实际装卸记录，装货自星期四0时至星期六20时止；卸货自星期四0时至星期六20时止。

试以上述三种计算法计算滞期费和速遣费。

5.4.5　装运通知

为便于收货人做好接货或保险的准备，合同中一般均规定，卖方在货物装船后，应立即将合同号、品名、数量、发票金额、装货船名及装船日期以电讯方式通知买方，即装运通知(Shipping Advice/Advice of shipment)。在实际业务中，若CFR条件或FOB条件，卖方应及时向对方发出通知便于投保，否则买方应承担货物运输途中的风险损失；若CIF条件，卖方应及时向买方发出装运通知以便买方接货。不管哪种条款交货，都可在合同和L/C中规定装运通知副本作为卖方交单议付时不可缺少的一项凭证。装船通知格式见本书附件四。

　条款举例

Incoterms 2010 A7: The seller must, at the buyer's risk and expense, give the buyer sufficient notice either that the goods have been delivered in accordance with A4 or that the vessel has failed to take the goods within the time agreed.(在由买方承担风险和费用,卖方必须给予买方说明货物已按照A4规定交货或者船只未能在约定的时间内接收上述货物的充分通知。)

 应用案例

案情简介: 中国某外贸公司(以下称卖方)曾与荷兰某公司(买方)按CFR鹿特丹条件签订一项出口合同,合同规定在新港先装一批货物,然后驶往上海港再装一批货物。该轮在新港装货后,卖方没有向买方发出装运通知,故买方没有及时投保货运险。当该轮驶往上海港装货途中,不幸在吴淞口船舶突然发生火灾,船上货物均被烧毁。由于买方未接到卖方装运通知而没有投保货运险,无法向保险公司挽回损失,便向卖方索赔,卖方经办人员拒赔,其理由是他曾向买方表示过,这批货物装船后,不拟发装运通知,买方未表态,就等于默认接受。双方因此一度产生争议。后经双方友好协商,终于以各负火灾损失50%达成和解而了结此案。

案情分析: 据国际贸易有关法律和惯例,按CFR条件成交,卖方装船后,应及时向买方发出装运通知,以便买方及时投保货运险;否则,卖方应承担由此引起的后果。本案合同项下的货物装船后,卖方本应及时发出装运通知,由于卖方未发装运通知而使买方没有投保货运险,理应由卖方承担责任。卖方虽事前向买方表示过不拟发装运通知,这种表示是违反常识的,何况买方对此表示并未明确表态。尽管后来双方通过友好协商达成和解协议,但卖方不发装运通知的表示和做法,是违反国际贸易惯例和一般贸易习惯做法的,因而是错误的。

本 章 小 结

> 国际货物运输是国家与国家之间、国家与地区之间的运输,属于服务贸易的范畴。国际货运路线长、覆盖面广、风险大,涉及运输方式、装运时间、装卸率、装运港、目的港、分批装运、转船、装运通知和装运单据等内容。国际货物运输方式包括海洋运输、铁路运输、航空运输、公路内河和邮政运输、集装箱运输和国际多式联运。在国际货物运输中,主要有海运提单、铁路提单、航空提单、邮包提单、承运货物收据、多式联运单据等。

关键术语

海洋运输、班轮运输、租船运输、铁路运输、航空运输、集装箱运输、国际多式联运、装运条款、装运时间、装运港、目的港、分批装运、转运、装运通知、装卸率、滞期和速遣条款、海运提单、海运单、铁路运单、航空运单、邮政收据、多式联运单据、货运代理、美国OCP运输

综 合 练 习

1. 英译汉

(1) If the bill of lading contains the indication "intended vessel" or similar qualification in relation to the name of the vessel, an on board notation indicating the date of shipment and the name of the actual vessel is required.

(2) A non-negotiable sea waybill indicating that transshipment will or may take

place is acceptable, even if the credit prohibits transshipment, if the goods have been shipped in a container, trailer or LASH barge(注：子母船)as evidenced by the non-negotiable sea waybill.

(3) A bank will only accept a clean transport document. A clean transport document is one bearing no clause or notation expressly declaring a defective condition of the goods or their packaging. The word "clean" need not appear on a transport document, even if a credit has a requirement for that transport document to be "clean on board".

(4) If the seller is bound to arrange for carriage of the goods, he must make such contracts as are necessary for carriage to the place fixed by means of transportation appropriate in the circumstances and according to the usual terms for such transportation.

2. 简答题

(1) 在海运进出口合同中装运港和目的港的规定方法有哪些？

(2) 什么是分批装运？《跟单信用证统一惯例》对此有哪些规定？

(3) 托运人填写装货单时应注意填写哪些内容？

(4) 提单签发日期为2014年11月3日，信用证议付有效期规定为2014年11月26日，问最迟的交单议付有效期为哪天？

(5) 提单签发日期为11月4日，发票日期为11月1日，其他有关单据的日期应怎样填写？

(6) 提单的收货人栏与背书有何关系？应怎样背书？

(7) 航空运单、铁路运单、邮包收据同海运提单最主要的区别是什么？

(8) 海运、国际铁路货物联运、对香港铁路运输、空运和国际多式联运，各凭什么主要单据向银行办理议付？

3. 选择题

(1) "空白抬头，空白背书"的指示提单是指（　　）。
A. To order of，不加列被背书人名称的提单
B. To order，不加列被背书人名称的提单
C. To order of，加列被背书人名称的提单
D. To order，加列被背书人名称的提单

(2) 在规定装卸时间的办法中，使用最普遍的是（　　）。
A. 日或连续日　　　　　　　　B. 累计24小时好天气工作日
C. 连续24小时好天气工作日　　D. 24小时好天气工作日

(3) 我国内地经由铁路供应港澳地区的货物，交银行收汇的运输凭证是（　　）。
A. 国际铁路联运单　　　　　　B. 国内铁路联运单
C. 承运货物收据　　　　　　　D. 多式联运单

(4) 下列（　　）表示"装船提单"的日期。
A. 货于5月24日送交船公司　　B. 货于6月4日开始装船
C. 货于6月4日全部装完　　　　D. 货于6月24日抵达日本

(5) 航空运输的运费收取标准为（   ）。
A．按 M 收取   B．按 W 收取
C．按 W/M 收取   D．按 W/Mora
(6) 定期租船下，租船人应该负担（   ）。
A．船员工资   B．港口费
C．装卸费   D．船员伙食   E．燃料费
(7) 分批运输的原因是（   ）。
A．运输工具的限制   B．班轮无法达
C．市场需求   D．目的地无合适的船   E．货源紧张
(8) 银行议付时接受（   ）。
A．Clean B/C   B．Stale B/C
C．Order B/L   D．Receive for Shipment B/L   E．Shipped B/L
(9) 联运提单适用于（   ）。
A．海运＋陆运   B．陆运＋空运
C．空运＋邮购   D．海运＋航空   E．陆运＋邮购
(10) 为了统一提单背面条款的内容，国际上先后签署的国际公约有（   ）。
A．海牙规则   B．维斯比规则
C．汉堡规则   D．国际商会 600 出版物

4．判断题

(1) 在规定装运期条文时，如使用了"迅速""立即""尽速"，或类似词句者，按 UCP600 惯例规定，银行将不予置理。（   ）

(2) 国外开来信用证规定的装运期限为"after 12th May 2001"，应理解为在 2001 年 5 月 12 日或以后装运。（   ）

(3) 所有运输单据都是承运人签发给托运人的货物收据，故都是物权凭证，都可凭以向目的地代理人提货。（   ）

(4) 在 HB/L 中签字处显示为 as agent of carrier，而 MB/L 显示为 as carrier。（   ）

(5) 买卖合同规定"交货数量 5 000 公吨，1999 年 9 月 /10 月份装运"，那么出口企业可从 9 月 1 日至 10 月 31 日这段时间内任何一天将货物装运，但不得分批装运。（   ）

(6) 海运提单以及不可转让海运单具有物权凭证的作用，而铁路运单和航空运单都不具有该作用。（   ）

(7) 记名提单和指示提单同样可以背书转让。（   ）

(8) 装运期就是交货期。（   ）

(9) 清洁提单是指不载有任何批注的提单。（   ）

(10) 根据最新《跟单信用证统一惯例》的规定，如果信用证中没有明确规定是否允许分批装运及转船，应理解为允许。（   ）

5．计算题

(1) 公司出口货物共 200 箱，对外报价为每箱 438 美元 CFR 马尼拉，菲律宾商人要求

将价格改报为 FOB 价，试求每箱货物应付的运费及应该报的 FOB 价为多少？（已知该批货物每箱的体积为 45cm×35cm×25cm，毛重为 30 千克，商品计费标准为 W/M，基本运费为每运费吨 100 美元，到马尼拉港需加收燃油附加费 20%，货币贬值附加费 10%，港口拥挤费 20%。）

（2）某公司对日出口某商品的报价为每公吨（以毛作净）180 美元 FOB 广州，日方来函要求我方改报 CFR 东京。如该商品每短吨运费为 60 美元，我方应报什么价才较为有利？(1 公吨＝2 204.62 磅，1 短吨＝2 000 磅）

6. 案例分析

（1）某农产品进出口公司向国外某贸易公司出口一批花生仁，国外客户在合同规定的开证时间内开来一份不可撤销信用证，证中的装运条款规定"Shipment from Chinese Port to Singapore in May，Partial shipment prohibited"。农产品进出口公司按证中规定，于 4 月 15 日将 200 吨花生仁在福州港装上"嘉凌"号轮，又由同轮在厦门港续装 300 公吨花生仁，4 月 20 日农产品进出口公司同时取得了福州港和厦门港签发的两套提单。农产品公司在信用证有效期内到银行交单议付，却遭到银行以单证不符为由拒付货款。

问：银行的拒付是否合理，为什么？

（2）一份买卖日用品的 CIF 合同规定"9 月份装运"，即期信用证的有效期为 10 月 15 日。卖方 10 月 6 日向银行办理议付所提交的单据中，包括 9 月 29 日签发的已装船清洁提单。经银行审核，单单相符、单证相符，银行接受单据并支付了货款。但买方收到货物后，发现货物受损严重，且短少 50 箱。买方因此拒绝收货，并要求卖方退回货款。

问：买方有无拒收货物并要求退款的权力，为什么？此案中的买方应如何处理此事才合理？

7. 技能实训

实训项目：货代公司业务员为客户提供多式联运货运代理服务

实训目的：通过该项目的训练，理解国际联运的含义，制定多式联运方案，实施国际联运的流程，使学生学会各项国际多式联运代理业务操作。

实训内容：西安一服装公司准备运送一 20 英尺集装箱的整箱货到北美芝加哥，委托某从事国际多式联运业务的货运代理企业代为办理。假如你是该货运代理企业的业务员，应怎样为客户提供多式联运货运代理服务？

货物情况说明：(1) 品名：东方红西装；(2) 数量：5 000 套；(3) 合同价值：USD50000；

信用证要求：(1) 起运地：西安货运站；(2) 装货港：天津、青岛、连云港、上海；(3) 目的地：芝加哥；(4) 最迟交货期：2011 年 3 月；(5) 贸易术语：CIF Long Beach OCP Chicago。

实训要求：

1. 确定运输线路的选择。
2. 计算分段运输成本。
3. 制作多式联运运费详细表并选择出运的港口。
4. 说出实施国际多式联运的流程。

第 6 章 国际货物运输保险

本章教学要点

知识要点	掌握程度	相关知识	应用方向
海运货物保险承保范围	掌握	海上风险、外来风险、共同海损、单独海损、施救费用、救助费用	区分风险来源；辨别损失性质；识别费用类型；判定理赔范围
中国保险条款（CIC 条款）	重点掌握	平安险、水渍险、一切险、一般附加险、特殊附加险、责任起讫	承保范围；产品性质；运输及客户要求；投保险种；理赔范围
协会货物条款（ICC 条款）	了解	ICC(A)、(B)、(C)险，战争险、罢工险、恶意损害险	承保范围；产品性质；运输；选择投保险种；判定理赔范围
保险实务	熟悉	投保、承保、索赔、理赔	业务流程；保费计算及保单内容

阅读链接

1. UCP600：Arti 28
2. CISG：Arti 66-69
3. CIC: FPA, WPA, All Risk
4. ICC:(A)、(B)、(C)
5. 张苗.国际货物运输与保险[M].北京：清华大学出版社，2010.

导入案例

某货轮从天津新港驶往新加坡，在航行途中船舶货舱起火，大火蔓延到机舱。船长下令往舱内灌水，火很快被扑灭。但由于主机受损，无法继续航行，于是船长雇用拖轮将船拖回新港修理，修好后重新驶往新加坡。这次意外造成：600 箱货被火烧毁；500 箱货被水浇湿；200 箱货既受热熏损失，又受水渍损失，但未发现任何火烧的痕迹；100 箱货被火烧过且有严重水渍；主机及部分甲板被烧坏；拖轮费用；额外增加的燃油和船上人员工资。

讨论与分析：
上述海损如何投保？保险公司应按什么损失给予理赔？

6.1 海运货物保险承保范围

在国际货物运输中,可能发生多种风险。保险人依据货物所投保的险别,对承保范围内的风险造成的损失和费用承担赔偿责任。因此,在保险业务中,风险、损失、费用与投保险别之间密切相关。

6.1.1 风险

海上货物运输的风险分为海上风险和外来风险两类。

1. 海上风险

海上风险(perils of the sea)又称海难,是指海上发生的自然灾害和意外事故。

(1) 自然灾害。自然灾害(natural calamities)是指由于自然界的变异引起破坏力量所造成的人力不可抗拒的灾害,如恶劣天气、雷电、洪水、海啸、地震、火山爆发、浪击落海等。这些灾害在保险业务中,都有其特定的含义。

(2) 意外事故。意外事故(accidents)是指由于偶然的、难以预料的原因所造成的事故。在海运保险中,意外事故包括船舶搁浅,触礁,互撞,沉没,火灾,爆炸,与流冰、码头碰撞,失踪,倾覆等。

2. 外来风险

外来风险(extraneous risks)是指由于海上风险以外的其他外来原因引起的风险。它又分为一般外来风险和特殊外来风险。

(1) 一般外来风险。一般外来风险是指由于一般外来原因所带来的风险,包括偷窃、雨淋、短量、渗漏、破碎、受潮、受热、串味、沾污、钩损、锈损等。

(2) 特殊外来风险。特殊外来风险是指由于战争、罢工、拒绝交货、拒收等政治、军事、国家禁令以及管制等原因所造成的风险和损失。

术语翻译

Perils of the sea include natural calamities and fortuitous accidents. Natural calamities: vile weather, thunder, lightning, flood, tsunami, earthquake, volcanic eruption etc. Fortuitous accidents: vessel being grounded, stranded, sunk, missed or capsized, in collision with floating ice or other objects, as well as fire or explosion.

Extraneous risks include theft and pilferage, fresh or rain water damage, shortage, leakage, breakage, sweating and heating, taint of odor, contamination, hook damage, rusting, etc.; war risks, strikes, failure to deliver, rejection, injunction, etc..

6.1.2 海上损失

海上损失简称海损,是指被保险货物因遭受海洋运输中的风险而导致的损失或灭失。根据国际保险市场的一般解释,凡与海陆连接的陆路或内陆河运输中所遇到的灾害和意外事故导致的损失,均属于海上损失之列。海上损失按照损失的程度不同,分为全部损失和部分损失;按照损失的性质不同,分为共同海损和单独海损。

1. 全部损失和部分损失

1) 全部损失

全部损失 (total loss) 简称全损，是指整批或不可分割的一批被保险货物在运输途中全部遭受损失。全部损失又分为实际全损和推定全损两种。

(1) 实际全损 (actual total loss) 是指被保险货物在运输途中完全灭失，或受到严重损坏完全失去原有的形体、效用，或不能再被保险人所拥有。在保险实务中，以下四种情况构成实际全损。

① 保险标的全部灭失。例如，在火灾中全部被焚，因船舶爆炸、沉没而使保险标的灭失。

② 保险标的受到严重损害失去商业价值或原有用途。例如，茶叶串味，水泥遇海水浸泡硬化，烟叶受潮发霉等。

③ 保险标的的物权丧失且无法挽回。例如，货物被海盗抢劫，船舶被敌对国扣押等。

④ 载货船舶失踪，一定期限内杳无音信。所谓"一定期限"并无统一规定，通常根据航程远近与航行区域来决定。我国《海商法》规定船舶失踪两个月即构成实际全损。

(2) 推定全损 (constructive total loss) 是船舶发生保险事故后，认为实际全损已经不可避免，或者为避免发生实际全损所需支付的费用超过保险价值，或者货物发生保险事故后，认为实际全损已经不可避免，或者为避免发生实际全损所需支付的费用与继续将货物运抵目的地的费用之和超过保险价值。

发生推定全损后，被保险人可以要求保险人按部分损失赔偿，也可以要求按全部损失赔偿。如果按照部分损失赔偿，受损货物的残值归被保险人；如果按照全部损失赔偿，被保险人必须向保险人发出委付通知 (notice of abandonment)，即由被保险人向保险人声明表示愿意将保险标的的一切权利和义务转移给保险人，并要求保险人按照全部损失赔偿。保险人可以接受委付，也可以不接受委付，但是应当在合理的时间内将接受委付或者不接受委付的决定通知被保险人。委付不得附带任何条件。委付一经保险人接受，不得撤回。保险人接受委付的，被保险人对委付财产的全部权利和义务转移给保险人。

2) 部分损失

部分损失 (partial loss) 是指不属于实际全损或推定全损的损失。它包括共同海损和单独海损。

2. 共同海损和单独海损

1) 共同海损

共同海损 (general average) 是指在同一海上航程中，船舶、货物和其他财产遭遇共同危险，为了共同安全，有意地合理地采取措施所直接造成的特殊牺牲、支付的特殊费用。

构成共同海损，必须符合以下四个条件：

(1) 船货面临共同危险。

(2) 危险是实际存在的或不可避免要发生，而不是主观臆测的。

(3) 船方采取的措施（共同海损行为）必须是为了解除船货的共同危险，有意采取的合理有效的措施。

(4) 共同海损的牺牲和费用是特殊的，即是由共同海损行为所直接造成的，而不是由危险直接造成的。

共同海损应当由各受益方,即船方、货方和运费三方按获救财产的价值按比例分摊,这种分摊称为共同海损分摊(general average contribution)。

2) 单独海损

单独海损(particular average)是指保险标的在运输途中遭受到承保范围内的风险所直接造成的损失。

3) 共同海损与单独海损的区别

(1) 造成损失的原因不同。单独海损是由承保风险直接造成的船、货损失;共同海损是为解除危险而采取的人为的故意的措施所直接造成的损失。

(2) 承担损失的方式不同。单独海损由受损的船方或货方自行承担;如果损失涉及第三方过失,则由过失方负责赔偿;如果受损方投保了海运保险,则其损失由保险公司根据保险条款予以赔偿。共同海损由各受益方按获益多少的比例分摊;船货各方承担的共同海损分摊也可由各自相关的保险人予以赔付。

共同海损的范围

1. 共同海损牺牲

(1) 抛弃。抛弃的对象可以是承载的货物,也可以是船舶的燃料、物料。

(2) 救火。使用泡沫灭火剂、干粉灭火器灭火,使用淡水、海水灭火,使用舱内自动灭火器灭火,封舱灭火等所造成的船货损失应列为共同海损牺牲。

(3) 自动搁浅。

(4) 起浮脱险。

(5) 避难港卸载、重装、倒移货物、燃料、物料和油料。

(6) 切除嵌契物。这种措施主要是在船舶发生碰撞后采取的。碰撞以后,两艘船舶的船体和设备栓嵌在一起,造成一种危及船货共同安全的危险,必须采取措施将本船嵌入对方船舶的部分切除,这种损失习惯上可列为共同海损牺牲。

(7) 割断锚链。船舶停在港地和锚地,当发生紧急情况时,船舶来不及起锚,为了避免与附近停泊的船舶发生碰撞,主动割断锚链,弃锚海底,以利船舶行动。这种断链弃锚的损失,可以列为共同海损牺牲。

2. 共同海损费用

(1) 救助费用。

(2) 避难港费用。其包括:离开原航线驶往避难港以及从避难港返回到原航线的航行费用(含燃料、机油、淡水、船员工资和给养);因进入避难港所支付的饮水费、施救费、码头费、浮筒费、检疫费及其他费用;货物、燃料、船舶备用品的卸载费、搬运费、重装费、仓储费等;在避难港停泊期间的船员工资、给养、船员交通费和住宿费;在避难港期间消耗的燃料、物料的费用。

(3) 代替费用。例如,为了缩短船舶在避难港停泊时间,修理工考虑加班,所支付的加班费能节省因不加班所支付的船员工资、伙食费以及码头各项费用,则加班费可作为代替费用。但是,列入共同海损的代替费用的金额,不得超过被代替的共同海损的特殊费用。

(4) 船方垫付的手续费及理算费。

(5) 船货共同海损损失检验费。

(6) 船舶避难港的代理费、电报费。

3. 海上费用

海上货物保险的费用是指为营救被保险货物所支付的费用,主要有:

(1) 施救费用。施救费用（sue and labor expenses）是指保险标的在遭受到承保责任范围内的灾害事故时，被保险人或其代理人、雇用人员或保险单的受让人为了避免或减少货物损失，对保险标的所采取的各种抢救和防护措施而支出的合理费用。保险人对这种施救费用予以赔偿。

(2) 救助费用。救助费用（salvage charges）是指保险标的遭受保险责任范围内的灾害事故时，由保险人和被保险人以外的第三人采取了有效的救助措施，在救助成功后，由获救方支付给救助方的一种报酬。保险人对救助费用也予以补偿。

 概念比较

施救费用与救助费用的区别

(1) 采取营救行为的主体不同。施救费用是由被保险人及其代理人或保单受让人采取的营救行为，而救助费用是上述人员之外的第三方实施的营救行为。

(2) 给付报酬的原则不同。施救费用无论成功与否，均应予以赔偿；而救助费用的一般赔偿原则是"无效果，无报酬"（no cure-no pay），即救助成功时才予以支付。

(3) 保险人的赔偿责任不同。施救费用的补偿是在对保险标的的损失赔偿之外另行支付的，其支付与保险标的的损失的赔偿金额无关，按实际支出额单独予以赔偿，但是最多不超过保险金额。而对救助费用的赔偿责任则以不超过获救财产的价值为限，即救助费用与保险标的的本身损失的赔偿金额两者相加，不得超过保险标的的保险金额。

(4) 费用的性质不同。救助费用往往与共同海损相关，而施救费用则并非如此。

6.2　中国海洋运输货物保险险别

承保险别是指保险人对风险和损失的承保责任范围。各种险别的承保责任是通过各种不同的保险条款规定的。按照《中国保险条款》规定，我国海运货物保险的险别包括基本险和附加险两种类型。基本险可以单独投保，而附加险不能单独投保，只能在投保某一种基本险的基础上才能加保附加险。

6.2.1　基本险

基本险也称主险。《中国保险条款》中规定的海洋货物运输保险条款包括三种基本险：平安险（free from particular average, FPA）、水渍险（with particular average, WPA）和一切险（All Risk, AR）。

1. 平安险的承保范围

(1) 被保险货物在运输途中由于恶劣气候、雷电、海啸、地震、洪水等自然灾害造成整批货物的全部损失或推定全损。

(2) 由于运输工具遭遇搁浅、触礁、沉没、互撞、与流冰或其他物体碰撞以及火灾、爆炸等意外事故造成货物的全部或部分损失。

(3) 在运输工具已经遭受搁浅、触礁、沉没、焚毁等意外事故的情况下，货物在此前后又在海上遭受恶劣气候、雷电、海啸等自然灾害所造成的部分损失。

(4) 在装卸或转运时由于一件或数件甚至整批货物落海所造成的全部或部分损失。

(5) 被保险人对遭受承保范围内危险的货物采取抢救、防止或减少货损的措施而支付的合理费用，但以不超过该批被救货物的保险金额为限。

(6) 运输工具遭遇海难后，在避难港由于卸货所引起的损失，以及在中途港、避难港由于卸货、存仓以及运送货物所产生的特别费用。

(7) 共同海损的牺牲、分摊和救助费用。

(8) 运输契约中订有"船舶互撞责任"条款，根据该条款规定，应由货方偿还船方的损失。

上述责任范围表明，在投保平安险的情况下，保险公司对单独由自然灾害造成的部分损失不承担赔偿责任，对意外事故造成的损失全部承担赔偿责任，对既发生自然灾害又发生意外事故时自然灾害所造成的全部损失及部分损失均负责赔偿。

条款翻译

CIC F.P.A.:

(1) Total or Constructive Total Loss of the whole consignment hereby insured caused in the course of transit by natural calamities-heavy weather, lightning, tsunami, earthquake and flood.

(2) Total or Partial Loss caused by accidents-the carrying conveyance being grounded stranded, sunk or in collision with floating ice or other objects as fire or explosion.

(3) Partial loss of the insured goods attributable to heavy weather, lightning and/or tsunami, where the conveyance has been grounded, stranded, sunk or burnt, irrespective of whether the event or events took place before or after such accident.

(4) Partial or total loss consequent on falling of entire package or packages into sea during loading, transshipment or discharge.

(5) Reasonable cost incurred by the insured in salvaging the goods or averting or minimizing a loss recoverable under the Policy, provided that cost shall not exceed the sum insured of the consignment so save.

(6) Losses attributable to discharge of the insured goods at a port of distress following a sea peril as well as special charges arising from loading, warehousing and forwarding of the goods at an intermediate port of call or refuge.

(7) Sacrifice and Contribution to General Average and Salvage Charges.

(8) Such proportion of losses sustained by the shipowners as is to be reimbursed by the Cargo Owner under the Contract of Affreightment "Both to Blame Collision" clause.

2. 水渍险的承保范围

(1) 平安险所承保的全部责任。

(2) 被保险货物在运输途中，由于恶劣气候、雷电、海啸、洪水、地震等自然灾害所造成的部分损失。

可见，平安险与水渍险的承保责任差异并不大。当被保险货物发生全损时，两者无差别；只有发生部分损失的情况下，两者才有不同：水渍险对于不论是由于自然灾害还是意外事故所造成的部分损失均予赔偿，而平安险对仅发生自然灾害未发生意外事故时货物的部分损失不予赔偿。

3. 一切险的承保范围

(1) 水渍险所承保的全部责任。
(2) 被保险货物在运输途中，由于一般外来风险所造成的全部或部分损失。

具体地说，一切险是平安险、水渍险与一般附加险的总和，但不包括特殊附加险。可见，一切险的承保责任也是有一定范围的，其承保责任虽比平安险和水渍险广泛，但保险人并不是对任何风险所致损失均负赔偿责任。

提示：上述三种基本险别中，一切险的承保范围最大，水渍险次之，平安险最小。相应的，其保险费率也由高到低有所不同。投保人可以根据货物的特点、运输路线等情况，选择其中一种基本险别投保。

4. 基本险的除外责任

除外责任是保险人列明不负赔偿责任的风险范围，即除外不保的项目。对于上述三种基本险别，保险公司规定了下列除外责任。

(1) 被保险人的故意行为或过失所造成的损失。如被保险人参与海运欺诈，故意装运走私货物，故意损害保险标的，租用不适航船舶或租用信用不佳的承运人的船舶导致的货物损坏，保险人不予赔偿。

(2) 属于发货人责任所引起的损失。如货物包装不当、刷唛不清等。对于按照 CY-CY 运输的集装箱货物，由发货人装箱所引起的短装、积载不当、错装以及因其所选用的集装箱不适用于装运对保险货物所造成的货损，保险公司不予赔偿。

(3) 在保险责任开始前，被保险货物已存在的品质不良或数量短差所造成的损失。即所谓的货物"原残"。如易生锈的钢材、二手机械设备等，常存在严重的原残，货主如果提出索赔，保险人可拒赔。为避免引起争议，保险人最好要求进行装船前检验。

(4) 被保险货物的自然损耗、本质缺陷、特性以及市价跌落、运输延迟所引起的损失或费用。如粮食、豆类在运输中因水分蒸发而导致货物自然短重；粮食在装船前已有虫卵，遇到适当温度而孵化，导致货物虫蛀受损、水果腐烂、黄麻自燃等。

(5) 海洋运输货物战争险和罢工险条款规定的责任范围和除外责任。

条款翻译

Exclusions of CIC Basic Coverage Exclusions:
(1) loss or damage caused by the intentional act or fault of the insured.
(2) loss or damage falling under the liability of the consignor.
(3) loss or damage arising from the inferior quality or shortage of the insured goods prior to the attachment of this insurance.
(4) loss or damage arising from normal loss, inherent vice, or nature of the insured goods, loss of market and/or delay in transit and any expenses arising therefrom.
(5) risks and liabilities excluded by the ocean marine cargo war risks clauses and strike, riot and civil commotion clauses.

5. 基本险的责任起讫

根据《中国人民财产保险股份有限公司海洋运输货物保险条款》的规定，上述三种基本险别的承保责任起讫期限,均采用国际保险业所惯用的"仓至仓"条款(Warehouse to Warehouse Clause, W/W Clause)。具体规定有以下几个方面。

(1)保险责任自被保险货物运离保险单所载明的起运地仓库或储存处所开始运输时生效,包括正常运输过程中的海上、陆上、内河和驳船运输在内,直到该项货物到达保险单所载明目的地收货人的最后仓库或储存处所,或被保险人用作分配、分派或非正常运输的其他储存处所为止。如未抵达上述仓库或储存处所,则以被保险货物在最后卸载港全部卸离海轮后满60天为止;如在上述60天内被保险货物需转运到非保险单所载明目的地,则以该项货物开始转运时终止。

(2)由于被保险人无法控制运输延迟、绕道、被迫卸货、重新装载、转载或承运人运用运输契约赋予的权限所做的任何航海上的变更或终止运输契约,致使被保险货物运到非保险单所载明目的地时,在被保险人及时将获知的情况通知保险人,并在必要时加缴保险费的情况下,本保险仍继续有效,保险责任按下列规定终止:被保险货物如在非保险单所载明的目的地出售,保险责任至交货时为止,但不论任何情况,均以被保险货物在卸货港全部卸离海轮后满60天为止;被保险货物如在上述60天期限内继续运往保险单所载原目的地或其他目的地,保险责任仍按上述第(1)项的规定终止。

应用案例

案情简介:有一份FOB合同,买方已向保险公司投保"仓至仓条款"的一切险,货物从卖方仓库运往装运港码头途中,因意外而致10%的货物受损。事后卖方以保险单含有"仓至仓"条款,要求保险公司赔偿,但遭到拒绝。卖方又请买方以买方的名义凭保险单向保险公司索赔,但同样遭到拒绝。保险公司的拒赔是否都有道理?

案情分析:下文以本案例为背景展开分析。

6. 基本险的责任起讫与贸易术语的关系

国际保险业所惯用的"仓至仓"条款对当事人的保障起讫并不完全在卖方所在地仓库到买方所在地仓库之间,保险人的责任会因贸易术语不同而不同,即基本险的责任起讫与贸易术语有很大关系。

在案例中,货物是在从卖方仓库运往装运码头途中发生承保范围内的损失,所保一切险又含"仓至仓条款",为什么保险公司会拒绝赔偿?这要从索赔的条件以及FOB合同的性质两方面谈起。

1)索赔的条件

发生损失后,货方向保险公司索赔应当具备下列三个条件。

(1)索赔人与保险公司之间,必须有合法有效的合同关系。在国际贸易实务中,保险合同一般指保险单(insurance policy),是保险公司出具的书面证明。只有保险单的合法持有人(投保人或受让人),才有权向保险公司提出索赔。

(2)索赔人在损失发生时,对保险标的享有保险利益(insurable interest)。保险利益是投保人或被保险人对于保险标的因有利害关系而产生的为法律所认可的、可以投保的经济利益。如果保险标的受损,但投保人或被保险人的利益未受任何影响,则其对保险标的不具备保险利益。

(3) 索赔人要求赔偿的损失，必须属于所投保险的承保范围内。

2) FOB合同的性质

FOB合同项下，首先，风险的转移以船上为界，货物越过船上之前毁损灭失的风险由卖方承担，越过船上之后的风险由买方承担。其次，卖方没有投保的义务。因运输中的风险由买方承担，故由买方为了自己的利益自行投保。

3) 对案例的分析

(1) 保险公司对卖方拒赔合理。由上述分析可知，案例中保险由买方为了自己的利益而投保。因此，卖方与保险公司之间没有合法有效的合同关系，不具备索赔的条件(1)，保险公司拒赔合理。

(2) 保险公司对买方拒赔合理。案例中的货损发生在货物由仓库运往码头途中，当属越过船上之前的货损，在FOB术语项下，该损失由卖方承担，而与买方利益无关。因此，买方在货损发生时对保险标的不具有可保利益，不具备上述索赔的条件(2)，保险公司拒赔合理。

4) 对"仓至仓"条款的思考

"仓至仓"条款的基本含义是从货物运离卖方仓库开始，至卸入目的地买方仓库为止，整个运输过程均属海运保险的承保范围。但发生货损进行索赔和理赔时，还要结合贸易术语进行具体的分析。

在FOB和CFR合同中都具有相同情形，风险自装运港船上转移，由买方投保，所以，发生在装运港越过船上前的货损，买卖双方均无法索赔。由此，运输保险中的"仓至仓"条款在FOB和CFR术语下实为"船至仓"条款，在货物越过船上之前的风险必须由卖方自行负担。采用FCA和CPT术语时情况也类似，在货交承运人之前发生的货损买卖双方也无法依据"仓至仓"条款索赔。如果卖方为了保障从卖方仓库至码头期间的保险利益，他可以另行投保国内险别。

在CIF合同中，卖方有投保的义务，投保之后，在卖方与保险公司之间形成合法有效的保险合同。货物在越过船上之前发生货损，卖方也具有可保利益。因此，对于装船前发生的承保范围内的货损，卖方有权向保险公司索赔。由此可见，在CIF合同中，保险的承保责任起讫是真正的"仓至仓"。CIP合同亦如此。

6.2.2 附加险

进出口双方除了选择上述基本险别予以投保外，还可以根据货物的特点以及运输的具体情况，酌情再选择适当的附加险别予以投保。附加险分为一般附加险和特殊附加险。

1. 一般附加险

一般附加险(general additional risk)又称普通附加险，承保由一般外来风险所造成的全部或部分损失。我国保险公司现在经营11种一般附加险，具体险种的适用范围和承保风险如下。

1) 偷窃、提货不着险(theft, pilferage and non-delivery clause, T.P.N.D.)

该险承保在保险有效期内，保险货物被偷走或窃走，以及货物运抵目的地以后整件未交的损失。但是，被保险人对于偷窃行为所致的货物损失，必须在提货后10天内申请检验，而对于整件提货不着的情况，被保险人必须取得责任方的有关证明文件，保险人才予赔偿。

2) 淡水雨淋险 (fresh water and/or rain damage clause)

该险承保货物在运输途中由于淡水或雨水造成的损失，包括船上淡水舱、水管漏水以及舱汗所造成的货物损失。保险人要求被保险人必须在知道发生损失后的10天内申请检验，并以外包装痕迹或其他证明为依据。

3) 短量险 (shortage clause)

该险负责对被保险货物在运输过程中，因包装破裂或散装货物发生数量损失或重量短缺的损失进行赔偿。对包装货物的短少，必须有外包装发生异常的现象，如破口、裂袋、扯缝、脱线等，以区别是原来的短少还是外来原因造成的短少。对散装的货物则往往以装船重量和卸船重量之间的差额作为计算短量的依据，但不包括正常的途耗。

4) 混杂、沾污险 (intermixture and contamination clause)

该险承保被保险货物在运输过程中，因与其他物质接触而被玷污或混进了杂质，影响货物质量所造成的损失。例如，矿砂、矿石中混进了泥土、草屑等而使质量受到影响；布匹、纸张、食物、服装等被油类或带色的物质污染而引起的经济损失，均由保险公司负责赔偿。

5) 渗漏险 (leakage clause)

该险承保流质、半流质和油类物质，在运输过程中因容器损坏而引起的渗漏损失，以及用液体储运的货物（如酱渍菜等）因液体渗漏引起货物腐烂变质造成的损失。

6) 碰损、破碎险 (clash and breakage clause)

该险对于被保险货物在运输过程中，因震动、碰撞、受压造成货物破碎和碰撞损失负责赔偿。碰损主要是对金属、木质等货物来说的。例如，搪瓷、机器、漆木器等，在运输途中，因为受到震动、颠簸、挤压等造成货物本身的凹瘪、脱瓷、脱漆、划痕等损失。破碎则主要是对易碎性物质来说的。又如，陶器、瓷器、玻璃器皿、大理石、玉器等在运输途中由于粗暴装卸、运输工具的颠簸等造成货物本身的破裂、断碎等损失。

7) 串味险 (taint of odor clause)

该险主要承保被保险货物在运输过程中因受其他物品影响，引起的串味损失。一般用于易发生串味损失的食品、粮食、茶叶、中药材、香料、化妆品等货物。例如，茶叶在运输途中受到一起堆储的皮张、樟脑等异味的影响使品质受到损失。这种串味损失如果同配载不当直接有关，则船方是负有责任的，应向其追偿。

8) 受潮受热险 (sweating and heating clause)

该险承保被保险货物在运输过程中，因气温骤变或船上通风设备失灵等原因使船舱内水汽凝结而引起的被保险货物发热或发潮所造成的霉烂、变质等损失。

9) 钩损险 (hook damage clause)

该险承保被保险货物（一般是袋装、箱装或捆装货物）在运输过程中用钩子装卸，致使包装破裂或直接钩破货物所造成的损失及其对包装进行修理或调换所支出的费用。例如，捆装棉布因使用手钩钩破，包装粮食因吊钩钩坏麻袋而使粮食外漏等。

10) 包装破裂险 (breakage of packing clause)

该险承保被保险货物在运输过程中因搬运或装卸不慎造成包装破裂所引起的货损，以及因继续运输安全的需要修补或调换包装所支出的费用。包装破裂险与钩损险的承保内容有重叠之处，但两者侧重点不同：包装破裂险仅适用于包装货物；包装破裂险不限于货物在装卸过程中使用吊钩或手钩所致的损失。

11) 锈损险（rust clause）

该险对被保险货物在运输过程中由于生锈而造成的损失承担赔偿责任。在海上保险实务中，保险人一般不就裸装的金属材料承保锈损险。

货物投保平安险或水渍险时，可以根据需要，选择上述一般附加险中的一种或几种加保。如果货物已经投保一切险，则不用再加保上述一般附加险。

2. 特殊附加险

特殊附加险承保由于特殊外来风险所造成的全部或部分损失，包括下列8种险别。

1) 战争险（war risk clause）

该险承保由于战争或类似战争的行为所引起的被保险货物的直接损失。具体承保责任范围包括：由于战争、类似战争的行为和敌对行为、武装冲突和海盗行为直接造成的货物损失；由于上述原因所引起的捕获、拘留、扣留、禁制、扣押所造成的损失；由于各种常规武器（包括鱼雷、水雷、炸弹）所造成的损失；由于上述原因所引起的共同海损的牺牲、分摊和救助费用。但对原子弹、氢弹等核武器所造成的损失，保险公司不予赔偿。

战争险的责任起讫与基本险有所不同，是以"水上危险"（waterborne risk）为限，即自货物在起运港装上海轮或驳船时开始，至货物在保险单所载明的目的港卸离海轮或驳船时为止。如果被保险货物不卸离海轮或驳船，则从海轮到达目的港的当天午夜起算到满15天，保险责任即终止；如果货物需要在中途港转船，则不论货物在当地卸载与否，保险责任以海轮到达该港或卸货地点的当日午夜起算满15天为止，待货物再装上续运海轮时，恢复有效。

2) 罢工险（strike risk clause）

承保由于罢工者、被迫停工工人、参加工潮、暴动和民变的人员的行为，或任何人的恶意行为所造成货物的直接损失，以及因上述行动或行为所引起的共同海损的牺牲、分摊和救助费用。但对在罢工期间由于劳动力短缺或不能使用劳动力所造成的被保险货物的间接损失，保险公司不予赔偿，具体包括：因罢工而引起的动力或燃料缺乏使冷藏机停止工作所致的冷藏货物的损失；由于无劳动力搬运货物，致使货物堆放在码头淋湿受损；因劳动力短缺，迫使海轮转卸其他港口，由此增加的运输费用等。

罢工险的保险责任起讫与其他海运货物保险险别一样，采用"仓至仓"条款。按照国际保险业惯例，对于已经投保战争险的货物加保罢工险，不另外加收保险费。如果仅要求投保罢工险，则按战争险费率收取保费。

3) 黄曲霉素险（aflatoxin clause）

该险对被保险货物因所含黄曲霉素超过进口国的限制标准，而被拒绝进口、没收或强制改变用途所遭受的损失予以赔偿。这实际上是一种专门原因的拒收险。按该险条款规定，经保险人要求，被保险人有责任处理被拒绝进口或强制改变用途的货物或者申请仲裁。

4) 舱面险（on deck clause）

该险承保装载于舱面的货物被抛弃或海浪冲击落水所致的损失。一般来讲，保险人确定货物运输保险的责任范围和厘定保险费时，是以舱内装载运输为基础的。但有些货物因体积大或有毒性或有污染性或根据航运习惯必须装载于舱面，为对这类货物的损失提供保险保障，可以加保舱面货物险。加保该附加险后，保险人除了按基本险责任范围承担保险责任外，还要依舱面货物险对舱面货物被抛弃或风浪冲击落水的损失予以赔偿。由于舱面货物处于暴露状态，易受损害，所以保险人通常只是在"平安险"的基础上加保舱面货物险，以免责任过大。

5) 交货不到险（failure to delivery clause）

该险承保自被保险货物装上船舶时开始，对不论由于任何原因，不能在预定抵达目的地的日期起6个月内交货，保险公司按全损赔偿。但是，被保险人应将货物的全部权益转移给保险人。因为造成交货不到的原因可能并非运输上的，而是某些政治原因（如被另一国在中途港强迫卸货等），所以，被保险人在投保该险别时必须获得进口货物所有的一切许可手续，否则投保该险是无效的。同时，由于该附加险与提货不着险和战争险所承保责任范围有重叠之处，故中国人民保险公司在条款中规定，提货不着险和战争险项下所承担的责任，不在交货不到险的保险责任范围之内。

6) 进口关税险（import duty clause）

该险承保被保险货物受损后，仍需要在目的港按照完好货物交纳进口关税而造成相应货损部分的关税损失。但是，保险人对此承担赔偿责任的条件是货物遭受的损失必须是保险单承保责任范围内的原因造成的。进口关税险的保险金额根据本国进口税率确定，并与货物的保险金额分开，在保险单上另行列出。保险人在损失发生后，对关税损失部分的赔付以该保险金额为限。投保进口关税险，往往是针对某些国家规定，进口货物不论是否短少、残损均需按完好价值纳税而适用的。

7) 拒收险（rejection clause）

该险承保当被保险货物出于各种原因，在进口港被进口国政府或有关当局（如海关、动植物检疫局）拒绝进口或没收而产生的损失。其前提是被保险人在投保时必须持有进口所需的一切手续（特许证或许可证或进口限额）。如果被保险货物在起运后至抵达进口港之前的期间内，进口国宣布禁运或禁止进口的，保险人只负责赔偿将该货物运回出口国或转口到其他目的地所增加的运费，且以该货物的保险金额为限。同时，拒收险条款还规定：被保险人所投保的货物在生产、质量、包装、商品检验等方面，必须符合产地国和进口国的有关规定。如果因被保险货物的记载错误、商标或生产标志错误、贸易合同或其他文件存在错误或遗漏、违反产地国政府或有关当局关于出口货物规定而引起的损失，保险人概不承担保险责任。

8) 出口货物到香港特别行政区（包括九龙）和澳门特别行政区存仓火险责任扩展条款（fire risk extension clause-for storage of cargo at destination Hongkong, including Kowloon or Macao）

该条款专门适用于出口到港澳地区且在港澳的银行办理押汇的出口运输货物。它承保货物抵达香港或澳门卸离运输工具后，直接存放于保单载明的过户银行指定的仓库时发生火灾造成的损失。

中国大陆出口到港澳地区的货物，有些是向港澳地区的银行办理押汇。在货主向押汇银行还清贷款之前，货物的权益属于银行，因而在这些货物的保险单上注明过户给放款银行。相应地，货物在此期间到达目的港后，收货人无法提货，必须存入过户银行指定的仓库。为了使货物在存仓期间一旦遭受火灾，银行能获得赔偿，就加保这一险别。

该险的保险期限，是从货物运入过户银行指定的仓库时开始，直到过户银行解除货物权益，或运输责任终止时起满 30 天为止。两者以先发生者为准。

案例思考

国内某单位按 CIF 条件从中东地区进口某批货物，由于战争，货轮于途中被扣。合同规定投保水渍险加保偷窃、提货不着险。我方提不到货后向保险公司提出索赔。请问保险公司是否应予赔偿？如果投保的是水渍险加保交货不到险，保险公司是否应予赔偿？

3. 海洋运输货物专门保险险别

除上述基本险和附加险之外，在海洋货物运输保险中，还有三种根据海上货物运输特性而承保的专门险别，即海洋运输冷藏货物保险、海洋运输散装桐油险和活牲畜、家禽运输保险。这三种保险也属于基本险性质。

1) 海洋运输冷藏货物保险

海洋货物运输冷藏货物保险（ocean marine insurance frozen products）分为冷藏险和冷藏一切险两种。

(1) 冷藏险（risk for frozen products）的责任范围除了负责水渍险所承保的责任外，还负责赔偿由于冷藏机器连续工作达 24 小时以上造成的被保险货物腐烂、变质等损失。

(2) 冷藏一切险（all risk for frozen products）的责任范围除了负责冷藏险所承保的责任外，还负责赔偿在运输途中由于一般外来风险所造成的被保险货物腐烂、变质等损失。

海洋运输冷藏货物保险的除外责任，除了包括上述水渍险、一切险的除外责任外，还对下列损失不负责任：被保险货物在运输过程中的任何阶段因未存放在有冷藏设备的仓库或运输工具中，或辅助运输工具没有隔湿设备所造成的腐烂的损失，以及在保险责任开始时被保险货物未保持良好状态，包括整理加工和包装不妥，冷冻上的不合规定以及肉食骨头变质引起的腐烂和损失。

海洋运输冷藏货物保险的责任起讫也采用"仓至仓"条款。但是，货物到达保险单所载明的最后目的港，如在 30 天内全部卸离海轮，并将货物存入岸上冷藏仓库，则保险责任继续有效，但以货物全部卸离海轮时起算满 10 天为限。如果在上述期限内，货物一经移出冷藏仓库，保险责任即告终止。如果货物卸离海轮后不存入冷藏仓库，则保险责任至货物卸离海轮时为止。

2) 海洋运输散装桐油险

海洋运输散装桐油险 [ocean marine insurance clause（wood oil bulk）] 是保险公司承保的不论任何原因所造成的被保险散装桐油的短少、渗漏、沾污和变质的损失。

桐油作为油漆的重要原料，是我国大宗出口商品之一。桐油因自身特性，在运输过程中容易受到污染、变质等损失。为此，它需要不同于一般货物保险的特殊保障，海运散装桐油保险条款就是为桐油提供全面保障而制定的。

海洋运输散装桐油险的责任起讫也采用"仓至仓"条款。但是，如果被保险货物运抵目的港不及时卸载，则从海轮抵达目的港时起满 15 天，保险责任即告终止。

3) 活牲畜、家禽运输保险

活牲畜、家禽运输保险（livestock & poultry insurance）是保险公司对活牲畜、家禽在运输途中的死亡负赔偿责任。该保险的除外责任包括：在保险责任开始之前，保险标的物健康状况不好；保险标的物因怀孕、防疫注射或接种所致的死亡；因传染病、患病、经管理当局命令屠杀或因缺乏饲料而致死亡；因被禁止进口或出口或检验不符所引起的死亡。

该保险的责任起讫是自保险标的装上运输工具时开始，至目的地卸离运输工具时为止。如果不卸离运输工具，最长的保险责任期限以运输工具到达目的地当日午夜起算15天为限。但在整个运输过程中，被保险的活牲畜、家禽必须妥善装运、专人管理，否则保险公司不予赔偿。

6.3 英国伦敦保险协会海运货物保险条款

作为近代世界海上保险的中心，英国在国际海上贸易航运和保险业务中占有重要地位。它所制定的各种保险规章制度，包括海运保险单格式和保险单条款，在世界各国得到了广泛应用。英国伦敦保险协会于1912年所制定的"协会货物条款"（Institute Cargo Clause，ICC）被世界上2/3的国家在海上保险业务中直接采用或予以参考。我国海洋货物运输保险条款就是参照ICC旧条款制定的。

1982年，英国保险界对ICC旧条款进行了较大的修改。2009年又制定了新版的"协会货物条款"，依然为6种。分为协会货物条款（A）、协会货物条款（B）、协会货物条款（C）、协会战争险条款（货物）、协会罢工险条款（货物）、恶意损害险条款（货物）6种险别。我国对外贸易运输中，一般投保"中国保险条款"，但如果应进口方的要求，国内保险公司也可以按照ICC条款承保。

6.3.1 协会货物条款（A）的主要内容

协会货物条款[Institute Cargo Clause(A)，ICC(A)]分为8个部分，共有19个条款。

1. 承保风险

承保风险（Risks Covered）包括三个条款，即风险条款（Risks Clause）、共同海损条款（General Average Clause）和双方有责碰撞条款（Both to Blame Collision Clause）。

1) 风险条款

ICC(A)险改变了以往"列明风险"的方式，采用"一切风险减去除外责任"的方式，承保一切风险造成的保险标的的损失，但是不包括除外责任条款中规定的除外责任。从其保险责任范围看，ICC(A)险主要承保海上风险和一般外来风险，责任范围广泛。

2) 共同海损条款

该条规定，对于为了避免非除外风险而引起的共同海损牺牲、分摊和救助费用，保险人予以理赔。同时，该条款还对共同海损理算的法律适用问题作了规定。

3) 双方有责碰撞条款

该条款规定，如果运输合同中订有"双方有责碰撞"条款，那么根据该条款，应由货方赔偿船方的损失，由保险公司予以承保。

知识拓展

"双方有责碰撞条款"

运输合同中的"双方有责碰撞条款"源于美国碰撞法律中的"货物无辜规则"和"平分过失原则"。根据美国法律,互有过失碰撞的船舶无论过失大小,一律平分过失,且碰撞双方对货损承担连带责任。因此,发生双方有责船舶碰撞时,受损货方既可以向载货船舶,也可以向非载货船舶索赔全部货损。鉴于受损货方与载货船舶之间运输合同免责条款的规定,受损货方一般会向非载货船舶索赔全部损失。赔偿全部损失的非载货船舶会依据"平分过失原则",转而要求载货船舶补偿其应负的一半货损。这使得载货船舶间接向承载货物做出了赔偿,变相地失去了运输合同中规定对货损免责的权利。为了仍然享有这一权利,承运人就会在运输合同中加入"双方有责碰撞"条款,规定上述情况下货方有义务补偿船方被非载货船舶追偿所遭受的损失。针对运输合同的上述条款,保险合同增加了本同名条款,规定了货方应向船方做出的补偿,由保险人支付。双方有责碰撞示意图如图6.1所示。

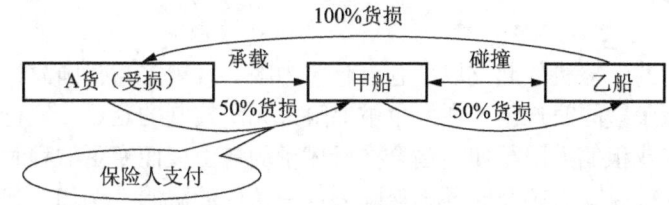

图6.1 双方有责碰撞示意图

上图中,甲、乙两船互有责任碰撞,导致甲船上A货物受损。A货通常要求乙船赔偿100%的损失。乙船赔偿后向甲船追偿其中的50%。甲船向乙船赔偿后,转向A货物要求补偿。如果A货物投有保险,则可由其保险公司向甲船赔偿。如此,A货物仍然可以得到100%赔偿。

2. 除外责任

除外责任(exclusion)包括一般除外责任条款(general exclusion clause)、不适航不适货除外条款(unseaworthiness and unfitness exclusion clause)、战争除外条款(war exclusion clause)和罢工除外条款(strike exclusion clause)4个条款。

1) 一般除外责任条款

该条款规定,ICC(A)保险对下列各项不予承保:可归因于被保险人故意不法行为所造成的损失、损害或费用;保险标的自然渗漏、重量、体积的自然损耗或自然磨损;保险标的包装或准备不足或不当引起的损失、损害或费用;保险标的固有缺陷或性质引起的损失、损害或费用;延迟直接造成的损失、损害或费用,即使该延迟是由承保风险引起的;因船舶所有人、经理人、承租人或经营人破产或经济困难产生的损失、损害或费用;因使用原子核裂变或聚变或其他类似反应或放射性力量或物质所造成的战争武器产生的损失、损害或费用。

2) 不适航不适货除外条款

该条款规定,如果载货船舶、运输工具或集装箱等不适航不适货,而且被保险人对此知情,则保险公司对此不适航不适货所造成的损失、损害或费用不予负责。这一规定对于现代运输方式中货方自己装箱或使用自己的拖车运送集装箱货物等情况有特别的意义。

3) 战争除外责任

该条款规定,对于战争、内战、革命、造反、叛乱等行为以及由此引起的捕获、拘留、禁止、扣押等所引起的损失后果,以及被遗弃的水雷、鱼雷、炸弹等战争武器所致的损失不予负责。值得注意的是,关于海盗风险,被 ICC(A) 险的除外责任所除外,即 ICC(A) 中,海盗行为被认为是一般外来风险,应由保险人予以承保。这一点不同于我国海运保险的规定。

4) 罢工除外责任

该条款规定,对于下列损失、损害或费用不予承保:罢工者、被迫停工工人、或参加工潮、暴动或民变人员造成者;罢工、停工、工潮或民变造成者;恐怖分子或出于政治动机采取行为的人员造成者。

3. 保险期间

关于保险人的责任起讫,即保险期间(Duration),它包括运输条款(Transit Clause)、运输合同终止条款(Termination of Contract of Carriage Clause)和变更航程条款(Change of Voyage Clause)3个条款。

1) 运输条款

该条款所规定的保险责任起讫以"仓至仓"为限,其规定与我国海运保险条款中的规定基本一致。但该条款同时规定,在发生被保险人无法控制的延迟、绕行、被迫卸载、重装或转运以及船东或租船人因行使运输合同所赋予的自由权而变更航程时,本保险仍然继续有效,并且不受被保险人须及时通知保险人这一条件的限制。例如,载货船舶发生了海难,在避难港维修期间,需将部分货物卸下另外储存,致使货物在岸上储存期间的风险仍由保险公司承保。

2) 运输合同终止条款

该条款规定,在被保险人无法控制的情况下,运输合同在其载明的目的地以外的港口或地点终止,那么本保险也终止。但如果迅速通知保险人并要求继续承保,同时加缴保费,保险合同可以继续有效。这和我国海运货物保险条款的规定相同。

3) 变更航程条款

该条款规定,在保险责任开始后,如果被保险人自愿变更目的地,在被保险人迅速通知保险人的前提下,保险合同并不终止,但保险费及其他承保条件应当重新商定。

4. 索赔条款

索赔条款(claims)包括可保利益条款(insurable interest clause)、续运费用条款(forwarding charges clause)、推定全损条款(constructive total loss clause)和增加价值条款(increased value clause)4个条款。

1) 可保利益条款

该条款规定,被保险人在损失发生时对保险标的须具有保险利益;除非另有规定,被保险人有权获得在保险期间发生的承保损失的赔偿,尽管损失发生在保险合同订立之前,除非当时被保险人知道该项损失而保险人不知道。

2) 续运费用条款

该条款规定,由于承保风险导致运输在非保险单载明的港口或地点终止,保险人应补偿被保险人在卸货、储存和续运保险标的至非保险单载明目的地而产生的合理的额外费用,但不包括被保险人或其雇员的错误、疏忽、破产或财务困难而引起的费用,亦不包括共同海损和救助费用。

3) 推定全损条款

该条款规定，如果实际全损不可避免，或因为恢复、整理和续运保险标的至保险目的地的费用超过其抵达时的价值，经过委付，被保险人可以得到推定全损赔偿。

4) 增加价值条款

该条规定了货物在投保增值保险时的赔偿问题。增值保险是买方认为货物到达目的地的完好价值高于卖方原来投保的金额，因而对其高出的差额也投保。该条款规定，如果货物投保了增值保险，那么货物的保险价值应当是原投保的保险金额与所有增值保险的保险金额之和，发生损失时，每一保险人的赔偿责任以其保险单中载明的保险金额占总保险金额的比例计算。

5. 保险受益

保险受益 (benefit of insurance) 部分只有一个条款，即不得受益条款 (not to inure clause)。该条款规定了承运人和其他受托人不得享受保险利益。该规定的目的是为了避免承运人或其受托人因有保险存在而享有保险利益因此来摆脱对货损、货差和延迟交货的责任，从而使保险人丧失代理求偿权。

6. 减少损失

减少损失 (minimizing losses) 条款包括被保险人的义务条款 (duty of assured clause) 和弃权条款 (waiver clause) 2个条款。

1) 被保险人的义务条款

该条规定了被保险人的两项义务：采取合理措施避免或减少货损；保护保险人的代位追偿权。

2) 弃权条款

该条款规定，当保险标的发生损失时，被保险人拯救、保护或恢复保险标的的措施不得视为放弃委付，保险人采取的上述施救行为也不得视为其接受委付。

7. 避免迟延

避免迟延 (avoiding of delay) 部分只有一个条款，即合理速办条款 (reasonable dispatch clause)。该条款规定被保险人应在其力所能及的范围内，采取合理迅速的行为，避免运送迟延。

8. 法律和惯例

法律和惯例 (law and practice) 部分只有一条，即英国法律和惯例条款 (English law and practice clause)。该条款规定本保险受英国法律和惯例调整。如果保险合同采用了ICC(A)保险并发生了诉讼，即使英国以外的其他国家对诉讼有管辖权，该国法庭也应当以英国法律和惯例作为准据法。

6.3.2 协会货物条款 (B) 的主要内容

协会货物条款 [Institute Cargo Clause(B)，ICC(B)] 也包括19个名称和序号与ICC(A)

完全相同的条款,但其中风险条款、一般除外责任条款和战争除外责任条款的内容、措辞与 ICC(A) 有所不同。

1. 风险条款

ICC(B) 采用"列明风险"的方式规定承保风险,对下列原因所致的保险标的的损失或损害负责赔偿。

(1) 火灾或爆炸。
(2) 船舶或驳船搁浅、触礁、沉没或倾覆。
(3) 陆上运输工具倾覆或出轨。
(4) 船舶、驳船或运输工具与水以外任何外界物体碰撞或接触。
(5) 在避难港卸货。
(6) 地震、火山爆发或雷电。
(7) 共同海损牺牲。
(8) 抛弃或浪击落海。
(9) 海水、湖水或河水进入船舶、驳船、运输工具、集装箱、吊装车厢或储存处所。
(10) 货物在装卸时落水或坠海而造成的整件货物的全部损失。

可见,ICC(B) 承保自然灾害和意外事故所致货损以及共同海损的牺牲、分摊和费用。与我国海运保险中的水渍险相比,ICC(B) 将陆上风险明确列为承保风险,但对装卸过程中的货物落水或坠海,仅赔全损,不赔部分损失。

2. 一般除外责任

ICC(A) 对被保险人的故意不法行为所致货损不予承保,而 ICC(B) 对任何人的故意不法行为所致货损均不予承保。其他一般除外责任与 ICC(A) 相同。

3. 战争除外责任

ICC(A) 的战争除外责任中,明确将海盗风险从除外责任中扣除,即 ICC(A) 对海盗风险予以承保。而在 ICC(B) 的战争除外责任中,并未对海盗风险扣除,因此 ICC(B) 不承保海盗风险。

6.3.3 协会货物条款 (C) 的主要内容

协会货物条款 [Institute Cargo Clause(C), ICC(C)] 是 A、B、C 三种险中承保责任范围最小的一种险别。ICC(C) 采用列明风险的方式规定承保范围。

1. 承保风险

保险人对下列原因造成的保险标的的损失负责。

(1) 火灾或爆炸。
(2) 船舶或驳船搁浅、触礁、沉没或倾覆。
(3) 陆上运输工具倾覆或出轨。
(4) 船舶、驳船或其他运输工具与水以外的任何外界物体碰撞或接触。

(5) 在避难港卸货。
(6) 共同海损牺牲。
(7) 抛弃。

可见，ICC(C) 主要承保重大意外事故所致风险损失，对一般意外事故及自然灾害所致货损不予赔偿。与中国保险条款中的平安险相比，ICC(C) 的范围要小一些。

2. 其他内容

关于除外责任、保险期限、索赔等其他部分内容的规定，ICC(C) 与 ICC(B) 完全一致。

概念比较

ICC(A)、(B)、(C) 险的承保责任对比见表 6-1。

表 6-1　ICC(A)、(B)、(C) 承保责任对比表

承保风险	ICC(A)	ICC(B)	ICC(C)
火灾、爆炸	√	√	√
船舶、驳船的搁浅、触礁、沉没、倾覆	√	√	√
陆上运输工具的倾覆或出轨	√	√	√
船舶、驳船或运输工具与水以外任何外界物体碰撞或接触	√	√	√
在避难港卸货	√	√	√
地震、火山爆发或雷电	√	√	×
共同海损牺牲	√	√	√
共同海损分摊和救助费用	√	√	√
运输合同订有"船舶互撞责任"条款，根据该条款的规定应由货方偿还船方的损失	√	√	√
抛弃	√	√	√
浪击落海	√	√	×
海水、湖水或河水进入船舶、驳船、运输工具、集装箱、大型海运箱或储存处所	√	√	×
货物在船舶或驳船装卸时落水或坠海，造成任何整件的损失	√	√	×
由于被保险人以外的其他人（如船长、船员等）的故意违法行为所造成的损失或费用	√	×	×
海盗行为	√	×	×
由于一般外来原因所造成的损失	√	×	×

6.3.4　协会其他货物保险条款

1. 协会货物战争险条款

协会货物战争险条款 [Institute War Clause(Cargo)] 由 8 部分 14 条组成，可以单独投保。在 ICC(A) 保险战争除外责任条款中规定的战争除外责任，由协会货物战争险承保。其承保责任起讫为"水上危险"。

2. 协会货物罢工险条款

协会货物罢工险条款［Institute Strike Clause(Cargo)］也由 8 部分 14 条组成，可单独投保。该险承保由于罢工工人、被迫停工工人，以及参加工潮、暴动或民变的人员、恐怖分子和出于政治动机而行为的人员所直接造成的货损，以及上述原因引起的共同海损。其承保责任起讫为"仓至仓"责任。

3. 协会货物恶意损害险条款

协会货物恶意损害险(Institute Malicious Damage Clause)只能在基本险的基础上加保。该险承保被保险人以外的其他人（如船长、船员等）的故意损害、故意破坏、恶意行为所致保险标的的损失或损害。但如果恶意损害由出于政治动机的人的行动，则应由罢工险承保。

如前所述，恶意损害的风险已经被 ICC(A) 所承保，但不为 (B)、(C) 险所承保，所以投保后两种协会货物保险条款时，可以酌情加保恶意损害险。

6.4 国际货物运输保险实务

6.4.1 投保

1. 投保责任的归属

在贸易合同中，投保责任的归属通常取决于合同所使用的贸易术语。在 FOB、CFR、FCA、CPT 术语中，通常由买方自行投保，贸易合同的保险条款一般订明"保险由买方自理"。在 CIF、CIP 术语中，由于货物价格中包含保险费，所以应由卖方投保。

由买方自行投保时，投保险种、保险金额、保险单据等各项均由买方自行决定，与卖方无关。如果由卖方投保，由于运输风险由买方承担，所以卖方投保时的保险人、保险险别、保险金额等事项均与买方利益有重大关系，应当在贸易合同的保险条款中订明。

2. 保险险别的选择

选择保险险别，应当考虑以下因素。

1) 货物的性质和特点

例如，粮食、谷类商品的特点是含有水分，在运输途中如果通风设施不良，易发热发霉，故投保险别中应当含有受潮受热险；玻璃制品、瓷器、大理石、家具等容易破碎，故在投保险别中应当含有碰损破碎险；棉麻纤维等最好加保混杂玷污险和淡水雨淋险；茶叶则最好投保一切险。

2) 货物的包装

不同包装状况的货物可能会遭受不同的风险，因而应考虑包装状况选择保险险别。例如，散装矿石、矿砂等容易发生短量损失，宜加保短量险；袋装粮食可能在装卸中被吊钩钩破外包装而宜加保钩损险。

3) 运输路线与停靠港口

载货船舶的航行路线和停靠港口不同，可能遭受的风险和损失也有不同。一般航程越长，货物可能导致的风险越大。运输途中所经区域的地理位置、气候状况以及政治形势等也会对货运安全产生影响。例如，某些航线途经气候炎热地区，如果载货船舶通风不良，就会增加货损；途经战争区域、海盗出没区域，则货损可能性增加；船舶停靠港口的管理水平、装卸能力、治安状况，也会给货运风险带来影响。

4）运输季节

不同运输季节，货物运输会面临不同的风险。例如，载货船舶冬季在北纬60度以北航行，容易发生与流冰碰撞；夏季运输粮食、水果，容易腐烂、生虫；冬季运输橡胶制品，容易冻裂损坏。

贸易合同中买卖双方应当结合上述多种因素，合理确定保险险别。根据《INCOTERMS 2010》规定，如果由卖方投保，且贸易合同中未约定投保险别，卖方可以投保最低险别。

3. 保险金额

保险金额（Insured Amount）也称投保金额，是被保险人向保险公司投保的金额，也是发生保险风险时保险公司赔偿的最高限额。

保险金额应由买卖双方协商确定，通常在CIF或CIP价格上加保一定百分比。加成投保的目的在于补偿被保险人的交易费用以及预期利润，按照CIF或CIP价格加成的目的是为了补偿投保人缴纳的运费和保险费。

关于投保加成，《INCOTERMS 2010》和《UCP600》均规定，保险金额最少为合同CIF或CIP价格加10%。保险加成10%（即加一成）并不是固定不变的。在应买方要求并由其承担保险费的情况下，也可以加保20%或30%。但如果买方提出的保险加成超过30%，应当先获得保险公司认可，而不能贸然同意，以防进口方道德风险。

保险金额的计算公式如下：

$$保险金额 = CIF（或CIP）货值 \times (1 + 投保加成率)$$

4. 合同中的保险条款

保险条款是国际货物买卖合同不可缺少的内容。保险条款中应包括由谁投保、保费承担、保险险别、保险金额等内容，以便双方执行。常见的保险条款举例如下。

（1）保险由买方自行办理时，合同中的保险条款可为："保险由买方负责"（Insurance: To be covered by the buyer）。

（2）买方委托卖方代办保险时，合同中的保险条款可为："保险由买方委托卖方按发票金额的110%代为投保一切险，按中国人民财产保险股份有限公司保险条款负责，保险费由买方负担"（Insurance: To be effected by the seller on behalf of the buyer for 110% of total invoice value against All Risks, as per Ocean Marine Cargo Clause of PICC, dated 1/1/81, premium to be for buyer's account）。

（3）由卖方投保平安险加保碰损破碎险，合同中的保险条款可为："保险由卖方按发票金额的110%投保平安险加保碰损破碎险，按中国人民财产保险股份有限公司保险条款负责"（Insurance: To be covered by the seller for 110% of total invoice value against F.P.A., including Clash and Breakage Clause, as per Ocean Marine Cargo Clause of PICC, dated 1/1/81）。

（4）要求按国外条款承保时，合同中的保险条款可为："保险由卖方按发票金额的110%投保海运保险，按伦敦保险协会货物保险（A）条款负责"（Insurance: To be effected by the seller for 110% of total invoice value covering Marine Risks, as per Institute Cargo Clause(A), dated 1/1/82）。

6.4.2 承保

1. 保险单

当由卖方出口投保时，保险单（Insurance Policy）是卖方必须向买方提交的单据之一，俗称大保单。此外还有保险凭证（insurance certificate）俗称小保单，目前很少使用。如果被保险人货物在运输途中发生承保范围内的损失，买方可以凭保险单向保险公司索赔。保险单的格式示例见本书后附件九。

保险单签发后，卖方在向银行交单之前，如果保险单上的记载事项与实际情况不符，或运输情况发生了变化，应当向保险人申请变更或修改保险单。保险人通常采用签发批单（Endorsement）的方式对保险单修改。

卖方向银行交单时，通常以空白背书的形式，将保险单连同运输单据和其他单据一起转让给买方。

当进口人投保时可以逐笔投保，也可以用预约保险（open cover）。预约保险是我国进口业务中所采用的投保方法。进口货物无论是按照FOB价格条件成交还是按照CFR价格条件成交，保险手续都是由买方办理。在我国，由于各进出口公司和中国人民财产保险股份有限公司都签订了进口货物预约保险合同（海运进口货物预约保险合同和航空、邮包运输进口货物预约保险合同等），一般均按照预约保险合同办理保险。这样简化保险手续。

2. 保险费的计算

按时支付保险费（premium）是投保人应当履行的基本义务，也是保险人履行赔偿义务、建立各种基金以及弥补保险经营费用支出的主要资金来源。保险金额是发生保险风险时保险公司赔偿的最高限额。保险费是为了获得这样的保障，投保人需要向保险公司缴纳的费用。

保险费的金额大小取决于保险金额和保险费率的高低。如前所述，保险金额由买卖双方约定并经保险人同意。保险费率即保险价格，是保险人为承担约定的保险赔偿责任而向投保人收取保费的标准。保险费率由承保人根据大数法则，在综合考虑运输方式、货物特性、包装、险别、航程远近、航线等因素的基础上厘定。

1）出口保险费的计算

如前所述，有了保险金额的确定，那么保险费就可以按照下列公式进行计算：

$$保险费 = 保险金额 \times 保险费率$$

由于保险金额的计算是以CIF（或CIP）价格为基础的，如果交易是按照FOB(FCA)价或CFR(CPT)价成交，需要先将CFR(CPT)、FOB(FCA)价格换算为CIF(CIP)价格后再求出相应的保险金额和保险费。换算公式如下：

$$CIF(CIP) = CFR(CPT)/[1-(1+加成率) \times 保费率]$$
$$= [FOB(FCA)+F]/[1-(1+加成率) \times 保费率]$$

计算题

试题：我国某外贸公司以每公吨 10 000 英镑 CIF 伦敦（按加一成投保一切险，保险费率 1%），向英商报盘出售一批轻工业产品，该外商拟自行投保，要求改报 CFR 价，问 CFR 价格为多少，出口人应从 CIF 加中扣除多少保险费？

解答：根据公式"CIF 价 = CFR/[1 − (1 + 加成率) × 保费率]"有

$$10\ 000 = CFR / [1 − (1 + 10\%) × 1\%]$$

则：CFR = 10 000 × (1 − 1.1 × 0.01) = 10 000 × 0.989 = 9 890（英镑）

保险费 = 1 000 − 9 890 = 110（英镑）

2) 进口保险费的计算

在进口业务中，保险人按照双方签订的预约保险合同承担保险责任，保险金额按进口货物的 CIF 价格计算，不另加减，保费率按《特约费率表》规定的平均费率计算。

如果以 FOB 价格条件进口货物，则按平均运费率换算为 CFR 货值后再计算保险金额，计算公式为：

保险金额 = FOB 价 × (1 + 平均运费)/(1 − 平均保险费率)

保险费 = 保险金额 × 保险费率

如果以 CFR 价格条件成交的货物，计算公式为：

保险金额 = CFR 价 /(1 − 平均保险费率)

保险费 = 保险金额 × 保险费率

保险公司按照上述公式计算出来的保险金额，每月或每季汇总一次向进出口公司收取保险费。如果被保险货物发生损失，按照保险单或其他保险凭证所规定的内容、所计算的保险金额及其他情况给予补偿。

6.4.3 索赔

保险标的遭受损失后，被保险人应按规定办理索赔手续，向保险人要求赔偿。

1. 索赔程序

被保险人获知货损后，应马上通知保险人或其代理人，同时申请由其对货物检验。检验的目的是查清损失原因，审定责任归属。索赔时被保险人还应当向保险人提交索赔必需的各种单证，包括保险单正本、提单、发票、装箱单、磅码单、货损货差证明、检验报告以及索赔清单。

2. 被保险人义务

索赔时，被保险人有两项重要义务：一是采取施救措施，防止或减少损失。被保险人不能因货物已经投保而任由货损扩大，应采取积极措施，避免或减少损失；否则，对扩大的损失部分保险公司不予赔偿。二是向承运人等有关责任方面提出索赔。被保险人发现货损时，应当立即向承运人或其代理人以及海关、港务当局等索取货损货差证明，包括记录货物损失情况并由承运人签字的理货报告、由装卸部门签字的货运记录等。对于货损货差涉及承运人、码头、装卸公司等责任时，应立即向他们提出书面索赔并保留追偿权利。因为按照各国海商法及运输契约的规定，如不在当时提出索赔，等于承认提货时货物完好，这将会影响事后向相关责任人索赔。保险公司对于丧失追偿权利部分的损失，可以拒绝赔偿。

6.4.4 理赔

理赔是保险人在接到被保险人的损失通知书后，通过对损失的检验和必要的调查研究，确定损失的原因、损失的程度，并对责任归属进行审定，最后计算保险赔偿金额并给付赔款的一系列过程。

1. 确定损失原因

损失原因一般通过对货物的检验确定。损失原因对保险公司核定责任至关重要。保险公司只对由承保风险所导致的损失负责赔偿。实践中货损的原因多种多样，通常包括货物自身缺陷、短量、水渍、碰损、钩损、混杂沾污、串味、霉变、虫蛀、锈损、火灾等。根据保险的近因原则，需要从若干致损原因中找出致损的近因，以确定损失是否属于保险责任。

2. 审定责任归属

审定损失的责任归属，首先应当依据保险条款中的保险险别，审查引起损失的风险是否属于承保责任范围的风险；其次，审查保险事故的发生是否在保险合同的有效期内，包括审查被保险人的可保利益、运输是否按照保险单记载路线、保险的责任起讫；最后，审查被保险人的义务是否及时履行，例如，是否诚信告知保险标的及相关重要事实，是否及时通知货损，是否采取措施避免或减少货损等。

3. 计算赔偿金额

如果确定货损属于保险责任，保险人应及时向被保险人进行经济补偿。赔偿的范围包括货物损失的赔付和相关费用的赔付。货物损失的赔付中，全部损失按保险金额予以全额赔付，部分损失按损失的程度或数量确定损失比例，计算保险赔款。对货物的共同海损牺牲和分摊也予以赔付。损失发生后支付的相关费用包括施救费用、救助费用、续运费用、检验费用、出售费用以及理算费用等。保险公司只对与保险责任有关的费用支出予以赔付。

4. 处理损余，代位追偿

保险事故发生后，保险公司支付了全部保险金额，并且保险金额等于保险价值的，受损标的的全部权利归保险公司；保险金额低于保险价值的，保险公司按比例取得受损标的的部分权利。

对于因承运人、船东、港务局、车站等方原因造成货损的，保险公司在赔付后可以取代被保险人向上述责任人追偿。

本 章 小 结

国际贸易中，货物由于运输、装卸等会遭受各种风险。进出口双方可以选择中国保险条款投保，也可以选择伦敦保险协会海运货物保险条款投保。按性质不同，货物运输保险分为基本险和附加险，保险公司承保的范围根据投保险种而有不同，涉及由自然灾害、意外事故和外来风险所带来的货损以及费用支出；按运输方式不同，货物运输保险分为海洋、陆上、航空和邮包运输保险四类，不同运输方式可能发生的风险种类不同，因而所涉及的保险险别和承保范围也有差异。

为了明确贸易双方对运输保险的责任，国际货物买卖合同中最好订明保险条款。如果运输中发生承保范围内的风险，则由被保险人或保单的受让人依据保险单或保险证明向保险人索赔。

关键术语

风险、损失、全部损失、实际全损、推定全损、委付、部分损失、单独海损、共同海损、救助费用、施救费用、基本险、附加险、平安险、水渍险、一切险、仓至仓条款、保险单、保险金额、保险费

综合练习

1. 英译汉

(1) General average means the extraordinary sacrifice or expenditure intentionally and reasonably made or incurred for the common safety for the purpose of preserving from peril the ship, goods or other property involved in a common maritime adventure.

(2) Where an actual total loss is considered to be unavoidable after the cargo has suffered a peril insured against, or the expenses to be incurred for avoiding the total actual loss plus that for forwarding the cargo to its destination would exceed its insured value, it shall constitute a constructive total loss.

(3) Where after the occurrence of a peril insured against the subject matter insured is lose or is so seriously damaged that it is completely deprived of its original structure and usage or the insured is deprived of the possession thereof, it shall constitute an actual total loss.

(4) The contribution in general average shall be made in proportion to the contributory values of the respective beneficiaries.

2. 简答题

(1) 什么叫自然灾害？包括哪些风险？
(2) 什么叫意外事故？海上风险中意外事故包括哪些？
(3) 什么叫特殊外来风险？其包括哪些风险？
(4) 构成共同海损应具备哪些条件？
(5) 什么叫共同海损、单独海损？二者有何区别？

3. 选择题

(1) 根据我国现行的《海洋运输保险条款》规定，自然灾害不包括（　　）。
A. 地震　　　　B. 海啸　　　　C. 爆炸　　　　D. 雷电

(2) 在保险人所承保的海上风险中,搁浅、触礁属于(　　)。
　　A. 自然灾害　　　　　B. 意外事故
　　C. 一般外来风险　　　D. 特殊外来风险
(3) 在中国保险条款中,不能单独投保的险别是(　　)。
　　A. 平安险　　　B. 水渍险　　　C. 战争险　　　D. 一切险
(4) 某外贸公司出口茶叶5公吨,在海运途中遭受暴风雨,海水涌入仓内,致使一部分茶叶发霉变质,这种损失属于(　　)。
　　A. 实际全损　　　B. 推定全损　　　C. 共同海损　　　D. 单独海损
(5) 保险期限仅限于水上危险或运输工具上的危险的是(　　)。
　　A. 短量险　　　B. 舱面险　　　C. 战争险　　　D. 罢工险
(6) ICC(A)的承保风险类似我国的(　　)。
　　A. 平安险　　　B. 水渍险　　　C. 一切险　　　D. 附加险
(7) 交货不到,拒收等风险是指(　　)。
　　A. 一般外来风险　　　B. 特殊外来风险　　　C. 自然灾害　　　D. 意外事故
(8) 为了防止运输中货物被盗,应该投保(　　)。
　　A. 平安险　　　　　　B. 一切险
　　C. 偷窃提货不着险　　D. 一切险加保偷窃提货不着险
(9) 在保险人所承保的海上风险中,恶劣气候、地震属于(　　)。
　　A. 自然灾害　　　　　B. 意外事故
　　C. 一般外来风险　　　D. 特殊外来风险
(10) 根据我国《海洋货物运输保险条款》的规定,承保范围最小的基本险别是(　　)。
　　A. 平安险　　　B. 水渍险　　　C. 一切险　　　D. 罢工险
(11) 只承保"重大意外事故",而不承保"自然灾害及非重大意外事故"的险别条款是(　　)。
　　A. 协会货物条款(A)　　　B. 协会货物条款(B)
　　C. 协会货物条款(C)　　　D. 协会战争险条款(货物)
(12) 战争、罢工风险属于(　　)。
　　A. 自然灾害　　　　　B. 意外事故
　　C. 一般外来风险　　　D. 特殊外来风险
(13) 为使搁浅或触礁的船舶脱离险境,而求救于第三者,由此支付额外费用的损失属于(　　)。
　　A. 实际全损　　　B. 推定全损　　　C. 共同海损　　　D. 单独海损
(14) 根据现行伦敦保险协会条款之规定,承保风险最小的险别是(　　)。
　　A. ICC(A)　　　B. ICC(B)　　　C. ICC(C)　　　D. ICC(D)
(15) 在海上保险业务中,属于自然灾害风险的有(　　)。
　　A. 恶劣气候　　　B. 雷电　　　C. 海啸
　　D. 地震　　　　　E. 洪水
(16) 基本险包括(　　)。
　　A. 平安险　　　B. 水渍险　　　C. 一切险

D. 一般附加险　　　　　　　　E. 特殊附加险

(17) 平安险所承保的责任范围包括（　　）。
A. 被保险货物由于恶劣气候造成的部分损失
B. 由于轮船爆炸造成货物部分损失
C. 在装卸时数件货物落海
D. 共同海损的救助费用
E. 货物在运输途中部分被偷窃

(18) 我国保险业务中的特殊附加险主要有（　　）。
A. 渗漏险　　　　　　　B. 舱面险　　　　　　　C. 混杂沾污险
D. 黄曲霉素险　　　　　E. 进口关税险

(19) 海上保险业务中的意外事故包括（　　）。
A. 货物的自然损耗或变质　　　B. 运输工具的搁浅、触礁
C. 载货轮船沉没　　　　　　　D. 载货物轮船与冰山相撞
E. 载货轮船失火

(20) 下列属于一般外来风险的是（　　）。
A. 茶叶在运输途中串味　　　　B. 化肥在运输途中包装破裂
C. 战争、罢工等风险　　　　　D. 棉花在运输途中被雨淋
E. 货物在运输途中被偷

4. 判断题

(1) 在外贸货物运输保险业务中,三种基本险和特殊附加险中罢工险均可适用"仓至仓"条款。（　　）
(2) 偷窃、提货不着险和交货不到险均在一切险的范围内,只要投保一切险,收货人若提不到货,保险公司均应负责赔偿。（　　）
(3) 我按 CIF 价出口一批货物,投保平安险,货物在航程中遇碰撞事故,使货物受到部分损失,可向保险公司取得赔偿。（　　）
(4) 我以 CIF 香港成交水泥 1 500 包,装船时落水 5 包,我虽已办理保险,但因货物尚未上船,故保险公司不负责赔偿。（　　）
(5) 出口玻璃器皿,因其在运输途中容易破碎,所以在投保一切险基础上,还应加保碰损破碎险。（　　）
(6) 水渍险包括平安险及由自然灾害造成的部分损失。（　　）
(7) 在海洋运输货物保险业务中,涉及单方面利益的损失,达到全部损失程度时,应按全损处理。（　　）
(8) 我按 CFR 贸易术语进口时,在国内投保了一切险,保险公司的责任起讫应为"仓至仓"。（　　）
(9) 10 000 元的货损失了 650 元,如果绝对免赔率为 5%,则赔 150 元。（　　）
(10) 保单一经批单后,即按批改内容执行。（　　）
(11) 在 CIF 出口合同中,保险条款规定为投保一切险及战争险,后买方来证要求加罢

工险，我方可同意，也不必另加保险费。（　　）

(12) 投保一切险后，货物在运输途中发生自然损耗、运输延迟或市价涨落，保险公司均应赔偿。（　　）

(13) 对外贸易货物运输保险，属于财产保险的范畴。（　　）

(14) 在运输途中货物所发生的水渍损失均属水渍险的范围。（　　）

(15) 不论按何种贸易术语下的业务，凡在 PICC 投保的，如发生保险索赔，均应在中国境内办理。（　　）

5. 计算题

(1) 我出口公司规定按发票金额 110% 投保，如发票金额是 12 000 美元，投保金额是多少？如投保一切险和战争险，前者保险费率为 0.6%，后者保险费率为 0.04%，共应付保险费多少？

(2) 某公司进口一批汽车和机械，FOB 货价 2 000 000 欧元。已知该批货物的平均运费率为 6%，投保水渍险、战争险的平均保险费率为 0.25%，试计算该批货物的投保金额及保险费。

(3) 一批出口货物 CFR 价格为 35 000 美元，现客户来电要求按 CIF 价加 20% 投保一切险，如果保险费率为 0.6%，我方应向客户补收多少保险费？

6. 案例分析

(1) 某公司依 CIF 条件出口大米 10 000 包共计 100 公吨。合同规定由卖方投保一切险加战争险，后应买方的要求加保罢工险。货物抵达目的港卸至码头，恰遇码头工人罢工与警方发生冲突，工人将大米包垒成掩体进行对抗，罢工历经 15 天才结束。当收货人提货时发现这批大米损失达 80%，因而向保险公司索赔。保险公司应否给予赔偿？为什么？

(2) 我国 A 公司按照 CIF 价格条件与国外 B 公司签订了 2 000 公吨食糖进口合同，投保一切险。由于货船陈旧，速度慢，且沿途尽量多装货物，停靠码头的次数和时间太多，结果航行 3 个月才到达目的港。卸货后发现，由于路途时间过长，且穿越赤道，食糖长时间受热，已经变质，根本无法销售。保险公司是否予以赔偿？为什么？

(3) 某载货船舶在航行途中突然触礁，致使部分货物遭到损失，使个别部位的船板产生裂缝，急需补漏。为了船、货的共同安全，船长决定修船，为此，将部分货物卸到岸上并存仓，卸货过程中部分货物受损。事后统计这次事件造成的损失有：部分货物因船触礁而损失；卸货费用、存仓费用以及货物损失。问从上述各项损失的性质来看，属于什么海损？

(4) 我方以 CFR 贸易术语出口货物一批，在从出口公司仓库运到码头途中，货物发生损失，该损失应该由何方负责？如买方已经向保险公司办理了保险，保险公司对该项损失是否给予赔偿？说明理由。

(5) 某外贸公司按 CIF 术语出口一批货物，装运前已向保险公司按发票总值的 110% 投保平安险，货装妥开航，但载货船舶在海上遇暴风雨，致使一部分货物受到水渍，损失 2 100 美元。数日后，该轮又突然触礁，致使该批货物又遭到部分损失，价值为 8 000 美元。试问保险公司对该项损失是否应予赔偿？为什么？

7. 技能实训

实训项目：海运货物保险综合案例分析

实训目的：利用本章所学知识解决海运保险实际问题

实训内容：一艘货轮从甲地开往乙地，船上载有甲、乙、丙三个商家的货物，其中甲有大理石板500箱，乙有仪器200箱，丙有棉布300包。货运途中发生以下情况：

(1) 途中遇到强烈风浪，船身剧烈颠簸，导致30箱大理石板和10箱仪器因碰撞受损。

(2) 接着轮船不慎搁浅，不迅速脱险就有倾覆的危险，船长下令抛50箱仪器以脱险，结果船体并未上浮。

(3) 船长又下令抛出大理石板100箱，船舶终于脱险。

(4) 继续航行中，船舶偏离了航向，为了回到主航道，船舶加大马力，导致主机损坏，机舱冒烟。

(5) 浓烟使得船长以为是棉布着火，就下令灭火，之后发现无着火痕迹，但棉布受潮，品质降低。

(6) 此时船长只能雇用拖轮将船舶拖到港口维修后，再继续前往目的地。

试分析：

(1) 以上所有损失各属于什么损失，应由谁来承担？

(2) 如果甲、乙、丙三方各自投保了CIC平安险，保险公司对其损失将如何进行赔偿？

实训要求：根据本章概念，对比案例进行深入、严谨的分析。

第 7 章　国际贸易结算

本章教学要点

知识要点	掌握程度	相关知识	应用方向
支付工具	了解	汇票、本票和支票；汇票的内容、种类、作用	对不同票据法的理解；本票、汇票、支票的区别；本票、汇票、支票的使用
汇付	了解	信汇、电汇和票汇；汇付的当事人、种类、使用	电汇中的前T/T和后T/T；预付款、货到付款、凭单付款
托收	熟悉	托收的当事人、种类、流程和使用；托收方式的注意事项	对URC522的理解；付款交单和承兑交单的运用；争取以CIF条件成立合同等
信用证	熟悉	信用证的含义、当事人、内容、流程、特点、种类	对UCP600、ISBP745的理解；即期信用证的流程；单证相符
其他支付方式	了解	小额国际贸易新型支付方式；银行保函；国际保理；福费廷	对易趣宝贝、谷歌结算、金币登记、西联汇款、速汇金等新型支付方式的理解

阅读链接

1. UCP600: Arti1-17, Arti 38
2. ISBP745: Para I-VII, Para A11, Para B1-B18
3. CISG: Arti 54-59
4. 余世明. 国际贸易实务与案例分析 [M]. 广州：暨南大学出版社，2010.
5. 谢桂梅. 国际贸易实务 [M]. 北京：清华大学出版社，2010.

 导入案例

我国某外贸进出口公司A与法国某贸易公司B洽商棉织长裤的出口交易，B公司要求10%预付货款，90%电汇，我方A提出付款条件为30%定金，货物装运后凭提单传真T/T付款。B商考虑几天后，觉得托收可以接受，但又要求货物降价，否则付款条件应修改为D/P90天，并通过其指定的代收行代收。又过几天，我方见货物紧俏，又提出价格长10%，并且采用即期信用证付款，否则不签合同。

讨论与分析：
1. B公司要求10%预付货款，90%电汇，此时A公司是否可以接受？
2. 针对A提出的付款条件，B又修改付款方式，其意图是什么？
3. 又过几天，A又提出采用信用方式付款条件，信用证相对于前两者付款方式有什么好处？

第7章 国际贸易结算

国际结算（international settlement）是国际金融的一个分支，是对国际债权债务进行了结和清算的一种经济行为。国际债权债务的产生是由世界各国之间的经济、政治、文化活动而引起的。缘于国际贸易活动所发生的债权债务的结算，称为国际贸易结算，而由劳务输出、国际旅游等其他经济、文化交流活动引起的结算，称为非贸易结算。国际贸易结算是整个国际结算的核心。因此，本书着重讲述国际贸易结算。具体而言，就是使用一定的金融支付工具（汇票、本票、支票等），采用一定的支付方式（汇付、托收、信用证等），利用一定的电子清算系统（SWIFT、CHIPS等），通过一定的金融机构（银行等）进行国与国之间的货币收支行为，从而使国际贸易项目的债权债务得以清偿或实现资金的转移。

7.1 支付工具

原始的结算，卖方一手交货，买方一手交钱，钱货两清，通常成为"现金交货"（cash on delivery）方式。近代当贸易商与运输商有了分工以后，简单的货物收据发展变化成为比较完善的海运提单。由于合同中往往规定了双方的交货条件，这些条件通常以提交包括提单在内的单据得以实现。因此，目前国际贸易中的双方买卖通过现金结算的很少，大多采用非现金式的票据结算。票据是指所有可以作为权利凭证的单据，包括货运单据和金融票据。在国际贸易结算中，我们把这些金融票据称之为结算工具或支付工具。我国《票据法》规定：票据是指出票人约定自己或委托付款人见票时，在指定的日期向收款人或持有人无条件支付一定金额的，可以流通转让的有价证券。

7.1.1 汇票

汇票（draft, Bill of Exchange）是票据法中最重要的一种票据，由于它最能反映票据的性质、特征和规律，最能集中地体现票据所具有的信用、支付和融资等各种经济功能，因而它是票据的典型代表。

1. 汇票的含义

英美法系 1882 年《英国票据法》关于汇票的定义："汇票是一个人（出票人）向另一个人（付款人）签发的，要求付款人即期、定期或在确定的将来时间，向某人或其指定人或持票人无条件地支付一定金额的书面命令。"(Bills of Exchange Act, 1882: A bill of exchange is an unconditional order in writing, addressed by one person to another, signed by the person giving it, requiring the person to whom it is addressed to pay on demand, or at a fixed or determinable future time, a sum certain in money, to or to the order of a specified person, or to bearer.)

大陆法系的《日内瓦统一法》未给汇票下明确的定义，只规定了票据的必要项目，世界各国均广泛引用或参照 1882 年《英国票据法》对汇票的定义。

《中华人民共和国票据法》（后文简称《票据法》）对汇票的定义："汇票是出票人签发的，委托付款人在见票时或者在指定日期无条件支付确定的金额给收款人或者持票人的票据。"

2. 汇票的基本内容

汇票是一种要式证券，必须具备法定的形式、载明必要的法定事项，才能成为完整的汇票，具有票据的效力。我国《票据法》第 22 条明确规定，汇票必须记载下列事项：①表明"汇票"的字样；②无条件支付的委托；③确定的金额；④付款人名称；⑤收款人名称；⑥出票日期；⑦出票人签章。汇票上未记载上述规定事项之一的，汇票无效。

需要指出的是，出票人（drawer）就是签发汇票的人，在进出口业务中，通常是出口商或银行；受票人（drawee），又称付款人（payer）就是汇票中指定履行付款义务的人，在进出口业务中，通常是进口商或其指定的银行；受款人或收款人（payee）就是受领汇票所规定金额的人。在进出口业务中，通常是出口商或其指定的银行。汇票格式见书后附件一。

3. 汇票的种类

汇票的主要种类如表 7-1 所示。其中，远期汇票的规定办法通常有三种：①付款人见票后若干天付款（at××days after sight），如见票后 30 天、60 天、90 天等；②出票后若干天付款（at××days after date）；③提单签发日后若干天付款（at××days after B/L）。在交单日后若干天付款（at××days after presentation of documents）。

表 7-1 汇票的种类

分类标准	种 类	特 征
出票人	银行汇票（Banker's Draft）	出票人、受票人都是银行
	商业汇票（Commercial Draft）	出票人是外贸公司、外商投资企业或个人
付款时间	即期汇票（Sight/ Demand Draft）	见票即付，票面上记载"at sight / on demand"字样。付款人在见票时或持票人提示时，立即付款；未注明具体付款日期的汇票其提示日即到期日，也是见票即付
	远期汇票（Usance /Time Draft）	远期付款，即规定付款到期日在将来某一天或某一可以确定日期的汇票
附属单据与否	光票（Clean Draft）	出具的汇票不附任何货运单据。一般用于贸易从属费用、货款尾数、佣金等的收取或支付
	跟单汇票（Documentary Draft）	出具的汇票附有货运单据。国贸中大多使用跟单汇票，该类汇票流通转让性能较好
承兑人	银行承兑汇票（Banker's Acceptance Draft）	若以银行为付款人的远期汇票，经付款银行承兑后即成。银行承兑汇票不一定是银行汇票，因为银行承兑的汇票有可能是银行汇票也有可能是商业汇票
	商业承兑汇票（Commercial Acceptance Draft）	以工商企业为付款人的远期汇票，经付款人承兑后即成
流通领域	国内汇票（domestic bill）	汇票的出票人、付款人和收款人三个基本当事人的居住地在一个国家或地区，汇票流通局限在同一个国家境内
	国际汇票（international bill）	汇票出票人、付款人和收款人的居住地中至少涉及两个不同的国家或地区，尤其是前两者不在同一国，汇票流通涉及两个国家或地区。国际结算中使用较多
票面标值货币	本币汇票（domestic money bill）	使用本国货币标值的汇票
	外币汇票（foreign money bill）	使用外国货币标值的汇票

要点提示

一张汇票往往可以同时具备几个特征，如一张商业汇票可以同时又是远期的跟单汇票。

4. 汇票的使用

汇票的使用要经过出票、提示、承兑、付款等手续，如需转让，通常要经过背书环节，如汇票遭到拒付时，还要及做成拒绝证书，行使追索权等法律权力。

1) 出票（to issue，to draw）

出票即开立汇票，它包括三个动作：一是出票人在汇票上填写上内容，如付款人、付款金额、付款日期、付款地点等；二是在汇票上签字；三是将汇票交付收款人。在出票时，受款人（即汇票的抬头）通常有三种写法：

(1) 限制性抬头。例如"仅付××公司"（Pay ×× Co. only）或"付××公司，不准转让"（Pay ×× Co. Not Transferable）。这种抬头的汇票不能流通转让，只有××公司收取货款。

(2) 指示式抬头。例如"付××公司或其指定人"（Pay ×× Co. or Order 或 Pay to the order of ×× Co）。这种抬头的汇票，除××公司可以收取票款外，也可以经过背书转让给第三者。

(3) 持票人或来人抬头。例如"付给来人或付给持票人"（Pay Bearer）。这种汇票不需背书，只要交付就有可转让汇票权利。按照我国《票据法》必须记载收款人名称的规定，凡签发持票人或来人抬头的汇票无效。

国际贸易结算中使用的商业汇票，通常开立一式两份，分别寄发，目的是防止遗失。汇票一般都在醒目的位置上印着 First、Second 字样，分别表示第一联和第二联，但付款人只对其中一份承兑或付款，当对其中的一份承兑或付款后，另一份自动失效。因此，通常在汇票第一联中写明付一不付二（Second of Exchange Being Unpaid），第二联中写明付二不付一（First of Exchange Being Unpaid）。

2) 提示（to present）

持票人将汇票提交付款人要求其承兑或付款的行为称作提示。提示可分为两种情况：一是付款提示（presentment for payment），即指持票人向付款人提示汇票、要求付款的行为；二是承兑提示（presentment for acceptance），即远期汇票时持票人向付款人提示时要求承兑的一种行为。

3) 承兑（to accept）

承兑是指付款人对远期汇票表示承担到期付款责任的行为。付款人在汇票上写明"已承兑（accepted）"字样，注明承兑日期，并由付款人签字，交还持票人。付款人对汇票做出承兑，即成为承兑人。承兑人有在远期汇票到期时承担付款的责任。

4) 付款（to pay）

付款人向持票人支付汇票金额的行为称为付款。即期汇票在付款人见票时支付；远期汇票于到期日在持票人作提示付款时支付。支付票款后，汇票的一切债权债务即告结束。

条款举例

ISBP745 Para B2 d: The words "from" and "after" when used to determine maturity dates of drafts, signify that the calculation of the maturity date commences the day following the date of the document, shipment or the date of an event stipulated in the credit, for example, 10 days after or from May 4 is May 14. [当使用"从……起(from)"和"在……之后(after)"确定付款到期日时,到期日将从单据日期、装运日期或信用证规定的事件日期的次日起计算,例如,从5月4日起10天或5月4日之后10天,均为5月14日。]

5) 背书 (to endorse)

所谓背书,它是转让汇票权利的一种手续,就是由汇票的受款人或持票人在汇票的背面签上自己的名字,或再加上受让人(被背书人)的名字,并把汇票交给受让人的行为。经背书后,汇票的收款权利就转让给受让人。一般情况下,在汇票付款到期日之前,其可经过多次背书在金融市场上继续转让。对于受让人来说,所有在他以前的背书人以及原出票人都是他的"前手"(prior party);而对于出让人来说,所有在他以后的受让人都是他的"后手"(subsequent party)。前手对后手负有担保汇票一定会被承兑或付款的责任。

6) 贴现 (to discount)

贴现是指远期汇票承兑后尚未到期,由银行或贴现公司从票面金额中扣减按照一定贴现率计算的贴现息后,将余款付给持票人。

7) 拒付 (to dishonour) 与追索 (recourse)

汇票的转让是以转让人向被转让人保证付款人将承担汇票的付款义务作为前提的。但是,在西方国家,汇票遭到付款人拒付的现象仍是时有发生的。所以拒付包括拒绝付款和拒绝承兑两个方面。汇票被拒付时,持票人有权向出票人及所有"前手"背书人进行追索 (recourse)。汇票的背书人为了避免承担这种责任,也可以在背书时注明"不受追索"(without recourse)。在汇票拒付时,持票人行使其追索权,除出票人已在汇票写明不必做成拒绝证书外,应及时做成拒绝证书 (protest),凭以向其"前手"追索。拒绝证书是由付款地的法定出证人或其他依法有权做出这种证书的机构做出的,证明付款人拒付的文件,是持票人向其"前手"追索的法律依据。

应用案例

案情简介: A在B处存有一笔款项,A与C签订了购货合同,又从C处购买一批商品。交易达成后,A于6月20日签发了一张以B为付款人的汇票,命令B按照票面金额见票后30天付款。A将汇票交付给C。C作为收款人拿到票据后,于6月25日向B作了承兑提示。B于6月25日见票,当日承兑后将汇票退还C。C因曾向D借过一笔资金,为了清偿与D之间的借贷关系,于6月30日将票据转让给D。D因为接受了E提供的劳务,于7月5日将票据转让给E。E也因为某种对价关系,于7月8日将票据转让给F。如果F再转让票据,则F作为持票人,于汇票到期日(7月25日)向B做付款提示。B于7月25日付款。请说明这张票据的使用流通程序及其当事人

案例分析: 分析内容,见表7-2。

表7-2 汇票的使用流通程序及其当事人

行为日期	使用流通程序	行为人	行为指向人	当事人之间的关系
6月20日	出票	出票人(A)	收款人(C)	原因关系

续表

行为日期	使用流通程序	行为人	行为指向人	当事人之间的关系
6月25日	承兑提示	持票人（C）	受票人（B）	法律关系
6月25日	承兑	承兑人（B）	持票人（C）	法律关系
6月30日	背书	第一背书人（C）	第一被背书人（D）	对价关系
7月5日	背书	第二背书人（D）	第二被背书人（E）	对价关系
7月8日	背书	第三背书人（E）	第三被背书人（F）	对价关系
7月25日	付款提示	持票人（F）	受票人（B）	法律关系
7月25日	付款	付款人（B）	持票人（F）	法律关系

注：A与B之间是资金关系。

7.1.2 本票

1. 本票的含义

根据我国《票据法》第73条规定，本票（Promissory Note）是出票人签发的，承诺自己在见票时无条件支付确定的金额给收款人或持票人的票据。第74条又规定，本票的出票人必须具有支付本票金额的可靠资金来源，并保证支付。

根据《英国票据法》规定，本票是一个人向另一个人签发的，保证于见票时或定期或在可以确定的将来的时间，对某人或其指定人或持票人支付一定金额的无条件的书面承诺。简言之，本票是出票人对受款人承诺无条件支付一定金额的票据。

2. 本票的主要内容

各国票据法对本票内容的规定各不相同。我国《票据法》第76条规定，本票必须记载下列事项。

(1) 表明"本票"字样。
(2) 无条件的支付承诺。
(3) 确定的金额。
(4) 收款人的名称。
(5) 出票日期。
(6) 出票人签字。

本票上未记载规定事项之一的，本票无效。

3. 本票的种类

本票可分为商业本票和银行本票，由工商企业或个人签发的称为商业本票；由银行签发的称为银行本票。商业本票又可分为即期本票和远期本票。银行本票则都是即期本票。在国际贸易结算中使用的本票，大部分都是银行本票。

我国《票据法》所指的本票为银行即期本票，而未规定商业本票。同时，按我国《票据法》第79条规定，我国允许开立自出票日起，付款期限不超过2个月的银行本票。银行本票仅限于由中国人民银行审定的银行或其他金融机构签发。

4. 本票与汇票的区别

本票与汇票的区别，见表 7-3。

表 7-3　本票与汇票的区别

比较项目	汇　票	本　票
票据性质	无条件支付命令，属于命令式或委托票据	无条件支付承诺，属于承诺式或自付票据
基本当事人	出票人、受票人、收款人	出票人、收款人
主债务人	即期汇票：由出票人承担主债务人责任 远期汇票：在承兑前，由出票人承担主债务人责任；在承兑后，由承兑人承担主债务人责任，出票人则居于从债务人地位	自始至终由出票人承担主债务人的责任
远期票据对承兑的要求	远期汇票都要经付款人承兑。规定有具体付款日期的汇票，经承兑后，就使付款人做了进一步的付款保证；见票定期付款的汇票，只有在承兑后才能把付款到期日定下来	远期本票由出票人签发，就等于出票人已承诺在本票到期日付款，因此无须承兑
对追索的规定	国际汇票遭到退票时大多数需做拒绝证书	国际本票遭到退票不需要做拒绝证书
正本张数	一式两份，所以有"一不付二"或"付二不付一"字样对于远期汇票只承兑一份，以避免在到期日重复付款	一式一份，不能多开

7.1.3　支票

1. 支票的含义

按照《票据法》第 82 条规定，支票是出票人签发，委托办理支票存款业务的银行或者其他金融机构在见票时，无条件支付确定的金额给收款人或者持票人的票据。

按照《英国票据法》的规定，支票是以银行为付款人的即期汇票，即存款人对银行的无条件支付一定金额的委托或命令。出票人在支票上签发一定的金额，要求受票的银行于见票时立即支付一定金额给特定人或持票人。

签发支票是以存款者在银行存款账户上有足够数额存款为前提条件的。如存款不足，支票持有人在向付款银行提示支票要求付款时，就会遭到拒付。这种支票叫作空头支票 (fictitious bill, rubber check)。开出空头支票的出票人要负法律上的责任。

2. 支票的主要内容

(1) 表明"支票"字样。

(2) 无条件的支付委托。

(3) 确定的金额。

(4) 付款人名称。

(5) 出票日期。

(6) 出票人签字。

支票上未记载规定事项之一的,支票无效。

 **知识拓展**

支票的提示期

按我国《票据法》,同城使用的支票应该在出票日起 10 日内提示,异地使用的支票按中国人民银行另行做出的规定期限提示。按《日内瓦统一法》,出票和付款在同一国家的应该在出票日起 8 日内提示;出票和付款在不同国家但在同一洲的,应该在出票日起 20 日内提示;出票和付款在不同国家且又不同在一洲的,应该在出票日起 70 日内提示。按《英国票据法》,支票应该在"合理时限"内提示 [通常出票日后 6 个月的支票在英国将被认为是"过时支票"(out-of-date cheque)而遭拒付]。

3. 支票的种类

支票的种类,见表 7-4。

表 7-4 支票的种类

分类标准	种 类	特 征
抬头	记名式支票 check to order	限制性抬头,收款人一栏中注明收款人名称,非经收款人签章不可支取
	不记名式支票 check to bearer	来人抬头,又称空白支票,支票上不注明收款人姓名,只写"付来人",在支票上不写明收款人姓名或写来人字样,银行可对支票的任何持票人付款
是否画线	画线支票 crossed check	正面画有两道平行线,它只能委托银行代收票款入账,不能提取现金,目的是为了在支票遗失,被人冒领时,还有可能通过银行代收的线索追回票款
	未画线支票 uncrossed check	可以通过银行将票款收入账户,也可以提取现金
是否保付	保付支票 certified check	付款银行应收款人或持票人要求在支票上签字或加盖"保付"戳记。支票一经保付,付款责任即由银行承担,银行是主债务人,出票人和背书人均可免于追索。付款银行对支票保付后,即将票款从出票人的账户转入一个专门账户,以备付款,所以保付支票提示时,不会退票
	非保付支票 uncertified check	出票人是主债务人
出票人	银行支票	由银行签发并由银行付款的支票,是银行即期汇票
	旅行支票等	由旅客等非银行个人或机构签发,由银行付款的支票

4. 支票与汇票的区别

支票与汇票的主要区别,见表 7-5。

表 7-5 支票与汇票的主要区别

比较项目	汇 票	支 票
票据性质	信用证券:出票人对付款人签发的无条件支付命令	支付证券:是存款人对银行签发的无条件支付命令

续表

比较项目	汇票	支票
到期日	有即期和远期之分。远期汇票有承兑、到期日等记载，如：定日付款、出票后定期付款和见票后定期付款等	即期付款，没有承兑、到期日的记载
出票人与付款人的关系	两者不必先有资金关系，通常是一种对价关系	两者必须先有资金关系
主债务人情况	即期汇票：由出票人承担主债务人的责任 远期汇票：在承兑前，由出票人承担主债务人责任；在承兑后，由承兑人承担主债务人责任，出票人则居于从债务人的地位	支票的主债务人永远是出票人
是否承兑	远期汇票需要付款人履行承兑手续	无须承兑手续
能否画线	除银行即期汇票外，一般不能画线	支票可以画线
运用范围	主要用于国际结算	主要用于国内结算
正本份数	一式两份或多份	一份

7.2 支付方式Ⅰ：汇付

在我国进出口业务中所采用的结算方式主要有汇付、托收和信用证三种方式。从资金的流向与支付工具的传递方向支付方式可分为顺汇和逆汇两种方法，顺汇下的结算工具的传送方向与资金的流动方向相同，逆汇下的结算工具的传送方向与资金的流动方向相反。汇付方采用的是顺汇法（favorable exchange），后面谈到的托收和信用证方式则采用的是逆汇法（adverse exchange）。从信用的角度，信用证属于银行信用，而汇付、托收则属于商业信用。

7.2.1 汇付的含义

汇付（remittance），又称汇款，指付款人主动通过银行或其他途径将款项汇交收款人。国际贸易货款的支付如采用汇付，一般是由买方按合同约定的条件（如收到单据或货物）与时间，将货款通过银行，汇交给卖方。汇款由于手续简单，银行手续费较少，已日益成为国际贸易和非贸易结算的一种重要支付手段。

7.2.2 汇付方式的当事人

(1) 汇款人（Remitter）。即汇出款项的人，在进出口交易中，汇款人通常是进口人。

(2) 收款人（Payee; beneficiary）。即收取款项的人，在进出口交易中通常是出口人。

(3) 汇出行（Remitting Bank）。即受汇款人的委托汇出款项的银行，通常是在进口地的银行。

(4) 汇入行（Receiving Bank）。即受汇出行委托解付汇款的银行，因此，又称解付行（Paying Bank），在对外贸易中，通常是出口地的银行。

汇款人在委托汇出行办理汇款时，要出具汇款申请书。汇出行一经接受申请就有义务按照汇款申请书的指示通知汇入行。汇出行与汇入行之间，事先订有代理合同，在代理合同规定的范围内，汇入行对汇出行承担解付汇款的义务。

7.2.3 汇付的种类及支付流程

汇付方式可分为信汇、电汇和票汇三种。

1. 信汇（mail transfer, M/T）

信汇是指汇出行应汇款人的申请，将信汇付款委托书寄给汇入行，授权解付一定金额给收款人的一种汇款方式。信汇方式的优点是费用较为低廉，但收款人收到汇款的时间较迟。

2. 电汇（telegraphic transfer, T/T）

电汇是指汇出行应汇款人的申请，利用拍发加押电报或电传等电讯手段将电汇付款委托书给汇入行，指示解付一定金额给收款人的一种汇款方式。电汇方式的优点是收款人可迅速收到汇款，但费用较高。

3. 票汇（remittance by banker's demand Draft, D/D）

票汇是指进口方向本地银行购买银行汇票，自行寄给出口方，出口方凭以向汇票上指定的银行取款。票汇除使用汇票外，也有使用本票与支票等票据的情况。

无论采用电汇、信汇还是票汇，其性质都属于商业信用，就风险来说，电汇小些，从手续而言，电汇付款最快，但费用也最高，信汇和票汇次之。其主要区别见表7-6。

表7-6 T/T、M/T 与 D/D 的主要区别

付款方式 \ 比较项目	结算工具	判定真实性的方法	收款人的取款方式	流通性	银行占用汇款时间	费率
T/T	电报、电传、SWIFT 文件	密押	汇入行通知取款	不可转让	短	较高
M/T	航空挂号邮件	有权签字人的签字	汇入行通知取款	不可转让	较短	低
D/D	汇票	汇票出票人的签字、票根等	持票人持汇票提示付款	汇票可以转让	长	低

7.2.4 汇付的使用

汇付结算方式手续简便，费用节省，支付快捷。因此，在国际贸易中，这种结算方式的使用越来越多，主要有以下几种。

1. 预付货款

预付货款（payment in advance），是指在进出口双方签订合同后，先由进口人付款，出口人在收款后交货。常见的预付货款又可以分为全部预付和部分预付两种。前者指进口人在收到运输单据或货物前，将全部货款付给出口人的方式，对出口人有利而进口人不利；在实务中，有时被称为"随订单付现"（cash with order），这种支付方式通常被用于跨国

公司之间的内部结算，或在出口人信誉较好、进口人又急需其货物时使用。后者是指进口人先预付部分货款，在进口人收到运输单据或货物后再付清全部货款的结算方式，有时被称为"订金"（down payment），这种支付方式通常被用于大型机械、成套设备或金额巨大的贸易中，对出口人而言，一方面，可以防止进口人将来取消购买合同而给出口人带来损失，另一方面，解决了出口人的生产启动资金。

2. 货到付款

货到付款（cash on delivery, COD）是指出口方在没有收到货款以前，先交出单据或货物然后由进口方主动汇付货款的方法。这种方法实际上是一种赊账业务（open account transaction）。出口方在发货后能否按时顺利收回货款，取决于买方的信用。如果进口方拒不履行或拖延履行付款义务，出口方就要发生货款落空的严重损失或晚收款的利息损失。因此，除非进口方的信誉可靠，出口方一般不宜轻易采用此种方式。

3. 凭单付款

凭单付款（remittance against documents），是进口商通过银行将款项汇给出口商所在地银行（汇入行），并指示该行凭出口商提供的某些商业单据或某种装运证明即可付款给出口商的一种结算方式。实际业务中这种支付方式多用于现货交易。

知识拓展

"前 T/T"和"后 T/T"

在国际贸易结算中，我们经常还看到前 T/T 和后 T/T 说法。"前 T/T"是指进口人付款在前、出口人发货在后、对进口人风险较大的一种付款方式，其主要表现形式有前 T/T 款到生产、前 T/T 款到发货、前 T/T 款到寄单等。"后 T/T"是指出口人发货在前、进口人付款在后、对出口人风险较大的一种付款方式，其主要表现形式有后 T/T 货到××天收款、T/T 提单日后××天收款等。前 T/T 和后 T/T 常常结合使用，如货款的 30% 以前 T/T 预付，其余货款等发货后支付，即后 T/T，有时也常与托收和信用证结合起来使用。

7.3 支付方式II：托收

7.3.1 托收的含义

托收作为结算的一种方式，适用于国际商会的《托收统一规则》（Uniform Rules for Collections）国际惯例。1978 年修订版简称为 URC322。1995 修订版简称 URC5522，即现行的国际商会最新出版物，于 1996 年 1 月 1 日起正式实施。最新修订本对国际托收程序、技术和法律等方面均有所修改。新规则已被许多国家的银行采纳，并据以处理托收业务中各方的纠纷和争议。我国银行在接受托收业务时，也遵循该规则办理。

国际商会制定的《托收统一规则》（URC522）对托收（collection）作了如下定义：托收是指由接到托收指示的银行根据所收到的指示处理金融单据和或商业单据以便取得付款／承兑，或凭付款／承兑交出商业单据，或凭其他条款或条件交出单据。

金融单据（financial documents），又指资金单据，是指汇票、本票、支票、付款收据或其他类似用于取得付款的凭证。

商业单据 (commercial documents) 是指发票、运输单据、物权单据或其他类似单据，或除金融单据以外的其他单据。

通俗地讲，托收是指债权人（出口人）出具债权凭证（如汇票）委托银行向债务人（进口人）收取货款的方式，即出口商在货物装运后，开立以进口商为付款人的汇票，连同商业单据（主要指提单、商业发票和保险单等）向出口地银行提出托收申请，委托出口地银行（托收行）通过其在进口地的代理行或往来银行（代收行）向进口商收取货款的一种支付方式。

7.3.2 托收的当事人

托收业务的基本当事人有四个，即委托人、托收行、代收行和付款人。

(1) 委托人 (principal)，是开出汇票并委托银行向国外付款人收款的出票人 (drawer)，通常就是卖方 (seller)。

(2) 托收行 (remitting bank)，是接受委托人的委托、办理托收业务的银行，通常为出口地银行。

(3) 代收行 (collecting bank)，是接受托收行的委托、代向付款人收款的银行，通常为进口地银行。

(4) 付款人 (payer)，是根据托收指示做出付款的人，通常为买方 (buyer)。

在托收业务中，有时还可能有以下当事人：

提示行 (presenting bank)，也称交单行，即向付款人提示汇票或单据并收取款项的银行。一般情况下，提示行就是与托收行有代理关系的代收行兼任。

需要时的代理——委托人的代表 (principal's representative in case of need)，是指如果货款一旦发生拒付，委托人指定一个在付款地代为照料货物存仓、转售、运回或改变交单条件等事宜的代理人。

7.3.3 托收的种类

1. 按是否随附单据的不同分类

按是否随附单据的不同，托收又可分为光票托收和跟单托收。

(1) 光票托收 (clean collection)，在实际业务中是指不附货运单据的托收，主要适用于向进口人收取货款差额、从属费用及索赔款等。

(2) 跟单托收 (documentary collection)，在实际业务中是指附有提单、商业发票等货运单据的托收。一般贸易上指的托收都是跟单托收，目的是把代表货物的货运单据与货款的支付当作对流条件。

2. 按交单条件的不同进行分类

按交单条件的不同，跟单托收可分为付款交单和承兑交单。

1) 付款交单

付款交单 (documents against payment, D/P)，是指卖方的交单以买方的付款为条件，即买方付款后才能向代收行领取货运单据。付款交单托收方式又有即期和远期之分。

即期付款交单（D/P at sight），是指卖方开具即期汇票通过银行向买方提示汇票和货运单据，买方如审核无误，则于见票（或见单）时即须付货款，在付清货款时领取货运单据，即所谓付款赎单。

远期付款交单（D/P after sight），是指由卖方开具远期汇票通过银行向买方提示汇票和货运单据，买方审核无误后即在汇票上承兑，并于汇票到期日付款赎单。汇票到期前，汇票和货运单据由代收行保管。

2) 承兑交单

承兑交单（documents against acceptance, D/A），是指卖方以买方承兑汇票为交单条件的方式，即买方在汇票上履行承兑手续后，即可向代收行取得货运单据，凭以提取货物，于汇票到期日付款。所以，承兑交单方式多见于远期汇票的托收。

3) 付款交单与承兑交单的业务流程比较

我们以示意图7.1为例来分别说明即期付款交单、远期付款交单和承兑交单的一般业务流程情况。请注意，虽然图例序号相同但因不同的付款方式而其流程内容有所不同。

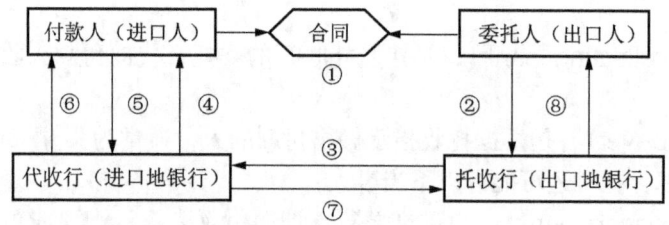

图7.1 托收业务流程

(1) 即期付款交单一般业务流程解释。

①出口人与进口人签订买卖合同，规定以即期付款交单方式结算货款。

②出口人按买卖合同规定装货后，填写托收申请书，开立即期汇票，连同货运单据交托收行委托其收取货款。

③托收行根据托收申请书缮制托收指示书，连同汇票、货运单据寄交进口地代收行委托其代收货款。

④代收行按照托收指示书的指示向进口人提示汇票与单据。

⑤进口人审单无误后付款给代收行。

⑥代收行交单给进口人，进口人凭单向承运人提货。

⑦代收行办理转账并通知托收行款已收妥。

⑧托收行向出口人转账付款。

(2) 远期付款交单一般业务流程解释。

①出口人与进口人签订买卖合同，规定以远期付款交单方式结算货款。

②出口人按买卖合同规定装货后，填写托收申请书，开立远期汇票，连同货运单据交托收行委托其收取货款。

③托收行根据托收申请书缮制托收指示书，连同汇票、货运单据寄交进口地代收行委托其代收货款。

④代收行按照托收指示书的指示向进口人提示汇票与单据，并要求对汇票进行承兑。

⑤进口人审单无误后在汇票上承兑，单据由代收行保管。

⑥代收行在汇票的到期日持汇票和单据向进口人进行付款提示，进口人付款后，代收行交单给进口人，进口人凭单向承运人提货。

⑦代收行办理转账并通知托收行款已收妥。

⑧托收行向出口人转账付款。

(3) 承兑交单一般业务流程解释。

①出口人与进口人签订买卖合同，规定以承兑交单方式结算货款。

②出口人按买卖合同规定装货后，填写托收申请书，开立远期汇票，连同货运单据交托收行委托其收取货款。

③托收行根据托收申请书缮制托收指示书，连同汇票、货运单据寄交进口地代收行委托其代收货款。

④代收行按照委托书的指示向进口人提示汇票与单据要求对汇票进行承兑。

⑤进口人审单无误后在汇票上承兑，进口人承兑后，代收行交单给进口人但保留汇票，进口人凭单向承运人提货。

⑥代收行在汇票的到期日持汇票向进口人进行付款提示，进口人向代收行付款。

⑦代收行办理转账并通知托收行款已收妥。

⑧托收行向出口人转账付款。

 应用案例

案情简介：我国某外贸企业与某国A商达成一项出口合同，付款条件为付款交单、见票45天后付款。当汇票及所附单据通过托收行寄抵进口地代收行后，A商及时在汇票上履行了承兑手续。货抵目的港时，由于用货心切，A商出具信托收据向代收行借得单据，先行提货转售。汇票到期时，A商因经营不善，失去偿付能力。代收行以汇票付款人拒付为由通知托收行，并建议由我方企业向A商索取货款。对此，你认为我外贸企业应如何处理？

案例分析：代收行凭信托收据将单据借给进口人，未经委托人授权，到期进口人失去偿付能力应由代收行负责。因此，我出口公司企业不能接受代收行要我向A商索取货款的建议，而应通过托收行责成代收行付款。

7.3.4 托收的使用

1. 托收的融资

在跟单托收支付方式下，出口人和进口人还可采用出口押汇和凭信托收据借单方式向银行获得资金融通。

1) 托收出口押汇

托收出口押汇 (collection bill purchased) 是指由托收行以买入出口人向进口人开立的跟单汇票的办法向出口人融通资金的一种方式。其实质是出口企业以代表货物所有权的单据作抵押品，由银行叙做的一种抵押贷款。具体做法是，出口人在按照出口合同规定发运货物后，开出以进口人为付款人的汇票，并将汇票及所附货运单据交托收行委托收取货款时，由托收行买入跟单汇票及其所附单据，按照汇票金额扣除从付款日（即买入汇票日）至预计收到票款日的利息及手续费，将款项先行付给出口人。这先付的款项，实际上是托收行对出口人的一种垫款，也是以汇票和单据作为抵押品的一种贷款。此时，托收行即作为汇票的善意持票人,将汇票和单据寄至代收行并通过代收行向进口人提示。票款收到后,即归还托收行的垫款。对银行来说这样有一定的风险,如果对国外进口商信用有可靠的了解,我国银行也可酌情开展此项业务。

2) 凭信托收据借单

凭信托收据借单又称进口押汇,主要指在远期付款交单条件下,进口人为了不占用资金或减少占用资金的时间,或者为了抓住有利行市,不失时机地转售货物,而提前付款赎单又有困难,希望能在汇票到期前或在付款以前先行提货,就可以要求代收行允许其借出单据,即出具信托收据(trust receipt, T/R)来提货、报关、存仓、保险、出售。对进口人而言,信托收据是进口人借单时向代收行提供的一种书面信用担保文件,对代收行而言,信托收据是给予进口人提供的一种融资。凭信托收据借单提货的做法,如果是代收自己决定的,而且在借出货运单据后,发生了汇票到期不能收到货款的情况,那么代收行应对出口人和托收行负全部责任;如果是由出口人主动通过托收行授权办理的,即所谓远期付款交单凭信托收据借单(D/P. T/R),日后进口人如汇票到期不能付款时,则与银行无关,一切风险概由出口人自己承担。

2. 托收条件下的安全收汇

托收方式属于商业信用,即银行委托人能否收回货款,完全取决于进口商的资信。银行只是按委托人的指示办事,没有检查单据的义务,也无承担付款人必须付款的义务。特别是承兑交单风险更大,一旦进口商到期不付款,出口商便会遭到货款全部落空的损失。

因此,在国际贸易中如果使用托收支付方式,一定要考虑到不同货物的销售情况、不同客户、不同国家的贸易习惯。为保证安全收汇,应注意以下几个方面的问题。

(1) 选择资信好的国外商人作为采用托收方式的交易对象,成交金额不易大,成交金额不能超过进口商的支付能力。对于资信欠佳和诚信程度无充分把握的客户,如必须采用托收方式结算出口货款的,可要求对方预付不低于货物往返运费、保险费和其他杂费的定金或预付款。

(2) 国外代收行一般不能由进口人指定,如确有必要,应事先征得托收行同意,以防进口人指定的代收行不可靠,或往来渠道不畅,造成代收行拒绝托收申请的被动局面也可能由于代收行信用不佳或产生意外而货款落空。

(3) 对贸易管制和外汇管制较严的国家,在使用托收方式时要特别谨慎,以免货到目的地后,由于不准进口或收不到外汇而造成损失。因为他们规定,对于进口需要领取许可证的商品,在成交时应规定进口人将领得的许可证或已获准进口外汇的证明在发运有关商品前寄达,否则不予发运。

(4) 要了解进口国家的贸易习惯,以免影响安全迅速收汇。如拉美国家的银行在处理远期付款交单时,在付款人承兑汇票后随即将单据交付给付款人,即把远期 D/P 改作 D/A 处理。为此,国际商会在新修订的 URC522 第 7 条中特别指出:"托收不应含有凭付款交付商业单据的远期汇票。"其用意就是劝阻出口人采用远期付款交单方式结算货款,如出口人执意要采用远期 D/P,则后果自负。

(5) 原则上应由我方办理保险,即争取以 CIF 或 CIP 条件成交,订立合同。如限于对方所在国的规定,必须由买方办理保险的交易,除应在货物装运后及时通知对方投保外,为保障我方利益,可由我方另外加保"卖方利益险"(contingency insurance clause covers sellers' interest only),以防万一货物遇险,买方未投保而又不付款赎单时,可由我方自己向保险公司索赔。卖方利益险只适用于托收(D/P 和 D/A)或赊销(O/A)的交易。

(6) 填写运输单据时,提单抬头最好做成"空白抬头,空白背书",不应以进口商为收货人。如需做代收行抬头时,应先与银行联系并经认可后办理。对此项交易,被通知人一栏,仍需详列进口人的名称和地址,以便承运人到货时及时通知。

(7) 托收单据的种类、内容、份数应严格按照买卖合同规定办理,以防买方找借口进行拒付。

(8) 加强与银行的沟通并仔细研究国际商会的《托收统一规则》的内容,诸如:

①银行必须确定所收到的单据与托收指示书所列的完全一致,对于单据缺少或发现与托收指示书中所列的单据不一致时,必须毫不迟延地用电讯或其他快捷方式通知发出托收指示书的一方。

②除非事先征得银行同意,货物不应直接运交银行,也不应以银行或其指定人为收货人。如果擅自这样做,银行无提货义务,其风险及责任由发货人承担。

③如委托人指定一名代表,在遭到拒绝付款和/或拒绝承兑时,作为需要时的代理,则应在托收指示书中明确且完整地注明该代理人的权限。如无此注明,银行将不接受该代理人的任何指示。

④托收如被拒绝付款或拒绝承兑,提示行必须毫不迟延地向发出托收指示书的银行送交拒绝付款或拒绝承兑的通知。委托行收到此项通知时,必须对单据处理给以相应的指示。提示行如在发出上项通知后 60 天以内仍未收到此项指示时,可将单据退回发出托收指示书的银行,而不负任何责任。

思考案例 I

案例简介: 我国 A 公司向拉丁美洲地区 B 公司出口一批货物 200 包,合同规定 5 月份装运,支付方式为 D/P 30 天。5 月 14 日卖方备齐全部单据向托收行办理 30 天远期付款交单手续。7 月 4 日代收行称,6 月 20 日汇票到期时 B 公司拒绝付款,据称因货物水分超过标准,甚至有部分霉粒,所以不肯接受。A 公司甚感奇怪,最后查知,B 公司早已提货,后因经营不善、资金周转出现困难,借故不付款;而且该国对远期付款交单托收一律按承兑交单方式处理,并非向代收行借单提货。最后 A 公司与 B 公司几次磋商,折价 15% 收回货款而结案。

案例问题: 我方 A 公司应从此事件中吸取什么教训?

3. 合同中的托收条款拟订

凡以托收方式结算货款的交易,在买卖合同的支付条款中,须明确规定交单条件和付款、承兑责任以及付款期限等内容。以下分别是即期付款交单、远期付款交单和承兑交单的五个实例:

例1:即期付款交单

买方应凭卖方开具的即期跟单汇票于见票时立即付款,付款后交单。

Upon first presentation the Buyers shall pay against documentary draft drawn by the Sellers at sight. The shipping documents are to be delivered against payment only.

例2：远期付款交单（见票后定付款期）

买方对卖方开具的见票后××天付款的跟单汇票，于提示时应即予承兑，并应于汇票到期日即予付款，付款后交单。

The Buyers shall duly accept the documentary draft drawn by the Sellers at...days sight upon first presentation and make payment on its maturity. The shipping documents are to be delivered against payment only.

例3：远期付款交单（按提单日期定付款期）

买方应凭卖方开具的跟单汇票，于提单日后××天付款，付款后交单。

The Buyers shall pay against documentary draft drawn by the Sellers at...days after date of B/L. The shipping documents are to be delivered against payment only.

例4：远期付款交单（按汇票出票日期定付款期）

买方应凭卖方开具的跟单汇票，于汇票出票日后××天付款，付款后交单。

The Buyers shall pay against documentary draft drawn by the Sellers at...days after date of draft. The shipping documents are to be delivered against payment only.

例5：承兑交单

买方对卖方开具的见票后××天付款的跟单汇票，于提示时应即承兑，并应于汇票到期日即予付款，承兑后交单。

The Buyers shall duly accept the documentary draft drawn by the Sellers at...days sight upon first presentation and make payment on its maturity. The shipping documents are to be delivered against acceptance.

7.4　支付方式Ⅲ：信用证

7.4.1　信用证的含义

信用证结算方式是随着国际贸易实践的发展，在银行参与国际结算的过程中逐步形成的。信用证自19世纪初出现以来，在实践中日益被广泛应用，已成为国际贸易中最常用的一种支付方式。

信用证(letter of credit 简称L/C) 又称信用状，是银行应买方要求和指示向卖方开立的、在一定期限内凭规定的单据，即期或在一个可以确定的将来日期，兑付一定金额款项的书面承诺。其实质是银行有条件地承诺付款的一种保证，而条件就是必须提交符合信用证规定的单据。

《跟单信用证统一惯例》（国际商会第600号出版物）（以下简称UCP600）第2条对信用证做了如下定义：

UCP600 Art 2: Credit means any arrangement, however named or described, that is irrevocable and thereby constitutes a definite undertaking of the issuing bank to honour a complying presentation.（信用证意指一项安排，无论其如何命名或描述，该安排不可

撤销并因此构成开证行对于相符交单予以兑付的确定承诺。)

兑付意指:
 a. 对于即期付款信用证即期付款。
 b. 对于延期付款信用证发出延期付款承诺并到期付款。
 c. 对于承兑信用证承兑由受益人出具的汇票并到期付款。

7.4.2 信用证涉及的当事人

1. 信用证当事人的数量

  信用证当事人是指在信用证业务中能行使相关权力和承担相关义务的当事人。信用证最少时当事人为2个,即开证行和受益人。一般是银行为其自身业务需要以自己名义向受益人主动开证。而信用证的基本当事人有4个,即开证行、受益人、通知行和开证申请人。如果通知行不进行议付而由专门的议付行议付,开证行不偿付而由专门的付款行偿付,则当事人为5个或6个。如果通知行对信用证加以保兑,则它又变成保兑行。如果再加上传递行、转让行和偿付行等,当事人会超过10个以上。

2. 信用证的主要当事人

  (1) 开证申请人 (applicant, opener) 又称申请人,即向银行申请开立信用证的人,一般是合同的进口人。进口商受到两种契约关系的约束:其一是与出口商之间的买卖合同;其二是与开证行之间的开证申请书。

  (2) 开证行 (opening bank, issuing bank),指应申请人要求或代表其自身开立信用证的银行。它由开证人选定,与开证人之间是委托代理关系,一般处在进口商所在地。

条款举例

 UCP600 Art 2: Issuing bank means the bank that issues a credit at the request of an applicant or on its own behalf. (开证行指应申请人要求或代表其自身开立信用证的银行。)

  (3) 通知行 (advising bank, notifying bank),指应开证行要求通知信用证给受益人的银行。它由开证行选定,可能是开证行的分行或代理行,与开证行之间是委托代理关系,一般处在出口商所在地。

  (4) 受益人 (beneficiary, in favor of),系指信用证中受益的一方,即享有信用证权益的一方,通常为出口人,也可能是中间商。出口商受到两种契约关系的约束:其一是与进口商之间的买卖合同;其二是与开证行之间的特殊契约即信用证。

  (5) 议付行 (negotiating bank),又称押汇银行,系指根据开证行的授权买入或贴现受益人开立或提交符合信用证规定的汇票或单据的银行。议付行可以由通知行或保兑行兼任,也可以是出口地的其他银行。议付行议付单据后便可以向开证行寄单索偿,如果遭到开证行拒付,议付行对受益人有追索权。

  (6) 付款行 (paying bank),也称为代付行,系指开证行指定代付行信用证项下付款或充当汇票付款人的银行。如果开证行不指定其他银行付款,则付款行一般为开证行自己。付款行一经接受开证行的代付委托,其审单付款责任与开证行一样,也属于"终局性"的;

有时，信用证指示付款行不必审单、仅凭交单行或受益人的单证相符声明付款，则付款行付款后也没有追索权。

(7) 保兑行（confirming bank），系指依受益人的要求并经开证人申请人同意，开证行委托或授权另一家银行对信用证加具保兑的银行，并承担议付、承兑和付款责任的银行。开证行通常邀请通知行兼任保兑行，也可能授权另一家银行充当之。保兑行与开证行一样，都"承担第一付款"责任。

(8) 偿付行（reimbursing bank），又称清算银行，系指根据开证行的要求，对指定的议付行或兑付行进行偿还垫款的银行。索偿行可以是议付行、付款行、承兑行、保兑行。如果开证行与索偿行没有账户关系，特别是信用证采用第三国货币结算时，开证行会指定另一家与其有账户关系的、货币所在国的银行充当偿付行。所以，偿付行往往是第三国银行，也可以由通知行兼任。偿付行仅凭索偿书付款，不接受单据、不审核单据、不与受益人发生关系，偿付行的付款不能视为开证行的付款。索偿行将单据直接寄给开证行，将索偿书径直寄给偿付行。如果开证行审单证发现不符点，即使偿付行已经付款，也无权向偿付行追索，只能向索偿行追索。

应用案例

案情简介：中国某公司曾按CIF条件和信用证付款方式向美国一商人出售一批油脂，合同规定下年度1~3月份装运，但未约定开证日期。合同订立后，油脂市价下降，美商遂拖延开证。到装运期即将届满时，中方连续催对方开证，美商拖到3月14日才开来信用证。中方鉴于时间紧迫，要求延长装运期，美方以天气变热为由，不同意延期，并随意撕毁了合同。中方对此却未提出异议，即不了了之。请分析卖方有哪些失误？

案例分析：本案合同项下的交易是按CIF条件和信用证付款方式成交，故在约定装运期的同时，还应合理地确定开证日期，以便买方开证后，卖方有足够的时间安排船位和装运货物，合同中未约定开证日期，是卖方的严重失误；其次，按照国际贸易惯例，即使合同未约定开证日期，买方也应在装运期开始前一个合理的时间内开来信用证，而卖方在合同订立后，又未能及时、有力地催促对方开证；三是对买方无理拒绝延长装运期和肆意毁约未提出异议和采取应对措施来维护自身的合法权益，而是采取不负责任的、不了了之的错误做法。

思考案例2

案例简介：2007年11月14日，买卖双方按CIF条件签订一项羊毛合同，双方约定：装运期为1997年12月15日前。支付条件是买方在2007年12月1日前向卖方开立不可撤销的提单日180天远期信用证。合同签订后的11月28日，卖方通知买方，表示货已备妥，要求对方开立信用证。买方见羊毛价格下跌，便拖延开证，直至开证日期和装运期过后仍未开证。2008年2月18日，买方又以市场情势变迁为由而提出降价的要求，卖方没有同意。随后，卖方以买方违约为由，要求买方赔偿损失。买方则认为，买方开证和卖方交货是合同有效成立的先决条件，在买方未开证、卖方也未交货的情况下，合同对双方均无约束力，故买方拒赔，卖方遂向中国国际经济贸易仲裁委员会申请仲裁。

案例问题：如果你是裁判员，裁决结果将如何？

7.4.3 信用证的主要内容

信用证虽然至今尚无统一格式，但其基本内容大致相同。通常主要包括以下内容：

(1) 对信用证本身的说明：信用证的种类（form of credit）、编号（L/C number）、开证

日期 (issuing date)、有效期 (expiry date)、交单日 (presentation date)、到期地点 (expiry place)、币别和金额 (currency code & amount)、有关当事人的名称、地址等。

(2) 货物描述：货物品名、货号和规格 (commodity name, article number and specification)、数量 (quantity)、包装 (packing)、单价 (unit price)、唛头 (shipping marks) 等。

(3) 装运条款：运输方式、装运港（地）(port/place of loading/shipment)、目的港（地）(port/place of discharge or destination)、装运期限 (latest date of shipment)、可否分批装运 (partial shipment allowed/ not allowed)、可否转运 (transshipment allowed/not allowed)。

(4) 单据条款：规定应附单据的种类 (kinds)、份数 (copies)、格式 (form)、语言 (language)、签发 (signature) 条款。

(5) 其他条款：交单期限 (documents presentation period; period for presentation of documents)、偿付条款 (reimbursement clause)、银行费用条款 (banking charges clause)、信用证生效或未生效条款 (operative and inoperative clause)、自动延期条款 (automatic extension clause)、特别条款 (special conditions)、开证行对议付行的指示 (instructions to negotiating bank)、索汇方法 (method of reimbursement)、寄单方法 (method of dispatching documents)、不符点费用条款 (the clause of discrepant fee)、惯例适用条款 (subject to UCP Clause)。

(6) 责任文句：开证行付款保证 (engagement /undertaking clause) 和签字 (signature)。

条款举例

UCP600 Arti 2: A credit must state the bank with which it is available or whether it is available with any bank. A credit available with a nominated bank is also available with the issuing bank.（信用证必须规定可以有效使用信用证的银行，或者信用证是否对任何银行均为有效。对于被指定银行有效的信用证同样也对开证行有效。）

7.4.4 信用证的基本业务流程

从信用证支付方式的一般程序来看，信用证业务操作过程中基本上要包括申请、开立、通知、议付、索偿、偿付、付款和赎单等环节。下面以常用的"即期不可撤销跟单议付信用证"为例，来说明信用证的基本业务流程，如图7.2所示。

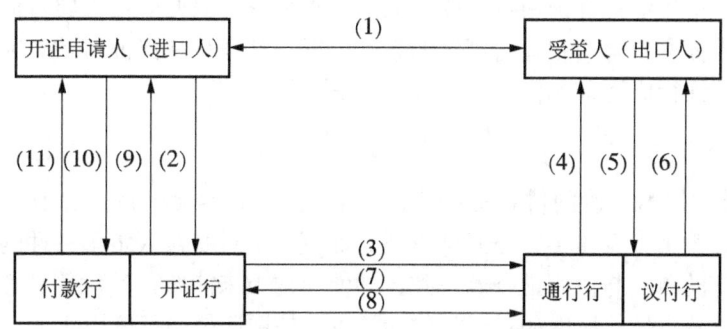

图 7.2 即期不可撤销跟单议付信用证流程图

(1) 进出口商签订贸易合同，规定使用议付跟单信用证支付。

(2) 申请开证：进口商（申请人）按合同规定向当地银行（开证行）提出申请，并交付押金或提供其他担保，要求其开立信用证。

(3) 开立信用证：开证行接受开证申请后，以出口商为受益人以航空挂号信信开方式或以传真、SWIFT 等电开的方式开证。

(4) 通知或转递信用证：通知行检验信用证真伪后将信用证转给出口商（受益人）。

(5) 审证、发货与交单：出口商接到信用证后，根据贸易合同和此时装运情况认真核对正确与否。如发现不符，可要求进口商通过开证行改证，或拒收信用证；如审核无误后，则装运货物出口，取得和缮制各类货运单据，连同正本信用证交议付行要求议付或要求保兑行（如有）付款。

(6) 议付：议付行审单无误后预垫款项或答应垫款；或保兑行（如有）付款；如发现单证不符，则可拒付。

(7) 索偿：议付行或保兑行（如有）接受单据后，应在信用证背面注销所付金额（背批）并将单据寄送开证行或其指定收件人，同时向开证行或其指定偿付行索偿。单据通常分正副两批先后寄发，以免遗失。

(8) 偿付：开证行或其指定的偿付行收到单据后，核对无误，即对出口商或议付行或保兑行等付款。

(9) 通知付款：开证行通知进口商付款赎单。

(10) 进口商核对单据无误后，付款赎单。

(11) 开证行交单之后，进口商凭单取货。

条款举例

UCP600 Art 2: Negotiation means the purchase by the nominated bank of drafts (drawn on a bank other than the nominated bank) and/or documents under a complying presentation, by advancing or agreeing to advance funds to the beneficiary on or before the banking day on which reimbursement is due to(to be paid the nominated bank. [议付意指被指定银行在其应获得偿付的银行日或在此之前，通过向受益人预付或者同意向受益人预付款项的方式购买相符提示项下的汇票（汇票付款人为被指定银行以外的银行）及/或单据。]

7.4.5 信用证的性质、特点和作用

如前所述，信用证是开证银行对受益人的一种保证，只要受益人履行信用证所规定的条件，即受益人提交符合信用证所规定的各种单据，开证行就保证付款。因此，在信用证支付方式下，开证行成为首先付款人，故属于银行信用。

1. 信用证的特点

(1) 开证行承担第一性的付款责任（primary liabilities for payment）。无论在任何情况下，信用证都表示银行（不管是开证行还是保兑行）对受益人负第一性的付款责任。只要受益人所提交的单据与信用证条款一致，即使申请人未能履行其付款义务，银行也应承担对受益人的付款责任。所以相对于汇付和托收，信用证是银行信用。

(2) 信用证是一份独立的文件 (self-sufficient instrument)。信用证是以买卖双方签订的合同为基础的，但它一经开立，就成为独立于合同的另一种契约。信用证业务中的有关当事人，包括银行与受益人只受信用证规定的各种条款的约束。所以说，相对于合同而言，信用证是自足文件。

(3) 信用证付款方式是纯单据买卖 (pure documentary transaction)。在信用证业务中，各有关当事人处理的只是单据。实际货物是否与销售合同一致，对于银行来说无关紧要。银行只负责谨慎地审查所有单据，确认它在表面上是否与信用证条款一致。但对于欺诈性的单据，银行不知情则不予负责。所以相对于货物买卖而言，信用证项下的交易是单据买卖。

条款举例

UCP600 Art 5: Banks deal with documents and not with goods, services or performance to which the documents may relate. (银行处理的是单据，而不是单据所涉及的货物、服务或其他行为。)

应用案例

案情简介：我国A公司在春交会上与日本B公司成交一笔银耳出口贸易，合同规定7月份装船，不可撤销即期信用证付款6月20日，A公司收到中国银行转来由日本东京银行开立的不可撤销即期信用证，证中规定偿付行为纽约花旗银行6月底A公司正待发货时，得知B公司因资金问题濒临破产倒闭的消息。这种情况下，A公司应如何处理？

案例分析：就信用证性质而言，信用证支付方式属银行信用，开证行承担第一性付款责任。即使开证申请人（买方）已经倒闭，开证行在收到符合信用证各项条款规定的单据后仍应承担付款责任。据此，本案中开证行和偿付行又均为知名银行，A公司应抓紧时间于7月初发货并严格按照信用证要求制作、提交全套合格单据，然后向中行办理议付后由中行向偿付行索偿，以顺利收汇，货物也不致积压。

2. 信用证的作用

作为国际贸易中最重要的付款方法，信用证主要有安全保证作用和资金融通作用，但对于信用证不同的当事人有着不同的作用。

1) 对出口商的作用

(1) 保证出口商凭单取得货款。在信用证支付方式下，由银行承担付款责任。只要出口商交货后提交信用证规定的单据，做到单证相符，开证行保证支付信用证规定的金额。因此，出口商交货后不必担心进口商到期不付款，信用证支付为出口商收取货款提供了较为安全的保障。

(2) 使出口商得到外汇保证。在进口管制和外汇管制严格的国家，如许多非洲和拉美国家的进口商要向本国申请外汇得到批准后，方能向银行申请开证，出口商如能按时收到信用证，说明进口商已得到本国外汇管理当局使用外汇的批准，因而可以保证出口商履约交货后，按时收取外汇。

(3) 可以取得资金融通。出口商在交货前，可凭进口商开来的信用证作抵押，向出口地银行借取打包贷款 (packing credit)，用以收购、加工、生产出口货物和打包装船；或出口商在收到信用证后，按规定办理货物出运，并提交汇票和信用证规定的各种单据，叙作押汇取得货款。这是出口地银行对出口商提供的资金融通，从而有利于其资金周转，扩大出口。

2) 对进口商的作用

(1) 可保证取得代表货物的单据。在信用证方式下,开证行、付款行、保兑行的付款及议付行的议付货款都要求做到单证相符,都要对单据表面的真伪进行审核。因此,可以保证进口商收到的是代表货物的单据,特别是代表物权凭证的海运提单。

(2) 保证按时、按质、按量收到货物。进口商申请开证时可以通过控制信用证条款来约束出口商交货的时间、交货的品质和数量,如在信用证中规定最迟的装运期限以及要求出口商提交由信誉良好的公证机构出具的品质、数量或重量证书等,以保证进口商按时、按质、按量收到货物。进口商在申请开证时,通常要交纳一定的押金,如开证行认为进口商资信较好,进口商就有可能在少交或免交部分押金的情况下履行开证义务。

3) 对银行的作用

进口商在申请开证时要向银行交付一定的押金或担保品,为银行利用资金提供便利。此外,在信用证业务中,银行每做一项服务均可取得各种收益,如开证费、通知费、议付费、保兑费、修改费等各种费用。因此,承办信用证业务是各银行的业务项目之一。在国际贸易结算中,履历良好的银行以其高质量的服务促进了信用证业务的发展。

诚然,信用证方式在国际贸易结算中也并不是完美无缺的。例如,买方不按时开证、不按合同规定条件开证或故意设下陷阱使卖方无法履行合同,或履行交货、交单后因不符信用证规定被拒付而使出口商遭受损失。又如,受益人如果变造单据使之与信用证条款相符,甚至制作假单据,也可从银行取得款项,从而使进口商成为欺诈行为的受害者。此外,使用信用证方式在具体业务操作上的手续一般较汇付和托收烦琐,费用也较多,业务成本较高。而且无论是申请开证,还是审证、审单,技术性均较强,稍有不慎,容易产生疏漏、差错,以致造成损失。

7.4.6 信用证的种类

在常见的信用证中,就其性质、用途、期限、流通方式以及转让和反复使用的可能性等特点,可分为以下几种。

1. 可撤销信用证和不可撤销信用证

(1) 不可撤销信用证 (irrevocable L/C),是指信用证一经开出,在有效期内未经受益人同意、开证行不得片面撤销或修改的信用证。只要受益人提供的单据符合信用证的规定,开证行就必须履行付款义务。这种信用证对受益人的保障较大,使用最广泛。

(2) 可撤销信用证 (revocable L/C),是指开证行可不经受益人同意而可以随时修改或撤销的信用证。此种信用证的开证行在法律上并无约束力,使用很少。

 条款举例

UCP600 Art 5: A credit is irrevocable even if there is no indication to that effect.(信用证是不可撤销的,即使信用证中对此未作指示也是如此。)

2. 跟单信用证和光票信用证

(1) 跟单信用证 (documentary L/C),是指开证行凭跟单汇票或仅凭单据付款、承兑或议付的信用证。国际贸易所使用的信用证,绝大部分是跟单信用证。

(2) 光票信用证 (clean L/C),是指开证行仅凭不附单据的汇票付款的信用证。在采用信用证方式预付货款时,通常采用光票信用证。

3. 即期信用证和远期信用证

(1) 即期信用证 (sight L/C),是指该证授权受益人开立即期汇票,开证行见票即付的信用证。即期信用证的最大优点是只要提交正确的单据,受益人便可立即取得货款。这给了受益人更多的安全,而且又可帮助其加速资金周转。

知识拓展

电汇索偿条款

电汇索偿条款 (T/T reimbursement clause),是指开证行允许议付行用电报、电传或 SEIFIT 网络传递方式通知开证行或指定付款行,说明各种单据与信用证规定相符,开证行或指定付款行、偿付行应即以电汇方式将款项拨交议付行。由于电讯传递较邮寄快,因此,信用证带列电报索偿条款的,出口方可加快收回货款,但进口方则要提前付出资金。付款后如发现收到的单据与信用证规定不符,开证行或付款行对议付行有行使追索的权利。这是因为此项付款是在未审单的情况下进行的。

(2) 远期信用证 (usance L/C),是指开证行或其指定的付款行在收到符合信证条款的汇票及/或单据后,在规定的期限内保证付款的信用证。其主要作用是便利进口人资金融通。下面谈到的承兑信用证、延期付款信用证和远期议付信用证都是远期信用证。

知识拓展

假远期信用证

假远期信用证 (usance L/C payable at sight),即开证行开出的信用证虽然是远期信用证,但出口人可以在装船后凭远期汇票随附装运单据即期收汇。在这种信用证中,而这种"远期汇票可即期付款,所有贴现和承兑费用由买方负担"(The usance draft is payable on a sight basis, discount charges and acceptance commission are for buyer's account)。使用假远期信用证对三方都有利,首先,对出口人来说与即期信用证没有多大差别,能够即期十足收款,只负汇票到期前被追索的风险;其次,对进口人而言只付少量的利息,就可以在远期汇票到期时,才向银行付款,实际上是套用了银行的资金;最后,对银行而言,得到了更多的利息。假远期信用证一般是为了利用第三国资金,或者在外汇管制较严,不允许开即期信用证的国家使用。

4. 保兑信用证和不保兑信用证

(1) 保兑信用证 (confirmed L/C),是指开证行开出的信用证,由另一银行(保兑行)保证对符合信用证条款规定的单据履行付款义务。这样,这个信用证就具有开证行与保兑行的双重保证,对出口商最为有利。保兑行的付款责任,是以规定的单据在到期日或以前向保兑行提交并符合信用证的条款为条件。保兑行付款后对收益人或其他前手无追索权。由于保兑信用证提出了额外的要求,银行通常对开立此种信用证收费较多。

(2) 不保兑信用证 (unconfirmed L/C),是指开证行开出的信用证没有经另一家银行保兑。当开证行资信较好和成交金额不大时,一般都使用这种不保兑的信用证。

条款举例

UCP600 Art 5: A confirming bank is irrevocably bound to honor or negotiate as of the time it adds its confirmation to the credit（保兑行自其为信用证加具保兑之时起，就不可撤销地要承担兑付或者议付的责任。）。

 应用案例

案情简介： 我国 A 公司向巴基斯坦 B 公司出口 1 100 箱罐头。合同规定 9 月 30 日前装运不可撤销即期信用证付款。合同签订后，买方按时开来不可撤销即期信用证，该证由设在我国境内的 F 银行通知并加保兑。A 公司在货物装运后，将信用证要求的单据送交 F 银行议付，F 银行审单无误，向 A 公司支付货款。F 银行随即向开证行寄单索偿，但此时，开证行因经营不善已宣布破产。于是，F 银行要求 A 公司将议付的货款退还，并建议 A 公司可委托其向买方 B 公司直接索取货款。对此 A 公司应如何处理？为什么？

案例分析： 我方应按规定交货并向该保兑行交单，要求付款。因为根据 UCP 600，信用证一经保兑，保兑行与开证行同为第一性付款人，只要 A 公司提交信用证要求的合格单据，保兑行对受益人就要承担保证付款的责任，未经受益人同意，该项保证不得撤销。因此本案中，F 银行作为保兑行无权要求 A 公司退还货款。

 思考案例 3

案例简介： 某公司向国外 A 商出口货物一批。A 商按时开来不可撤销即期议付信用证，该证由设在我国境内的外贸 B 银行通知并加保兑。我公司在货物装运后，将全套合格单据送交 B 银行议付，收妥货款。但 B 银行向开证行索偿时，得知开证行因经营不善已宣布破产。于是，B 银行要求我公司将议付的货款退还，并建议我方可委托其向 A 商直接索取货款。

案例问题： 对此你认为我公司应如何处理？为什么？

5. 付款信用证、承兑信用证与议付信用证

（1）付款信用证（payment L/C），指指定某一银行付款的信用证，一般不要求收益人开具汇票，而仅凭收益人提交的单据付款。付款行一经付款，对收益人均无追索权。付款信用证有即期付款信用证（sight payment L/C）与延期付款信用证（deferred payment L/C）。

（2）承兑信用证（acceptance L/C），是指定某一银行承兑的信用证，即当受益人向指定银行开具远期汇票并提示时，指定银行即行承兑，且汇票到期日时再行付款。

（3）议付信用证（negotiation L/C），是指开证行允许受益人向某一指定银行或任何银行交单议付的信用证。外贸业务中使用的信用证，大部分为议付信用证。

 **知识拓展**

议付信用证的分类

议付信用证又分为公开议付信用证和限制议付信用证。公开议付信用证又称自由议付信用证，即收益人可到任何银行办理议付。限制议付信用证是指开证行规定某一银行或开证行自己进行议付的信用证。公开议付信用证与限制议付信用证的到期地点都在议付行所在地。这种信用证议付后，如因故不能向开证行索得票款，议付行有权对收益人行使追索权。

6. 可转让信用证与不可转让信用证

(1) 可转让信用证 (transferable L/C) 是指信用证的收益人（第一收益人）可以要求授权付款，承担延期付款责任，承兑或议付的银行（即转让银行），或当信用证是自由议付时，可以要求信用证中特别授权的转让银行，将信用证全部或部分转让给一个或数个收益人（第二收益人）使用的信用证。可转让信用证只能转让一次，即只能由第一收益人转让给第二收益人，第二收益人不得要求将信用证转让给其后的第三收益人。但是，再转让给第一收益人，不属于被禁止转让的范畴。

(2) 不可转让信用证 (non-transferable L/C)，是指收益人不能将信用证的权利转让给其他人的信用证。凡是信用证中未注明"可转让"者，就是不可转让信用证。

转让信用证时的注意事项

信用证只能按原信用证规定条款转让，但信用证金额、商品单价、到期日、交单日及最迟装期可以减少或提前，投保加成可增加，开证申请人可以变动。信用证在转让后，第一收益人有权以自身的发票替换第二收益人的发票或汇票。其金额不得超过信用证规定的原金额。如信用证规定了单价，应按原单价开立。在替换发票和汇票时，第一收益人可以在信用证项下取得自身发票和第二收益人发票之间的差额。但信用证的转让并不等于买卖合同的转让，如第二收益人不能按时交货或单据有问题，第一收益人仍要负买卖合同上的卖方责任。

UCP600 Art 38 c: Unless otherwise agreed at the time of transfer, all charges (such as commissions, fees, costs or expenses) incurred in respect of a transfer must be paid by the first beneficiary. [除非转让时另有约定，所有因办理转让而产生的费用（诸如佣金、手续费、成本或开支）必须由第一受益人支付。]

7. 循环信用证

循环信用证 (revolving L/C)，是指受益人在一定时间内利用规定金额后，能够重新恢复信用证原金额并再度使用，周而复始，直至达到该证规定次数或累计总金额用完为止的信用证。循环信用证一般适用于货物比较大宗单一，可定期分批均衡供应、分批支款的长期合同。对进口人来说，可节省逐笔开证的手续和费用，减少押金，有利于资金周转；对出口人来说，可减少逐批催证和审证的手续，又可获得收回全部货款的保障。循环信用证又可分为按时间循环信用证和按金额循环信用证。

案情简介：广州电力公司拟从越南某公司进口煤炭用于火力发电厂发电，每月所需货款约 500 万美元，全年约 6 000 万美元，采用信用证付款。为了节约资金，提高资金的利用效率，电力公司应如何开立信用证较合适？

案例分析：广州电力公司如果开立全年的信用证，所需货款为 6 000 万美元，电力公司必须提交大量的保证金，银行才可能同意开证，而且该笔保证金存放时间长，对电力公司的资金利用不利。由于每月都有 500 万美元煤炭的交货，因此，电力公司最好开立金额为 500 万美元的信用证，每月按金额循环一次，既可减少资金占用，也可节约开证费。

8. 对开信用证

对开信用证（reciprocal L/C），对开信用证是指两张信用证的开证申请人互以对方为受益人而开立的信用证。对开信用证的特点是第一张信用证的受益人（出口人）和开证申请人（进口人）就是第二张信用证的开证申请人和受益人，第一张信用证的通知行通常就是第二张信用证的开证行。两张信用证的金额相等或大体相等，两证可同时互开，也可先后开立。对开信用证多用于易货贸易、来料来件加工装配业务和补偿贸易业务中较多采取的一种结算方式。

 应用案例

案情简介：广东A公司与国外B公司签订一份合同，从该国进口鱼苗和相关的饲料，半年后由B公司负责按拟好的价格收购出口，A公司花费500万美元购买鱼苗并在该地区大力宣传饲养，从B公司进口200万美元的饲料。半年后，由于市场变化，价格大跌，B公司不愿意按拟订价格收购，造成我方损失。A公司应如何规避此类风险？

案例分析：针对本案，广东A公司进口在先，而且金额较大、时间较长，虽然签订了合同，但市场有可能变化，B公司有可能不履行合同。A公司如果采用对开信用证，在我方进口对方产品的同时，要求对方开立收购产品的信用证，证中明确价格和数量，则我方可规避B公司不履行合同的风险。

9. 对背信用证

对背信用证（back to back L/C），又称转开信用证或背对背信用证，指受益人要求原证的通知行或其他银行以原证为基础，另开一张内容相似的新证。对背信用证的收益人可以是国外的，也可以是国内的。对背信用证主要用于以下几种情况：中间商转售他人货物，从中图利；两国不能直接办理进出口贸易而需要通过第三国沟通贸易；原证是不可转让的；原证受益人不提供全部规定货物等。

 知识拓展

使用对背信用证的注意事项

对背信用证的内容除开证人、受益人、金额、单价、装运期限、有效期限等可有变动外，其他条款一般与原证相同。由于对背信用证的条款修改时，新证开证人需得到原证开证人的同意，所以，修改比较困难，而且所需时间也较长。对背信用证与可转让信用证的根本区别在于：可转让信用证的新证是同一个开证行保证付款；对背信用证的对背证与原证是两个信用证，由两个不同的银行分别保证付款。

10. 预支信用证

预支信用证（anticipatory L/C），是指开证行授权代付行（通常是通知行）向收益人预付信用证的全部或一部分，由开证行保证偿付并负担利息的信用证。预支信用证与远期信用证相反，开证行付款在先，收益人交单在后。预支信用证可分全部或部分预支。预支信用证凭出口人的光票或一份负责补交信用证规定单据的声明书付款。如出口人以后不交单，开证行和代收行并不承担责任。当货运单据交到后，代付行在付给剩余货款时，将扣除预支货款的利息。为引人注目，这种预支货款的条款，常用红字，故习称"红条款信用证"。现今信用证的预支条款并非都用红色表示，但效力相同。

11. 备用信用证

备用信用证（standby L/C），又称担保信用证，是一种特殊形式的信用证。它是指开证行根据开证申请人的请求向受益人开立的承诺承担某一项义务的凭证。如果开证申请人违约，受益人即可在备用信用证的有效期限和规定金额内，根据备用信用证的规定开具汇票，连同一份声明书（Statement），说明或证明开证申请人不能履约的情况，提交开证行要求付款以取得补偿。然而，如果开证申请人按期履行合同的义务，受益人就无须要求开证人在备用信用证项下支付任何货款或赔款，所以称为备用信用证。有的国家的法律为了不让银行介入商业纠纷，只允许担保公司开立保证书，禁止银行开立保证书，例如，美国、日本等国的银行就只能以开立备用信用证的办法来适应实际业务的需要。于是，备用信用证就应运而生，而且逐渐在全世界范围内得到推广。它适用的国际惯例除了 UCP600 外，还有 URDG758 和 ISP98。

信用证开立方式及 SWIFT

根据国际商会制订的《开立跟单信用证标准格式》和《国内信用证结算办法》的规定，我国开立信用证可以采用信开和电开方式。信开信用证是由开证行加盖信用证专用章和经办人名章并加编密押，寄送通知行；电开信用证是由开证行加编密押，以电传、传真、SWIFT 等各种电信方式发送通知行。目前最重要和通用的形式是 SWIFT 系统开证。

SWIFT 是环球银行间金融电信协会（Society for Worldwide Interbank Financial Telecommunication）的简称。该组织是一个国际银行同业间非营利性的国际合作组织，于 1973 年 5 月在比利时成立，专门从事传递各国之间非公开性的国际金融电信业务，其中包括：外汇买卖、证券交易、开立信用证、办理信用证项下的汇票业务和托收等，同时还兼理国际账务清算和银行间的资金调拨。

凡依据国际商会所制定的电信信用证格式设计，利用 SWIFT 网络系统设计的特殊格式，通过 SWIFT 开立或通知的信用证即称为 SWIFT 信用证。SWIFT 信用证具有标准化、固定化和统一格式的特性，具有安全高、速度快、费用低、自动加核密押等特点。

案情简介： 我国 A 公司与印尼 D 公司签订一份 FOB 上海的玩具出口合同。合同规定，从上海港至雅加达港不迟于 9 月 30 日装运，不可撤销即期信用证付款。合同签订后，A 公司收到 D 公司通过银行开来的 SWIFT 信用证，审证发现该信用证中未明确规定"不可撤销"字样。我 A 公司是否必须要求对方修改信用证？为什么？

案例分析： 该信用证不需要修改就可使用。因为，按规定 SWIFT 信用证都依照 UCP600 解释，而根据 UCP 600 的规定，跟单信用证必须是不可撤销的。因此，我方不需要对方改证即可认为该证是不可撤销的。

7.4.7 与跟单信用证相关的国际惯例 UCP600、ISBP745 和 eUCP

目前，在首次和大宗的国际贸易中，跟单信用证结算方式是国际贸易中通常使用的一种支付方式。但是，由于国际上不同的国家、组织和个人对跟单信用证有关当事人的权利、责任，信用证所使用的条款及术语的定义等缺乏统一的解释和公认的准则，致使各国银行都根据各自的习惯和规定处理国际结算业务，而使得信用证各有关当事人之间的争议和纠纷经常因为对单据理解不同或借口不同而发生。为了减少因解释和习惯不同而引起争端，统一在信用证结算问题上的认识，国际商会先后制订了与跟单信用证相关的几个密切的国际惯例 UCP600、ISBP745 和 e UCP。

1. UCP600

UCP600 的英文全称为 Uniform Customs and Practice for Documentary Credits(2007 Revision) ICC Publication NO.600（简称UCP600），即《跟单信用证统一惯例（2007年修订本）》国际商会第600号出版物，简称UCP600。该惯例最早版本为1933年公布的第82号出版物，并先后于1951年、1962年、1974年、1983年、1993年经历多次修改。最新的版本是2007年修订成的UCP600。《跟单信用证统一惯例》并不是国际性的法律，但已为世界上各国普遍接受和使用，并成为一种公认的国际惯例，至今已被170多个国家和地区的银行所采用，可以说《统一惯例》的适用已具有全球性。必须指出的是，虽然UCP600是国际惯例，获得了世界范围内的普遍采用，但是它不具有强制性，只有在当事人同意使用时，才对该当事人具有约束力。一般在信用证中注明"按UCP600办理"（UCP600第1条对此有明确规定），而且SWIFT网络传递和开列的信用证都要自动适用UCP，如果当事人不愿使用UCP，则须在SWIFT信息中明确宣称"此证未适用跟单信用证统一惯例"。所以，未作此项加注的信用证，其他银行和当事人几乎都不愿意接受。有鉴于此，目前，我国银行在对外开立的信用证上也都加上了这一文句。

UCP600 内容共计39条，具体如下。

第1~5条为总则部分，包括UCP的适用范围、定义条款、解释规则、信用证的独立性等；

第6~13条明确了有关信用证的开立、修改、各当事人的关系与责任等问题；

第14~16条是关于单据的审核标准、单证相符或不符的处理的规定；

第17~28条属单据条款，包括商业发票、运输单据、保险单据等；

第29~32条规定了有关款项支取的问题；

第33~37条属银行的免责条款；

第38条是关于可转让信用证的规定；

第39条是关于款项让渡的规定。

2. ISBP745

ISBP 的英文全称为 International Standard Banking Practice for the Examination of Documents under Documentary Credits，即《审核跟单信用证项下单据的国际标准银行实务》（简称ISBP），版本分别有2003年为UCP500下的ISBP645、2007年UCP600下的ISBP681，及2013年的最新修订本ISBP745，即国际商会第745号出版物。ISBP是国际商会在信用证领域编纂的与UCP相配套适用的国际惯例，是一个供单据审核员在审核跟单信用证项下提交的单据时使用的审查项目（细节）清单。ISBP不仅是各国银行、进出口公司信用证业务单据处理人员在工作中的必备工具，也是法院、仲裁机构、律师在处理信用证纠纷案件时的重要依据，它的生效在各国的金融界、企业界、法律界产生重大影响。

信用证结算，一是信用证运作，二是信用证审单。如果说国际商会最重要的一部国际惯例——UCP600，是信用证结算的圣经，那么，作为 UCP600 的最重要补充的国际商会的另一部准国际惯例——ISBP745，无疑就是当仁不让的信用证审单的圣经。

ISBP 内容共包括先期问题、总则、汇票、发票、各种运输单据、保险单据、原产地证明、装箱单、重量单、受益人证明等部分。其中，运输单据中的不可转让海运单部分和原产地证明之后的装箱单、重量单、受益人证明和检验证明这 5 个部分为 ISBP745 新增部分。

ISBP 的大部分内容是 UCP 没有直接规定的——它是对 UCP 的补充、细化和解释，而非对 UCP 的修订。而新版 ISBP745 广泛应用于国内外贸易界和银行界，其作为国际商会最重要的国际惯例之一，最新版本历经 5 年修订，即于 2013 年 4 月份的国际商会葡萄牙里斯本春季年会上表决通过。

当事人在信用证上注明适用 UCP600 或开立 SWIFT 信用证时，UCP600 即对当事人具有法律效力。但是就 ISBP 而言，国际商会并不建议在信用证中直接予以援引。这是因为 UCP600 导言条要求信用证业务应当遵守国际标准银行实务，而 ISBP 即为该条所指"国际标准银行实务"，既然 ISBP 本身又是对 UCP600 的补充，因此，当事人选择适用 UCP600 就意味着选择适用了 ISBP，而无须再作特别约定。

3. eUCP

eUCP 的英文全为 Supplement to the Uniform Customs and Practice for Documentary Credits for Electronic Presentation（version1.0）即《跟单信用证统一惯例关于电子交单的补充规则》（1.0 版），简称 eUCP(1.0 版)。国际商会为了适应电子商务在国际贸易领域的广泛应用，于 2000 年 5 月 24 日提出在现行《跟单信用证统一惯例》的基础上对电子交单等制订一个补充规则，并为此成立工作组。2002 年 4 月 1 日，《〈跟单信用证统一惯例〉电子交单补充规则》（国际商会 eUCP1.0 版）生效。eUCP 全文共 12 条，主要条款包括适用范围、eUCP 与 UCP 的关系、定义、格式、交单、审核、拒绝通知、正本与副本、出单日期、运输、交单后电子记录的损坏、eUCP 电子交单的额外免责。

对于 eUCP 和 UCP 的关系，该规则明确规定，受 eUCP 约束的信用证（eUCP 信用证）也应受 UCP 的约束，而无须明确订入信用证中。但如果适用 eUCP 和 UCP 而产生不同的结果时，则优先适用 eUCP。此外，如果 eUCP 信用证允许受益人在交单时选择纸制单据或电子记录，受益人选择仅提交纸制单据的，则该交单只适用 UCP。同样，如果 eUCP 信用证只允许提交纸制单据，则该交单只适用 UCP。

知识拓展

ISP98

ISP98 的全称为 The International Standby Practices 1998，即《国际备用证惯例 1998》。ISP98 最初是由美国的国际银行法律与惯例学会起草，后经国际商会的银行技术和实务委员会于 1998 年 4 月 6 日批准，于 1999 年 1 月 1 日起生效，并被定为国际商会第 590 号出版物在全世界推广。ISP98 的颁布与实施，统一了各国银行与相关企业对备用信用证的操作，有利于减少与避免备用信用证业务中可能产生的纠纷和争议，从而推动了备用信用证的广泛应用和发展。但是，与其他国际贸易惯例相同，要使所开立的备用信用证适用 ISP98，就必须在文本中表明受 ISP98 的约束。

应用案例

案情简介：某公司接到客户发来的订单上规定交货期为 2010 年 8 月，不久收到客户开来的信用证，该信用证规定："shipment must be effected on or before 9, 2010"，我方于 9 月 10 日装船并顺利结汇。过了一个月客户却来函要求因迟装船的索赔。称索赔费按国际惯例过一天罚款 1/1000。共迟装 10 天应赔款 1/100。我方为什么能顺利结汇？客户这种索赔有无道理？我公司是否赔偿？

案例分析：因为信用证是银行信用，是自足的文件，与合同无关。因此，卖方所提交的单据只需"单单相符，单证相符"即可结汇，而与合同相符与否无关。我方提单中的装船日期在信用证中规定的装运期，故我方单证是相符的，可以顺利结汇。由于我方违反了合同中有关装运期的规定，故对方提出索赔规定是合理的，但对方索赔金额是以国际惯例为依据提出的，合同中并没有规定具体的国际惯例，况且国际惯例本身不是法律，而是人们在长期的贸易实践中形成的习惯做法，对交易双方并无约束性，因此，对对方的索赔金额我方可以讨价还价。

7.4.8 合同中的信用证支付条款

凭信用证支付时，合同中的支付条款应包括以下内容：受益人、开证行、开证日期、信用证种类、金额、信用证的有效期和到期地点，货物装运期及是否分运运转等。

1. 即期信用证支付条款

买方应于装运月份前 30 天通过卖方可接受的银行将不可撤销的即期信用证开到卖方，其有效期至装运月份后 15 天在中国议付。

The buyer shall open through a bank acceptable to the sellers an Irrevocable Sight Letter of Credit to reach the sellers 30 days before the month of shipment, valid for negotiation in China until the 15th day after the month of shipment.

2. 远期信用证支付条款

买方应于 2013 年 9 月 10 日前（或接到卖方通知后 10 天内或签约后 15 天内）通过卖方可接受的银行开立以卖方为受益人的不可撤销的见票后 30 天付款的信用证，信用证议付有效期延至装运月份后 15 天在中国到期。

The buyer shall arrange with a bank acceptable to the sellers for opening an Irrevocable Letter of Credit in favor of the sellers before Sep.10, 2013 (or within 10 days after receipt of seller's advice; or within 15 days after signing of this contract).The said Letter of Credit shall be available by draft at 30 days after sight and remain valid for negotiation in China until 15th days after the aforesaid time of shipment.

3. 信用证分期付款条款

按货物金额 90% 开立以卖方为受益人的不可撤销信用证，凭卖方即期跟单汇票向开证行议付，其余 10% 货款在货到目的地检验合格后付清。

By Irrevocable Letter of Credit for 90% of the total invoice value of the goods to be shipped, in favor of the Sellers, payable at the issuing bank against the Sellers' draft at sight accompanied by the shipping documents stipulated in the Credit. The balance of 10% of the proceeds is to be paid only after the goods have been inspected and approved at the port of destination.

7.5 其他支付方式的运用

7.5.1 小额国际贸易新型支付方式

传统的小额国际贸易结算方式通常使用银行汇款（T/T），即银行电汇汇款。卖家需要在汇入行开立银行账户，并向国外买家提供汇款线路，国外买家到当地银行按照卖家提供的汇款线路办理国际汇款，但需要承担较高的汇款费用，到账时间为 3～7 天，汇款会直接到卖方的银行账户上。但是银行对于 T/T 汇款会收取手续费的，如果是小额汇款，比如 1 000 美金以内的，正规的银行汇款就不划算了，手续费都会扣掉几十美金，如果是外钞，银行还将收取一定的"钞转汇"费，而且从时间上来说，相对于目前的如火如荼的电子商务来说 T/T 也显得有点慢。

另外，随着 SOHO 办公模式和 B2C 电子商务的发展，外贸需求和交易环境也跟着发生了极大的改变。许多中小外贸企业之前总是靠着大单来生存，而环境的变化带来订单量的改变，大订单改为小订单就成了当前企业面临的客观情况，但是许多企业未能及时有效地改变外贸收款方式以降低成本，直接导致产品价格没有竞争力。即便接到的订单金额比较大，也可以采取分批交货、分批付款，把收款风险分开会使成本降低。

因而，以下几种小额国际贸易新型支付方式就应运诞生，需要说明的是前三者属于线上支付工具，前三后者属于线下支付工具。

1. 易趣贝宝

易趣贝宝，即 PayPal，是目前全球最大的在线支付提供商，全球有超过一亿个注册账户。PayPal 于 2004 年进入中国，同中国多家主要银行以及中国银联支付服务公司等结成战略合作伙伴，为网上交易的个人与企业提供支付服务。PayPal 的交易费率为 2.4%～3.4%，使用费用逐笔收取 0.3 美元银行系统占用费，提现每笔收取 35 美元，如果跨境每笔收取 0.5% 的跨境费。PayPal 的优点在于账户应用范围广，普及率高且资金周转也比较快。PayPal 在全球 190 国家和地区，有超过 1.3 亿用户，目前已实现在 16 种外币间进行交易，尤其在欧美普及率极高；PayPal 资金周转快，有助于开拓海外市场。但 PayPal 的缺点也很明显，它侧重保护买家利益，容易造成拒付。

2. 谷歌结算

谷歌结算，即 Google Checkout，其服务类似易趣的贝宝，网上零售商将 Checkout 系统整合到自己的支付平台，在线购买者可以通过它实现安全付款。完成每次支付后，Google Checkout 向商家收取 0.20 美元的手续费以及交易商品价格 2% 的费用。目前，美国超过 90% 的零售商注册 Google Checkout 服务，包括 DVD Empire、Jockey、Starbuck's、Levi's、Timberland、Buy.com 等品牌零售网站。在中国，Google Checkout 的用户群体主要集中于外贸行业的个人及企业，当然也包括喜欢在国外买东西的人士。根据 Google 的公示，提供"Checkout"服务有两个目的：一是为加快消费者在线购买的速度。二是为提高用户在线交易的安全性。

3. 金币登记

金币登记，即 Moneybookers，成立于 2002 年，是一家全球领先的网上付款系统和电子货币发行商，经英国和欧盟法律批准成立，受英国金融服务局（FSA）监管，在 2011 年成为世界上第一家被政府官方认可的除了 PayPal 以外最具有竞争力的另一家网络电子银行。其主要优点是无须认证，就可以收款、发款。与其他网银不同的是：Moneybookers 可以直接从账户中申请支票邮寄到你手中美元。同时，它还省却了 PayPal 必须用信用卡来激活的麻烦。直接凭借你的电子邮件地址以及带照片的身份标识：如身份证、护照、驾照传真便可以完成认证。另外，没有收款手续费和低廉的付款手续费是其强大的优势之一。需要注意的是：如果你激活了，便可以直接申请支票；如果你不能激活，同样可以收款或者发款给别人。从这一点来看，它比 PayPal 有较大优势。

4. 信用卡

信用卡，即 Credit Card。国际上的信用卡收款有 3D 和非 3D 的区别，3D 就是要通过银行的验证，交易中较麻烦，使用的人群较少。非 3D 就是不需验证，而且也不会轻易被拒付或冻结账户，使用人群多，对卖家较有保障。从目前来看，信用卡在外贸领域主要是一些做外贸零售或外贸网店的商家在使用。信用卡的收费包括使用费用和开通费，使用费用单笔收取 10% 保证金，可开通对私结算。例如，服饰、珠宝等外贸行业的客户主要集中在欧美和中东一些国家，这些国家经济发展较为发达，中青年人都习惯网上购物，同时他们国家信用卡发行数量较高，几乎每人一张含有 VISA 或者 Master 这样的国际信用卡。

5. 西联汇款

西联汇款，即 Western Union，是世界上领先的特快汇款公司，迄今已有 150 年的历史。它拥有全球最大最先进的电子汇兑金融网络，代理网点遍布全球近 200 个国家和地区。西联汇款在中国的合作伙伴有邮政储蓄银行、农行及光大银行，在中国拥有超过 2.5 万个服务网点。西联手续费由买家承担，费用约为 10～50 美元。西联汇款的优点是收款速度快，并且是先付款后发货，保证了卖家的利益不受损失。但是西联的缺点也很明显，因为先付款后发货无法保证买家的利益，因此很多买家都不信任这种交易模式，这对于开发新客户非常不利，而且交易金额较大时手续费也比较高。通过西联汇款或速汇金汇款，手续费仅在汇出时按汇款金额相应档次缴纳，汇出后无中间行扣费。

6. 速汇金

速汇金，即 Money Gram，是一种个人间的环球快速汇款业务，可在十余分钟内完成由汇款人到收款人的汇款过程，具有快捷便利的特点。速汇金就是与西联相似的一家汇款机构。速汇金目前在全球 190 多个国家地区有近 1.76 万个网点。速汇金在国内的合作伙伴是：工商银行、交通银行、中信银行。我国是外汇管制国家，国外公司给国内公司汇款需要有汇款的理由，不能随便汇款，而且速汇金应该是只对个人的。通过速汇金系统办理汇出款业务，目前仅限于美元。

7.5.2 银行保函

银行保函（Banker's Letter of Guarantee, L/G），又称保证书，是指银行、保险公司、担保公司或个人（保证人）应申请人的请求，向受益人（第三方）开立的一种书面担保凭证，保证在申请人未能按双方协议履行其责任或义务时，承担赔偿责任。

1. 银行保函的种类

银行保函按索偿条件可分为两种，第一种为见索即付保函（demand guarantees），即无条件保函，担保人的责任是第一性的、直接的付款责任的保函；第二种为有条件保函（conditional L/G），即担保人的责任是第二性的、附属的付款责任保函。国际贸易使用的银行保函多数是见索即付保函。

见索即付保函是一种与基础合同相脱离的独立性担保文件，受益人的权利与担保人的义务完全以保函所载的内容为准，不受基础合同的约束，即使保函中包含有对基础合同的援引，担保人也与该合同无关，受益人只要提交了符合保函要求的单据，担保人就必须付款。所有保函均为不可撤销的文件，而且必须是书面的，包括有效的电信信息或加密押的EDI信息。

银行保函按照用途可以分为投标保函、履约保函和还款保函等。

2. 银行保函的应用和适用规则

银行保函的当事人主要有委托人（申请人）、受益人、担保行等。

银行保函不仅适用于国际货物的买卖，而且广泛适用于其他国际经济合作领域，如国际工程承包、招标与投标、借贷与融资等。

目前，双方处理相关事务或纠纷一般都按国际商会2009年最新修订的《见索即偿保函统一规则》，即国际商会第758号出版物，简称URDG758来办理。

7.5.3 国际保理

国际保理（international factoring），其全称为国际保付代理业务，又叫承购应收账款业务，是指在使用托收、赊销等非信用证方式结算货款时，保理商向出口商提供的一项集买方资信调查、应收款管理和追账、贸易融资及信用管理于一体的综合性现代金融服务。它既是短期出口信贷的一个类型，也是国际贸易中的一种付款方式。

从国际贸易结算的角度来说，它是指出口商以商业信用形式出卖商品（或提供服务），在货物装船后（或服务提供完毕后）立即将发票、汇票、提单等有关单据，卖断给承购应收账款的财务公司或专门组织（保理商），收进全部或一部分货款，从而取得资金融通的业务。

保理商买进出口商的票据，承购了出口商的债权后，通过一定的渠道向进口商催还欠款如遭拒付，不能向出口商行使追索权。保理商与出口商的关系在形式上是票据买卖、债权承购与转让的关系，而不是一种单纯的借款关系。

1. 国际保理业务的当事人和业务程序

国际保理业务的当事人主要有出口商、进口商、出口保理商和进口保理商。国际保理的一般业务程序如下：

(1) 出口商在决定以托收、赊销等方式成交前，把合同内容和进口商名称通知出口保理商。

(2) 出口保理商将有关资料通知进口保理商，由其对进口商进行资信调查，并及时将调查结果通知出口保理商。

(3) 出口保理商对可以认可的交易与出口商签订保理协议，协议内明确规定信用额度。出口商在保理协议规定的额度内与进口商签订买卖合同。

(4) 出口商按合同规定发货，取得运输单据和其他商业单据，并在单据上注明应收账款转让给出口保理商，即可取得70%～80%的发票金额融资。

(5) 出口保理商收到全套单据后，将单据转交给进口保理商，由进口保理商负责向进口商收款，并将款项拨交给出口保理商。

(6) 出口保理商将收到的货款扣除已预支货款、利息及手续费后的余额交付给出口商。

2. 国际保理业务的作用

国际保理业务，对买卖双方都有好处。对出口商来说：国际保理能够为出口商融通资金，保理公司在向进口商收回货款之前，可以为出口商提供资金融通服务；由于保理商向出口商提供了承兑交单、赊销这样的付款条件，因此出口商很容易获得贸易机会。对进口商而言，可采取承兑交单、赊销这样有利的付款条件进口货物，不需垫付保证金或办理担保及抵押手续，有利于资金周转；同时节省了结算费用和购货时间。

但出口商采用国际保理时应注意：保理商仅承担出口商的财务风险。如果进口商并非因财务方面的原因而拒付，而是因为货物品质、数量等不符合合同规定而拒付，保理商将不予担保，对超过信用额度的部分也不予担保。

3. 国际保理与其他支付方式的比较

(1) 保理与信用证的比较。与信用证相比，保理手续简便。保理业务中，进口人无须负担开证费用，不占压资金，出口人依照合同发货，不必担心单据不符将遭拒付的风险。

(2) 保理与托收的比较。与托收相比，保理收汇安全及时，保证按期支付，虽然支付的手续费略高，但从及时收汇减少资金占压的角度来看，还是值得的。

7.5.4 福费廷

福费廷(forfeiting)，又称票据包买，是指在延期付款的大型设备贸易中，出口商把经进口商承兑的、期限在半年以上到五六年的远期汇票或本票，无追索权(without recourse)地售予出口商所在地的银行或大金融公司或票据包买商(forfeiter)，提前取得现款的一种中期资金融通形式，它既是中期出口信贷的一个类型，也是国际贸易的一种付款方式。

1. 福费廷业务的当事人

福费廷业务的当事人主要有出口商、进口商、包买商和担保人(guarantor)。而包买商主要是指出口商所在地的金融机构，担保人主要是指对进口商签发的远期汇票或本票进行承兑或担保的进口方所在地银行，若进口商不能偿还货款，担保人履行付款责任后，有权向进口商追索。

2. 福费廷业务的主要内容

(1) 出口商与进口商在洽谈设备、资本货物等贸易时,如欲使用"福费廷",应事先和其所在地的银行或金融公司约定,以便做好各项信贷安排。

(2) 出口商与进口商签订贸易合同,言明使用"福费廷"。出口商向进口商索取货款而签发的远期汇票,要取得进口商往来银行的担保,保证在进口商不能履行支付义务时,由其最后付款。

(3) 进口商延期支付设备货款的偿付票据,可从下列两种形式中任选一种:由出口商向其签发远期汇票,经承兑后,退还出口商以便其贴现;由进口商开具本票寄交出口商,以便其贴现。无论使用何种票据,均须取得进口商往来银行的担保。

(4) 担保银行要经出口商所在地银行的同意,如该银行认为担保行资信不高,进口商要另行更换担保行。担保行确定后,进出口商才签贸易合同。

(5) 出口商发运设备后,将全套货运单据通过银行的正常途径,寄送给进口商,以换取经进口商承兑的附有银行担保的承兑汇票(或本票)。单据的寄送办法按合同规定办理,可以凭信用证条款寄单,也可以跟单托收,但不论有证无证,一般以通过银行寄单为妥。

(6) 出口商取得经进口商承兑的、并经有关银行担保的远期汇票(或本票)后,按照与买进这项票据的银行(大金融公司)的原约定,依照放弃追索权的原则,办理该项票据的贴现手续,取得现款。

3. 福费廷业务的优劣

1) 福费廷业务的优点

对出口商来说,使用本票或汇票,办理简便、灵活、高效;无追索权的贴现免除了出口商的后顾之忧,降低风险;为买方提供了延期付款条件,提高企业竞争力;固定汇率结算,可核算出准确的出口成本;贴现后,延期付款转变为现金,提高了资金使用效率。对进口商来说,可获得延期付款的便利;不占用进口商的融资额度。

2) 福费廷业务的缺点

对出口商而言,负担费用比远期汇票贴现费高,因为出口商负担的贴现费要把包买商承担收不进票款的风险包括在内;出口商还要负担选择费和承担费,因此费用也要增加。对于进口商而言,因出口商将这部分负担转嫁到提高的货价中,负担也会加重。

 概念比较

表 7-7 福费廷业务与保理业务的相同点

业务名称	融资对象	利率	追索权	文件要求
福费廷业务	出口商	固定	无	简便
保理业务	出口商	固定	无	简便

表 7-8　福费廷业务与保理业务的不同点

业务名称	融资对象	融资比例	期　限	债权凭证
福费廷业务	资本货物贸易	100%	中长期	汇票/本票
保理业务	一般商品	40%～90%	短期	托收单据

本章小结

国际货款结算主要涉及四个问题，即支付时间、支付地点、支付工具和支付方式。支付时间主要包括预付、现付和迟付；支付地点主要包括在进口国付款、在出口国付款和在第三国付款；支付工具包括现金和票据，而主要以金融票据为主，即汇票、本票和支票等；支付方式主要包括汇付、托收和信用证付款，其中，汇付和托收属于商业信用，信用证付款属于银行信用。考虑到国际信贷的时候，还会涉及银行保函、国际保理和福费廷方式来结算货款；考虑到小额国际贸易时，还可以采用易趣贝宝、谷歌结算、金币登记、信用卡、西联汇款等新型形式来结算。

关键术语

支付工具、支付方式、预付、现付、迟付、现金、票据、汇票、本票、支票、汇付、托收、信用证、银行保函、国际保理、福费廷、易趣贝宝、谷歌结算、金币登记、信用卡、西联汇款、速汇金

综合练习

1. 英译汉

(1) The expression "on or about" or similar will be interpreted as a stipulation that an event is to occur during a period of five calendar days before until five calendar days after the specified date, both start and end dates included."

(2) A credit by its nature is a separate transaction from the sale or other contract on which it may be based. Banks are in no way concerned with or bound by such contract, even if any reference whatsoever to it is included in the credit. Consequently, the undertaking of a bank to honour, to negotiate or to fulfill any other obligation under the credit is not subject to claims or defenses by the applicant resulting from its relationships with the issuing bank or the beneficiary.

(3) A beneficiary can in no case avail itself of the contractual relationships existing between banks or between the applicant and the issuing bank.

(4) The terms and conditions of a credit and any amendment thereto are independent of the underlying sale or other contract even if the credit or amendment expressly refers to that sale or other contract. When agreeing the terms of the sale or

other contract, the parties thereto should be aware of the ensuing implications for the completion of the credit or amendment application.

2. 简答题

(1) 简述汇票、本票和支票的主要区别。
(2) 简述汇付的特性。
(3) D/P at 90 days after sight 和 D/A at 90 days after sight 有何区别？各有何风险？
(4) 试述托收方式中当事人之间的关系。
(5) 试述信用证各当事人之间的关系。
(6) 简述付款与偿付的异同点。
(7) 简述信用证的分类。
(8) 什么是"双到期"？

3. 选择题

(1) L/C 上如未明确付款人，则制作汇票时，受票人应为（   ）。
A. 开证申请人　　B. 开证行　　　　C. 议付行　　　　D. 通知行
(2) 出口商要保证信用证下安全收汇，必须做到（   ）。
A. 提交单据与合同相符且单单相符
B. 提交单据与信用证相符且单单相符
C. 当 L/C 与合同不符时，提交单据以合同为准
D. 提交单据与合同、信用证均相符
(3) 当受益人审证时发现信用证与合同不符时可要求（   ）。
A. 开证行改证　　B. 开证人改证　　　C. 通知行改证　　　D. 付款行改证
(4) 如付款方式为 L/C 和 D/P 即期各半，为收汇安全起见，应在合同中规定（   ）。
A. 开两张汇票，各随付一套等价的货运单据
B. 开两张汇票，L/C 下为光票，全套货运单据随付在托收汇票下
C. 开两张汇票，托收项下为光票，全套货运单据随付在 L/C 汇票下
D. 以上都不是
(5) 在 L/C、D/P 和 D/A 三种支付方式下就买方风险而言按由大到小顺序排列哪个正确（   ）。
A. L/C > D/A > D/P　　　　　　　B. L/C > D/P > D/A
C. D/A > D/P > L/C　　　　　　　D. D/P > D/A > L/C
(6) 银行审单议付的依据是（   ）。
A. 合同、信用证　　　　　　B. 合同、单据
C. 单据、信用证　　　　　　D. 信用证、委托书
(7) 使用 L/C、D/P、D/A 三种支付方式结算货款，就卖方的收汇风险而言，从小到大依次排序为（   ）。
A. D/P、D/A、L/C　　　　B. D/A、D/P、L/C　　　　C. L/C、D/P、D/A

(8) L/C 项下出口人开具的汇票,如遭付款人拒付时,(   )。
　A．开证行有权行使追索权　　　B．议付行有权行使追索权
　C．保兑行有权行使追索权　　　D．通知行有权行使追索权
(9) 国际贸易支付中,托收是商业信用,信用证是银行信用,(   )。
　A．托收使用的汇票是商业汇票,信用证使用的汇票是银行汇票
　B．两者使用的汇票是商业汇票
　C．两者使用的汇票都是银行汇票
(10) 具有正副本的票据为(   )。
　A．汇票和本票　　　B．汇票和支票　　　C．汇票　　　D．本票

4. 判断题

(1) 银行汇票与商业汇票的主要区别在于：前者的出票人和付款人都是银行；后者的出票人和付款人都是工商企业或个人。（   ）

(2) 在信用证支付方式下,受益人只要在信用证规定的有效期内向银行交付信用证规定的全部单据,银行就必须履行付款的义务。（   ）

(3) 如果受益人要求开证申请人将信用证的有效期延长半个月,在信用证未规定装运期的情况下,同信用证未规定装运期也可顺延半个月。（   ）

(4) 可转让信用证办理转让后,买卖合同也随之由第一受益人转让第二受益人。（   ）

(5) 可转让信用证经转让后,第一受益人概不承担在买卖合同当中的卖方责任。（   ）

(6) 可转让信用证规定不准分运,该证的第一受益人可要求将信用证转让给本国或另一个国家的一个或几个第二受益人。（   ）

(7) 根据 UCP600,在信用证业务中,银行审单的时间为收到单据次日起 7 个银行工作日之内。（   ）

(8) 不可撤销议付信用证列有"议付到期日",而未列"最迟装运日",则应被理解为"双到期",即最迟装运日与到期日为同一天。（   ）

(9) 凡迟于信用证有效期提交的单据,银行有权拒付。（   ）

(10) 汇票无论份数多少,每份具有同等效力。（   ）

5. 计算题

我某公司出口货物一批,合同规定采用托收方式付款,假设寄单邮程为 10 天,请根据下表填有关日期。

支付条款	托收日期	提示日	承兑日	付款日	交单日
D/P 即期	9月1日				
D/P at 30 days after sight	9月1日				
D/A at 30 days after sight	9月1日				

6. 案例分析

(1) 中国某贸易发展进出口公司向非洲地区某贸易公司出口一批冷冻食品。合同规定

3月份装船，付款条件为D/A见票后30天付款。卖方3月5日装船完毕，3月8日向托收行办理D/A 30托收。3月17日买方在汇票上履行了承兑手续。货抵目的港后，买方提取货物并售出，但亏损严重。4月16日汇票到期时，买方因此借故提出拒付。我方只好委托我驻外机构直接与买方谈判，最终该批货物折价25%，货款在第二年分四次偿还而结案，我公司损失严重。我方应从此事件中吸取什么教训？

(2) 中国某公司从德国进口一批五金工具，合同规定以不可撤销的即期信用证支付。合同签订后，中国银行广州分行（开证行）根据买方指示向卖方开立一份不可撤销的即期信用证。货物装运完毕，卖方获得信用证要求的全套单据后，即到议付行办理议付。经审查，单证相符，议付行进行了议付。与此同时，载货船离开汉堡港后，由于在航行途中遇到意外事故，货物受损严重。开证行收到议付行寄来的全套单据，我方得知货物受损的消息，因而要求开证行对此信用证项下的单据拒绝付款，但遭开证行拒绝。开证行这样做是否合理？为什么？

(3) 广州A、B两家贸易公司共同对外出口水泥6 000公吨，双方约定分别交货60%和40%，各自结汇，由A公司按CIF EX SHIP'S HOLD曼谷条件对外签订出口合同。合同签订后，泰国亚洲银行开来以A公司为受益人的不可撤销即期信用证，证中规定不迟于8月22日装运，允许分批装运，但未注明"可转让"字样。A公司收到该信用证后经审核，认为证中条款与合同规定相符，因此凭以发货，在信用证规定的装运期限内按各自约定各出口了60%和40%的货物，并以各自名义制作了有关的结汇单据。A、B公司这样做有无问题？为什么？

(4) 我国A公司向加拿大B公司以CIF术语出口一批货物，合同规定4月份装运。B公司于4月10日开来不可撤销信用证，此证按UCP600规定办理。证内规定：装运期不得晚于4月15日。此时我方已来不及办理租船订仓，立即要求B公司将装运期延至5月15日。随后B公司来电称：同意展延船期，有效期也顺延一个月。我公司于5月10日装船，提单签发日5月10日，并于5月14日将全套符合信用证规定的单据交银行办理议付。

7. 技能实训

Check the following letter of credit with the given contract terms and write a letter in English asking for amendments（根据所给的合同条款审核信用证然后用英文写一份修改书）

Bank of North Italy

Irrevocable Credit No. 4352　　Milan, Oct. 27, 1996

Tianjin Cereal & Oils Imp. Exp. Corp. Tianjin, China

Dear Sirs:

　　We hereby establish an irrevocable letter of credit in your favor for account of Tianjin Cereals and Oils Imp. &Exp. Corp. for an amount of about USD212, 500 (Say Two Hundred and Twelve Thousand Five hundred US Dollars Only) available by your draft drawn on us at sight accompanied by the following documents:

　　Signed Commercial Invoice in triplicate indicating contract No.96COT491

Full set of Clean shipped on board ocean Bills of Lading made out to order and blank endorsed, marked freight prepaid.

Certificate of Origin in triplicate

Inspection certificate of quality and weight in triplicate issued by Beijing Commodity Inspection bureau

Evidencing shipment of 500 metric tons of Chinese Red Beans at USD425.00 per metric ton FOB Tianjin.

Shipment is to be made on or before Nov. 30, 1996 from China to Genoa.

Partial shipments are prohibited. Transshipment is prohibited.

5% more or less is allowed both for the total quantity and amount.

This credit is valid in Italy until the 15th day after shipment.

Yours faithfully

Bank of North Italy

有关合同主要条款

合同号：96COT491

卖方：天津粮油进出口公司；买方：意大利 ABC 贸易公司

商品：500 公吨中国红小豆，允许 5% 溢短装

单价：FOB 天津每公吨 425 美元；总金额：212 500 美元（允许 5% 上下）

运输：从天津经海运运至意大利。装运不晚于 1996 年 11 月 30 日，不允许分批或转船。

付款：由买方开立 100% 保兑的不可撤销信用证，在装运后 15 天内在中国议付有效。

第 8 章 国际贸易价格

本章教学要点

知识要点	掌握程度	相关知识	应用方向
价格条款	掌握	价格条款组成、作价办法、汇率风险防范	正确签订合同条款,选用适当的报价方法,谨慎选择计价货币,注意防范汇率风险
佣金、折扣	掌握	佣金的表示和计算;折扣的表示和计算	根据交易的具体情况选择给予中间商佣金,或给予买方折扣,以促成交易
出口报价核算	重点掌握	出口商品价格构成;常用贸易术语间报价转换;出口报价核算;出口效益核算	订约过程中卖方在核算自己成本收益的基础上对外报价,或者根据买方的报价核算自己的盈亏
进口报价核算	重点掌握	进口商品价格构成;进口税费的计算	进口总成本核算,或者根据国内目标市场售价核算自己的收益

阅读链接

1. CISG：Arti 53-59
2. Principles of International Commercial Contracts(PICC)：Arti 5.1.7
3. Contract Law of P.R.C：Arti 63
4. 中国国际贸易学会商务培训认证考试办公室 编著. 外贸业务理论与实务[M]. 北京：中国商务出版社，2013.

导入案例

2014年6月8日，河南省某外贸公司收到国外客户询盘，询问该公司某型号纺织品的出口报价。该外贸公司的业务员在对外报价时，有以下几种写法，请判断出口单价的写法是否正确，如有误，请更正并说明理由：①每箱35美元CIF美国；②每吨7 500日元CIFC3%大阪；③每打75元FOB伦敦；④每吨600英镑CFRC上海；⑤785元FCA鹿特丹。

在国际贸易中，如何确定进出口商品价格和规定合同中的价格条款，是交易双方最为关心的重要问题。因此，讨价还价成为交易磋商的主要内容，价格条款成为合同核心条款。在对外贸易中，正确掌握进出口商品价格，选择有利的作价办法和计价货币，适当运用与价格有关的佣金和折扣，对提高贸易经济效益具有十分重要的意义。

8.1　合同中的价格条款

在国际贸易中，从合同订立到货款结算往往经历数月时间。进出口双方最终能够实现的收益不仅会受产品市场行情波动的影响，而且和所选计价货币的汇率变动有关。要想将订约时的"预期收益"安然无恙地转变成为结算时的"实际收益"，进出口双方在订立合同时既要选用恰定的作价办法，又要选用恰当的结算货币。

8.1.1　价格条款的组成

国际贸易合同中的价格，包括两个部分：单价（Unit Price）和总值（Total Amount）。合同总值是单价与合同成交数量的乘积得出的。平时所说的合同价格一般是指合同中的单价。

国际贸易中的单价由计价数量单位、单位价格金额、计价货币和贸易术语四部分构成，缺一不可。

应用举例

单价：每公吨500美元CIF旧金山（Unit Price：USD5000/MT CIF San Francisco）。
总价条款包括计价货币和商品总价两部分。总价应当同时大小写，大小写金额应当一致。

应用举例

商品总价：80 000.00美元（Total Amount：USD80 000.00, SAY U.S. DOLLARS EIGHTY THOUSAND ONLY）

条款举例

CISG Arti 53 & 54： The buyer must pay the price for the goods and take delivery of them as required by the contract and this Convention. The buyer's obligation to pay the price includes taking such steps and complying with such formalities as may be required under the contract or any laws and regulations to enable payment to be made.（买方必须按照合同和本公约规定支付货物价款和收取货物。买方支付价款的义务包括根据合同或任何有关法律和规章规定的步骤和手续，以便支付价款。）

8.1.2　作价办法

1. 固定价格

固定价格指交易双方在协商一致的基础上，对合同价格予以明确、具体的规定。按照《联合国国际货物销售合同公约》的有关规定，合同中的价格可以由当事人用明示的方法规定，也可以用默示的方法规定。只要当事人根据合同或事先约定可以将价格明确、具体地确定下来，都可以算作固定价格。按各国法律规定，合同价格一经确定，就必须严格执行，任何一方都不得擅自更改。

固定价格的规定方法是国际市场上较常见的做法。在我国进出口业务中也较多采用这种做法。这种做法明确、具体、肯定，也便于核算和执行。

然而，国际商品市场受各种因素的影响，尤其是临时性因素，经常使国际市场风云突起、变幻莫测。从20世纪60年代末期以来，商品市场价格变化频繁、暴涨暴跌的现象时有发生。如果在合同中采用固定价格,就意味着交易双方要承担从签约到交货付款以至转售时价格变动的风险。

1) 固定价格合同的缺陷

(1) 合同缺乏稳定性。当行市发生剧烈变化时,某些不守信用的商人会寻找各种借口撕毁合同,以免在市场价格巨幅波动时出现外商违约或毁约的情况。

(2) 在价格不稳定的情况下,若采用固定价格成交,国外商人会观望不前,怕承担价格波动带来的风险。

2) 注意事项

采用固定价格成交时,应注意以下几点。

(1) 必须对影响商品供求的各种因素进行细致的研究,并在此基础上,对价格的走势做出判断,以此作为决定合同价格的依据。

(2) 要通过各种途径了解客户的资信情况,慎重选择订约对象。

2. 非固定价格

如果市场变化频繁,价格前景捉摸不定,客户对成交价格难以确定,为促成交易,在定价方面,也可采用一些灵活的变通做法,如非固定价格的做法。

1) 非固定价格的种类

从我国进出口合同的实际做法看,非固定价格,即一般所说的"活价",大体上可分为3种。

(1) 价格待定。价格待定是指合同中并没有直接规定价格,而是规定了作价时间和作价办法。

应用举例

1. The formal price should be negotiated by the two parties at 30 days before the month of shipment, with reference to the level of local and international market prices.(在装船月份前30天,参照当地及国际市场价格水平,协商议定正式价格。)

2. The price should be calculated by the international market prices of the date of B/L.(按提单日期的国际市场价格计算。)

采用这种规定方法,往往是因为交易双方考虑到国际市场价格变化频繁,交货期较远,或双方对市场价格趋势难以预测。

(2) 暂定价格。暂定价格是指在合同中先订立一个初步价格,作为开立信用证和初步付款的依据,同时规定将来价格确定的方法,待双方确定最后价格后再进行清算,多退少补。暂定价往往适用于大宗货物的远期交货合同。

应用举例

Unit Price:GBP1500/MT San Francisco. This price is provisional, which should be determined by the average price in shipping month of 3 months futures contracts in Chicago Mercantile Exchange plus GBP8/MT.(单价暂定CIF旧金山,每公吨1500英镑。作价方法:以芝加哥商品交易所3个月期货合约,按装船月份平均价加8英镑计算,买方按合同规定的暂定价开立信用证。)

(3) 部分固定价格和部分非固定价格。有时为了照顾双方利益,解决双方在采用固定价格或非固定价格方面的分歧,也可采用部分固定价格、部分非固定价格的做法,或是分批作价的办法,交货期近的价格在订约时先固定下来,余者在交货前一定期限内作价。

2) 采用非固定价格的利弊

非固定价格是一种变通做法,在行情变动剧烈或双方未能就价格取得一致意见时,采用这种做法有一定的好处。

(1) 有助于暂时解决双方在价格方面的分歧,双方可先就其他条款达成协议,早日签约,待日后再确定成交价格。

(2) 解除客户对价格风险的顾虑,使之敢于签订交货期长的合同。数量、交货期的早日确定,不但有利于巩固和扩大出口市场,也有利于生产、收购和出口计划的完成。

(3) 采用非固定价格,虽不能完全排除交易双方的价格风险,但有利于出口方不失时机地做成生意,也有利于进口方保证一定的转售利润。

但应该看到,这种非固定价格的做法,通常是先订约后作价,这就不可避免地给交易带来较大的不稳定性,特别是采取待定价格的做法时,万一双方在作价时不能取得一致意见,合同就无法执行;如果作价条款规定不当,合同还有失去法律效力的危险。

3) 采用非固定价格时应注意的问题

(1) 明确规定作价标准。为减少非固定价格条款给合同带来的不稳定因素,消除双方在作价方面的矛盾,明确订立作价标准是一个重要的、必不可少的前提。作价标准可根据不同商品,分别采用下述4种方法。

①以有代表性的商品交易所公布的价格为准。这种方法适用于在商品交易所买卖的某些大宗商品。在使用时应明确商品交易所的名称。如果商品交易所同时公布最低价和最高价,则应明确以哪一种价格为准,有时也可以采取两者的平均价格。

②以国际市场价格为准。所谓"国际市场",尚没有一个明确的定义。国际市场价格通常指某种商品在主要集散市场上的国际贸易价格。如果不存在主要集散市场,也可以以进口地现行的国际贸易价格为准,但应在合同中写明。在具体计算时,应注意这类价格所包含的地区、品质等方面的差价。

③以国际市场结合销售地市场价格为准。

④由双方协商确定价格。这种做法,由于缺乏客观标准,故有较大的讨价还价余地。虽然在一般情况下,可以参照我方对其他客户的成交价,或对方从其他方面购入的同等数量、同等条件的商品价格,但双方意见不一致时,合同破裂的可能性仍然很大。

(2) 谨慎选择作价时间。在采用非固定价格时,作价时间的规定非常重要,为了使出口方安全收汇,保证合同顺利履行,应谨慎选择作价时间。作价时间的确定有以下3种。

①在装船前作价。一般是规定在合同签订后若干天或装船前若干天作价。其好处是,先作价后交货,对出口及时收汇较有保障。但双方仍要承担自作价至付款转售时的价格变动风险。

②装船时作价。一般是指按提单日期的行市或装船月份的平均价作价。这种做法实际上只能在装船后进行,除非有明确的客观标准,否则也存在着装船后作价的一些问题。

③装船后作价。一般是在装船后若干天,甚至在船到目的地后开始进行作价。采用这

类做法，卖方的风险较大，一般只应用于作价标准明确具体或买卖双方有特殊约定时，如可凭暂定价收汇的场合。

(3) 充分考虑采用非固定价格对合同成立的影响。在采用非固定价格的场合，由于双方当事人并未对合同的主要条件——价格取得一致意见，因此，就存在着按这种方式签订的合同是否有效的问题。目前大多数国家的法律认为，合同只要规定作价办法，即是有效的。按《联合国国际货物销售合同公约》的规定，具体价格可以不确定，只规定作价办法或原则即可。如果未规定作价办法，合同价格可以依有关法律规定予以确定。但是如果合同价格应根据当事人所约定的标准或由第三者估计确定，而没有这样的标准或第三者未能做出估价时，其合同是否成立，各国法律有着不同的规定。例如，英国法律认为，此种情况下合同无效，除非买方已经受领了货物；美国法律认为合同仍可成立；《联合国国际货物销售合同公约》对此没有作进一步的解释。因此，在采用非固定价格时，应尽可能将作价方法订得明确具体。

 条款举例

　　Principles of International Commercial Contracts(PICC) Arti 5.1.7(1)：Where a contract does not fix or make provision for determining the price, the parties are considered, in the absence of any indication to the contrary, to have made reference to the price generally charged at the time of conclusion of the contract for such performance in comparable circumstances in the trade concerned or, if no such price is available, to a reasonable price.(如果合同未规定价格，也无如何确定价格的规定，在没有任何相反表示的情况下，应视为当事人各方引用在订立合同时相关贸易中可比较的情况下进行此类履行时通常收取的价格，或者，若无此价格，应为一个合理的价格。)

3. 价格调整条款

某些货物如成套设备、大型机械，从合同订立到履行完毕需要较长的时间，少则几个月，多则一年甚至几年。其中，货物价格可能要受到工资、原材料价格变动的影响。为了避免承受过大的价格风险，交易双方尤其是卖方往往要求在合同中订立价格调整条款（又称滑动价格）。价格调整条款的做法，是在合同中规定一个基础价格，同时规定，交货时或交货前一定时间，按工资、原材料价格变动的指数作相应调整，以确定最后价格，在合同中一并订明调整价格的方法。

价格调整条款中，关于调整价格的计算公式通常为

$$P = P_0 \times \left(A + B \times \frac{M}{M_0} + C \times \frac{W}{W_0} \right)$$

式中　P——商品交货时的最终价格；

　　　P_0——签订合同时约定的初步价格；

　　　M——计算最终价格时引用的有关物价指数；

　　　M_0——签订合同时引用的有关物价指数；

　　　W——计算最终价格时引用的有关工资指数；

　　　W_0——签订合同时引用的有关工资指数；

　　　A、B、C——签订合同时确定的有关价格中各要素所占的百分比。

上述价格条款的基本内容是按原材料价格和工资的变动来计算合同的最后价格。在通货膨胀的条件下，它实质上是出口厂商转嫁国内通货膨胀、确保利润的一种手段。但值得注意的是，这种做法已被联合国欧洲经济委员会纳入它所制定的一些"标准合同"之中，而且其应用范围已从原来的机械设备交易扩展到一些初级产品交易，因而具有一定的普遍性。由于这类规定是以工资和原材料价格变动作为调整价格的依据，因此在采用时，必须注意工资指数和原材料价格指数的选择，并在合同中予以明确。

此外，在国际贸易中，人们有时也用物价指数作为调整价格的依据，如果合同期间指数发生的变动超过一定范围，价格即作相应调整。

总之，在采用价格调整条款时，合同价格的调整是有条件的。对于用来调整价格的各个因素在合同期间所发生的变化，可以约定这种变化必须超过一定的范围才予以调整，而未超过限度的则不予调整，如前例所示。

Contract Law of P.R.C. Arti 63: Where the government-fixed price or government-directed price is followed in a contract, if the said price is readjusted within the time limit for delivery as stipulated in the contract, the payment shall be calculated according to the price at the time of delivery. Where a party delays in delivering the subject matter, the original price shall be adopted if the price rises; and the new price shall be adopted if the price falls. Where a party delays in taking delivery of the subject matter or making payment, the new price shall be adopted if the price rises, and the original price shall be adopted if the price falls.（执行政府定价或者政府指导价的，在合同约定的交付期限内政府价格调整时，按照交付时的价格计价。逾期交付标的物的，遇价格上涨时，按照原价格执行；价格下降时，按照新价格执行。逾期提取标的物或者逾期付款的，遇价格上涨时，按照新价格执行；价格下降时，按照原价格执行。）

8.1.3 计价货币选择与汇率风险防范

在合同中，可能涉及两种货币：计价货币和支付货币。计价货币（Money of Account）是买卖双方约定用来计算价格的货币。支付货币（Money of Payment）是用来实际清偿双方债权债务的货币。如果合同中只规定了一种货币，那么这种货币既是计价货币又是支付货币。

1. 计价货币的选择

在实际业务中，计价货币可以是出口国货币，也可以是进口国货币或第三国货币，还可以是某一种记账单位，这由双方当事人协商确定。对任何一方来说，使用本币计价和支付，承担的汇率风险较小；使用外币计价和支付，可能会承担外汇汇率变动带来的风险。因为当前国际金融市场普遍实行浮动汇率制，而且国际货物买卖的交货期一般都比较长，此间计价货币的币值可能会发生变化甚至出现较大幅度的起伏。因此，如何选择合同的计价货币就具有重大的经济意义，这是买卖双方确定价格时必须注意的问题。

如果进出口国之间订有贸易协定和支付协定，而其交易本身又属于上述协定项下的交易，则必须按协定规定的货币进行清算。除此之外，一般进出口合同都是采用国际上可自由兑换的货币进行计价和支付，即自由外汇。目前，国际市场上可自由兑换的货币通常有美元、英镑、日元、欧元、加拿大元等，其中美元在国际货物贸易支付中所占的比例较大。

一般来说，选择自由外汇计价的原则是：选择币值稳定的货币。在国际货币市场上，各种货币的汇率变化趋势不一，有的币值坚挺，称之为"硬币"；有的币值疲软，称之为"软币"。选择计价货币时,应充分考虑汇率波动可能带来的风险,尽量选用对自己有利的货币。一般来说,出口应选择那些币值相对比较稳定或呈上浮趋势的"硬币",进口应选用币值有下浮趋势的"软币"。此种方法可以使得进出口双方在获得合同收益的同时,从货币汇率变动中受益。但是这种原则只是相对而言的。一方面,如果出口方坚持选用"硬币",而进口方坚持选用"软币",双方对币种不能达成一致意见,不利于合同的订立,必然有一方要放弃该原则。另一方面,币值的软硬都是相对的。一种货币在一段时期为"硬币",在另一段时期可能为"软币"。能否真正从币值升降中获益,建立在进出口方对汇率变动的正确预期上。例如,某出口方预期三个月内欧元处于升值趋势,因此在合同中坚持以欧元结算。但事实上欧元在三个月内不升反降,该出口商仍然会遭受汇率损失。因此,除了上述计价货币选择原则之外,进出口双方都需要借助其他手段防范汇率风险。

2. 汇率风险的防范措施

汇率风险的防范措施有很多种,交易双方可以根据交易具体情况酌情选用。无论选择哪一种规避风险的措施,最重要的是企业应当有防范汇率风险的意识。

(1) 改变报价。如果出口选择了"软币",应当相应提高合同价格;同样,如果进口采用了"硬币",亦可以向出口方压低价格。

(2) 利用金融交易保值。通过在外汇市场上的远期外汇交易、掉期交易、外汇期货交易和外汇期权交易等方式规避汇率风险。详见国际金融实务相关教材。

(3) 合同中订立保值条款。通常使用的保值条款有黄金保值条款和一篮子货币保值条款。黄金保值条款是在合同中,明确订约时计价货币的法定含金量或黄金平价,并约定在实际支付时,该法定含金量或黄金平价如有变化,合同价格也必须按比例相应调整。例如,某合同金额 USD100 000.00,按订约时黄金价格 USD1 537/盎司,折合 65.06 盎司黄金。两个月后实际付款时,黄金升值为 USD1 551/盎司,则进口方应支付 USD100 911 美元。一篮子货币保值原理与此相同,是将合同货币与某种货币篮子挂钩,或者与特别提款权(SDRs)挂钩,根据实际支付时合同货币与货币篮子之间的汇率变化,计算实际支付的金额。

(4) 软、硬币结合使用。进出口企业的若干笔交易分别使用不同的自由货币计价。这些货币的币值此消彼长,可以使汇率风险得到总体平衡。

(5) 提前或推迟结汇。有外汇收入或须支付外汇的企业,可以根据其对汇率变动的预测,提早或推迟收付外汇。当出口企业预测外汇汇率将上升,外币可兑换更多本币、就可以推迟收汇;当进口企业预测汇率将下跌、将来用少的本币换取同样外汇用于支付,可以推迟付汇。显然,这种做法本质上讲还是主观预测的,带有投机性质,而且也会受到外汇管制、信用制度、合同规定的制约。

 应用案例

2015 年年初,我某进出口公司出口机械设备一台。当时欧元汇率处于稳中有升状态,经过艰难协商并由我方同意在价格上做出让步之后,买方同意使用欧元计价。合同总价为 150 000 欧元,付款期限为 2008 年 5 月。按订约时的汇价 EUR1 = CNY10.806 7/10.893 5,预计收入人民币 1 621 005 元。5 月底,买方提出由于金融风暴导致公司财务困难,要求延期付款 3 个月。我方表示同意。2015 年 6 月以后,欧元兑人民币汇率迅速下降。我方公司本应立即采取防范措施，但公司心存侥幸，期望欧元汇率能够上升。业务员催促买方尽快付款，买方也竭力拖延。直至2015年9月初买方付款时，欧元汇率已经跌至EUR1 = CNY9.732 7/9.810 9。汇率的变化使我方少收汇161 100元。

8.1.4 影响进出口商品价格的因素

在确定进出口商品价格时，必须充分考虑影响价格的各种因素，并注意同一商品在不同情况下，应有合理的差价，防止全球同一价格的错误做法。影响进出口商品价格的因素有：

1. 商品的质量和档次

国际市场价格严格遵循按质论价的原则，好货好价，次货次价，名牌高价。产品档次的高低、包装装潢的好坏、款式的新旧、商标和品牌的知名度，都影响商品的价格。

2. 运输距离

在国际贸易实务中，全部运输成本平均占产品价格的10%～15%。在我国的出口贸易中，采用CFR、CIF价格术语报价的情况较多，因此报价时必须考虑运输成本，尽可能节约运输成本。对于能够采用拆装的商品，如家具、机器设备等最好采用拆装运输，这样可大大节约运费。

3. 成交数量

按国际贸易的习惯做法，成交量大时给予一定的数量折扣。所以，成交量的大小影响商品的价格，即成交量大时，对价格给予适当的优惠，或者采用数量折扣的办法；反之，如果成交量过少，甚至低于起订量时，也可以适当提高价格。那种不管成交量大小，都采用同一价格的做法是不妥当的，应巧妙地利用成交数量，合理地掌握价格。

4. 支付条件和汇率风险

在进出口贸易中，一项交易从贸易磋商报价到收取货款需要较长的时间，易产生汇率风险，而且支付条件不同，收款的安全度也不同。所以，支付条款不同，报价应有所差别。

5. 市场需求

一般说来，货物价格由供需两方面决定，在当前国际市场处于供大于求的态势下，价格的高低最终取决于市场需求。在市场需求方面，收入水平、货物的价格弹性、对货物需求的迫切程度、消费习惯与偏好和消费心理等都对价格产生一定影响。

6. 季节性需求的变化

在国际市场中，某些时令性商品，如在节令前到货，抢先应市，即能卖上好价。过了时令的商品，其售价往往很低，甚至以低于成本的"跳楼价"销售。因此，应充分利用季节需求的变化，切实掌握好季节性差价，争取卖上好价。

7. 贸易术语的不同

不同的贸易术语由于其风险、手续、费用负担的不同，其价格的组成就不同，报价也应不同。同一运输距离内，按CIF报价应比FOB报价高。

第8章 国际贸易价格

8. 国际市场价格动态

国际市场活跃，商品价格有向上的趋势，国际市场疲软，价格有向下的趋势。

9. 进出口商的类型

作价与进出口商的类型密切相关，生产厂家的报价一般低于中间贸易商的报价，处于较长分销链条上的进口商往往要为更多的下家留足利润空间，价格一般压得较低。

10. 自由贸易区或自由贸易协定的影响

货物进入自由贸易区或自由港可以免交关税，在自由贸易区发生的劳务成本和间接费用也可以免税，同时，贸易国间签订的自由贸易协议或安排可以为进出口商节省费用，对进出口贸易作价产生影响。

条款举例

Principles of International Commercial Contracts (PICC) Arti 5.1.7(4)：Where the price is to be fixed by reference to factors which do not exist or have ceased to exist or to be accessible, the nearest equivalent factor shall be treated as a substitute.（如果确定价格需要参照的因素不存在，或已不复存在或已不可获得，则应取最相似的因素作为替代。）

8.2 佣金和折扣

8.2.1 佣金

佣金（Commission）是中间商（Middleman）为买卖双方介绍交易或代买代卖的报酬。根据交易的性质，可分为销售佣金（Selling Commission）和采购佣金（Purchasing Commission）。

1. 表示方式

常见的佣金表示方法有三种。

(1) 文字说明。

应用举例

USD100/Carton CIF New York including 2% commission.（每箱100美元CIF纽约，包括2%佣金。）

(2) 在贸易术语上表示。可以在贸易术语后加注英文字母"C"表示佣金。

应用举例

USD500/Dozen CFRC3% Singapore.（每打500美元CFR新加坡，含3%佣金。）

(3) 绝对数表示。价格中所包含的佣金也可以用绝对数表示。

应用举例

Commission：USD25 per Metric Ton.（每公吨付佣金25美元。）

凡是价格中含有佣金的称为"含佣价"。佣金在合同中有明确规定的，称为"明佣"；佣金没有在合同中明确规定出来的，称为"暗佣"。价格中不含佣金的，称为"净价"。

2. 佣金计算

当用百分比计算佣金时,计算佣金的基数也有不同的确定方法,有的以发票总额为基数计算,有的则以 FOB 总值为基数来计算。以 FOB 价计算的理论依据是认为以 CFR、CIF 等术语成交时,价格中的运费、保险费属于卖方支出的费用,不属于卖方的收益,因而不应该作为计算佣金的基数,应将它们从价格中扣除。但这种做法相对麻烦,因此,在实际业务中,更多的是直接以发票总额为基数来计算佣金。

佣金的计算公式为:

$$佣金额 = 含佣价 \times 佣金率$$

净价的计算方法为:

$$净价 = 含佣价 - 佣金$$

如果已知净价和佣金率,则含佣价的计算公式为:

$$含佣价 = \frac{净价}{1 - 佣金率}$$

计算题

试题 1:我方报价为 USD2000/Dozen CIFC3% New York,现外商要求改报 CIF 净价,并要求相应降低价格。在保持我方净收入不变的前提下,应如何报价?

解答:CIF 净价 = CIF 含佣价 × (1 — 佣金率)
   = 2 000 × (1 — 3%)
   = 1 940 美元

答:应改报为 USD1940/Dozen CIF New York。

试题 2:我方原报价为 USD1000/Piece FOBC3%Qingdao,对方要求 5% 佣金,则我方应如何报价才能保证外汇净收入不变?

解答:先求 FOB 净价,再转换成新的含佣价。
FOB 净价 = FOB 含佣价 × (1 — 佣金率)
   = 1 000 × (1 — 3%)
   = 970(美元/件)
FOBC5% = FOB 净价 /(1 — 佣金率)
   = 970/(1 — 5%)
   = 1 021.05(美元/件)

答:我方应改报为 USD1 021.05/Piece FOBC5%Qingdao。

8.2.2 折扣

折扣(Discount)是卖方给予买方一定的价格减让。从性质看,它是一种优惠。在我国对外贸易中,使用折扣主要是为了照顾老客户、确保销售渠道、扩大销售等目的。

1. 折扣的种类

(1) 数量折扣。即卖方在买方采购达到一定数量或金额时给予的折扣。
(2) 特别折扣。即卖方根据中间商不同的推销能力及对其的推销要求所给予的折扣。
(3) 现金折扣。即卖方为鼓励买方尽早付款而给予的折扣。

(4) 年终回扣。对于年购买量达到一定数额的客户给予的折扣。
(5) 明扣。在合同中明确规定折扣率。
(6) 暗扣。在合同中不表示出来，而另有协议。

在实际业务中，出口方应根据具体情况，针对不同客户，灵活运用各种折扣方法。

2. 折扣的规定方法

(1) 在价格条款中，一般用文字明确表示出给予折扣的比例。

应用举例

USD800/MT FOB Shanghai including 2% discount.（FOB 上海，每公吨 800 美元，折扣 2%。）
USD800 /MT FOB Shanghai less 2% discount.（FOB 上海，每公吨 800 美元，减 2% 折扣。）

(2) 折扣也可以用绝对数表示。例如，每公吨折扣 5 美元。

3. 折扣的计算方法

折扣通常是以成交额或发票金额为基础计算。
折扣的计算公式为：
折扣额＝原价 × 折扣率
折扣价的计算公式为：
折扣价＝原价 ×（1－折扣率）＝原价－折扣额
原价的计算公式为：

$$原价 = \frac{折扣价}{1 - 折扣率}$$

例如：卖方报价 CIF 芝加哥，每公吨 800 美元，折扣 2%，则卖方给予买方的折扣应为 16 美元（800×2%）。卖方实际上收回的净收入为 784 美元。

概念比较

佣金与折扣

1. 佣金与折扣的含义不同。佣金是付给中间商的报酬，而折扣是卖方给予买方价格上的减让。
2. 计算方法不同。含佣价是在原价基础上加上佣金，折扣价是在原价基础上减去折扣额。
3. 支付方法不同。佣金可以在交易达成时就向中间商支付佣金，也可以在卖方收到货款或买方到货后再行支付；折扣一般可在买方支付货款时预先扣除。

8.3 出口报价核算

8.3.1 出口商品的价格构成

了解出口商品的价格构成，掌握各部分的含义，对于正确核算出口价格十分重要。出口商品的价格构成包括出口成本、国内费用、国外运费、保险费、佣金和预期利润六个组成部分。

1. 出口成本

出口成本也称为实际成本,是出口报价考虑的最基本因素。在我国现行外贸制度下,要准确地对外报价,就必须区分企业成本核算的两个概念。

1) 采购成本

采购成本一词主要来源于外贸公司的产品成本,由于大多数外贸企业的产品都是从生产企业采购而来,所以这一成本被称为采购成本;对于生产型外贸企业来讲,这一成本即生产成本。采购成本是包含了增值税在内的企业产品成本。生产企业对外贸公司所报的不含增值税的价格称为净价。相关计算公式为:

增值税额 = 净价 × 增值税率

采购成本 = 净价 + 增值税额 = 净价 × (1 + 增值税率)

$$净价 = \frac{采购成本}{1 + 增值税率}$$

2) 出口成本

出口成本是考虑出口退税之后的企业产品成本。出口退税是国家鼓励出口的政策,它在客观上降低了产品成本。出口成本计算公式为:

出口成本 = 采购成本 - 出口退税额

$$出口退税额 = 净价 × 出口退税率 = \frac{采购成本 × 出口退税率}{1 + 增值税率}$$

计算题

试题 3: 某出口公司采购一批太阳镜,每副太阳镜的购货成本是 85 元人民币,其中包括 17% 的增值税。若太阳镜出口可以有 15% 的退税,求每副太阳镜的出口成本。

解答: 净价 = 采购成本 / (1 + 增值税率)
= 85 / (1 + 17%)
= 72.65(元/副)

出口退税额 = 净价 × 退税率
= 72.65 × 15%
= 10.90(元/副)

出口成本 = 采购成本 - 出口退税额
= 85 - 10.90
= 74.10(元/副)

答: 每副太阳镜的出口成本为 74.10 元人民币。

2. 国内费用

国内费用包含的项目比较多,而且计算方法不尽相同,是价格核算中较为复杂的因素。国内费用包括以下几种。

(1) 国内运费。交货前发生的内陆运输费用,如内河运输费、路桥费、过境费、装卸费等。

(2) 业务定额费。业务定额费是出口企业在经营中发生的有关费用,如通信费、交通费、业务招待费等。出口企业根据商品、经营、市场等情况确定一个业务定额费率,通常为采购成本的 5% ~ 10% 不等。

(3) 银行费用。在出口业务中,外贸企业可能涉及的银行费用包括通知费、议付费、不符点处理费、电报费、偿付费、修改费、托收费等。为简化核算,可以按照销售收入的一定百分比核算。

(4) 垫款利息。垫款利息是指出口企业从支付供应商货款到收回出口货款期间,对采购成本所垫付的银行利息。计算公式如下:

$$\text{垫款利息} = \text{采购成本} \times \text{贷款年利率} \times \text{垫款天数} \div 360$$

(5) 认证费。认证费是出口商办理出口许可、配额、产地证以及其他证明所支付的费用。

(6) 商检费。商检费是出口商品检验机构根据国家有关规定或出口商的请求对货物进行检验检疫的费用。

(7) 其他国内费用。主要包括仓储费、港区港杂费、报关费用、出口关税等。

国内费用采用两种核算方法。一是经验算法,即根据企业经营状况和管理规定,按采购成本的一定比例计算。经验算法比较简便快捷,但是不够精确,适合于快速报价时使用,例如在展会上的报价。二是明细算法,即将可能产生的各项费用相加。明细算法麻烦但是准确,适合于价格竞争激烈时的报价,或者买家对价格比较挑剔时的报价。

需要注意的是,不少国内费用都是按照每笔业务为单位来计收的。因此,出口货物数量不同,分摊到每一单位货物的费用高低不同,相应地也会给报价带来影响。为降低分摊的国内费用,可以要求进口方增加采购量。在对外报价时,可以以一个集装箱为报价的数量基础,同时根据买方采购量调整报价的高低。

 计算题

试题4:某出口公司出口冷冻水产品17公吨,每公吨的进货价格为5 600元人民币,估计该批货物国内运杂费共计1 200元,出口商检费300元,报关费100元,港区港杂费950元,其他各种费用共计1 500元,银行手续费为800元,求该水产品国内费用。

解答:本例适合采用明细算法。

国内费用总和=运杂费+商检费+报关费+港杂费+银行费+其他
　　　　　　=1 200+300+100+950+800+1 500
　　　　　　=4 850(元)

每公吨货物国内费用=国内费用总和÷出口数量
　　　　　　　　　=4 850÷17
　　　　　　　　　=285.29(元/公吨)

若采用经验算法,假定该公司定额费率为进货价的5%,则:
每公吨货物国内总费用=5 600×5%=280(元/公吨)

3. 国外运费

按照CFR、CIF、CPT和CIP术语成交时,国外运费是出口报价核算的主要费用之一。国外运费的计算方法参考本书"国际货物运输"一章的内容。

4. 保险费

按照CIF和CIP术语成交时,运输保险的费用也是价格的构成要素之一。保险费的计算方法参考本书"国际货物运输保险"一章的内容。

5. 佣金和折扣

佣金和折扣的计算参考本章第二节的内容。

6. 预期利润

预期利润是出口商的收入，是经营好坏的主要指标。出口商在报价时，往往设定一个预期利润率，预期利润率可以是成本利润率，也可以是销售利润率。

$$\text{预期利润} = \text{采购成本} \times \text{成本利润率}$$
$$= \text{销售收入} \times \text{销售利润率}$$

因为销售收入高于采购成本，所以在获得同等利润水平情况下，预期的销售利润率应当比成本利润率低。

8.3.2 常用贸易术语的报价及转换

1. 常用贸易术语的价格构成

在《INCOTERMS2010》中，使用比较频繁的贸易术语包括FOB、CFR、CIF、FCA、CPT、CIP六种。其中，前三种适用于水运，价格上存在递进关系；后三种适用于各种运输方式，价格上存在递进关系。下面以前三种常用术语为例介绍术语的价格构成。

1) FOB 术语的价格构成

出口商对外报FOB价格时，需要考虑前述第1、2、5、6项。即：
FOB 报价＝出口成本＋国内费用＋佣金＋预期利润

2) CFR 术语的价格构成

CFR 术语的价格是在FOB价格的基础上，再加上国外运费。即：
CFR 报价＝出口成本＋国内费用＋国外运费＋佣金＋预期利润
　　　　＝FOB 报价＋F

3) CIF 术语的价格构成

CIF 术语的价格是在CFR价格的基础上，再加上保险费。即：
CIF 报价＝出口成本＋国内费用＋国外运费＋保险费＋佣金＋预期利润
　　　　＝FOB 报价＋F＋I
　　　　＝CFR 报价＋I

2. 常用贸易术语间的价格转换

在进出口业务中，往往需要在不同的价格术语之间进行价格转换。三种常用贸易术语之间的转换公式，见表8-1。

表8-1　不同贸易术语之间的价格转换公式

价格术语	转换公式
FOB 价格转换为其他价格	CFR = FOB + F CIF = (FOB + F) ÷ [1 − (1＋保险加成率) × 保险费率]
CFR 价格转换为其他价格	FOB = CFR − F CIF = CFR ÷ [1 − (1＋保险加成率) × 保险费率]
CIF 价格转换为其他价格	FOB = CIF × [1 − (1＋保险加成率) × 保险费率] − F CFR = CIF × [1 − (1＋保险加成率) × 保险费率]

8.3.3 出口报价核算实例

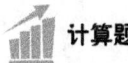
计算题

试题 5：2008 年 6 月 16 日，江苏某外贸公司收到德国客户询盘，欲购防弹轮胎。外贸公司立即通知供应商报价。次日收到其报价如下：防弹轮胎，CNY444.60/ 条（含税价），增值税率为 17%；8 条轮胎装 1 个木箱，每个木箱的毛重为 88 千克，体积为 1 立方米，25 箱装 1 个 20′ FCL；交货时付款；工厂交货。

若 2008 年 6 月 17 日的欧元牌价按 EUR1 ＝ CNY10.60/ 10.71 计；经查询，该轮胎的出口退税率为 5%；国内运费为 CNY1600/20′ FCL，工厂付款到出口收汇预计要 2 个月，资金占用年利息按 6.93% 计；其他国内费用为采购成本的 5%；由中国上海至德国汉堡的海运费为 EUR480/20′ FCL；海运一切险的保险费率为 0.7%；预期销售利润率为 12%。该外贸公司的 FOB 报价、CFR 报价和 CIF 报价分别应该是多少？

解答：
(1) 出口成本的计算。
净价＝含税价/(1 ＋增值税率)
　　＝ CNY444.60/ (1 ＋ 17%)
　　＝ CNY380/ 条
出口退税额＝净价 × 出口退税率
　　　　　＝ CNY380×5%
　　　　　＝ CNY19/ 条
出口成本＝采购成本－出口退税额
　　　　＝ CNY444.60 － CNY19
　　　　＝ CNY425.60/ 条
(2) 国内费用的计算。
首先以一个集装箱为报价的数量基础。每个 20′ 集装箱的装运量是 8×25 ＝ 200 条。
国内运费＝ CNY1 600/ 集装箱 ÷200 条 / 集装箱＝ CNY8/ 条
垫款利息＝采购成本 × 利息率 × 垫款天数
　　　　＝ CNY444.60/ 条 ×6.93%×2÷12
　　　　＝ CNY5.135/ 条
其他费用＝采购成本 × 定额费用率
　　　　＝ CNY444.60/ 条 ×5%
　　　　＝ CNY22.23/ 条
国内费用总和＝国内运费＋垫款利息＋其他费用
　　　　　　＝ CNY8/ 条＋ CNY5.135/ 条＋ CNY22.23/ 条
　　　　　　＝ CNY35.365/ 条
(3) 国外运费的计算。
国外运费＝ EUR480/ 集装箱 ÷200 条 / 集装箱
　　　　＝ EUR2.4/ 条 ×CNY10.71/EUR
　　　　＝ CNY25.704/ 条
(4) 国外保费的计算。
国外保费＝ CIF 价 ×(1 ＋保险加成率)× 保险费率
　　　　＝ CIF 价 ×110%×0.7%
　　　　＝ CIF 价 ×0.007 7
(5) 预期利润的计算。
预期利润＝销售收入 × 预期利润率
　　　　＝销售收入 ×12%

(6) 报价的核算。
FOB 价 = (1) + (2) + (5)
       = CNY425.60/条 + CNY35.365/条 + FOB 价 × 12%
FOB 价 = CNY523.824/条 ÷ CNY10.60/EUR
       = EUR49.42/条
CFR 价 = (1) + (2) + (3) + (5)
       = CNY425.60/条 + CNY35.365/条 + CNY25.704/条 + CFR 价 × 12%
CFR 价 = CNY553.033/条 ÷ CNY10.60/EUR
       = EUR52.17/条
CIF 价 = (1) + (2) + (3) + (4) + (5)
       = CNY425.60/条 + CNY35.365/条 + CNY25.704/条 + CIF 价 × 0.007 7 + CIF 价 × 12%
CIF 价 = CNY557.915/条 ÷ CNY10.60/EUR
       = EUR52.63/条

答：该轮胎的 FOB 报价为 EUR49.42/条，CFR 报价为 EUR52.17/条，CIF 报价为 EUR52.63/条。
（注：计算海运费时，由于出口方需要从银行买欧元，所以用欧元卖出价计算。报价折算为欧元时，是出口方收回欧元卖给银行换回人民币，所以用欧元买入价。）

例题 6：上例中，如果预期利润改为成本利润率 20%，其他条件不变，则如何对外报价？
解答：
(1) 出口成本计算同上。
(2) 国内费用的计算同上。
(3) 国外运费的计算：
国外运费 = EUR480/集装箱 ÷ 200 条/集装箱
        = EUR2.4/条
(4) 国外保费的计算同上。
(5) 预期利润的计算。
预期利润 = 采购成本 × 成本利润率
        = CNY444.60/条 × 20%
        = CNY88.92/条
(6) 报价的核算。
FOB 价 = (1) + (2) + (5)
       = CNY425.60/条 + CNY35.365/条 + CNY88.92/条
       = CNY549.885/条 ÷ CNY10.60/EUR
       = EUR51.88/条
CFR 价 = FOB 价 + F
       = EUR51.88/条 + EUR2.4/条
       = EUR54.28/条
CIF 价 = CFR ÷ [1 − (1 + 保险加成率) × 保险费率]
       = EUR54.28/条 ÷ [1 − (1 + 10%) × 0.7%]
       = EUR54.70/条

答：该轮胎的 FOB 报价为 EUR51.88/条，CFR 报价为 EUR54.28/条，CIF 报价为 EUR54.70/条。

8.3.4 出口效益核算

外贸企业在对外磋商和报价时，还应当加强出口效益核算，以便决定是否成交以及以什么条件成交。衡量出口效益的指标有下面三个。

第8章 国际贸易价格

1. 出口盈亏率

出口盈亏率，是指出口商品盈亏额与商品出口总成本的比率。出口盈亏额是指出口销售人民币净收入与出口总成本的差额。计算公式为：

出口盈亏额＝出口销售人民币净收入－出口总成本

$$出口盈亏率 = \frac{出口盈亏额}{出口总成本} \times 100\%$$

其中，出口销售人民币净收入＝FOB出口外汇净收入 × 银行外汇买入价。

出口总成本包含出口成本和国内费用，即前述价格核算中的第(1)和第(2)部分。

计算结果如为正数，则表明出口盈利；如为负数，则表明出口亏损。

计算题

试题7：计算例5中的出口盈亏率。

解答：

(1) 出口销售人民币净收入＝EUR49.42/条 × CNY10.60/EUR
　　　　　　　　　　＝CNY523.824/条

(2) 出口总成本＝出口成本＋国内费用
　　　　　　＝CNY425.60/条 ＋ CNY35.365/条
　　　　　　＝CNY460.965/条

(3) 出口盈亏率＝（出口销售人民币净收入－出口总成本）÷ 出口总成本 ×100%
　　　　　　＝(CNY523.824/条 － CNY460.965/条) ÷ CNY460.965/条 ×100%
　　　　　　＝13.6%

答：该轮胎的出口盈利13.6%。

试题8：某商品的对外报价是USD82 000/MTON FOBSHANGHAI，商品进价为CNY574 980/MTON（含增值税17%），国内费用定额率为6%，出口退税率为9%，当时银行外汇牌价为USD1＝CNY6.472 0/6.498 0，求该笔业务出口盈亏率。

解答：

(1) 出口销售人民币净收入＝FOB价 × 汇率
　　　　　　　　　　＝USD82 000/MTON × CNY6.472 0/USD
　　　　　　　　　　＝CNY530 704/MTON

(2) 出口成本＝采购成本－出口退税额

$$= 采购成本 - \frac{采购成本 \times 出口退税率}{1+增值税率}$$

$$= CNY574\,980/MTON - \frac{CNY574\,980/MTON \times 9\%}{1+17\%}$$

　　　＝CNY530 750.77/MTON

国内费用＝采购成本 × 定额费率
　　　　＝CNY574 980/MTON ×6%
　　　　＝CNY34 498.8/条

出口总成本＝出口成本＋国内费用
　　　　　＝CNY530 750.77/MTON ＋ CNY34 498.8/条
　　　　　＝CNY565 249.57/条

(3) 出口盈亏率＝（出口销售人民币净收入－出口总成本）÷ 出口总成本 ×100%

= (CNY530 704/MTON − CNY565 249.57/条) ÷ CNY565 249.57/条 ×100%
= −6.11%

答：该笔业务出口亏损6.11%。

2. 换汇成本

换汇成本，又称换汇率，是用来反映出口商品盈亏的重要指标。它是出口总成本与外汇净收入之比，反映的经济意义是花费多少人民币的成本换回一单位外汇。其计算公式为：

$$换汇成本 = \frac{出口总成本}{出口销售外汇净收入}$$

公式中外汇净收入是指以FOB价表示的外汇收入。

通常将核算出来的换汇成本与该种外汇的当前牌价比较。如换汇成本高于外汇牌价，则表示出口亏损；反之，则说明出口赢利。

计算题

试题9：求例5中的换汇成本。

解答：换汇成本 = 出口总成本 ÷ 出口销售外汇净收入
= CNY460.965/条 ÷ EUR49.42/条
= CNY9.327 5/EUR

答：该笔业务的换汇成本为CNY9.327 5/EUR。
当时汇率为EUR1 = CNY10.60/10.71，换汇成本低于外汇牌价，所以该笔业务盈利。

计算题

试题10：某企业出口服装一批，出口总价为USD65 000 CIF London，其中海运费为USD1 500，保险费USD300。采购成本为CNY400 000（含增值税17%）。业务定额费率为5%，出口退税率为11%。当时的银行外汇牌价为USD1 = CNY6.812 8/6.840 2。计算该商品的换汇成本。

解答：(1) 出口成本 = 采购成本 − $\frac{采购成本 × 出口退税率}{1 + 增值税率}$

= CNY400 000 − $\frac{CNY40 000 × 11\%}{1 + 17\%}$

= CNY362 393.16

国内费用 = 采购成本 × 定额费率
= CNY400 000 × 5%
= CNY20 000

出口总成本 = 出口成本 + 国内费用
= CNY362 393.16 + CNY20 000
= CNY382 393.16

(2) 出口销售外汇净收入 = CIF − F − I
= USD65 000 − USD1 500 − USD300
= USD63 200

(3) 换汇成本 = 出口总成本 ÷ 出口销售外汇净收入
= CNY382 393.16/USD63 200
= CNY6.050 5/USD

答：该笔业务的换汇成本为CNY6.050 5/USD。与当时外汇牌价相比，该笔业务盈利。

3. 出口创汇率

出口创汇率，是指加工后成品出口的外汇净收入与原料外汇成本之间的比率。其计算公式为：

$$出口创汇率 = \frac{成品出口外汇净收入 - 原料外汇成本}{原料外汇成本} \times 100\%$$

计算时，如原材料为进口，则不论按何种贸易术语成交，一律折合成CIF价；如原材料为国产，其外汇成本按出口该原材料的FOB价计算。成品出口时，按FOB价计算成品出口外汇净收入。

计算题

试题11：某笔进料加工生意，进口原料的FOB价为EUR100 000，从欧洲运到国内的运杂费用为EUR1 800.00，保险费为EUR330.00；加工成成品后的CIF出口价格为USD18.3万，其中，国外运杂费为USD3 300.00，保险费为USD604.00。出口收汇当天欧元与美元的汇率为EUR1 = USD1.378 5。试计算该笔业务的出口创汇率。

解答：原料外汇成本 = 进口FOB价 + F + I
= EUR100 000 + EUR1 800.00 + EUR330.00
= EUR102 130.00

成品出口外汇净收入 = CIF - F - I
= USD183 000.00 - USD3 300.00 - USD604.00
= USD179 096.00 ÷ USD1.378 5/EUR
= EUR129 920.93

$$出口创汇率 = \frac{成品出口外汇净收入 - 原料外汇成本}{原料外汇成本} \times 100\%$$

= (EUR129 920.93 - EUR102 130.00) ÷ EUR102 130.00 × 100%
= 27.21%

答：该笔业务的出口创汇率为27.21%。

8.4　进口报价与进口收益核算

8.4.1　进口商品的价格构成

进口商品的价格核算需要考虑的因素包括进口成本、进口费用、进口税费、代理费、预期利润等方面。

1. 进口商品成本核算

进口成本包括货物的进口价格和进口费用两个方面。计算公式为：

$$进口成本 = 进口合同CIF价格 + 进口费用$$

有些进口合同并非为CIF合同，核算进口成本时需要将国外运费和国外保费考虑进去，将合同价格折算为CIF价格。

进口费用包括进口代理的手续费和佣金、银行费用（如开证费、其他手续费）、利息（从开证付款到收回货款之间所发生的利息支出）、到岸港口费用（包括卸货费、驳船费、码头建设费、码头仓租费等)、进口商品的检验费和其他公证费、报关提货费、国内运输费和仓租费等费用。

2. 进口税费的计算

根据我国《海关法》等有关法律法规规定，海关对准许进口的货物、物品征收关税，代征进口环节税（包括增值税和消费税），另外，海关还对部分进口减税、免税和保税货物征收海关监管手续费。因此，进口商在进口环节所要缴纳的税费主要包括以下几项。

1）进口关税

进口关税是海关对进入其关境内的货物和物品征收的关税。进口关税按照计征标准分为以下三类。

(1) 从量税。按照商品的重量、容量、长度、面积和数量等单位计征关税。从量进口关税的计算公式为：

从量关税税额＝商品进口数量 × 从量关税税率（单位税额）

(2) 从价税。它是以商品价格为标准计征关税。从价进口关税的计算公式为：

进口关税＝进口货物完税价格 × 关税税率

进口货物完税价格由海关以进口货物的成交价格为基础审核确定，一般包括货价、运费和保险费，通常以 CIF 价格为基础。如果交易中卖方向买方提供折扣，应在价格中扣除。

(3) 复合税。它是对某种进口商品采用从量税和从价税同时征收的一种方法。其计算公式为：

复合关税税额＝商品进口数量 × 从量关税税率＋进口货物完税价格 × 从价关税税率

2）进口环节税

进口货物在办理报关纳税手续后，允许在国内流通，应与国内产品同等对待，即需要缴纳国内税。为简化手续，方便货物进出口，同时又可有效地避免货物进口后另行征收可能造成的漏征，进口货物的国内税一般在进口环节由海关征收，简称进口环节税。进口环节税包括对进口货物征收的增值税和对少数商品征收的消费税。国家规定进口货物的增值税和消费税，由海关在进口环节代税务机关征收。因此，在实际工作中又常常称为海关代征税。进口增值税和消费税的计算公式为：

从价消费税额＝消费税组成计税价格 × 消费税率

$$=\frac{\text{进口关税完税价格}+\text{关税}}{1-\text{消费税税率}} \times \text{消费税率}$$

从量消费税额＝应税消费品数量 × 消费税单位税额

进口增值税＝增值税组成计税价格 × 增值税率
　　　　　＝（进口货物完税价格＋进口关税税额＋消费税税额）× 增值税率

对于既要缴纳进口环节消费税又需缴纳增值税的进口货物，应当先计算进口关税税额，再计算消费税税额，最后计算增值税税额。对于不缴纳进口环节消费税的进口货物，先计算进口关税税额，再计算增值税税额。

计算时，完税价格计算到元为止，元以下四舍五入。税额计算到分为止，分以下四舍五入。

值得注意的是，如果产品进口后由进口企业自用，不用于国内的流通转让，只需在进口环节由海关代收进口增值税即可。如果产品进口后再转售，应当依法缴纳增值税，但是进口环节已经由海关代征的进口增值税可以予以抵扣。

$$应缴增值税 = \frac{国内售价}{1+增值税率} \times 增值税率$$

$$实缴增值税 = 应缴增值税 - 进口增值税$$

3) 监管手续费

监管手续费是指海关按照有关规定，对减税、免税和保税货物实施监督、管理所提供服务征收的手续费。

海关监管手续费按以下标准征收。

（1）进料加工和来料加工中为装配出口机电产品而进口的料、件，按照海关审定的货物到岸价格的1.5‰计征。

（2）来料加工中引进的先进技术设备，加工金首饰、裘皮、高档服装、机织毛衣和毛衣片、塑料玩具所进口的料、件，按照海关审定货物的到岸价格的1‰计征。

（3）进口后保税储存90天以上，未经加工即转运复出口的货物，按关税完税价格的1‰计征。

（4）其他进口免税和保税货物，按照海关审定的货物到岸价格的3‰计征。

（5）进口减税货物，按照实际减除税赋部分的货物的到岸价格的3‰计征。

3. 进口预期利润的计算

对于进口自用的商品，无须核算此项。对于进口后转售的商品，应当在价格中加上预期利润。预期利润的计算通常采用销售利润率。计算公式如下：

国内售价 = 进口合同CIF价格 + 进口费用 + 进口关税 + 进口消费税 + 进口增值税 + 实缴增值税 + 预期利润

预期利润 = 国内售价 × 销售利润率

8.4.2 进口商品价格核算实例

计算题

试题12：国内某纺织品织造有限公司是一家生产型外贸企业，该公司根据市场行情和生产需要，计划拿出CNY1 140 000的总预算购买2台剑杆织机（不用国际招投标）。该商品的国外供应商报价为EUR40 000.00/set FOB Genoa, Italy。已知该剑杆织机的进口关税税率为8%，进口环节增值税税率为17%，国外运费为EUR2 000，国外保费为EUR200，港区费用CNY2 000，内陆运输费CNY4 000，银行费用按开证金额0.15%计，其他费用合计CNY2 000，欧元牌价为EUR1 = CNY10.90/11.00。如果接受供应商报价，试计算购买这2台剑杆织机的总金额。该总金额是否在该公司的采购预算之内？

解答：

(1) 进口成本的计算：

CIF价 = FOB价 + F + I
　　 = 40 000.00 + (200 + 2 000) ÷ 2
　　 = EUR41 100/set

国内费用 = (2 000 + 4 000 + 2 000) ÷ 2
　　　 = CNY4 000/set

开证费用 = 40 000 × 0.15%
　　　 = EUR60/set

(2) 进口税费的计算：
进口关税＝进口货物完税价格 × 关税税率
　　　　＝ 41 100×8%
　　　　＝ EUR3 288/set
进口增值税＝增值税组成计税价格 × 增值税率
　　　　　＝（41 100 ＋ 3 288）×17%
　　　　　＝ EUR7 545.96/set
(3) 进口总支出的计算：
进口总支出＝ CIF 价＋国内费用＋进口关税＋进口增值税
　　　　　＝（41 100 ＋ 60 ＋ 3 288 ＋ 7 545.96）×11.00 ＋ 4 000
　　　　　＝ CNY575 933.56/set
两套设备的进口总支出为：CNY575 933.56/set×2 ＝ CNY1 151 867.12
答：购买两台剑杆织机的总金额为 1 151 867.12 元人民币，超出了该公司的采购预算。

计算题

试题 13：广东某进出口有限公司接到国内客户订单，求购非洲棟木，数量150m³，单价7 345 元 / m³（含税价）。该进出口公司收到的国外供应商报价为 EUR440.00/ m³ FOB Double, Cameroon, 150 m³，装六个 40 英尺集装箱。经查询，该非洲棟木的进口关税税率为 0，进口环节增值税率为 13%，计量单位为立方米和千克。从杜阿拉港到广州港的海上运费为 3 000 美元 /40 英尺柜，"一切险"的保险费率为 2‰，广州港报关和集港费用为 2 500 元人民币 /40 英尺柜，由目的港广州到佛山的陆地运费为 1 500 元人民币 /40 英尺柜；其他国内进口费用按国内销售价格的 1% 计算；当日汇率按 EUR1 ＝ CNY9.50/9.58 和 USD1 ＝ CNY 6.82/6.85 计算。试根据国外客户报价计算该笔业务的预期销售利润率。

解答：
(1) 进口成本的计算：
FOB 价＝ EUR440.00/m³×CNY9.58/EUR ＝ CNY4 215.2/ m³
　运费＝ USD3 000/FCL×CNY6.85/USD÷25m³/FCL ＝ CNY822/m³
　CIF 价＝（FOB ＋ F）/[1 －（1＋保险加成）× 保险费率]
　　　　＝（CNY4 215.2/m³ ＋ CNY822/ m³）/[1 －（1 ＋ 10%）× 2‰]
　　　　＝ CNY5 048.306/m³
进口费用＝（CNY2 500/FCL ＋ CNY1 500/FCL）÷25m³/FCL ＋ CNY7 345/m³×1%
　　　　＝ CNY233.45/m³
(2) 进口税费的计算：
进口关税＝ 0
进口增值税＝增值税组成计税价格 × 增值税率
　　　　　＝进口完税价格 × 增值税率
　　　　　＝ CNY5 048.306/m³×13%
　　　　　＝ CNY656.280/m³
(3) 实缴增值税额的计算：
实缴增值税额＝国内销售价格 ÷（1＋增值税率）× 增值税率－进口增值税额
　　　　　　＝ CNY7 345/m³÷（1 ＋ 13%）×13% － CNY656.280/m³ ＝ CNY188.720/ m³
(4) 销售利润率的计算：
销售利润＝国内售价－进口 CIF 价－国内费用－进口关税－进口增值税－实缴增值税
　　　　＝ CNY7 345/m³ － CNY5 048.306/m³ － CNY233.45/m³ － 0 － CNY656.280/m³ － CNY188.720/m³
　　　　＝ CNY1 218.244/ m³

销售利润率＝销售利润÷国内销售价格×100%
　　　　　＝CNY1 218.244/m³÷CNY7 345/m³×100%
　　　　　＝16.59%

答：该笔业务预期销售利润率为16.59%。

本章小结

本章主要介绍国际贸易中的价格。价格条款是贸易合同的核心条款之一，关系到买卖双方的预期利益。价格通常包括单价和总值。报价时要考虑防范市场行情波动的风险和汇率变动的影响，同时考虑佣金和折扣。本章最重要的部分是进出口报价核算。出口方成本收益的核算指标有三个：出口盈亏率、换汇成本和出口创汇率。出口商品的价格构成包括出口成本、国内费用、国外运费、国外保费、佣金折扣和预期利润六个组成部分。合同中选用不同的贸易术语，合同价格的具体构成也有差别。

关键术语

单价、总值、固定价格、非固定价格、汇率风险、佣金、折扣、出口成本、采购成本、国外运费、保险费、预期利润、出口盈亏率、换汇成本、出口创汇率、进口关税、消费税、进口增值税、应纳增值税

综合练习

1. 英译汉

(1) Where a contract has been validly concluded but does not expressly or implicitly fix or make provision for determining the price, the parties are considered, in the absence of any indication to the contrary, to have impliedly made reference to the price generally charged at the time of the conclusion of the contract for such goods sold under comparable circumstances in the trade concerned.

(2) If the price is fixed according to the weight of the goods, in case of doubt it is to be determined by the net weight.

(3) The buyer must pay the price on the date fixed by or determinable from the contract and this Convention without the need for any request or compliance with any formality on the part of the seller.

(4) Where the price is to be determined by one party and that determination is manifestly unreasonable, a reasonable price shall be substituted notwithstanding any contract term to the contrary.

2. 简答题

(1) 合同中的价格条款包括几部分？
(2) 合同中有哪些作价方法？
(3) 进出口商品的价格包含哪些构成要素？

(4) 怎样选择计价货币？如何防范汇率风险？

(5) 比较佣金与折扣的区别。

3. 选择题

(1) 出口总成本包括（　　）。

　　A. 采购成本　　　　B. 国内费用　　　C. 出口退税　　　D. 换汇成本

(2) 影响成交价格的因素有（　　）。

　　A. 商品的质量、档次　　B. 运输距离　　　C. 交货条件和交货地点

　　D. 成交数量　　　E. 国际市场价格走势　　F. 支付条件

(3) 订立价格条款应注意的问题有（　　）。

　　A. 合理确定商品单价　　B. 选择适当贸易术语　　C. 选择有利的计价货币

　　D. 灵活运用计价方法　　E. 合理运用佣金和折扣

(4) 我国出口价格条款的正确写法是（　　）。

　　A. 每件 3.50 元 CIF 香港　　　　　　B. 每件 3.50 美元 CIF

　　C. 每件 3.50 元 CIFC 伦敦　　　　　 D. 每件 3.50 美元 CIFC2% 伦敦

(5) 下列关于我国出口单价表述正确的是（　　）。

　　A. FOB 上海每吨 120 美元　　　　　 B. 每箱 95 英镑 CIF 伦敦

　　C. CIF 大连每件 80 元　　　　　　　 D. 每箱 200 美元 CFR 美国

(6) 某公司对外报价为每公吨 500 美元 CIF 纽约，外商要求改报 CIFC5% 纽约，我方报价应为（　　）。

　　A. 526.3 美元　　B. 525 美元　　C. 526.5 美元　　D. 526.9 美元

(7) FOBC3% 中的 "C3%" 是指（　　）。

　　A. 含 3% 的佣金　　B. 含 3% 的折扣

　　C. 含 3 成的佣金　　D. 含 3 成的折扣

(8) 在进出口合同中，单价条款包括的内容是（　　）。

　　A. 计量单位　　B. 单位价格金额　　C. 计价货币　　D. 贸易术语

(9) 以 FOB 术语成交的出口成本价格包括（　　）。

　　A. 进货成本　　B. 国内费用　　C. 国外运费　　D. 净利润

(10) 下列各项属于非固定价格的好处的有（　　）。

　　A. 有助于暂时解决双方在价格方面的分歧，先就其他条款达成协议，早日签约

　　B. 解除客户对价格风险的顾虑，使之敢于签订交货期长的合同。数量、交货期的早日确定，不但有利于巩固和扩大出口市场，也有利于生产、收购和出口计划的安排

　　C. 对进出口双方，虽不能完全排除价格风险，但对出口人来说，可以不失时机地做成生意；对进口人来说，可以保证一定的转售利润

　　D. 有助于防范汇率风险。

4. 判断题

(1) 使用固定价格，在合同中明确规定之后，均按合同确定的价格结算货款，任何一方不得擅自变更原价格。　　　　　　　　　　　　　　　　　　　　　　　　（　　）

(2) 价格中不含佣金的称为净价。   （ ）
(3) 价格条款包括计量单位、单位价格金额、计价货币和价格术语。（ ）
(4) 佣金和折扣都是在收到全部货款之后再支付的。   （ ）
(5) 计价货币可以采用进口国货币、出口国货币或第三国货币。   （ ）
(6) 商品出口总成本与出口所得的外汇净收入之比，是出口换汇成本。（ ）
(7) 出口商品的换汇成本越高，外贸企业的盈利越大。   （ ）
(8) 不写明折扣或佣金的一定是净价。   （ ）
(9) 换汇成本高的商品，其换汇率就低，而换汇率高的商品其换汇成本就低。（ ）
(10) 在进出口业务中，进口计价宜选用"软币"，出口计价宜选用"硬币"。（ ）

5. 计算题

(1) 我国出口某商品一批，原报价 USD250/MT CIFC2% Rotterdam，国外客户要求增加佣金两个百分点，我方改报价应为多少？

(2) 我国出口某商品的报价为 USD100 per set CFRC3%New York。试计算：CFR 净价和佣金各为多少？如果对方要求将佣金增加到 5%，我方为保持出口净收入不变应如何报价？

(3) 我国一出口公司原报价 CFR 单价是 100 美元/件，现外商要求改报 CIF 价，在不影响我国出口外汇净收入的前提下，我方报价多少？（按发票金额 110% 投保一切险和战争险，保险费率二者合计为 1%。）

(4) 我出口公司对非洲某客商发盘，供应某商品，价格条件为 CIF 非洲某口岸每公吨 1 500 美元；按发票金额 110% 投保一切险和战争险。对方要求改报 FOB 中国口岸。经查自中国口岸至非洲某口岸的海洋运输费用为每公吨 50 美元，一切的保险费率为 0.5%，战争险的保险率为 0.3%。问如维持出口销售净收入不变，改报 FOB 中国口岸价，应为多少美元？

(5) 我出口公司对某客商发盘，供应某商品，价格条件为每公吨 2 000 美元 CIF 非洲某港口，按发票金额 110% 投保一切险和战争险，客商提出要求改报 CFR 非洲某港口英镑价，查自中国口岸至非洲该港口的一切险和战争险的费率共为 0.7%。问我出口公司在维持原收入不变和暂不考虑汇价趋势的情况下应报何价？（外汇牌价 USD1 = CNY6.361 5/6.387 0；GBP1 = CNY10.041 3/10.121 9）

(6) 某货物原报价为每公吨 USD1 250CIFC2% 纽约，现客户要求改报 CFRC3% 纽约价。查原报价保险为水渍险附加淡水雨淋险，其费率分别为 2.4% 和 0.1%，按 CIF 价加一成投保。试求 CFRC3% 纽约价。

(7) 某出口公司对外报某商品每打 100 港元 CFRC5% 香港。港商要求改按 CIFC5% 香港报价，设投保加 1 成，保险费率为 0.5%，问我方应报多少美元。

(8) 我外贸公司出口某商品 1 000 箱，该货每箱收购价为人民币 100 元，国内费用为收购价的 15%，出口后每箱可退税人民币 7 元，外销价每箱 USD19.00 CFR 曼谷，每箱应付海运运费 USD1.20，试计算该商品的换汇成本是多少？

(9) 青岛某公司出口某商品 20 公吨，纸箱装，每箱净重 20 公斤，毛重 22.26 公斤，每箱尺码 42 cm×28 cm×25 cm。该货出口总成本为每公吨 1 179 元人民币，外销价为每公吨 250 美元 CFR 仰光，海运运费 W/M12 级计算，查青岛至仰光 12 级货基本运费为 15 美元/运费吨，加货币贬值附加费 35.8%，在此基础上再加燃油附加费 28%。试计算该商品换汇成本及盈亏率。（外汇牌价 USD1 = CNY6.361 5/6.387 0）

(10) 合同规定由我方供应某商品 60 000 打，每打 CIF 鹿特丹价为 18 美元，自装运港至目的港的运费总计为 5 000 美元，投保金额为发票金额的 110%，保险险别为水渍险和战争险。查中国人民保险公司的保险费率表，该商品至该港口的水渍险费率为 0.3%，战争险费率为 0.4%。问我方可净收入多少人民币？（外汇牌价 USD1 = CNY6.361 5/6.387 0）

6. 案例分析

(1) 我外贸公司以 FOB 中国口岸价与香港 W 公司成交钢材一批，港商即转手以 CFR 釜山价售给韩国 H 公司。港商来证价格为 FOB 中国口岸，要求货运釜山，并在提单表明"Freight Prepaid"（运费预付），试分析港商为什么这样做？我们应如何处理？

(2) 某出口公司与某国一佣金商达成协议，CIFC5% 总金额 50 000 美元，装运期为订约后 2 个月从中国港口装运。签订合同后，该佣金商即来电要求我出口公司支付佣金 2 500 美元。我方复电称：佣金需待货物装运并受到全部货款后才能支付。于是，双方发生了争议。这起争议发生的原因是什么？

7. 技能实训

实训项目 1：出口报价核算

实训目的：对所学的出口报价核算进行系统的练习，掌握出口报价核算中的成本核算、费用核算、运保费核算、佣金折扣核算以及预期利润核算，并且在实践中能够灵活运用。

实训内容：某轻工业进出口公司欲出口一个 20'FCL 的不锈钢厨具至温哥华。货物的包装为 2 套/箱，每箱的尺码为 56cm × 32.5cm × 49cm，毛重为 33kg，每箱进价 150 人民币。

已知上海至温哥华 20 英尺货柜海洋运费为 1 890 美元，增值税率为 17%，退税率为 9%。加一成投保一切险加战争险，保险费率分别为 0.8% 和 0.2%。一个 20 英尺货柜的国内运杂费共 1 700 元；出口商检费 90 元；报关费 130 元；港区杂费 550 元；其他业务费用共 1 600 元；包装费每箱 2 元。如果公司预期利润率为成交金额的 6%，另外客户要求 3% 的佣金。请算出该货物 CIFC3% 温哥华的单价。（所使用集装箱内容积为 $5.917m^3 × 2.336m^3 × 2.249m^3$，最大载重 22 公吨，外汇牌价 USD1 = CNY6.361 5/6.387 0）

实训要求：分步计算，计算过程中的数值要保留到小数点后 3 位，最后结果保留到小数点后 2 位。

实训项目 2：进口收益核算

实训目的：对所学的进口价格核算进行系统的练习，掌握进口价格核算中的成本核算、费用核算、进口税费核算、进口收益核算，并且在实践中能够灵活运用。

实训内容：福建某进出口有限公司欲从美国进口 1 台 GA2000 齿轮测量机，销售到国内某厂家。2010 年 1 月 29 日，双方签订合同。单价为 USD390 000.00/台，CIF 厦门；装 3 个木板箱，用 1 个 40'高柜运输。齿轮测量机的进口关税税率为 5%，增值税税率为 17%。

经查询，厦门港报关和集港费用为 CNY3 000，由厦门到目的地的运费为 CNY1 500，其他费用为 CNY6 500；美元汇率按 USD1 = CNY6.81/6.84 计；国内销售价格为 CNY3 393 000.00/台。计算该笔业务的预期销售利润率。

实训要求：分步计算，计算过程中的数值要保留到小数点后 3 位，最后结果保留到小数点后 2 位。

第9章 出口合同的履行

本章教学要点

知识要点	掌握程度	相关知识	应用方向
出口备货	了解	国际贸易出口业务的备货要求与具体内容	备货的要求与问题；备货的具体内容；备货的实施方式
信用证审核与改证	熟悉	国际贸易出口业务信用证的审核内容；信用证改证的程序	信用证催证；信用证审证；信用证改证
报验报关	熟悉	说明报验与报关的单据；报验与报关业务的程序	报验单据；报验方式；报关单据；报关程序
装船运输	熟悉	出口货物的托运与托运前的保险；货物的装船	托运单据；投保的安排；租船与订舱
制单结汇	熟悉	出口货物的单据缮制；出口结汇	商业发票；汇票；装箱单；提单；保险单；检验证书；原产地证书；结汇方式
核销退税	了解	出口货物的核销程序；出口货物的退税流程	核销制度；核销程序；退税流程

阅读链接

1. UCP600: Article 9, 10, 11, 14, 16–28
2. ISBP745: Para A8–A10, 23, 39, 41
3. CISG: Article 30–35, 38, 41
4. 孙瑛, 韩杨. 国际贸易运输实务与案例 [M]. 北京：清华大学出版社，2009.
5. 李勤昌. 国际货物运输实务 [M]. 北京：清华大学出版社，2008.

 导入案例

某企业出口货物一批，以 CIF 贸易条件成交，货物装船后，出口企业支付全额运费后取得船公司签发的已装船清洁提单。但制单人员在提单上漏打"Freight Prepaid"字样，此时市场价格下跌，开证行以所交单据与信用证不符为由拒付货款。后几经交涉，最终以减价了案。试对本案例做出相应分析。

9.1 备货与报验

出口贸易合同订立以后，即进入合同的履行阶段。我们设定的出口贸易合同采用海洋运输、信用证支付方式为例说明出口合同的履行环节和步骤。一般而言，履行出口合同程序是：备货→信用证审核与改证→商品报验→出口托运订舱→出口货物保险→办理通关手续→单据缮制→交单结汇→出口核销与退税。其中不可或缺的四个环节，货（备货）、证（信用证催证、审证、改证）、船（托运订舱）、款（制单结汇）最为重要。出口合同各环节必须环环衔接、紧密配合，才能保证顺畅、完整地完成履约过程。

9.1.1 备货

卖方根据出口合同规定，按时、按质、按量准备好应交货物。由此可见，按照合同交付货物、移交单据和转移货物所有权是卖方的三项基本义务，其中的交货义务是最主要的业务，而做好备货工作则是为履行交货义务准备物质基础。

 条款举例

CISG Arti 30: The seller must deliver the goods, hand over any documents relating to them and transfer the property in the goods, as required by the contract and this Convention. （卖方必须按照合同和本公约的规定交付货物，移交一切与货物有关的单据并转移货物所有权。）

1. 备货工作的要求

在备货工作中，应注意以下问题。

(1) 货物的品质、规格必须与出口合同相一致。即凡凭规格、等级、标准、说明书、图片等文字说明达成的合同，交付货物的质量必须与合同规定的规格、等级、标准等文字说明相符；如凭样品达成的合同，必须与样品相一致；如既凭文字说明，又凭样品达成的合同，则两者均应相符。

合同中的质量条款是买卖双方交接货物有关质量的依据，卖方所交货物的实际质量不能低于合同规定，低于规定为违约行为，同时实际质量也不宜高于合同规定，高于合同规定，有时也会构成违约。

(2) 货物的数量必须与出口合同和信用证一致。备货的数量可根据商品的特点掌握，留有适当余地，防止发生意外事故。或者以备适应舱容或可能发生的调换，做到所交货物数量与合同、信用证规定相符。同时可根据生产和交货的需要，在磋商订约时，对交货数量留有一定的机动幅度达成特别约定，即规定"溢短装"条款，卖方就可在数量的规定机动幅度内有所伸缩。

(3) 货物的包装、唛头必须符合出口合同、信用证规定和运输要求，避免出现包装与进口国要求不符，以致被买方当局拒进或扣留。

若合同未对包装作具体规定，应按同类货物通用的方式装箱或包装，如果没有此种通用方式，应按足以保全和保护货物的方式装箱或包装。应认真检查和核对货物的内、外包装，如发现有包装不良或破损情况，应及时修整或更换包装，以免装运时取不到清洁提单，造成收汇困难。最后，在保证商品质量和不违反出口合同的前提下，还应尽可能压缩货物包装的体积或降低包装的重量，以节约运费支出。

(4) 备货时间应与合同、信用证规定的交货时间和装运期限相适应，结合船期，进行妥善安排。

为防止意外，一般留有适当余地。如交易数量较大，为方便卖方备货、安排装运和适应买方使用或转销需要，在买卖合同中可约定在一定期限内授权卖方酌情掌握是否分期和分批装运，必要时可在合同中具体规定分期分批装运的时间和方法。

(5) 卖方对所出售的货物应当拥有完全的所有权。卖方不能把非法侵占他人权利得来的货物出售给买方，所谓非法侵犯他人的权利，主要指侵犯他人的工业产权或其他的知识产权。由于此类侵权纠纷比较复杂，为明确责任、避免不必要的纠纷，在我国的出口加工贸易中可能涉及商标、专利等工业产权或知识产权时，都应在合同中规定"关于任何违反涉及工业产权与其他知识产权行为概由买方负责，与卖方无关"的条款。

 条款举例

CISG Arti 41: The seller must deliver goods which are free from any right or claim of a third party, unless the buyer agreed to take the goods subject to that right or claim. However, if such right or claim is based on industrial property or other intellectual property, the seller's obligation is governed by article 42. (卖方所交付的货物，必须是第三方不能提出任何权利或要求的货物，除非买方同意在这种权利或要求的条件下，收取货物。但是，如果这种权利或要求是以工业产权或其他知识产权为基础的，卖方的义务应依照第42条的规定。)

2. 备货工作的具体内容

出口备货的工作较多，为保证按时、按量、按质履行出口合同的交货业务，备货主要需要做以下工作。

(1) 向生产或供货部门安排生产或催交货物。

(2) 及时检查应收货物的品质、数量、包装，并对货物进行验收。

(3) 货物进仓后，应根据出口合同再次进行整理、加工和包装，并在外包装上刷唛和其他必要的标志。

(4) 部分商品须根据客户的要求或市场习惯，标注合同号、订单号、信用证号、进出口许可证号、型号等。

完成上述工作后，需建立该合同项下的文档，包含往来函电、订单、进仓单等，以备未来可能产生的争议。

3. 自营企业的备货工作

由企业自行生产并完成出口的业务，在完成合同的订立后，应立即组织生产，严格控制产品的品质、包装、数量、规格等与合同保持一致，保证原材料、辅料、中间产品的及时供应，确保按时交货。

(1) 制作生产通知单、材料耗用明细表、仓库发料通知单。订单首先转化为生产通知单，明确订单中的产名、规格、数量、包装、交货时间等信息；然后根据生产通知单制作材料耗用表，包括物料名称及规格型号、单位、所需用料、仓库存量、订购数量；仓库发料通知单制作依据是生产通知单，明细中比材料耗用明细表多了损耗率。

(2) 安排生产日程。充分考虑产品各个环节的时间要求，包括产品设计、物料分析、采购、运输、制造、包装等，在考虑合理时间外，还应预留一定的机动时间。

4. 外贸公司的备货工作

(1) 寻找货源。如果接到订单后没有固定工厂，可以通过现有资料、专业刊物、行业协会、展会等途径搜寻。

(2) 要求供货工厂提供资料。为确保出口合同保质、保量、如期完成，应要求工厂提供企业概况、产品一览表、品质资质证明、厂商产品品质保证、生产与检验设备一览表、产能报告等。

(3) 签订备货合同。确定供货厂商以后，及时与其签订购货合同。购货合同对产品的要求应与国外订单相一致，同时最好要求供货厂商报价包括将货物送至需方指定地点的国内运输费用。

应用案例

案例简介：某年我出口公司出口到加拿大一批货物，计值 80 万美元。合同规定用塑料袋包装，每件要使用英、法两种文字的唛头。但我某公司实际交货改用其他包装代替，并仍使用只有英文的唛头，国外商人为了适应当地市场的销售要求，不得不雇人重新更换包装和唛头，后向我方提出索赔，我方理亏只好认赔。试对此案作出评析。

案例分析：目前许多国家对于在市场上销售的商品规定了有关包装和标签管理条例，进口商品必须符合这些规定，否则不准进口或禁止在市场上出售。标签是指附在商品或包装上用以简介生产国别、制造厂商、货物名称、商品成分、品质特点、使用方法等内容的标志。在销售包装上制作标签时，应注意有关国家的标签管理条例的规定。一些发达国家常以这些规章制度作为限制国外进口的一种手段，对此应引起足够的重视。例如，欧盟在商品标签方面有一系列的规定，基本内容就是商品本身或外包装上必须带有内容全面、可读、可理解、正确的标签。从本案来看卖方未严格按照合同规定的包装条件履行交货义务，应视为违反合同。我公司的错误有二：一是擅自更换包装材料，虽然对货物本身的质量未造成影响；二是未按合同规定使用唛头，由于加拿大部分地区属于法语区，因此，销售产品除英文外，通常还要求加注法文。总之，为了顺利出口，必须了解和适应不同国家规定的特殊要求，以减少不必要的麻烦。

9.1.2 报验

凡列入《出入境检验检疫机构实施检验检疫的进出口商品目录》的进出口商品，在货物备齐后，应向国家出入境检验检疫机构申请检验检疫，只有取得合格的检验证书，海关才可以放行。经检验不合格的货物，一律不得出口。

申请报验应该及时，最迟在货物出运或报关前一周提出申请。对于检验周期长的商品，应该留有相应的检验时间。报验时应该填制"出口报验申请单"，内容一般包括：品名、规格、数量（或重量）、包装、产地等项。如需有外文译文时，应注意中、外文内容一致。"申请单"还应附上合同、信用证副本和有关资料等，供国家商检机构检验和发证时参考。货物经检验合格，即由国家商检机构发给检验证书，或在"出口货物报关单"上加盖放行章。出口单位应在检验证书规定的有效期内将货物出运。如超过有效期装运出口，应向国家商检机构申请展期，在复验合格后才能出口。

对于不属于必须由国家商检机构检验出证的商品，可以由生产、经营单位或委托其他检验机构检验，国家商检机构对其进行定期或不定期的抽查，抽查不合格的，不准出口。相关内容见表 9-1。

表9-1 出境货物报检单示例（部分）

 中华人民共和国出入境检验检疫出境货物报检单

报检单位（加盖公章）：				*编号	
报检单位登记号：	联系人：	电话：	报检日期：	年 月	日
发货人	（中文）				
	（外文）				
收货人	（中文）				
	（外文）				
货物名称（中/外文）	H.S.编码	产地	数/重量	货物总值	包装种类及数量
运输工具名称号码		贸易方式		货物存放地点	
合同号		信用证号		用途	
发货日期		输往国家（地区）		许可证/审批号	
启运地		到达口岸		生产单位注册号	
集装箱规格、数量及号码					
合同、信用证订立的检验检疫条款或特殊要求		标记及号码		随附单据（划"✓"或补填）	
				□合同	
				□信用证	□包装性能结果单
				□发票	□许可/审批文件
				□换证凭单	□
				□装箱单	□
				□厂检单	
需要证单名称（划"✓"或补填）				*检验检疫费	
□品质证书 ＿正＿副	□植物检疫证书 ＿正＿副			总金额（人民币元）	
□重量证书 ＿正＿副	□熏蒸/消毒证书 ＿正＿副				
□数量证书 ＿正＿副	□出境货物换证凭单 ＿正＿副			计费人	
□兽医卫生证书 ＿正＿副	□				
□健康证书 ＿正＿副	□			收费人	
□卫生证书 ＿正＿副	□				
□动物卫生证书 ＿正＿副	□				
报检人郑重声明：				领取证单	
1. 本人被授权报检。				日期	
2. 上列填写内容正确属实，货物无伪造或冒用他人的厂名、标志、认证标志，并承担货物质量责任。				签名	

注：有"*"号栏由出入境检验检疫机关填写。◆国家出入境检验检疫局制

货物报验可分为一般报验、换证报验、预检报验三种。

1. 一般报验

一般报验指法定检验检疫货物的报验人,持有关单证向产地检验检疫机构申请检验检疫以取得出境放行证明及其他单证。在当地海关报关的,由报关地检验检疫机构签发"出境货物通关单";在异地海关报关的,由产地检验检疫机构签发"出境货物通关单"或"换证凭条",报验人持其向报关地检验检疫机构申请换发"出境货物通关单"。

2. 换证报验

换证报验指产地检验检疫机构检验检疫合格的法定检验检疫出境货物的报验人,持产地检验检疫机构签发的"出境货物换证凭单"或"换证凭条"向报关地检验检疫机构申请换发"出境货物通关单",报关地检验检疫机构按照国家质检总局的规定的抽查比例进行查验。

3. 预检报验

预检报验指报验人持有关单证向产地检验检疫机构申请对暂时还不能出口的货物预先实施检验检疫的报验。检验合格的,检验检疫机构签发"出境货物换证凭单",正式出口时,报验人在检验检疫有效期内凭此申请办理放行手续。

要点提示

(1) 报验员应认真审核合同及信用证等资料,法定检验检疫出口商品或合同及信用证要求检验检疫机构出具检验检疫证书的商品,应及时向检验检疫机构申报。如发现有原则性问题或与原来合同不符等非原则性问题,报验员须在申请单上注明,由检验检疫机构考虑能否接受。

(2) 报验期间报验人应将贸易双方涉及检验检疫的传真、函电等提供给检验检疫机构;同时在出口报验时应备齐货物,准确掌握货物存放点。

(3) 报验人须正确填写"报验单",不得随意涂改,每份"报验单"仅限填报一批商品,同时在申请报验时,缴纳规定的检验检疫费。

9.2 审证与改证

在履行以信用证为支付条件的合同时,卖方交货的前提就是买方按照约定开来信用证。因此,落实信用证直接关系到卖方收汇的安全和合同的顺利履行,是一项非常重要的环节。出口交易中对信用证的掌握、管理和使用主要包括催证、审证和改证等项内容。

9.2.1 催证

如果在合同中买卖双方约定采用信用证方式,买方应严格按照合同规定的时间开立信用证。但在实际业务中,国外进口商在市场行情发生变化或资金发生短缺时,往往会拖延开证。对此,卖方应通过函电催促对方迅速办理开证手续。必要时,也可请驻外机构或有关银行、金融机构协助代为催证。特别是大宗商品交易或应买方要求而特制的商品交易,更应结合备货情况及时进行催证。买方如无故拒开信用证,属于违法行为,卖方有权提出索赔或采取其他救济手段。

9.2.2 审证

审证是指当国外买方开来信用证时,卖方对有关事项进行审核,以确保能够安全迅速收汇。信用证是依据合同开立的,信用证内容应该与合同条款一致。但在实际业务中,由于种种因素,如工作中的疏忽、电文传递的错误、贸易习惯的不同、市场行情的变化或进口商有意加列对自身利益有利的条款等,往往会出现开立的信用证条款与合同规定不相符合的情况。为了避免不应有的损失,卖方应该依据合同和相关的国际惯例(主要是《跟单信用证统一惯例》)对信用证进行认真的核对与审查。

条款举例

UCP600 Artl4(a): A nominated bank acting on its nomination, a confirming bank, if any, and the issuing bank must examine a presentation to determine, on the basis of the documents alone, whether or not the documents appear on their face to constitute a complying presentation.[按照指定行事的被指定银行、保兑行(如有)以及开证行必须对提示的单据进行审核,并仅以单据为基础,以决定单据在表面上看来是否构成相符提示。]

审证工作是一项细致的工作,通知银行和出口企业应共同承担审证业务。在审查国外来证时,一般分为政策性内容的审核和技术性内容的审核两个部分。

1. 政策内容审核

对外贸易必须贯彻国家的对外政策,信用证业务也不例外,以我方出口为例:

(1) 来证国家及来证中涉及的国家和地区必须是与我国有经济往来的国家和地区,否则应该拒绝接受。

(2) 信用证中不应带有诬蔑、歧视国家或出口企业等不友好的词句,否则应根据不同情况向开证行交涉。

(3) 凡与本国签订政府间贸易协定、支付协定的国家或地区的来证,有关规定要符合协定内容,例如要使用规定的币种支付。

2. 技术内容审核

(1) 对开证银行资信的审查。为了保证安全收汇,对开证行所在国家的政治经济状况、开证行的资信、经营作风等必须进行审查,对于资信不佳的银行应酌情采取适当措施。例如要求更换开证银行或者要求另一家资信较好的银行加以保兑。

(2) 对信用证的性质与开证行付款责任的审查。来证中不得标明"可撤销"的字样,不得规定与"不可撤销"相违背的条款。在具体业务中,开证行有时为减轻自己的付款责任而加列限制和保留条款,从而减轻了自身的承诺付款责任。对此种"软条款"受益人应该特别防范。如果来证注明"以领到进口许可证后通知时方能生效",电报来证注明"另函详"等类似文句,应在接到上述生效通知书或信用证详细条款后方能生效,以避免制单议付时影响正常收汇。

(3) 对开证人、受益人信息的审查。要仔细核对开证人和受益人的名称和地址,以防错发错运。如果发现错误,应该及时修正。

(4) 对信用证金额与货币的审查。信用证金额应与合同金额相一致，单价与总值要填写正确，大、小写并用。如合同订有溢短装条款，信用证金额应包括溢短装部分的金额。信用证金额中来证所采用的货币应与合同规定相一致。如来自与我国订有支付协定的国家，使用货币应与支付协定规定相符。

(5) 对商品的品质、规格、数量、包装等条款的审查。证中有关商品货名、规格、数量包装、单价等项内容必须和合同规定相符，如果发现有另外的特殊条款，例如在信用证中指定船籍、船龄等条款，或不准在某个港口转船等，一般不应轻易接受，但若对我方无关紧要，而且也能办到，则可酌情灵活掌握。

(6) 对信用证规定的装运期、有效期和到期地点的审查。信用证规定的装运期必须与合同规定一致。若信用证没有规定装运期，则最迟装运日期是信用证的到期日。如由于备货未妥或者国外来证晚，无法按期装运，应及时电请国外买方延展装运期限。

信用证有效期一般应与装运期有一定的合理间隔，以便在装运货物后有足够时间办理制单结汇工作。如果信用证没有规定有效期，则应该立即请对方明确信用证的有效期。

在规定信用证的到期地点时，卖方通常要求本国境内到期。因为如信用证将到期地点规定在国外，卖方就不易掌握国外银行收到单据的确切日期，这不仅影响收汇时间，而且容易引起纠纷，故一般不宜接受。

 条款举例

ISBP745 Para A11(b)：Requirement that a document, other than a draft, insurance document or original transport document, be dated, will be satisfied by the indication of a date of issuance or by reference in the document to the date of another document forming part of the same presentation (for example, by the wording "date as per bill of lading number×××" appearing on a certificate issued by a carrier or its agent) or a date appearing on a stipulated document indicating the occurrence of an event (for example, by the date of inspection being indicated on an inspection certificate that otherwise does not contain a date of issuance.) [如果信用证要求汇票、保险单据或正本运输单据以外的其他单据注明日期，那么在该单据上注明出具日期，或在单据上援引同一交单下其他单据的日期（例如，由承运人或其代理人出具的证明中显示"日期参见×××号提单"），或在规定的单据上显示一个事件发生的日期（例如，检验证明显示了检验日期，但没有注明出具日期），即满足要求。]

(7) 对单据的审查。对于来证中要求提供的单据种类和份数、填写内容及填制方法等，要进行仔细审核。因为在信用证业务中，各有关当事人所处理的仅仅是单据，而不是单据所涉及的货物。如发现有不正常的规定，例如要求商业发票或产地证明须由国外第三者签证以及提单上的目的港后面加上指定码头等字样，都应慎重对待。

 条款举例

UCP600 Arti 5: Banks deal with documents and not with goods, services or performance to which the documents may relate.（银行处理的是单据，而不是单据所涉及的货物、服务或其他行为。）

9.2.3 改证

对信用证进行了全面细致的审核以后，如果发现问题，应区别问题的性质，分别同银行、运输、保险、商检等有关部门研究，做出恰当妥善的处理。在改证的时候，要注意以下几点。

(1) 对来证不符合规定的各种情况，需要做出具体分析，不一定坚持要求对方办理改证手续。凡是属于不符合卖方国家对外贸易政策，会影响合同执行和安全迅速收汇情况的，卖方必须尽快通知国外客户要求修改。但是，只要来证内容不违反政策原则并能保证卖方安全迅速收汇，卖方也可以灵活掌握。

(2) 要遵守修改程序。修改信用证时要通知进口人通过开证行进行修改，如果仅是进口人同意，该修改是无效的。因此，出口人应该在收到银行修改通知书后才能对外发货，以免发生货物先装出而修改通知书未到的情况，造成工作上的被动和经济上的损失。

(3) 在办理改证工作中，凡需要修改的各项内容，应做到一次向国外客户提出，尽量避免多次提出修改要求。否则，不仅增加双方的手续和费用，而且容易对外造成不良影响。

(4) 当信用证修改通知书上列明需要修改的项目不止一项时，受益人必须全部接受或全部不接受，不能只接受其中一项或几项而拒绝其他项目。

9.3 托运与投保

按照 CIF 或 CFR 贸易条件成交的合同，卖方必须履行装运货物的义务，涉及的工作环节很多，其中以托运、订舱、投保、装运、发装运通知等为主要环节。

9.3.1 托运

由我方安排运输的出口合同，对外装运、租船订舱及办理各项运输有关事宜，出口企业通常委托国际运输代理（简称"货代"）办理，在货、证齐全后，出口企业即向货运代理办理托运手续。

在 CIF 合同、集装箱班轮运输的情况下，出口企业办理托运，应向货运代理提交出口货运代理委托书，其内容通常包括：信用证规定的提单记载事项、货物的详细说明、装运港、目的港、装运期、分批和转运的规定、对集装箱运输的有关要求等。同时，出口企业还应向货代提供与本批货物有关的各项单证，如提货单、商业发票、装箱单或重量单、出口货物报关单、外汇核销单等。对某些特定货物，还需提供出口许可证、商检证书等。委托书是出口企业向货运代理提出的一种"要约"，一经货运代理确认（实际业务中，以货代配舱回单反馈订舱舱名、航次、提单号来确认），则意味着出口企业和货运代理之间的货运委托合同成立。

9.3.2 投保

凡是按 CIF 贸易条件成交的出口合同，卖方在装船前，必须及时向保险公司办理投保手续，填制投保单。投保人在投保时应将货物名称、保额、运输路线、运输工具、开航日期、投保险别等一一列明。

在我国，出口货物的投保一般采取逐笔投保方式。有的出口单位，主要是与保险公司业务量比较大的进出口公司，为简化手续，一般不填写投保单，而是利用出口货物明细单或货物出运分析单等替代投保单，保险公司接受投保后签发保险单或保险凭证。

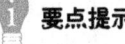

要点提示

出口企业在办理货物运输保险时应注意以下问题。

1. 选择合适的保险险别

在综合考虑货物的性质、包装、用途、运输方式、运输路线、运输季节、目的地市场的变化和各国习惯等因素，尽可能节约成本，提高经济效益。一般应在基本险别上选择平安险、水渍险，然后根据需要加保必要的附加险别。依据《通则》规定，在 CIF 和 CIP 合同中，卖方只需投保保险公司责任最小的险别。

2. 保险索赔中的免赔责任

对有些在运输途中容易发生破碎、短量的商品，保险公司在赔偿时一般有计免赔率的规定，分为绝对免赔率和相对免赔率。绝对免赔率（deductibles）是指保险公司只负责赔偿超过免赔率的部分损失；相对免赔率（franchise）是指当损失超过规定的免赔率时，则全部损失都赔，若未超过则不赔。有时投保人会要求取消这种免赔率，保险公司则须加收保费，一般是免赔率每降低 1%，费率增加 0.5%。

3. 海运货物的内在缺陷和自然损耗

在投保一般海运货物保险的条件下，除非另有约定，对于货物内在缺陷所致损失或费用以及在运输途中的自然损耗，保险公司不予负责。

4. 委付

若被保险货物发生严重损失，要求按推定全损赔偿时，被保险人必须向保险人发出委付通知，即被保险人愿意将保险货物及其一切权利与业务转移给保险人，并要求保险人按全部损失赔偿的行为。保险人一经接受委付就只能按推定全损赔偿，并取得处理残余货物的权利。

9.4 通关与装船

9.4.1 通关

通关（或清关）是指进出口货物装船出运前，向海关申报的手续。按照我国海关法规定：凡是进出国境的货物，必须经由设有海关的港口、车站、国际航空站出入，并由货物所有人向海关申报，经过海关放行后，货物才可提取或者装船出口。

当前，我国的出口单位在办理通关时，必须填写出口货物报关单，连同其他必须提供的单证，如出口合同副本、发票、装箱单或重量单、商品检验证书及其他有关证件，向海关申报出口。海关经过检验，确定货、证、单相符无误后，在装货单上加盖放行章放行，货物即可凭此装船。

知识拓展

报关

出口货物的发货人或其代理人在出口货物时，在海关规定期限内，以纸质或电子数据报关单方式向海关报告出口货物的情况，并随附有关货运和商业单据，申请海关审查放行，并对所报内容的真实性和准确性承担法律责任的行为，习称"报关"。

1. 清关单证

清关应向海关提交的单证包括货物报关单、基本单证、特殊单证和预备单证。货物报关单是发货人或其代理人向海关申报货物情况的法律文书，是海关依法监管货物出口的重要凭证；基本单证指与进出口货物直接相关的商业和货运单证，包括发票、装箱单、提货凭证、出口收汇核销单、海关签发的进出口货物免税证明等；特殊单证指国家有关法律规定实行特殊管制的证件，包括配额许可证、机电产品出口登记证、动植物检疫证明、药品检验检疫证明等；预备单证指海关认为必要时需查阅或收取的单证，如销售合同、原产地证明、委托单位的工商营业执照等。

2. 填制报关单

出口货物报关单填制的内容有：出口口岸、出口日期、发货单位、运抵国、指运港、成交方式、商品名称、规格型号、数量和单位、单价和总值等。出口报关单格式详见本书后附件八。

出口货物的报关单一般填写2～3份，电子数据报关单只要求1份。不同颜色的报关单用做不同的贸易的进出口货物申报：粉红色报关单用于进料加工的出口报关；浅绿色报关单用于进料加工装配和补偿贸易出口货物的报关；浅蓝色报关单用于外资企业出口报关；浅黄色报关单用于国内退税的出口货物报关；白色报关单用于一般贸易和其余贸易方式出口货物报关。

9.4.2 装船

在出口业务中，如出口货物数量较大，需要整船载运的，则要对外办理租船手续；如出口货物数量不大，无须整船装运的，可洽订班轮或租订部分舱位运输。

完成装船的程序为：

(1) 出口单位直接委托船公司或通过货运代理办理托运手续，填写托运单(ShippingNote)，也称"订舱委托书"作为订舱依据。随着技术的进步，出口单位越来越少地与船公司直接打交道，而是更多地由货运代理公司为其提供运输服务，因此，选择一个良好的货运代理公司是非常重要的。

(2) 船公司或货运代理根据货主的具体要求办理订舱手续，签发装货单后完成订舱工作。

(3) 货物经海关查验放行后，即可进行装船。在装船过程中，托运人委托的货运代理机构应该有人在现场监督装船，随时掌握装船进度并处理临时发生的问题。装船完毕后，由船长或大副签发"收货单"（又称大副收据）。收货单是船公司签发给托运人的表明货物已装妥的临时收据。

(4) 托运人凭收货单交付运费并换取正式提单。除此之外，托运人还要向收货人发出装船通知，以方便对方接货。尤其是按照CFR贸易条件成交的合同，如果卖方没有及时发出或没有发出装船通知，致使买方不能按时办理保险，卖方需要对于由此造成的损失承担责任。

装船通知格式详见本书附件四。

9.5 制单与结汇

出口货物装出之后，进出口公司即应按照信用证的规定，正确缮制各种单据。在信用证规定的交单有效期内,递交银行办理付款、承兑或议付手续,并在收到货款后向银行进行结汇。

9.5.1 制单

在结汇中经常用到的主要单据包括:汇票、发票、提单、保险单、商检证书、产地证明书、普惠制单据、装箱单和重量单等。在信用证支付条件下,实行的是凭单付款的原则,如果单证不相符或单单不一致,银行和进口商就可能拒收单据和拒付货款。因此,缮制结汇单据时,必须做到正确、完整、及时、简明、整洁。正确是要做到单证一致,单单一致,杜绝不符点出单;完整是要做到提交信用证规定的各项单据,包括份数和单据本身的项目,都不能短少;及时是要做到在信用证有效期内,尽早将单据提交议付行,以便早日收汇;简明是要做到不必要的内容切勿加列,以免画蛇添足;整洁是要做到布局美观、大方,字迹清楚,更改地方要加盖校对图章,但是提单、汇票、产地证书不得更改。制单工作非常复杂、烦琐,在国际上正在研究向简化方向发展。

以下对制单结汇工作中常见的单据加以概括介绍。

1. 商业发票

商业发票(Commercial Invoice),简称发票,又称发货单,是出口商开给进口商的收货清单,是供买卖双方凭此发货、收货、记账、收付货款和报关纳税的依据。在国际贸易中,发票并没有统一的格式,但一般包括以下内容:编号、出票日期、合同号码、发货人名称、收货人名称、装运工具、运输起讫地点、包装和包装标志、品名、数量、规格、付款条件、单价和总值等。发票格式详见本书后附件二。

发票是出口商结汇所需的单据之一,缮制其他单证一般也以发票为依据。所以,一定要准确无误、高质量地缮制好发票。制作发票时应该注意以下问题。

(1) 发票内容必须符合买卖合同规定,在采用信用证付款方式时,则应与信用证的规定严格相符,绝不能有任何矛盾,否则将被视为单证不符。其中,对收货人的填写,除少数信用证另有规定外,一般均应填写来证的开证申请人;对货物的名称、规格、数量、单价、包装等内容的填制,必须与来证所列各项要求完全相符;发票的总值不能超过信用证规定的最高金额;如果信用证和合同规定的单价含有佣金,发票上应照样填写,不能以"折扣"字样代替。

(2) 发票日期一般不得迟于汇票日期和提单日期,因为其他单据一般都根据发票制作。虽然有时由于货物装运的数量出现变化,只有先缮制好提单后才能缮制发票,但发票出具日期也应与提单日期相同。

其他常见的发票

领事发票(Consular Invoice):有些国家法令规定,进口货物必须要领取进口国在出口国或其邻近地区的领事签证的发票,交进口商代替产地证明书作为有关货物报关和缴纳关税的前提条件之一。领事发票和商业发票是平等的单据。领事发票是一份官方的单证,有些国家规定了领事发票的固定格式,这种格式可以从领事馆获得。

海关发票（Customs Invoice）：海关发票是非洲、美洲和大洋洲等某些国家海关规定的格式，由出口商填制，供进口商凭以报关用的一种特别的发票。其主要内容是商品的价值（Value of Goods）和商品的产地（Origin of Goods）。

厂商发票（Manufacturer Invoice）：厂商发票是厂方出具给出口商的销售货物的凭证。来证要求提供厂商发票，其目的是检查是否有削价倾销行为，以便确定应否征收反倾销税。在制作厂商发票时，要注意：在单据上部要有醒目的"厂商发票"粗体字样，且出票日期应早于商业发票日期。

形式发票（Proforma Invoice）：是卖方应买方的要求开立的一种非正式发票。在国际贸易中，主要供进口商申请进口许可证或申购外汇时使用。形式发票对买卖双方均无最终约束力，不能用于托收和议付，出口商在正式成交时还要另外缮制商业发票。

2. 汇票

汇票的作用和内容，已经在前面作了介绍，这里仅说明缮制汇票时应注意的几个问题。

(1) 付款人。采用信用证支付方式时，汇票的付款人应按信用证的规定填写，如来证没有具体规定付款人名称，可理解为付款人是开证行。采用托收的支付方式时，汇票的付款人应填写国外进口人。

(2) 受款人。信用证方式下，除非来证另有规定，通常以议付行为受款人。采用托收方式，汇票的受款人应填写托收行，也可以是出口企业。

(3) 汇票金额。汇票金额应与发票所列一致。如果信用证规定汇票金额为发票金额的百分之几，则应该按规定填写，这一做法通常用于以含佣价向中间商报价、发票按含佣价制作、开证行在付款时代扣佣金的场合。如合同规定部分信用证付款、部分托收付款，则应制作两套汇票：信用证下支付的汇票金额按信用证允许的金额填制，其余部分为托收项下汇票的金额，两者之和等于发票金额。汇票格式详见本书后附件一。

3. 提单

提单在各项单据中地位非常重要。填制提单时，要特别注意以下问题。

(1) 提单的种类。国外来证一般都要求提供全套清洁的、已装船的提单。海运提单格式详见书后附件五。

(2) 提单的被通知人。收货人或其在目的港的提货代理人即为被通知人。在提单副本上要详细列明被通知人名称及其地址。若信用证没有明确规定被通知人，提单正本可以空白，在副本上应填打收货人或开证行或中间商的详细名称、地址、电话，以便船公司或代理依据到船情况向被通知人发出"到货通知单"。此外，如来证规定"notify...only"，则"only"不能省略，应该照打。

(3) 提单的收货人。提单的收货人习惯上被称为抬头人，在信用证或托收支付方式下，大多数的提单都做成"凭指定"抬头或者"凭交货人指定"抬头。这种提单必须经发货人背书，才可以流通装让。

(4) 提单的装船日期一定要填写真实日期，如果把实际装船日期故意改填为该日以前的日期，就是倒签提单，是一种违法行为。出口商将承担合同的违约责任，而承运人也将承担进口商的损害赔偿。

(5) 提单的运费。提单运费一栏的填写是根据使用不同贸易术语而定的。使用 CIF 和 CFR 贸易术语成交，其运费由发货人支付，提单运费填："freight prepaid"或"freight

paid"（运费已付）；如果使用FOB贸易术语成交，其运费由收货人支付，提单运费栏填写："freight to collect"或"freight"(payable at destination)（运费待付或运费在目的港支付）。此外，提单上还经常加注附加费条款，视不同的港口而定。

(6) 提单的签发份数。如来证规定是全套提单，一般要做两件正本。正本叫法不一，有的轮船将成套正本提单称为"first original""second original"以及"third original"，有的则称为"original""duplicate"以及"triplicate"，不论用何名称，均属正本提单；至于不能作为提货凭证的副本（抄本），一般称为"non-negotiable copy"。

(7) 提单的签署人。根据银行惯例，如信用证要求港到港的海运提单，银行将接受由承运人或作为承运人的具名代理或代表，或船长或作为船长的具名代理或代表所签署的提单。

4. 保险单

保险单的填制应该注意以下几点。

(1) 签发保险单日期一般应早于提单日期或者与其相同。如果保险单日期迟于提单日期，银行会拒收保险单。

(2) 除信用证内规定无免赔率外，对有免赔率的货物必须在保单上注明。

(3) 如来证没有其他规定，保险单的被保险人应该是信用证上的受益人，并由其做空白背书，便于保险单自然转让，如来证要求"空白抬头"，可以做成"to order"并由受益人背书，如果来证要求在开证人或开证行抬头，被保险人一栏按来证照打，受益人不必背书。

(4) 保险险别和保险金额要与来证规定相符。保险单上的唛头、包装及数量、货名、船名、大约开航日期、装运港、目的港等项内容应与提单一致。

5. 装箱单和重量单

装箱单和重量单是用来补充商业发票内容不足，便于国外客户在货物到达目的港时，检查核对货物，同时也供进口国家海关查验进口货物的单据。

装箱单也称为花色码单，列明每批货物的每件花色搭配，填制时要与发票和其他单据一致，其出单日期一般不应早于发票日期；重量单列明每件货物的毛重、净重、皮重及总重即可，但必须与发票和运输单据、产地证、出口许可证的数字相符。这两种单据并非每种货物都需要，要根据国外来证决定。装箱单格式详见书后附件三。

6. 检验证书

在国际贸易业务中，需要根据交易货物的不同选择适合的检验证书。填制检验证书时，要保证每个项目内容都符合合同和信用证的规定。检验证书的出证日期不得晚于提单的签发日期；但也不能比装运日提前过多，否则超过检验期限报关出运，还需要重新检验。检验结果不仅应该文字表述清楚准确，而且打印、签字也要清晰，监测数据不能遗漏，以保证检验证书的有效性和证明性。

7. 原产地证明书

原产地证明书是证明商品原产地，即货物的生产或制造地的一种证明文件，是商品进入国际贸易领域的"经济国籍",是进口国对货物确定税率待遇,进行贸易统计,实行数量限制(如配额、许可证等)和控制从特定国家进口的主要依据之一。原产地证明书可分为一般原产地证明书和普惠制原产地证明书。

1) 一般原产地证明书

不使用海关发票或领事发票的国家,要求提供这种产地证明来确定对货物征税的税率。有的国家限制从某个国家或地区进口货物,也要求以产地证来确定货物来源国。原产地证明书一般由出口国的公证行或工商机构签发,我国由国家进出口商品检验机构或中国国际贸易促进委员会出具。

在我国,申请签发中国原产地证明书,要向签证机构提供申请书一份、缮制好的证书一套以及商业发票一份;申请单位切实保证申请内容真实、准确;若申请人要求更改已经签发的证书的内容,要向签证机构办理更改手续,不可擅自更改或伪造。

2) 普惠制原产地证明书

这是普惠制的主要单据,凡是对给惠国出口一般货物,必须提供这种原产地证明书。它是使受惠国的出口产品在给惠国享受减免进口关税优惠待遇的凭证。在填写时,应符合各个项目的要求,不能填错,否则就有可能丧失享受普惠制待遇的机会。

9.5.2 出口结汇

出口结汇,是指出口企业按照国家外汇管理规定,将出口所得外汇按照牌价售与银行的行为。在我国对外业务中,出口结汇的办法主要有三种:收妥结汇、押汇和定期结汇。

1) 收妥结汇

收妥结汇,又称收妥付款,是指议付行收到出口企业的出口单据后,在审查无误后,将单据寄交国外付款行索取货款,待收到付款行将货款拨入议付行账户的通知时,即按当日外汇牌价,折成人民币拨给出口企业。

2) 押汇

押汇又称买单结汇,是指议付行在审单无误情况下,按信用证条款买入受益人(出口企业)的汇票和单据,从票面金额中扣除从议付日到估计收到票款之日的利息,将余款按议付日外汇牌价折成人民币,拨给出口企业。议付行买单后,成为汇票持有人,可凭汇票向信用证的付款行索取票款。这种结汇方式实际是银行以单据为质押,对出口企业提供了资金融通,有利于外贸公司的资金周转。

3) 定期结汇

定期结汇是指议付行根据向国外付款行索偿所需时间,预先确定一个固定的结汇期限,到期后主动将票款金额按当日外汇牌价折成人民币拨交出口企业。

9.6 核销与退税

9.6.1 出口收汇核销

出口收汇核销(foreign exchange verification)制度是对企业出口、报关、收汇整个过程实行跟踪的监测管理制度。是以出口货物的价值为标准,核对是否有相应的外汇收回国内的一种管理措施。出口企业凭出口收汇核销单报关出口，收汇后到外汇管理部门办理核销，再向税务机关申请出口退税。

出口核销实施的是属地管理原则，由出口单位向其注册所在地的外汇管理部门申领核销单，一般来说，在何地申领的核销单，就由何地办理核销。出口企业在办理货物报关前，应根据业务实际需要先通过"中国电子口岸出口收汇系统"向外汇管理部门提出领取核销单申请，然后本企业核销操作员凭本人IC卡及其他规定的凭证到外汇管理局领取出口收汇核销单。核销单自领单日起两个月以内报关有效。出口单位应当在失效日起一个月内将未用的核销单退回外汇局注销。

出口收汇核销的一般程序是：出口企业在办理出口报关前，预先将核销单编号通过"中国电子口岸出口收汇系统"向报关地海关备案，并持在有效期内、加盖出口单位公章的核销单和相关单据办理报关；海关对报关材料审核无误后，在核销单和与核销单有相同编号的报关单上盖"验讫章"，并对核销单电子底账数据进行"已用"核注，待核销单确认后，企业登录"中国电子口岸出口收汇系统"进行网上交单，报送系统以供退税使用；货物出口后，出口企业将海关退给的核销单、报关单和有关单据送交银行收汇；待收汇后，出口企业凭出口收汇核销单和出口收汇核销专用联的结汇水单或收账通知及其他规定的单据，到国家外汇管理部门办理核销手续；国家外汇管理部门按规定办理核销后，在核销单上加盖"已核销"章，并将其中的出口退税专用联退还给出口企业办理退税。

中国电子口岸出口收汇系统

"中国电子口岸出口收汇系统"是海关总署联合国家外汇管理总局共同开发的出口收汇核销单和出口收汇报关单联网核查系统。系统为出口核销单建立了电子底账数据，核销单的基本信息以及各部门对核销单的操作情况都将保存在电子口岸数据中心，供外汇管理局查询并进行核销单挂失等各项操作；同时系统将海关总署采集的各口岸海关《出口报关单据核销》电子数据经电子口岸数据中心传送至外汇管理局，方便外汇管理局核查报关单和核销单的真实性。

 网站链接

部分与国际贸易相关的政府机构网站

1. 中华人民共和国海关总署 http://www.customs.gov.cn
2. 中国国家外汇管理局 http://www.safe.gov.cn

9.6.2 出口退税

出口退税（export drawback, export tax refund）是指对出口产品退还其在国内生产和流通环节实际缴纳的产品税、增值税、营业税和特别消费税，其主要目的是：通过退还出口产品的国内已纳税款，使本国产品以不含税成本进入国际市场，与国外产品在同等条件下进行竞争，从而增强竞争能力，扩大出口创汇。这种做法符合国际惯例。

当前我国出口退税的税款是出口货物在国内生产、流通各个环节已经缴纳的增值税和应缴纳的消费税。根据国家的有关规定，出口商自营或委托出口的商品，除另有规定外，可以在完成报关发货并在财务上进行销售核算后，将有关单据及时提交所在地国家税务局申请出口退税。出口企业首先向税务机关办理出口退税登记手续，出口企业应持相关文件向所在地主管退税业务的税务机关填写《出口企业退税登记表》以下简称《登记表》，申请办理退税登记证。没有进出口经营权的企业应在发生第一笔委托出口业务之前，持委托出口协议和相关税务文件向所在地主管退税业务的税务机关办理注册退税登记。税务机关对《登记表》和相关文件审核，将有关内容录入退税登记系统，打印《出口企业退税登记证》。在办妥核销手续后，出口企业可以向税务机关提出退税申报，对获准"自动核销资格"的出口企业，无须凭核销单退税联办理出口退税手续，而是由税务部门根据"中国电子口岸"数据中心接收的数据和外汇管理局按月向税务部门提供的已核销清单办理退税手续。

本章小结

本章主要描述出口贸易合同订立以后的合同履行。以设定出口贸易合同采用海洋运输、信用证支付方式为例说明出口合同的履行环节和步骤。履行出口贸易合同程序是：按照合同组织国内货源备货，信用证审核与改证，商品报验，出口托运订舱，出口货物保险，办理通关手续，单据缮制，交单结汇，出口核销与退税。其中不可或缺的四个环节，货（备货）、证（信用证催证、审证、改证）、船（托运订舱）、款（制单结汇）最为重要。出口合同各环节必须环环衔接、紧密配合，才能保证顺畅、完整地完成履约过程。

关键术语

备货、信用证审证、信用证改证、出口托运、订舱装船、商品检验、出口货物保险、报关与清关、单据缮制、商业发票、装运通知、装箱单、提单、保险单、商检单据、原产地证书、收妥结汇、押汇、定期结汇、出口退税

综合练习

1. 英译汉

(1) If the seller is bound to hand over documents relating to the goods, he must hand them over at the time and place and in the form required by the contract. If the seller has handed over documents before that time, he may, up to that time, cure any lack of conformity in the documents, if the exercise of this right does not cause the buyer unreasonable inconvenience or unreasonable expense. However, the buyer retains any right to claim damages as provided for in this Convention.

(2) If the goods are redirected in transit or redispatched by the buyer without a

reasonable opportunity for examination by him and at the time of the conclusion of the contract the seller knew or ought to have known of the possibility of such redirection or redispatch, examination may be deferred until after the goods have arrived at the new destination.

(3) The seller must deliver goods which are free from any right or claim of a third party, unless the buyer agreed to take the goods subject to that right or claim. However, if such right or claim is based on industrial property or other intellectual property, the seller's obligation is governed by article 42.

2. 简答题

(1) 审核信用证的依据是什么？

(2) 报关主要有哪些手续？应提示哪些单证？

(3) 出口商在办理信用证项下结汇手续时，向银行交单应注意哪些问题？

(4) 我国现行的结汇方式有哪几种？

(5) 单证不符将导致何种结果？实务中如何处理？

3. 选择题

(1) 信用证规定贸易术语为 CIF，海洋运输，提单上对运费的表示应为（　　）。
   A. Freight prepaid　　　　　　　　B. Freight to Collect
   C. Freight to be prepaid　　　　　D. Freight be prepaid

(2) 我国的配额管理、进口许可证管理、进出口商品检验管理、外汇管理措施的贯彻执行，都离不开（　　）在口岸对进出口货物、物品和运输工具的实际监督管理。
   A. 中国银行　　　　B. 海关　　　　C. 外汇管理局　　　　D. 商检局

(3) 在出口结汇时，由出口商签发的，作为结算货款和报关纳税依据的核心单据是（　　）。
   A. 海运提单　　　　B. 商业发票　　　　C. 商业汇票　　　　D. 海关发票

(4) 在一份信用证修改通知书中，如有多项修改内容，受益人可以（　　）。
   A. 全部接受　　　　B. 部分接受　　　　C. 部分拒绝　　　　D. 随意处理

(5) 信用证的有些条款需要修改，经协商开证申请人复电表示同意，但因故未能办理信用证修改通知书。受益人按修改的内容提交单据办理结汇时（　　）。
   A. 不会遇到麻烦，可以顺利结汇　　　　B. 银行会以单证不符为由拒绝支付货款
   C. 只要出示申请人的复电，银行必须付款
   D. 要不超过信用证的有效期，银行必须付款

(6) 在我进出口合同的检验条款中，关于检验时间和地点的规定方法，目前使用较多的是在（　　）。
   A. 出口国产地检验　　　　　　　　B. 装运港检验
   C. 目的港检验　　　　　　　　　　D. 装运地检验，目的地复验

第 9 章 出口合同的履行

4. 判断题

(1) 出口商品检验证书的出证日期应早于提单日期，保险单日期不得晚于提单日。（ ）

(2) 在信用证付款条件下，银行必须合理小心地审核信用证规定的一切单据，如单证相符，银行就承担付款责任，否则就拒付。（ ）

(3) 海关发票是出口国海关为了统计出口数量和金额要求出口人填写的一种专门格式的发票。（ ）

(4) 凡国外进口商要求我官方机构签发一般原产地证的既可向商检局也可向贸促会申请出证。（ ）

(5) 信用证如要求一份以上正本提单时，可以提交一份正本，其余份数提交副本。（ ）

(6) 每份正本提单的效力是相同的，但只要其中一份凭以提货，其他各份立即失效。（ ）

(7) 只要双方在合同中有约定，均可以 EDI（电子数据交换方式）来代替通常的单据，但卖方应保证买方享有同等的法律地位。（ ）

(8) 在买卖合同中，对非法定检验的商品可以不用订立有关商检的条款。（ ）

5. 案例分析

(1) 我国进出口公司与加拿大商人在 2010 年 11 月份，按 CIF 条件签订一出口 5 万码法兰绒合同，支付方式为不可撤销即期信用证。加拿大商人于 2011 年 3 月上旬通过银行开来信用证，经审核与合同相符，其中保险金额为发票金额加一成。我方正在备货期间，加商人通过银行传递给我方一份信用证修改书，内容为将投保金额改为按发票金额加三成。我方按原证规定投保、发货，并于货物装运后在信用证有效期内，向议付行提交全套装运单据。议付行议付后将全套单据寄开证行，开证行以保险单与信用证修改书不符为由拒付。开证行拒付的理由对否？为什么？

(2) 我国 A 公司将从别国进出口的某商品向法国 B 商发盘。B 商在发盘的有效期内复电："接受，请提供产地证"，A 公司未予置理。一个月后，A 公司收到 B 公司开来的信用证，信用证要求提供产地证。因该商品非本国产品，我国商检机构不能签发产地证。经电请 B 商取消信用证中要求提供产地证的条款，遭到拒绝，于是引起争议。A 公司提出他从未对提供产地证的要求表示同意，依法无此义务；而 B 商坚持 A 公司必须提供产地证。A 商提出修改信用证的要求是否合理，并说明理由。

6. 技能实训

针对本章内容，可安排一些国际贸易实际工作或操作过程中需要接触的项目让学生锻炼实际操作能力。

实训项目：一个外贸公司的业务员如何完成一个贸易合同的履行。

实训目的：通过该项目的训练，熟悉国际贸易合同的履行过程，熟练运用国际贸易实务的基本知识与基本内容，使学生学会掌握国际贸易合同执行步骤。

实训内容：宏昌国际股份有限公司与加拿大的客户（Carters Trading Company）达成交易合同，交易的标的物为 800 箱甜玉米。假如你是该贸易公司的业务员，应该怎样完成该贸易合同的执行？

1. 货物情况说明：(1) 品名：甜玉米；(2) 数量：800 箱，每箱 6 罐；(3) 合同价值：USD11 200；

2. 信用证要求：(1) 起运地：南京；(2) 装货港：南京；(3) 目的地：多伦多；(4) 保险加成率为 10% 投保；(5) 最迟装期：2010 年 9 月 20 日；(6) 贸易术语：CIF Toronto。

实训要求：

1. 确定合同的履行步骤。
2. 制作合同履约过程中的相关单据。
3. 能说出实施合同的具体步骤与内容。

第10章 进口合同的履行

本章教学要点

知识要点	掌握程度	相关知识	应用方向
信用证开立与修改	掌握	申请开立信用证、申请开立信用证的注意事项、修改信用证	掌握开立信用证申请书的填写内容和注意事项、熟悉如何在进口业务中修改信用证
安排运输和保险	熟悉	熟悉如何在进口时租船和订舱、如何催运；了解两种不同的投保方式	熟悉在进口程序中如何办理运输和保险事宜
单据审核与付款	掌握	掌握银行审单的要点、掌握承付和拒付的相关知识	能对出口商交付的各种单据进行审核，知道何时应承付，何种情况下拒付
报关、验收与拨交	了解	进口报关主要程序、检验和货物拨交	恰当地进行报关，掌握好检验程序、时间及单证出具
进口索赔	掌握	掌握索赔的对象及注意的事项	能恰当地对出口商的违约行为进行索赔

阅读链接

1. CISG Arti 4, Arti 30, Arti 10, Arti 14
2. http://www.bhu.edu.cn/news/jingpin/kecheng/2008shenbao/kecheng/guojimaoyishiwu/sbb/chengming.htm 国际贸易实务精品课
3. http://www1.shift.edu.cn/gjmysw/index.aspx　国际贸易实务精品课
4. 吴敏，吴明忠. 国际经贸英语合同写作[M]. 广州：暨南大学出版社，2010.
5. 官焕久. 进出口业务教程[M]. 北京：机械工业出版社，2012.
6. 孟海樱. 国际贸易实务[M]. 北京：机械工业出版社，2013.

导入案例

2010年3月31日中方开证行应C公司申请开出信用证，受益人为美国纽约N公司，购买聚乙烯5 000吨，金额3 290 000美元，可分批装运，最迟装运期为9月15日，有效期为9月30日。

5月14日纽约议付行议付了这一信用证项下第一批单据，计559 797美元。开证行收到单据后核验无误，5月19日付款给美国纽约的议付银行。7月5日，开证行又收到该议付行的第二批单据，金额为844 108美元，在审单中发现，装箱单表明每包聚乙烯净重为"50磅到55磅"，即来货中也有51磅、52

磅一包的。这种包装重量与信用证的规定"50磅或55磅"不符。经与进口公司即开证人联系,他们要求以"单证不符"为由进行拒付。开证行遂电致议付行言明代管单据听候处理意见。

开证人之所以对第二批议付单据要求开证行予以拒付,实际上是因为美国出口商发来的第一批聚乙烯的货物质量不好,当时正在与美国出口商交涉索赔之中。此时正好第二批议付单据有不符点,当可先行拒付,以争取在索赔中占据主动。

11月初美国出口公司派人来中国与进口公司谈判,承认来货质量不好,决定以第二批来货之货款抵偿进口公司之损失,差价7万美元由进口公司另行汇付结案。

美国议付行对进出口双方以货款补偿损失的协议表示反对。授权开证行将单据交给进口公司。付款问题由进出口双方另行谈判解决。至此,开证行已不承担任何责任,此案即告终结。

问:我方公司应从中吸取什么经验和教训?

进口合同依法订立后,交易双方都要坚持"重合同、守信用"的原则,严格按照合同规定,及时履行合同规定的义务。否则,不履行合同义务或不按合同规定履行的一方当事人就应承担违约的法律责任。在进口业务中,我方作为买方,必须贯彻"重合同、守信用"的原则,按照合同、有关的国际条约和国际惯例的规定,支付货物的价款和收取货物,同时,还要随时注意卖方履行合同的情况,督促卖方按合同规定履行其交货、交单和转移货物所有权的义务。

在我国的进口业务中,一般按FOB价格条件成交的情况比较多,如果是采用即期信用证支付方式成交的业务,这类进口合同的一般履行程序为:开立信用证、租船订舱、装运、办理保险、审单付款、接货报关、检验、拨交、索赔。这些环节的工作,是由进出口公司、运输部门、商检部门、银行、保险公司以及用货部门等各有关方面分工负责、紧密配合而共同完成的。因此进口商应与各有关部门密切配合,逐项履行各环节涉及的工作。我国的进口贸易见1.3.2节中图1.2所示。

10.1 信用证的开立与修改

我国进口货物一般都采用信用证方式付款,因此,进口合同签订后,进口企业应在合同规定的期限内向经营外汇业务的银行及时办理开证申请手续。信用证开出后,如发现内容与开证申请书不符,或因情况发生变化或其他原因,需对信用证进行修改,应立即向开证行提出修改申请。

10.1.1 申请开立信用证

进口合同签订后,按照合同规定填写开立信用证申请书(application for letter of credit)向开证行办理开证手续。开证申请书是开证行开立信用证的依据。开证行按照开证申请书开立信用证后,在法律上就与进口商构成了开立信用证的权利与义务关系,形成了两者之间的契约。按UCP600规定,信用证是一项与凭以开立信用证的销售合同无关联的交易。即使信用证中援引这类合同,银行业与之毫无关系,并不受其约束。UCP600还要求银行劝阻申请人试图将所依据的销售合同的副本、形式发票或此类文件附入信用证,作为信用证的组成部分。因此,开证申请人为了维护自身的利益,保证将来所收到的货物能符合进口合同的规定,在填写开证申请书时,应保证开证申请书的内容完整、明确,与进口合同相符,但切勿将合同的副本附入。进口商申请开立信用证,应向开证行交付一定比例的押金(deposit)或抵押品(mortgage),开证人还应按规定向开证银行支付开证手续费。

条款举例

CISG Arti 4: A credit by its nature is a separate transaction from the sale or other contract on which it may be based. Banks are in no way concerned with or bound by such contract, even if any reference whatsoever to it is included in the credit. Consequently, the undertaking of a bank to honour, to negotiate or to fulfil any other obligation under the credit is not subject to claims or defences by the applicant resulting from its relationships with the issuing bank or the beneficiary.(就性质而言,信用证与可能作为其依据的销售合同或其他合同,是相互独立的交易。即使信用证中提及该合同,银行也与该合同完全无关,且不受其约束。因此,一家银行做出兑付、议付或履行信用证项下其他义务的承诺,并不受申请人与开证行之间或与受益人之间在已有关系下产生的索偿或抗辩的制约。受益人在任何情况下,不得利用银行之间或申请人与开证行之间的契约关系。)

1. 申请开立信用证

进口商应在合同规定的时间内向有关银行办理申请开立信用证手续,如合同规定在装运前若干天开立并送达,卖方应按期向开证行提出申请并考虑到邮程的时间;如合同规定在卖方确定交货期后开证,卖方应在接到买方通知后再行向开证行申请开证;如合同规定在买方交付履约保证金或提供银行保函后向银行申请开证,则应在收到保证金或保函后向银行申请开证;如合同未明确规定买方开立信用证的时间,通常买方在装运期前15~20天开证,以便卖方备货和办理其他手续,保证按时装运。同时,还应向开证行递交有关附件(如进口许可证、进口配额证、某些部门的审批文件等),交付保证金,支付开证手续费,填写开证申请书。

2. 填写开证申请书

进口商根据银行规定的统一开证申请书格式,填写一式三份,其中一份递交开证行,另两份留公司的业务部门和财务部门。开证申请书是银行开证行开立信用证的依据,必须按合同的具体规定,写明对信用证的各项要求,内容要明确、完整、无词义不清的记载。开证申请书主要包括两部分内容:正面为格式化的开证申请人对信用证的要求,即开证申请人按照买卖合同条款,要求在信用证上列明的条款;背面为开证申请人对开证行的声明,用以明确双方的责任。

3. 银行开立信用证

开证行在收到开证申请书后,首先要对客户(进口商)进行资信调查,如是否有足够的现汇资金、是否有批准的外汇用汇计划等,以决定进口商应交纳保证金的数额。同时还要审查开证申请书的内容,若发现不妥之处,如开证申请书的前后内容矛盾、与有关条款及国家的相关规定抵触等,应提出修改意见,然后按照开证申请人的要求开立信用证。

信用证的内容,应与买卖合同条款一致,例如品质、规格、数量、价格、交货期、装运期、装运条件及装运单据等,应与合同为依据,并在信用证中一一做出规定。

4. 开立信用证应注意的问题

买方在申请开立信用证之前，应该认真审查相关的买卖合同、订单或形式发票的内容，拟定《开立信用证申请书》的每一项条款。如果有不清楚、不熟悉的地方，应该广泛请教海关、税务局、国家外汇管理局、国家出入境检验检疫局、国际货物运输公司、银行等部门的专家以及本行业、本部门的行家和领导，然后再草拟出一份没有遗漏内容或项目的开证申请书提交给开证银行。信用证可以说是买方在"义务"上限制卖方那国的最后一道关口，如果出现遗漏项目，势必给进口业务造成风险和麻烦。从某种角度看，信用证对于买方的潜在风险很大，如果控制得不好，买方会落得钱货两空的下场。因此，买方在信用证支付方式下，还应该注意下列问题。

(1) 信用证的种类应按合同规定。在进口业务中，应尽量采用远期付款的信用证，以便买方在付款之前有足够的时间查询有关装运信息，并采取一些必要的应对措施，以避免或控制交易风险。且不宜开立可转让信用证，以防因第二受益人不可靠而造成意外损失。

(2) 信用证金额，即受益人可使用的最高金额。大小写金额要保持一致，除非确有必要，不宜在金额前加"约"（about）或"大约"（approximately）字样，否则按 UCP600，将被解释为允许有不超过 10% 的增减幅度。

(3) 汇票的付款人应为开证行或信用证指定的其他银行，而不能规定为开证申请人。UCP600 规定，信用证不得开成凭以申请人为付款人的汇票兑付。汇票为即期还是远期，应严格按照进口合同条款来规定。

(4) 运输单据。如采用海洋运输，一般应要求提供全套开证行或申请人指示并经发货人空白背书的已装船清洁提单，如装运港与目的港航程距离较短，如自日本启运至我国中国香港启运至内地的货物，为便于早日提货，防止因提单到达过晚无法提货而引起损失，可规定受益人于装运后先寄一份正本提单给申请人，凭以提货。对集装箱运输、航空运输、铁路运输、邮包运输，则应采用 FCA、CIP、CPT 贸易术语的条件下方可受理，同时必须注明提交相应的运输单据。如仍沿用传统的 CIF、CFR 或 FOB 术语达成的交易也应按实际使用的运输方式要求提供相应的运输单据。

(5) 其他单据。产地证名、品质、重量检验证书、化验证明书等的签发机构，形式、内容及证明事项等在信用证中应作明确规定。

(6) 分期装运和转运的规定。进口合同如规定不允许分期装运和转运的，应在信用证中明确注明不准分期装运和转运。如信用证对此不做规定，将被视为允许分期装运和转运。如果合同金额较大，一定要采取"分期装运"（Instalment Shipments）的方式，化整为零，使每一次支付的金额变得较小。等收到一批货物、没有问题以后，再履行下一批合同。

(7) 交单到期日和到期地点。UCP600 规定，信用证必须规定一个交单的日期，所规定的承付或议付的到期日将被视为交单到期日。可在其处兑付信用证的银行所在地即为交单地点。可在任一银行兑付的信用证其交单地点为任一银行所在地。除规定的交单地点外，开证行所在地也是交单地点。

(8) 进口许可证号码。为了便于进口通关，信用证中一般应要求出口商在商业发票上记载进口许可证号码，以备进口时海关验货。

(9) 进口商在申请开立信用证时，可在信用证里加列诸如"凭买方在装运之前的验货证明装运并交单"一类的"软条款"（Soft Clause/Harsh Terms）。如果货物品质不合格，如果卖方根本就没有备货，只要买方不满意，违约的卖方就无法得逞。

10.1.2 信用证的修改

出口商收到信用证后，应根据合同对信用证进行审核，审核后若发现与合同规定的内容不符或不能接受或者无法办到的条款，为不影响合同的履行和收汇的安全，出口商应提出修改信用证的请求，经进口商同意后，即可向银行办理改证手续。进口商因一些形势或情况的变化，也可以按照规定对信用证提出修改。但修改信用证也应该审时度势、量力而行。对于出口商提出的修改要求，对照原买卖合同条款，适当考虑卖方和自己的客观实际情况，对于进口商自己的利益没有损害或损害较小，而又比较合乎情理的要求，进口商在改证时可以满足；否则，则应该直接加以拒绝。

最常见的需要修改原因从提出修改者的角度划分，可分为以下几种情况。

1. 出口方（受益人）要求修改信用证

由于信用证内容与合同不符，信用证中某些条款受益人无法办到，例如，来证规定货物不允许转运，但实际并无直航船只抵达目的港。或者货源或船期等出现问题，要求信用证展期等。

2. 进口方（开证申请人）要求修改信用证

由于市场或销售情况发生变化，如需要提前或推后发货，增加或减少货物数量或品种，改变信用证单价、金额等。进口国某些情况发生变化，使信用证必须修改，才能进口有关货物。如进口国政策改变，规定进口某些货物必须具备某特定单据等。国际政治、经济形势变化，使进出口风险增加。如当战争爆发时，进口商要求增保战争险或改变航运路线等。

根据 UCP600 规定，信用证经修改后，开证行即不可撤销地受该修改的约束。受益人可决定其接受修改拟或拒绝修改，但他应发出其接受或拒绝修改的通知。在受益人告知通知修改的银行他接受修改之前，原信用证的条款对受益人仍具有约束力。如受益人未发出其接受或拒绝的通知而其提交的单据与原信用证的条款相符，则视为受益人已拒绝了该修改；但若提交的单据与经修改的信用证条款相符，则视为受益人已发出接受该修改的通知，从那时起，该信用证已被修改。申请人在修改通知中不应规定受益人必须在某一时间内拒绝修改，否则修改生效。即使修改通知中有这样的规定，银行也将不予理会。

条款举例

UCP600 Arti 10: The terms and conditions of the original credit (or a credit incorporating previously accepted amendments) will remain in force for the beneficiary until the beneficiary communicates its acceptance of the amendment to the bank that advised such amendment. The beneficiary should give notification of acceptance or rejection of an amendment. If the beneficiary fails to give such notification, a presentation that complies with the credit and to any not yet accepted amendment will be deemed to be notification of acceptance by the beneficiary of such amendment. As of that moment the credit will be amended.[在受益人向通知修改的银行表示接受该修改内容之前，原信用证（或包含先前已被接受修改的信用证）的条款和条件对受益人仍然有效。受益人应发出接受或拒绝接受修改的通知。如受益人未提供上述通知，当其提交至被指定银行或开证行的单据与信用证与尚未表示接受的修改的要求一致时，则该事实即视为受益人已作出接受修改的通知，并从此时起，该信用证已被修改。]

10.2 安排运输和保险

在进口业务中，货物大多通过海洋运输，凡是在 FOB 或 FCA 贸易术语下成交的进口合同，运输和保险均由买方（我方）办理。货物由海洋运输的，我方应负责租船或订舱工作。我国外贸企业的大部分进口货物都委托中国对外贸易运输公司、中国租船公司或其他外运代理机构代办运输，并与其订立运输代理协议，也有直接向中国远洋运输公司或其他对外运输的实际承运人办理托运手续的。

10.2.1 租船、订舱和催装

1. 租船、订舱

租船、订舱的时间应按照合同规定，并应在运输机构规定的时间内提交订舱单，以保证及时配船。如合同规定，卖方在交货前一定时间内应将预计货物备妥日期、货物的毛重、体积通知我方，而我方未能按时收到此项通知时，我方应及时发函或发电，要求对方按合同规定提供具体情况，并在接到上述情况通知后，及时办理租船、订舱手续。对于一些机械仪器等商品，装运次数多但每批数量不大的，为简化手续，不必提前订舱，可事先委托发货人与我方船代理直接联系，安排装运。对于一些特殊商品，如单件货物超长、超高、超重的，或危险品等，应将卖方提供的详细情况转告有关运输机构，以确保安全运输。

买方在进口业务中采用 FOB 贸易术语是非常必要的，这样，万一卖方想在交货问题上做手脚，船公司一般也不会买他的账，因为船公司是买方自己找的，买方是船公司的客户，船公司得维护客户的利益。另外，买方租船订舱还可以避免遭遇那些服务质量不好、航运速度慢而收费却五花八门的船公司。买方与船公司就租船订舱事宜商定以后，须立即将有关船公司、船名航次、装运时间、地点、联系人的名称及联系方式以及买方要求的装运事宜等电告卖方，以便船货顺利衔接，不致耽误装运期限。

对 CIF 和 CFR 条件下的进口合同，系由卖方负责租船、订舱，安排装运。但我方也应及时与卖方联系，掌握卖方的备货和装运情况。

2. 催装

在进口业务中，国外供货商往往由于原料或劳动力成本上涨、出口许可证未及时获得、国际市场上该商品价格上涨或无法按期安排生产等各种原因，不能或不愿按期交货。为此，我进口企业除在合同中需要争取订立迟交罚款等约束性条款外，还必须随时了解和掌握对方备货和装船前的准备工作情况，督促对方按期装运。对于大宗货物或重要的、用户急需的物资，在交货期前一两个月即应发出函电催装，必要时还可委托我驻外商务机构就近了解，督促对方根据合同规定，按时、按质、按量履行交货义务，或派员前往装运地点督促装运。对逾期未交合同，如责任在卖方，我方有权撤销合同并提出索赔；如仍需要该批货物者，则可同意对方延迟交货，但可同时提出索赔。

在装货数量很小的情况下，有的FOB合同规定，由卖方向我运输代理或其他船公司订舱位，以简化手续，节省时间。对此，我方应检查、督促、了解和掌握对方的备货和订舱、装船的情况。

10.2.2 投保货运险

FOB、FCA、CFR和CPT条件下的进口合同，保险由买方办理。由进口商（或收货人）向保险公司办理进口运输货物保险时，有两种做法：一种是逐笔投保方式，另一种是预约保险方式。

1. 逐笔投保方式

逐笔投保方式是收货人在接到国外出口商发来的装船通知后，直接向保险公司填写投保单，办理投保手续。具体做法是：进口公司在接到卖方的发货通知后，立即向保险公司办理保险手续，一般情况下，进口企业填制"装运通知"代投保单交保险公司，"装运通知"中必须注明合同号、起运地、运输工具、起运日期、目的地、预计到达日期、货物名称、数量、保险金额等内容，保险公司接受承保后给进口企业出具保险单，保险人缴付保险费后，保险单随即生效。支付保险费的时间和方式是以"进口货物国际运输预约保险起运通知书"上填明的保险金额为准，由进口公司直接付给保险公司。

2. 预约保险方式

为了简化手续，防止漏保，我国外贸公司和经常有货物进口的企业，与保险公司订有预约保险合同。预约保险方式是进口商或收货人同保险公司签订预约保险合同，其中对各种货物应投保的险别做了具体规定，故投保手续比较简单。按照预约保险合同的规定，所有预约保险合同项下的按FOB及CFR条件进口货物保险，都由该保险公司承保。因此，每批进口货物，在收到国外装船通知后，即直接将装船通知寄到保险公司或填制国际运输预约保险启运通知书，将船名、提单号、开船日期、商品名称、数量、装运港、目的港等项内容通知保险公司，即作为已经办妥保险手续，保险方式则对该批货物负自动承保责任，一旦发生承保范围内的损失，由保险公司负责赔偿。支付保险费的时间和方式是以"进口货物装船通知书"或其他具有保险要求的单证为依据，由保险公司每月一次计算保险费后向进口公司收取。

10.3 单据的审核与付款

我国的进口业务很多都是使用信用证方式来结算货款，这就要求出口方提交的各种议付单据完全符合我方开立的信用证的条款。为了保障我国进口企业的权益，应该认真做好审单工作，企业和银行应共同承担审单责任，因此其必须密切联系，加强配合。

10.3.1 审单

1. 审单责任划分

在信用证支付方式下,买方要认真审核卖方提交的各种单据,主要看其内容、种类、数量、金额等是否完整、准确,会不会给自己随后的进口通关及纳税造成障碍和麻烦。如果单证一致、单单一致,就在信用证和汇票规定的期限内付款赎单。如果单证不符,可根据具体情况,如进口商的行市、不符点的违约程度、不符点对于卖方的潜在风险损失的大小、对于进口通关、缴纳税费的影响程度的深浅等,决定是付款还是拒付。

信用证未规定的单据,银行将不予审核。如银行收到这类单据,银行应将他们退回交货人或转递而不需承担责任。如信用证中规定了某些条件但并未规定需提交与之相符的单据,银行将看作为规定这些条件而不予置理。

但是,银行对任何单据的格式、完整性、准确性、真实性、伪造或法律效力,或单据上规定的或附加的一般/或特殊条件,一概不负责任;对于任何单据所代表的货物的描述、数量、重量、品质、状态、包装、交货、价值或存在,或货物的发货人、承运人、运输商、收货人或保险人或其他任何人的诚信或行为及/或疏漏、清偿能力、履行能力或资信情况,也不负责任。因此,在审单时对这些方面可能存在的问题需特别谨慎,以便早日发现问题,及时采取补救措施,减少可能造成的损失。

 条款举例

UCP600 Arti 14 a and g:A nominated bank acting on its nomination, a confirming bank, if any, and the issuing bank must examine a presentation to determine, on the basis of the documents alone, whether or not the documents appear on their face to constitute a complying presentation.(按照指定行事的被指定银行、保兑行以及开证行必须对提示的单据进行审核,并仅以单据为基础,以决定单据在表面上看来是否构成相符提示。)A document presented but not required by the credit will be disregarded and may be returned to the presenter.(提示信用证中未要求提交的单据,银行将不予置理。如果收到此类单据,可以退还提示人。)

2. 审单要点

以信用证作为付款方式的进口贸易,审单显得更为重要,审核的要点如下。

1) 汇票

(1) 信用证项下的汇票,应加列出票依据,说明开证行、信用证号码及开证日期。

(2) 金额应与信用证规定相符,一般应为发票金额。如单据内含有佣金或货款部分托收,则按信用证规定的发票金额的百分比开列,金额大小写应一致。国外开来汇票,也可以只有小写。

(3) 出票日期必须在信用证有效期内,不应早于发票日期。

(4) 汇票付款人应为开证行或指定的付款行。若信用证未规定,应为开证行,不应以申请人为付款人。

(5) 出票人应为信用证受益人,通常为出口商,收款人通常为议付银行。

(6) 付款期限应与信用证规定相符。

2) 提单

(1) 提单必须按信用证规定的份数全套提交,如信用证未规定份数,则一份也可算全套。

(2) 提单应注明承运人名称，并经承运人或其代理人签名或船长或其代理人签名。

(3) 除非信用证特别规定，提单应为清洁已装船提单。若为备运提单，则必须加上装船注记并由船方签署。

(4) 提单的日期不得迟于信用证所规定的最迟装运日期。

(5) 以 CFR 或 CIF 方式成交，提单上应注明运费已付。

(6) 提单上所载件数、唛头、数量、船名等应和发票相一致、货物描述可用统称，但不得与发票货名相抵触。

3) 商业发票

(1) 发票应由信用证受益人出具，无须签字，除非信用证另有规定。

(2) 商品的名称、数量、单价、包装、价格条件、合同号码等描述，必须与信用证严格一致。

(3) 发票抬头应为开证申请人。

(4) 必须记载出票条款、合同号码和发票日期。

4) 保险单

保险单正本份数应符合信用证要求，全套正本应提交开证行；投保金额、险别应符合信用证规定；保险单上所列船名、航线、港口、起运日期应与提单一致；应列明货物名称、数量、唛头等，并应与发票、提单及其他货运单据一致。

5) 产地证

产地证应由信用证指定机构签署，货物名称、品质、数量及价格等有关商品的记载应与发票一致。签发日期不迟于装船日期。

6) 检验证书

检验证书应由信用证指定机构签发。检验项目及内容应符合信用证的要求，检验结果如有瑕疵者，可拒绝受理，检验日期不得迟于装运日期，但也不得距离装运日期太早。

3. 银行的审单时间

UCP600 规定，按指定行事的指定银行、保兑行及开证行各有从交单次日起至多五个银行营业日，以确定交单是否相符。这段期限不因在交单当天或之后到期日或最迟交单日的发生而缩短或受影响。

10.3.2 承付、核销和拒付

1. 承付 (honour)

收到单据后，指定银行、保兑行及开证行须审核交单，并仅根据单据本身确定其是否在表面上构成相符交单。UCP600 规定，当开证行确定交单相符时，必须承付。当保兑行确定交单相符时，必须承付或者议付并将单据转递给开证行。当指定银行确定交单相符并承付或议付时，必须将单据转递给保兑行或开证行。UCP600 还对承付的含义做了规定，即：如果信用证为即期付款信用证，则即期付款；如果信用证为延期付款信用证，则承诺延期付款并在承诺到期日付款；如果信用证为承兑信用证，则承兑受益人开出的汇票并在汇票到期日付款。开证行在向外承付的同时，即通知进口企业向开证行付款赎单。

2. 核销（verification）

进口企业办理付汇和付汇核销是同时进行的。按照我国关于进口付汇核销管理的规定办理核销手续。凡是进口企业以通过银行购汇或从现汇账户支付的方式，向境外支付有关进口商品的货款、预付款、尾款等皆为进口付汇，应当按照规定办理付汇核销手续。

3. 拒付（dishonour）

UCP600 规定，当按照指定行事的指定银行、保兑行或开证行确定交单不符时，可以拒绝付款或议付。当指定银行、保兑行或开证行决定拒绝承付或议付时，它必须给交单人一份单独的关于拒付的通知。该通知必须声明：银行拒绝承付或议付；银行拒绝承付或议付所依据的每一个不符点；银行留存单据听候交单人的进一步指示。或开证行保留单据，直到它从申请人处接到放弃不符点的通知并同意接受该放弃，或在同意接受放弃之前从交单人处收到其进一步指示；或银行退回单据；或银行将按以前从交单人处获得的指示处理。UCP600 还规定，这份单独的关于拒付的通知必须以电信方式，如不可能，则以其他快捷方式，在不迟于自交单之次日起第 5 个工作日结束前发出。指定银行、保兑行发出了通知之后，可以在任何时候将单据退还交单人。如果开证行或保兑行未能按规定时间发出通知，它将无权宣称交单不符。

在实际业务中，如开证行发现单据表面上不符信用证条款，一般先与我进口企业联系，征求进口企业是否同意接受不符点，对此，我进口企业如表示可以接受，即可指示开证行对外付款；如表示拒绝，即指示开证行对外提出异议，或通过寄单行通知受益人更正单据或由国外银行书面担保后付款；或改为货到检验认可后付款。按我国习惯，如进口企业在 3 个工作日内没有提出异议，银行即按信用证规定的付款期限对外承付或向指定银行偿付。因此，进口企业对单据的审核必须认真对待，决不能稍有疏忽。

10.4 报关、验收与拨交

对进出境货物的监管是海关的重要任务之一。根据我国《海关法》规定，进出境的货物必须通过设有海关的地方进境或出境，接受海关的监管。所以，进口货物到货后，由贸易企业或委托货物代理根据进口单据填写《进口货物报关单》向海关申请，并随附发票、提单及保险单。如属于法定检验的进口商品，还须随附商品检验证书。货证经海关查验无误才能放行。

10.4.1 进口货物的申报

根据规定，进口货物应当由收货人在货物的进境地海关办理海关手续。所谓进口报关，是指进口货物的收货人或他的代理人向海关交验有关单证，办理进口货物申报手续的法律行为。进口货物申报时，应填写一式两份《进口货物报关单》，并随附以下单证：许可证、提单、发票、装箱单、减免税或免验的证明文件。除另有规定外，进口报关必须由海关准予注册登记的报关企业或者有权经营进口业务的企业负责办理，报关单位指派的报关员应经海关培训并考核认可。未经海关准予注册登记的单位和未经海关考核认可的人员，不得直接向海关办理报关手续。

进口货物的收货人或他们的代理人等货物抵达卸货港后，即应填写"进口货物报关单"向海关申报，并向海关提供齐全、正确、有效的单据。法定申报时限为自运输工具申报进境之日起14日内，超过14日期限未向海关申报的，由海关按日征收进口货物CIF（或CIP）价格的0.5‰的滞报金。超过3个月未向海关申报的，由海关提取变卖，所得价款在扣除运输、装卸、储存等费用和税款后，尚有余款的，自货物变卖之日起1年内，经收货人申请予以发还，逾期无人申请的，上缴国库。

10.4.2 接受货物查验

根据我国《海关法》规定，进口货物除因特殊原因经海关总署批准的以外，都应当接受海关的查验。海关查验货物主要是海关在接受申报后，对进口货物进行实际的核对查验，以确定货物的物理性能和化学成分以及货物的数量、规格等是否与报关单证所列一致。

查验进口货物应在海关规定的时间和场所进行，即在海关监管区域内的仓库、场地进行。验关时，进口货物的收货人或其代表应到场并负责开拆包装。对散装货物、大宗货物或危险品等，可在船边等现场查验。在特殊情况下，由报关人申请，经海关同意，也可由海关派员到收货人的仓库、场地查验。

海关查验进口货物造成损坏时，进口货物的收货人或其代理人有权要求海关予以赔偿。赔偿直接经济损失的金额，根据被损坏货物的受损程度而定，货物的受损程度和赔偿金额由收货人和海关共同协商而定。赔偿金额确定以后，由海关发赔偿通知单，收货人自收到通知单第3日起3个月内凭单向海关领取赔款，逾期海关不再赔偿。

海关查验货物后交货主时，如货主没有提出异议，即视为货物完好无损，以后如再发现损坏，海关将不予负责。

10.4.3 结关、提货、拨交

结关又称放行，是指进口货物在办完海关申报、接受查验、缴纳关税后，由海关在货运单上签字或盖章放行，收货人或其代理人持海关签章放行的货运单据提取进口货物自用或将货物拨交给订货单位。海关在放行前，需再派专人将该票货物的全部单证及查验货物记录等进行全面的复核审查并签署认可，才在货运单上签章放行，交收货人或其代理人签收。放行意味着办完了海关手续，未经海关放行的进口货物，任何单位和个人不得提取和启运。

对违反国家法律、行政法规的进口货物，海关不予放行。对准许进口的货物，除另有规定者外，由海关根据我国《海关进口税则》和《关税条例》规定的税率，征收进口税，进口货物应按规定纳税的，必须在缴清税款或提供担保后，海关方可签章放行。

进口关税是指以进境货物和物品为征税对象所征收的关税。我国海关对进口货物征收的税费一般包括关税、消费税、增值税、船舶吨税等。

 **知识拓展**

中国海关进口税主要种类

进口税种			应纳税额
进口关税	关税 (Customs Taxes and Duties)	从价税 (Ad Valorem Duties)	关税完税价格 × 从价关税税率
		从量税 (Special Duties)	进口货物数量 × 单位税额
		复合税 (Mixed/Compound Duties)	从价关税额 + 从量关税额
进口环节税	消费税 (Consumption Tax)	从价税 (Ad Valorem Duties)	(关税完税价格 + 关税税额) ÷ (1 − 消费税税率) × 从价消费税税率
		从量税 (Special Duties)	消费品数量 × 单位税额
		复合税 (Mixed/Compound Duties)	从价消费税额 + 从量消费税额
	增值税 (Value Added Tax)		(关税完税价格 + 关税税额 + 消费税税额) × 增值税税率

我国进口关税的完税价格与出口关税的完税价格不同，它一般以进口货物的CIF价值（折合本币）为基数。另外，我国的消费税目前主要针对以下四大类商品征收。

(1) 有害于人体健康、社会秩序和生态环境的，如香烟、酒类、鞭炮、烟火等。

(2) 非生活必需品，如首饰、化妆品、护肤品等。

(3) 高能耗消费品，如小轿车、摩托车、轮胎等。

(4) 非再生、非替代能源，如汽油、柴油等。

我国增值税的税率分为"基本税率"和"低税率"两种，"基本税率"为17%，"低税率"为13%。

 计算题

案例简介： 某公司进口一批货物，经海关审核的CIF价格为USD50 000.00，通关时的折算汇率为USD：CNY100.00:682.82。已知，该批货物的关税税率为15%，消费税税率为10%，增值税税率为17%。问：该批货物的各项应征税额及总税额为多少？

案例分析：

(1) 进口关税额 = USD50 000.00 × 6.823 2 × 15% = CNY51 211.50

(2) 消费税额 = (50 000.00 × 6.823 2 + 51 211.50) ÷ (1 − 10%) × 10% = CNY43 624.61

(3) 增值税额 = (50 000.00 × 6.823 2 + 51 211.50 + 43 624.61) × 17% = CNY74 161.84

(4) 整批货物应纳总进口税额 = 51 211.50 + 43 624.61 + 74 161.84 = CNY168 997.95

10.5 进口索赔

在进口业务中，有时会发生卖方不按时交货，或所交货物的品质、数量、包装与合同规定不符，或由于装运保管不当或自然灾害、意外事故等致使货物损坏或短缺的情况，进口方可因此向有关责任方提出索赔。根据造成原因和损失的不同，分为向卖方索赔、向承运人索赔、向保险公司索赔。

10.5.1 索赔对象

1. 向卖方索赔

向卖方索赔，也就是由于卖方违约买方可以采取的补救措施。在进口业务中，由于卖方的违约行为不同，如货物品质规格不符合合同规定，原装数量不足，包装不符合合同规定或因包装不良致使货物受损，未按期交货或拒不交货，买方可以采取的补救措施也不尽相同。

1) 宣告合同无效

按《联合国国际货物销售合同公约》规定，如果卖方完全不交付货物，或不按照合同规定交付货物，等于根本违反合同时，买方可以宣告整个合同无效，还可以向卖方提出索赔。买方向卖方要求的损害赔偿额，应与因卖方违反合同而使买方遭受的包括利润在内的损失相等。如果合同被宣告无效后一段合理时间内，买方已以合理的方式购买替代货物，则买方可以取得合同价格和替代货物交易价格之间的差额，以及包括利润在内的其他损害赔偿；如果合同被宣告无效，而货物又有时价，在买方没有购买替代货物的情况下，则可以取得合同价格和宣告合同无效时的时价之间的差额，以及包括利润在内的其他损害赔偿。时价是指原应交付货物地点的现行价格，如果该地点没有时价，则指另一合理替代地点的价格，但应适当考虑货物运费的差额。

2) 其他的补救措施

如果卖方不履行合同或不完全履行合同的结果，使买方遭受了损失，但并未剥夺买方根据合同规定有权期待得到的东西，即未构成根本违反合同，买方不能宣告合同无效，但可以要求损害赔偿。此外，买方还可以行使采取其他补救办法的权利，如可以规定一段合理时限的额外时间，让卖方履行其义务；如果货物不符合同，买方可以要求卖方通过修理对货物不符合同之处做出补救，或要求卖方减低价格，减价按实际交付的货物在交货时的价值与符合合同的货物在当时的价值两者之间的比例计算。买方可能享有的要求损害赔偿的任何权利，不因他行使采取其他补救办法的权利而丧失。

2. 向承运人索赔

在进口业务中，凡是到货数量少于运输单据所载数量，或由于承运人的过失造成货物残损、遗失，应由承运人负责赔偿。进口商可根据不同运输方式的有关规定，向承运人或其代理发出索赔通知。

3. 向保险公司索赔

如进口货物在保险责任有效期内发生且由于自然灾害、意外事故、外来原因或在运输装卸过程中发生其他事故等原因致使货物受损，且在保险公司责任范围内的情况，不论合同中采用 FOB、CFR、FCA、CPT 贸易术语还是采用 CIF、CIP 贸易术语，都应由进口商向保险公司提出赔偿要求。在向保险公司索赔时，进口商应备妥各项必要的单证，如保险单据、运输单据、发票、检验报告、货损货差证明等，并及时发出损失通知。此外，进口商还应迅速对受损货物采取必要的合理的施救、整理措施，防止损失的扩大，因抢救、阻止或减少货损的措施而支付的合理费用，可由保险公司负担。

10.5.2 索赔应注意事项

在进口业务中，办理对外索赔时，一般应注意以下事项。

1. 索赔依据

索赔时应提交索赔清单和有关货运单据，如发票、提单（副本）、装箱单。在向卖方索赔时，应提交商检机构出具的检验证书；向承运人索赔时，应提交理货报告和货损货差证明；向保险公司索赔时，除上述各项证明外，还应附加由保险公司出具的检验报告。

2. 索赔金额

除受损商品价值外，有关的费用也可以在索赔金额中提出。如商检费、装卸费、银行手续费、仓租费、利息等，都可以包括在索赔金额内。买方向卖方提出的索赔金额，应按买方所受实际损失计算，包括货物损失和由此而支出的各项费用（如检验费、仓租、利息等）；向承运人和保险公司索赔，均按有关章程办理。

3. 索赔期限

向卖方索赔应在合同规定的索赔期限之内提出。如商检工作确有困难可能需要延长时间的，可在合同规定的索赔有效期内向对方要求延长索赔期限，或在合同规定索赔有效期内向对方提出保留索赔权。如合同未规定索赔期限，按《公约》规定，买方行使索赔期限自其收到货物之日起不超过两年；向承运人提出索赔的期限为货物到达目的港交货后一年之内；向保险公司突出海运货损的索赔期限，则为被保险货物在装卸港全部卸离海轮后两年内。

4. 卖方理赔责任

当进口的货物发生了损失，除属于承运人及保险公司的赔偿责任外，有时是由卖方造成的损失，应直接向卖方要求赔偿，防止卖方找借口推卸理赔责任。

5. 买方职责

买方在向有关责任方提出索赔时，应采取适当措施保持货物原状并妥为保管。按国际惯例，如买方不能按实际收到货物的原状归还货物，就丧失宣告合同无效或要求卖方交付替代物的权利；按保险公司规定，被保险人必须按保险公司的要求，采取措施避免损失进一步扩大，否则不予理赔。

本章小结

进口合同履行的主要环节包括：开立信用证、租船订舱、装运、办理保险、审单付款、接货报关、检验、拨交、索赔等。进口商向银行申请开立信用证是履行合同首要环节，开证行开出的信用证必须与合同一致。审单付款是信用证付款方式下进口合同履行的重要环节，审单时要认真，做到合理、合法。进口商对进口的货物应及时办理报关纳税手续，当发现进口货物与合同不符问题，有权向相关方提出索赔。

关键术语

开证、装运、保险、审单、付款、接货、报关、检验、提货、拨交、索赔

综合练习

1. 英译汉

(1) A tolerance not to exceed 5% more or 5% less than the quantity of the goods is allowed, provided the credit does not state the quantity in terms of a stipulated number of packing units or individual items and the total amount of the drawings does not exceed the amount of the credit.

(2) An issuing bank should discourage any attempt by the applicant to include, as an integral part of the credit, copies of the underlying contract, proforma invoice and the like.

(3) Terms such as "first class", "well known", "qualified", "independent", "official", "competent" or "local" used to describe the issuer of a document allow any issuer except the beneficiary to issue that document.

(4) If the seller delivers a quantity of goods greater than that provided for in the contract, the buyer may take delivery or refuse to take delivery of the excess quantity. If the buyer takes delivery of all or part of the excess quantity, he must pay for it at the contract rate.

2. 简答题

(1) 进口商在申请开立信用证时应注意什么问题？
(2) 在进口业务中，对于信用证的修改应注意什么问题？
(3) 如何做好进口商品的检验？
(4) 进口商在支付货款前，为什么需要审核卖方所提交的全套单据？

(5) 请举例说明在信用证、预付款等支付方式下，买方的主要交易风险有哪些？
(6) 履行以信用证付款的 FOB 进口合同的基本程序是什么？

3. 选择题

(1) 进口"短卸报告"的签发者为（　　）。
　A. 船方　　　　　B. 港务局　　　　　C. 商检局　　　　　D. 海关

(2) 进口商按合同规定开出信用证，则（　　）。
　A. 应被视为已履行了支付贷款义务
　B. 尚须开证银行付款后才能被认为已履行付款义务
　C. 没有履行合同义务　　　　　D. 取决所开信用证的类型

(3) 按照国际保险市场上的一般习惯，保险金额是以发票的（　　）价格为基数，再加上适当的保险加成率计算得出。
　A. FOB　　　　　B. CFR　　　　　C. FAS　　　　　D. CIF

(4) 按照《跟单信用证统一惯例600》规定，若银行发现单证不符拒收单据时，应在收到单据次日起（　　）个工作日内，通知受益人。
　A. 6　　　　　B. 7　　　　　C. 5　　　　　D. 14

(5) 进口单位采用逐笔投保方式一般是在（　　）。
　A. 进口数量较大时　　　　　B. 进口数量不大时
　C. 进口产品贵重时　　　　　D. 进口产品廉价时

(6) 租船订舱工作应按合同规定及时办理，大宗货物一般在交货期前（　　）天向运输机构提出，以便运输机构有足够时间落实舱位工作。
　A. 10　　　　　B. 30　　　　　C. 45　　　　　D. 60

(7) 特约费率主要适用于（　　）。
　A. 逐笔保险合同项下的进口货物　　　B. 自愿保险合同项下的进口货物
　C. 预约保险合同项下的进口货物　　　D. 强制保险合同项下的进口货物

(8) 按照《联合国国际货物销售合同公约》规定，如买卖合同中未规定索赔期限，买方行使索赔权的最长期限为自实际收到货物起不超过（　　）。
　A. 1年　　　　　B. 60天　　　　　C. 2年　　　　　D. 30天

(9) 进口的货物，如发生残损或到货数量少于提单所载数量，而运输单据是清洁的提单应向（　　）提出索赔。
　A. 卖方　　　　　B. 承运人　　　　　C. 保险公司　　　　　D. 银行

(10) 法国法规对损害赔偿采用的原则有（　　）。
　A. 金钱赔偿　　B. 回复原状　　C. 金钱上的恢复原状　　D. 实物赔偿

4. 判断题

(1) 德国法律规定，如果卖方不按时交货，买方不能马上解除合同。　（　　）
(2) 特约费率是一种优惠的费率，主要适用于逐笔保险下的进口货物。（　　）
(3) 修改信用证时，可不必经开证行而直接由申请人修改后交给受益人。（　　）
(4) 目前，我国的进口索赔工作，属于承运人和保险公司责任的一般由货运代理或运

输公司代办。（　　）

(5) 对外索赔，必须在索赔有效期内提出，过期无效，责任方有权不予受理。（　　）

(6) 在 CIF 价格术语下，卖方/出口商在投保时以买方/进口商为被保险人，那么进口商在收到保险单后，如需转让，则直接背书转让即可。（　　）

(7) 申请开立信用证时，进口商在合同中对出口商所做的有关规定应转化为单据，具体规定在信用证中。（　　）

(8) 进口商分两批分别通过海运和空运方式运输，货物在相同的时间到达中国目的港，因此企业可以在同一份报关单上填制这两批货物向海关报关。（　　）

(9) 如以 CIF 和 FOB 贸易术语成交，进口商在接到国外出口商发来的装船通知后，即应填制投保单或预约保险启运通知书向保险公司投保。（　　）

(10) 受益人对信用证的修改做出的接受或拒绝的表示可在交单时，如果提交单据仅与原证的条款相符，则表示拒绝修改。（　　）

5. 案例分析

(1) 某外贸公司 A 向 B 银行申请开立一张以 C 为受益人的信用证，其中规定 1/3 提单正本，空白抬头，在装船后两天内自寄申请人。受益人 C 装船后将 1/3 正本提单寄给了申请人，其余两份正本提单连同信用证及其他单据办理了议付，由于单证一致，开证行付款。但当开证行要求 A 公司付款时，才发现 A 公司利用 1/3 正本提单提货后不知去向。试问：出口方以后应吸取什么教训和经验？

(2) 我国北方某化工进出口公司和美国尼克公司以 CFR 青岛条件订立了进口化肥 5 000 吨的合同，依合同规定我方公司开出以美国尼克公司为受益人的不可撤销的跟单信用证，总金额为 280 万美元。双方约定如发生争议则提交中国国际经济贸易仲裁委员会上海分会仲裁。2002 年 5 月货物装船后，美国尼克公司持包括提单在内的全套单据在银行议付了货款。货到青岛后，我方公司发现化肥有严重质量问题，立即请当地商检机构进行了检验，证实该批化肥是没有太大实用价值的饲料。于是，我方公司持商检证明要求银行追回已付款项，否则将拒绝向银行支付货款。根据上述情况，试问：①银行是否应追回已付货款，为什么？②我方公司是否有权拒绝向银行付款？为什么？③中国国际经济贸易仲裁委员会是否有权受理此案？依据是什么？④我方公司应采取什么救济措施？

(3) 我国内地 X 市 A 公司委托沿海 S 市 B 公司进口机器一台，合同规定买方对货物质量不符合同的索赔期限为货到目的港 30 天内。货到沿海 S 市后，B 公司即将货转至 X 市交 A 公司。由于 A 公司的厂房尚未建好，机器无法安装，半年后，待厂房完工，机器装好，经商检机构检验，发现该机器均系旧货，不能很好装运，遂请 B 公司向外提出索赔，外商置之不理。试问：外商拒绝赔偿的依据是什么？对此，我方应吸取什么教训？

(4) 某英国商人向中国出口聚苯塑料原料 2 万吨，价格条件为 CIF 上海，合同的适用法律为英国法。交货前，海湾事件发生，英国商人如交货就要通过南非好望角航线，不能走苏伊士运河，故要求中方或者提高价格或解除合同。试问：中方应如何处理？

(5) 我国华东某公司以 CIF 术语于 2002 年 5 月从澳大利亚进口巧克力食品 2 000 箱，以即期不可撤销信用证为支付方式，目的港为上海。货物从澳大利亚某港口装运后，出口

商凭已装船清洁提单和投保一切险及战争险的保险单，向银行议付货款。货到上海港后，经我方公司复验后发现下列情况：①该批货物共有8个批号，抽查16箱，发现其中2个批号涉及300箱内含沙门氏细菌超过进口国的标准；②收货人是实收1992箱，短少8箱；③有21箱货物外表情况良好，但箱内货物共短少85公斤。试分析，进口商就以上损失情况应分别向谁索赔？并说明理由。

6. 技能实训

实训项目：信用证开证申请书的填制

实训目的：学会顺利地履行进口合同，掌握根据国际货物买卖合同的内容来填制信用证开证申请书。

实训内容：

SALES CONTRACT

The Seller: MAITY INTERNATIONAL CO., LTD.　　　Contract No. MT13008
Address: NO.29 JIANGNING ROAD, SHANGHAI, CHINA　　　Date: Dec 6, 2013
　　　　　　　　　　　　　　　　　　　　　　　　　Signed At: Shanghai China

The Buyer: DESEN EUROPE CO., LTD.
Address: GIRARDETSTRASSE 2-38, EINGANG. 4 D-45131 ESSEN, GERMANY

This Sales Contract is made by and between the Seller and the Buyer, whereby the Seller agree to sell and the Buyer agree to buy the under-mentioned goods according to the terms and conditions stipulated below:

Description of Goods	Quantity	Unit Price	Amount
"RAIKOU" Homewear RH1140 Blue RH1150 Pink DRRW005 Gray DRRW008 Purple AS PER ORDER NO.MY1301	400PCS 400PCS 400PCS 400PCS	CIF Hamburg € 5.88 € 6.08 € 5.38 € 5.18	€ 2 352.00 € 2 432.00 € 2 152.00 € 2 072.00
TOTAL	1 600PCS		€ 9 008.00

Total Amount: Say Euro Nine Thousand and Eight Only

Packing: 40pcs are packed in one export standard carton
Shipping Mark: RAIKOU/MT13008 HAMBURG /C/No.1-40
Time of Shipment: NOT LATER THAN FEB. 15, 2014
Loading Port and Destination: From Shanghai, China to Hamburg, Germany
Partial Shipment: Not Allowed　Transshipment: Allowe
Insurance: To be effected by the seller for 110% invoice value covering All Risks and War Risk as per CIC of PICC dated 01/01/1981

Terms of Payment: By L/C at sight, reaching the seller before Dec. 31, 2013, and remaining valid for negotiation in China for further 15 days after the effected shipment. L/C must mention this contract number. L/C advised by BANK OF CHINA.

Documents:
+ Signed commercial invoice in triplicate.
+ Full set (3/3) of clean on board ocean Bill of Lading marked "Freight Prepaid" made out to order blank endorsed notifying the applicant.
+ Insurance Policy in duplicate endorsed in blank for 110% of invoice value covering All Risks and War Risk as per CIC dated 01/01/1981.
+ Packing List in triplicate.
+ Certificate of Origin issued by China Chamber of Commerce

Signed by:

    THE SELLER: HE BUYER:
MAITY INTERNATIONAL CO., LTD. GU TAO DESEN EUROPE CO., LTD. Luty

补充资料：进口商 DESEN EUROPE CO., LTD. 于 2013 年 12 月 2 日向当地的银行 BANK OF GERMANY 申请开立信用证。

实训要求：
请根据上述给定合同资料完成信用证开证申请书的填制。

IRREVOCABLE DOCUMENTARY CREDIT APPLICATION

TO:BANK OF CHINA BEIJING BRANCH	Date:
☐ Issue by airmail ☐ With brief advice by teletransmission ☐ Issue by express delivery	Credit No.
☐ Issue by teletransmission (which shall be the operative instrument)	Date and place of expiry
Applicant	Beneficiary (Full name and address)
Advising Bank Partial shipments Transhipment ☐ allowed ☐ not allowed ☐ allowed ☐ not allowed	Amount
Loading on board/dispatch/taking in charge at/from	Credit available with By ☐ sight payment ☐ acceptance ☐ negotiation ☐ deferred payment at against the documents detailed herein
not later than For transportation to:	☐ and beneficiary's draft(s) for ___ % of invoice value
☐ FOB ☐ CFR ☐ CIF ☐ or other terms	at_____ sight drawn on

Documents required: (marked with X)
1. ( ) Signed commercial invoice in _____ copies indicating L/C No. and Contract No.
2. ( ) Full set of clean on board Bills of Lading made out to order and blank endorsed, marked "freight [ ] to collect / [ ]prepaid [ ] showing freight amount" notifying _____ .
( ) Airway bills/cargo receipt/copy of railway bills issued by _____ showing "freight [ ] to collect/[ ] prepaid [ ] indicating freight amount" and consigned to_____
3. ( ) Insurance Policy/Certificate in __ copies for __ % of the invoice value showing claims payable in _____ incurrency of the draft, blank endorsed, covering All Risks, War Risks and _____
4. ( ) Packing List/Weight Memo in _____ copies indicating quantity, gross and weights of each package.
5. ( ) Certificate of Quantity/Weight in ____ copies issued by _____
6. ( ) Certificate of Quality in ____copies issued by [ ] manufacturer/[ ] public recognized surveyor_____.
7. ( ) Certificate of Origin in _____ copies.
8. ( ) Beneficiary's certified copy of fax / telex dispatched to the applicant within _____ days after shipment advising L/C No., name of vessel, date of shipment, name, quantity, weight and value of goods.
Other documents, if any
Description of goods:

Additional instructions:
1. ( ) All banking charges outside the opening bank are for beneficiary's account.
2. ( ) Documents must be presented within ___ days after date of issuance of the transport documents but within the validity of this credit.
3. ( ) Third party as shipper is not acceptable, Short Form/Blank back B/L is not acceptable.
4. ( ) Both quantity and credit amount _____ % more or less are allowed.
5. ( ) All documents must be sent to issuing bank by courier/speed post in one lot
6. ( ) Other terms, if any.

第 11 章 国际贸易争议和解决

本章教学要点

知识要点	掌握程度	相关知识	应用方向
贸易争议	了解	贸易争议的表现形式；争议产生的原因、解决方式	做好协商、调解、仲裁、诉讼工作
不可抗力	熟悉	不可抗力的特征及范围；不可抗力的法律后果及处理	能正确理解不可抗力与免责的关系；学会不可抗力的三种规定方法
索赔和理赔	熟悉	违约责任；处理索赔和理赔时应注意的问题；索赔及罚金条款	在买卖合同中订立恰当的索赔和罚金条款，弄清楚违反要件、重大违约、轻微违约、根本违反合同含义
仲裁	熟悉	仲裁的特点；仲裁的形式和仲裁机构；仲裁协议、程序；仲裁裁决的执行	在买卖合同中订立恰当的仲裁条款争议产生后要提交仲裁协议

阅读链接

1. CISG：Arti 25, Arti 39, Arti 49, Arti 74, Arti 79, Arti 81, Arti 112-113, Arti 118．
2. 《中国国际经济贸易仲裁委员会仲裁规则》(2005版) 第5条(4)款．
3. Contract Law of P.R.C：Arti 94, Arti 97, Arti 107, Arti 114, Arti 117-119．
4. 吴敏, 吴明忠. 国际经贸英语合同写作 [M]. 广州：暨南大学出版社, 2005．
5. 任洪涛. 国际商法 [M]. 哈尔滨：哈尔滨工业大学出版社, 2007．

导入案例

我方向某国出口一批冷冻食品，到货后买方在合同规定的索赔有效期内向我方提出品质索赔，索赔额达数10万人民币（约占合同金额的半数以上）。买方附来的证件有：

(1) 法定商品检验证，注明该项商品有变质现象（表象呈乌黑色），但未注明货物的详细批号，也未注明变质货物的数量或比例。

(2) 官方化验机构根据当地某食品零售商店送验的食品而做出的变质证明书。

我方未经详细研究就函复对方，既未承认也未否认品质变质问题，只是含糊其辞地要求对方减少索赔金额，对方不应允，双方函件往来一年没有结果，对方遂派代表来当面交涉，并称如得不到解决，将提交仲裁。

讨论与分析：

1. 对此索赔案我方应不应该受理？

2. 试问双方各有什么漏洞？

3. 我方应如何本着实事求是精神和公平合理原则来处理此案？（注：此批冷冻食品中我方误装了一小部分乌鸡皮，价值是千余元。）

在买卖合同的履行过程中，买卖双方可能因各种原因而发生争议。争议发生后应如何对违约责任进行认定，受损害一方应如何向违约方提出索赔等，都关系到买卖合同能否顺利履行完毕。因此，买卖双方在洽商业务和订立合同时，必须对不可抗力、索赔和理赔、仲裁等条款进行明确的规定，以确保买卖合同的顺利履行和当争议发生后，争议的恰当、合理解决。

11.1 贸易争议

11.1.1 贸易争议的含义

贸易争议（trade disputes）是指交易的一方认为另一方没有全部或部分履行合同规定的责任所引起的业务纠纷。

在国际贸易中，这种业务纠纷是经常发生的，其表现形式主要有以下三种情况。

1. 卖方违约

卖方违约表现为卖方不按照合同规定的交货期交货，或不交货，或所交货物的品质、数量、规格、包装等与合同（或按信用证）的规定不符，或所提供的货运单据不全、份数不足等。

2. 买方违约

买方违约是指买方不履行或不完全履行合同规定的义务。例如，不按照合同规定支付货款，或者是在信用证支付方式下，不按照规定期限开出信用证；不按照合同规定付款赎单；无理拒收货物；在 FOB 条件下，不按照合同规定按期派船接货等。

3. 买卖双方均负有违约责任

这种情况的产生主要是由于合同条款不明确，致使双方理解或解释不统一，造成一方违约，引起纠纷。例如，对"立即装运""即期装运"的规定，非常容易造成误解。此外，在履约过程中，也可能会由于双方的原因而导致违约行为。

11.1.2 贸易争议的原因

国际贸易中争议经常发生，其原因主要归纳为以下几个方面。

(1) 合同是否成立，贸易当事人双方国家的法律和国际贸易惯例的解释不一致。

(2) 合同条款的规定不明确，双方对合同条款的解释不一致。

(3) 在履行合同过程中，出现了双方不能预见和无法控制的情况，导致合同无法履行或无法完全履行，而当事人双方对发生的不可抗力的法律后果解释不一致。

(4) 买方不按时开证、不按时赎单付款、无理拒收货物、不按时派船接货等。

(5) 卖方不按时交货，不按照合同规定的货物品质、数量、包装交付货物，卖方不提供合同和信用证规定的单据等。

从上述原因，我们可以看出，异议的实质问题是：是否构成违约，对违约的事实有一定的争议，对违约的责任和后果有不同的看法。

 条款举例

Contract Law of P.R.C. Arti 107: If a party fails to perform its obligations under a contract, or rendered non — conforming performance, it shall bear the liabilities for breach of contract by specific performance, cure of non — conforming performance or payment of damages, etc.（当事人一方不履行合同义务或者履行合同义务不符合约定的，应当承担继续履行、采取补救措施或者赔偿损失等违约责任。）

11.1.3 争议的解决方式

发生异议后应当采取适当的方式加以解决，这对于维护当事人正当权益、稳定对外经贸关系、保护和开拓国际市场有着十分重要的意义。对异议的解决一般采用协商、调解、仲裁和诉讼四种方式。

1. 协商

协商（negotiation）是指在争议发生后，为了不因一时的业务纠纷影响正常的贸易关系以及从长远考虑，当事人双方在平等互利的基础上通过书面或口头的方式直接交涉、互相谅解，以解决争议的一种方式。双方对某一问题发生争议后，通过友好协商解决，可以不拘泥于形式和程序。

协商方式解决争议的优点在于以下几点。

(1) 解决争议的速度最快。任何一方当事人在履约过程中发现双方当事人之间存在争议，都可以立即向对方表示通过协商来解决的意愿。一般情况下，对方也会做出同意协商的表示。只要双方有解决争议的诚意，在互谅互让的基础上就能够表达谅解和和解。这种方式由于不需要经过固定的程序，所以解决争议的速度快。

(2) 保密性强。当事人双方之间展开协商，没有第三者或任何局外人的介入，双方可以就彼此之间的任何涉及商业秘密的问题进行商洽，彼此之间的争议，也不会披露给外界，有利于当事人保护商业秘密和维护企业声誉。

(3) 协商方式下气氛平和，有助于保持甚至促进当事人之间的友好合作关系。当事人在协商过程中，对有些问题可以据理力争，对有些问题则可以体谅对方，即使争论很激烈，对双方的合作伙伴关系也不会产生大的损伤，因为争论只在双方之间进行，没有第三者的介入。此外，由于当事人双方之间存在着一致的经济利益关系，都愿意采用妥善的方法来解决彼此间的分歧，协商的过程有助于一方当事人知道和理解对方的意见和主张，同时也进一步明确了自身在合同中的法律责任和地位，促使当事人圆满地履行合同，并增进相互之间的友好合作关系。

(4) 协商不妨碍当事人采取其他方式解决争议。协商是解决争议的最初方式，但并不是唯一的方式。通过协商，双方之间的争议大多数能够得到解决。但是，如果有一方拒绝合作，或者对对方提出的要求置之不理睬，或者在协商中双方存在比较大的意见分歧而难以达成一致意见，当事人均可按照合同约定或者争议的情况，采取进一步的调解、仲裁或诉讼的方式寻求解决。即使在其他方式中，双方当事人仍然可以继续进行协商。

当然，协商方式也有其局限性，表现在协商不一定适合所有的争议案件。如果双方的争议分歧较大，影响的金额也较大，双方互不让步，争议就不能通过协商的方式解决。如果一方故意毁约，缺乏合作的诚意，也不能通过协商的方式解决。

2. 调解

通过友好协商方式不能解决争议，应聘请有关方面的专家（如法律专家、财务专家、技术专家等）协商解决。调解（mediation）是指当事人自愿将争议提交给一个第三方，在查清事实的基础上，分清责任，以促进当事人之间达成和解的贸易解决方式。

对于请求调解，当事人可以指定调解员，也可以提请调解机构指定调解员。如果提请调解机构调解，一般应按照调解机构的调解程序规则进行调解。如果调解成功，双方应当签订和解书或和解协议，作为一种新的契约，由当事人双方去履行。如果有一方反悔或不遵守调解协议，可以按违约来处理，并寻求新的解决途径。双方达成的协议书上，如果有调解员的签字，这种协议称为调解书或调解协议，一般不能再请求法院强制执行。但是值得注意的是，我国人民法院做出的调解书或仲裁庭依据和解书或调解书做出的仲裁裁决书，是可以申请强制执行的。

用调解方式来解决争议的好处是表现在以下几方面。

(1) 解决争议快捷灵活。当事人双方请求调解时，一般都由授权调解员以灵活方式分清责任，提出双方都能接受的解决方案，而不必遵循固有的刻板模式和规则，这样，当事人双方就可以减少在程序上花费的时间。

(2) 调解书对当事人双方有约束力。双方通过调解达成的和解协议，从法律上讲，是一种新的契约，由此，可以认为争议在某种程度上已经得到解决。如果一方当事人不履行和解协议，另一方当事人可以指控其违约。

(3) 调节可以与仲裁或诉讼结合起来，从而使争议的解决更灵活、更具有自主性。我国法院在审理民事案件时的一个独特做法是："诉讼与调解相结合"。法官在遵循自愿和合法的原则下，在查清事实和分清是非的基础上，对案件进行调解。如果能够达成和解协议，法院就做出调解书，送达当事人各方，调解书送达当事人后，就产生法律效力。如果一方不履行，另一方就可以要求法院强制执行。我国的涉外仲裁机构也成功地采用"仲裁与调解相结合"的特色仲裁方法。在仲裁过程中，当事人双方可以共同向仲裁庭请求调解，或者仲裁庭认为有调节的可能，在征得当事人同意后，对案件进行调解。如果调解成功，仲裁庭根据当事人的和解协议做出裁决书结案，当事人也可以申请撤销案件；如果调解不成功，当事人不得在其后的仲裁程序或诉讼程序中引用各方当事人在调解过程中提出过的、建议过的、承认过的或表示愿意接受的任何意见，作为其申诉、答辩或反诉的依据。

(4) 调解员的专业技术能力增加了解决争议的可能性。当事人所同意的调解员一般是国际贸易界有威望的人士，或者是通晓国际贸易业务的专家。调解员可以凭借其知识技能和影响力说服当事人互谅互让，消除当事人之间的抵触情绪，从而增进双方达成和解的可能性。

(5) 调解是在双方自愿接受调解的基础上进行的，对当事人双方没有任何强迫。无论调解成功与否，都不会伤害当事人之间的友好关系。

目前，我国涉及国际经济与贸易的调节有法院调解、涉外仲裁机构调解和涉外调解机构调解三种。

3. 仲裁

仲裁（arbitration）也叫"公断"，是指当事人双方自愿将他们之间存在的争议提交双方同意的仲裁机构审理和裁决。双方可以在合同中明确，如果产生争议，可以将有关争议提交给双方同意的仲裁机构进行仲裁；仲裁是终局性的，当事人双方必须服从仲裁决定。

"当事人意思自治"是仲裁的重要规则，即当事人各方通过仲裁协议可以自行约定或选择仲裁事项、仲裁地点、仲裁机构、仲裁程序及仲裁使用的法律等。"当事人意思自治"的特点决定了仲裁方式具有解决争议时间短、费用低、保密性强、气氛友好、裁决结果公正合理等优点。

4. 诉讼（litigation）

如果发生争议，双方通过友好协商或专家调解均不能解决，可以直接向法院提起诉讼。诉讼就是打官司，一方当事人控告另一方当事人有违法或违约行为，要求法院已给与救济，或者惩处另一方当事人。基于合同关系而产生的争议案件，在诉讼时，一方当事人一般要求另一方当事人以赔偿经济损失或支付违约金的方式来承担违约的责任。

诉讼方式的好处在于可以解决其他方式不能解决的争议。强制管辖是诉讼的基本原则，即除非当事人另外有明确的有效的仲裁协议排除法院的管辖权外，法院可以按照管辖权受理任何类型的争议，而不论当事人是否愿意接受法院管辖。因此，强制性的特点决定了诉讼方式可以作为当事人在用其他方式不能奏效情况下解决争议的最终选择。

诉讼方式解决争议的局限性主要表现在以下几方面。

(1) 立案时间长、程序复杂。

(2) 诉讼是强制性的，只要一方向法院起诉，另一方就得应诉，如果不出庭应诉，法院仍将缺席判决。

(3) 诉讼费用高。

(4) 法院判决的结果未必公平合理。

按照我国民事诉讼法的规定，我国有权受理涉外诉讼案件的法院是中级以上的人民法院。

以上四种解决争议的方式，可以结合争议案件的实际情况灵活选择。一般来说，各国商人在解决争议时大都本着"仲裁优于诉讼，调解优于仲裁，而防止争议胜过调解，若有争议尽量友好协商"的原则行事。

11.2 不可抗力

国际货物买卖合同成立以后，在其履行过程中，有时会发生非当事人所能控制的事件，从而使合同无法履行或无法完全履行或无法按期履行。在这种情况下，如果一方要求遭受到不可抗力事件的另一方履行合同，显然是对当事人过于苛刻的要求。根据多数国家的法律和国际贸易惯例所确定的原则，当事人应当因为不可抗力获得免除责任的待遇。

在实践中，要判断哪些事件可以构成当事人有权免责，有时是很困难的，各国法律的解释也并不一致，因此，为了防止产生不必要的纠纷，维护当事人的各自利益，通常在买卖合同中订立不可抗力条款。

11.2.1 不可抗力的含义

不可抗力（force majeure）也叫人力不可抗拒，是指当合同签订之后，不是由于当事人的过失，而是由于发生了当事人不能预见和人力所不能控制的自然灾害或意外事故，以致当事人不能履行合同或不能按期履行合同时，有关当事人即可以根据合同或法律的规定免除不能履行合同或不能按期履行合同的责任。

不可抗力是国际贸易中通用的一个业务术语，也是许多国家的一项法律法规。

11.2.2 不可抗力的特征及范围

何谓不可抗力，各国说法并不一致。我国法律认为，不可抗力是指不能预见，不能避免并不能克服的客观情况。

 条款举例

CONTRACT LAW OF P. R. CHINA Arti 117: A party who was unable to perform a contract due to force majeure is exempted from liability in part or in whole in light of the impact of the event of force majeure, except otherwise provided by law. Where an event of force majeure occurred after the party's delay in performance, it is not exempted from liability. For purposes of this Law, force majeure means any objective circumstance which is unforeseeable, unavoidable and insurmountable.（因不可抗力不能履行合同的，根据不可抗力的影响，部分或者全部免除责任，但法律另有规定的除外。当事人迟延履行后发生不可抗力的，不能免除责任。本法所称不可抗力，是指不能预见、不能避免且不能克服的客观情况。）

按照《联合国国际货物销售合同公约》的解释：不可抗力是指非当事人所能控制，而且没有理由预期他在订立合同时所能考虑到或能避免或克服它或它的后果，而使其不能履行合同义务的障碍。

 条款举例

CISG Arti 79 (1): A party is not liable for a failure to perform any of his obligations if he proves that the failure was due to an impediment beyond his control and that he could not reasonably be expected to have taken the impediment into account at the time of the conclusion of the contract or to have avoided or overcome it or its consequences.（当事人对不履行义务，不负责任，如果他能证明此种不履行义务，是由于某种非他所能控制的障碍，而且对于这种障碍，没有理由预期他在订立合同时能考虑到或能避免或克服它或它的后果。）

英美法系国家的法律将不可抗力事故称为"合同落空"，是指合同签订以后，不是由于合同双方当事人的自身过失，而是由于签订合同以后发生了当事人双方意想不到的根本不同的情况，致使签约的目的受挫，据此而未履行合同义务，当事人得以免除责任。合同落空是有其特定条件的。

大陆法系国家的法律中有"情势变迁"或"契约失效"原则,是指由于履约的基础不是由于当事人的原因而发生了预想不到的变化,使合同难以再按照原来的约定来履行,因此对原来合同的法律效力需要做出相应的变更。

尽管具体说法不一,但一般都认为构成不可抗力应当具备以下三个主要特征。

(1) 不可抗力事件是发生在合同成立以后的。

(2) 不可抗力事件不是由于任何一方当事人的故意或过失而造成的。

(3) 不可抗力事件的发生是当事人所不能预见、无法避免和无法克服的,发生之后不可控制的。

根据引起不可抗力的原因,可将不可抗力分为两种类型。

(1) "天灾"(disasters)。即由于自然力量引起的自然灾害,包括地震、洪水、暴风、干旱、雪灾等人类无法控制的自然界力量所引起的灾害。

(2) "人祸"(accidents)。即由于社会力量或政治原因造成的意外事故,包括战争、罢工、政府禁止有关商品进出口等。

但不能错误地认为,所有的自然原因和社会原因引起的事件,都属于不可抗力。美国习惯上认为不可抗力事故仅指由于自然原因所引起的事故,而不包括由于社会力量所引起的意外事故,所以美国的买卖合同一般不使用"不可抗力"这一术语,而是用"意外事故条款"来说明。

在实际业务中,发生的事故是否属于不可抗力,一般要根据合同条款的规定,视发生事故的时间、地点、原因、规模、后果以及事先是否可以预见、事后是否可以采取措施克服、事故是否达到使合同失去履行效力的基础等情况来确定。由于不可抗力条款主要是用来为卖方开脱责任的,有的卖方把战争的预兆、战争状态、停船命令、罢工、息工、关闭工厂、流行病、货物装运中的事故、原材料缺乏、能源危机、汇率变动等统统归于不可抗力的范围之内,对于这种情况,当事人在认定范围时,要仔细审定,防止卖方滥用不可抗力事故来逃避其履约的责任。

11.2.3 不可抗力的法律后果及处理

按照有关的法律原则和国际贸易惯例,如果发生不可抗力,致使合同不能得到全部或部分的履行,有关当事人可根据不可抗力的影响,解除合同或变更合同而免除其相应的责任,即对有关当事人因不可抗力不能全部或部分履行合同而给另一当事人造成的损害负免赔偿责任。变更合同是指对原订合同的条件或内容适当地变更,包括替代履行、减少履行或延迟履行。

具体在什么情况下可以解除合同,在什么情况下应变更合同,要看所发生的事故的原因、性质、规模以及对履行合同所产生的影响程度,并将其明确地规定在合同中。如果合同中没有明确规定,一般的处理原则是:如果不可抗力事故经过一段时间,或事故一旦发生,即影响了履约的根本基础,使履约成为不可能,例如,特定标的物的灭失,或事件的影响比较严重,非短时间内所能复原的,可以解除合同;如果不可抗力事故只是部分地或暂时性地阻碍了合同的履行,即发生事件的一方只能采用变更合同的方法,以减少另一方的损失，例如，因暴风雨致使交通暂时中断，就不能以此免除履行合同的责任，而只能据此要求延迟履行合同。根据我国法律，一方当事人延迟履行后发生不可抗力的，则不能免除责任。

《联合国国际货物销售合同公约》规定：一方当事人享受的免责权利只能对履约障碍存在期间有效。如果合同未经双方当事人同意而宣告无效，则合同关系继续存在，一旦履行障碍消除，双方当事人仍须履行合同义务。再者，一方当事人对于上述障碍不履行合同义务的免责，只以免除损害赔偿的责任为限，而且不妨碍另一方行使《联合国国际货物销售合同公约》规定的要求损害赔偿责任以外的任何责任。例如，卖方遭遇履行交货义务的严重障碍，履行交货已无可能，卖方未提出解除合同，买方不能无限期等待卖方在消除障碍后履行义务，买方就有权终止合同，从他处另行购买代替物。但买方行使此项权利，必须遵循《联合国国际货物销售合同公约》的规定。例如障碍的严重程度、持续时间，不致使合同不能履行的，当事人不得任意解除合同。

 条款举例

CISG Arti 79 (3)and(5)：(3)The exemption provided by this article has effect for the period during which the impediment exists.（本条所规定的免责对障碍存在的期间有效。）(5)Nothing in this article prevents either party from exercising any right other than to claim damages under this Convention.（本条规定不妨碍任何一方行使本公约规定的要求损害赔偿以外的任何权利。）

11.2.4 不可抗力的通知和证明

不可抗力发生后，不能按规定履约的一方当事人要取得免责的权利，必须及时通知另一方当事人，并提供必要的证明文件，而且在通知中应提出处理的意见。对此，《联合国国际货物销售合同公约》明确规定："不履行义务的一方必须将障碍及对其他履行义务能力的影响通知另一方。如果该项通知在不履行义务的一方已知道或理应知道此一障碍后一段合理时间内仍未为另一方收到，则他对由于另一方未收到通知而造成的损害，应负赔偿责任。"

 条款举例

CISG Arti 79（4）：The party who fails to perform must give notice to the other party of the impediment and its effect on his ability to perform. If the notice is not received by the other party within a reasonable time after the party who fails to perform knew or ought to have known of the impediment, he is liable for damages resulting from such nonreceipt.（不履行义务的一方必须将障碍及其对他履行义务能力的影响通知另一方。如果该项通知在不履行义务的一方已知道或理应知道此一障碍后一段合理时间内仍未为另一方收到，则他对由于另一方未收到通知而造成的损害应负赔偿责任。）

我国法律也认为：当事人一方因不可抗力不能履行合同的，应当及时通知另一方，以减轻可能给另一方造成的损失，并且应当在合理期间内提供证明。在实践中，为防止争议，通常在合同的不可抗力条款中明确规定具体的通知期限。出具不可抗力证明的机构，在我国，一般为中国国际贸易促进委员会（即中国国际商会）；如果对方提供时，则大多为当地商会或登记注册的公正行。必要时，出证机构也可在合同中做出规定。

国际贸易争议和解决 第11章

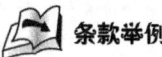
条款举例

CONTRACT LAW OF P. R. CHINA Arti 118: Duty to Notify in Case of Force Majeure

If a party is unable to perform a contract due to force majeure, it shall timely notify the other party so as to mitigate the loss that may be caused to the other party, and shall provide proof of force majeure within a reasonable time.(当事人一方因不可抗力不能履行合同的,应当及时通知对方,以减轻可能给对方造成的损失,并应当在合理期限内提供证明。)

应用案例

案情简介: 某年夏天,我国南方发生特大洪水灾害,在此之前外贸企业与外商订有三份大米合同,合同的商品名称分别为"太湖大米""在某仓库存放的江苏大米""中国大米",七八月份交货。请就以上情况分别说明我方如何向外商提出免责要求。

案例分析: 不可抗力事件发生后如影响合同履行时,发生事件的一方当事人,应按约定的通知期限和通知方式,将不可抗力事件情况如实通知对方,如以电报通知对方,并在15天内以航空信提供事故的详尽情况和影响合同履行的程度的证明文件。

在国际贸易中,当一方援引不可抗力条款要求免责时,必须向对方提交有关机构出具的证明文件,作为发生不可抗力的证明。在国外,一般由当地的商会或合法的公证机构出具。在我国,由中国国际贸易促进委员会或其设在口岸的贸促分会出具。

本案中的"太湖大米""在某仓库存放的江苏大米"的两份合同可以以不可抗力为由向外商提出免责要求。

一方接到对方关于不可抗力的通知或证明文件后,无论同意与否都应及时答复,否则,按有些国家的法律如《美国统一商法典》的规定,将被视作默认。

11.2.5 买卖合同中的不可抗力条款

国际货物买卖合同签订后发生的当事人双方无法控制的意外事故能否构成不可抗力或造成合同落空,以及引起怎样的后果,国际上并无统一的解释,比较容易导致当事人之间的分歧而产生纠纷。为了避免这种现象的发生,防止一方当事人任意扩大或缩小不可抗力事故范围的解释,或者在不可抗力事故发生后在履约方面提出不合理的要求,在货物买卖合同中应当订立不可抗力条款。尽管国际货物买卖合同中的不可抗力条款内容不尽相同,但通常包括以下几个方面。

1. 不可抗力事故的范围

什么样的意外事故构成不可抗力,什么样的意外事故不构成不可抗力,买卖双方应在交易磋商时取得一致意见。在一般情况下,应当规定的具体一些,不能笼统或者含糊不清,以防止一旦发生不可抗力事故出现纠纷。同时,还要考虑贯彻国家的有关方针政策的要求,不能把政策不允许的内容列入不可抗力的范围,防止外国交易者用扩大不可抗力范围的办法推卸责任。

2. 不可抗力事故的法律后果

除了规定清楚在哪些情况下可以解除合同,在哪些情况下只能变更合同外,还应当规定买卖双方都可以援引的不可抗力免责。

3. 发生不可抗力事故后通知对方的期限和方式

发生不可抗力事故后,遭受不可抗力的一方应当按照国际惯例及时通知对方,对方也应当在接到通知后及时给予答复,如果有异议也应当及时提出。为了明确责任起见,一般在不可抗力条款中规定一方发生不可抗力事故后通知对方的期限和方式。

4. 不可抗力事故发生后的证明文件及出具证明的机构

国际贸易中一方援引不可抗力条款要求免责时,必须向对方提交一定机构出具的证明文件,作为发生不可抗力的证据。

5. 不可抗力条款的规定方法

我国进出口合同中的不可抗力条款主要有三种规定方法。

1) 概括式

概括式即在合同中不具体规定哪些现象是不可抗力事故。这种规定只是笼统地提出"由于不可抗力的原因",至于不可抗力的具体内容和范围没有予以说明,所以容易被对方所曲解利用;同时,这种规定过分空泛,缺乏确切的含义,一旦发生争议诉诸司法机构时,该机构只能凭借当事人的意见进行解释,任意性较大,不利于问题的正确解决。

例:

If the shipment of the contracted goods is prevented or delayed in whole or in part due to Force Majeure, the Seller shall not be liable for non-shipment or late shipment of the goods of this contract. However, the Seller shall notify the Buyer by teletransmission and furnish the latter within...days by registered airmail with a certificate issued by the China Council for the Promotion of International Trade(China Chamber of International Commerce) attesting such event or events.

如由于不可抗力的原因,致使卖方不能全部或部分装运,或延迟装运合同货物,卖方对于这种不能装运,或延迟装运本合同货物不负有责任。但卖方须以电讯方式通知买方,并须在××天内,以航空挂号信件向买方提交由中国国际贸易促进委员会(中国国际商会)出具的证明此类事件的证明书。

2) 列举式

列举式即在不可抗力条款中明确规定出哪些是不可抗力事故。凡合同中没有规定的均不能作为不可抗力事故援引。这种规定方法虽然对于不可抗力事故的范围做出了具体规定,但是由于不可抗力事故很多,合同中难以全部包括,一旦遇到未列明的事故时,仍然可能发生争议。

例:

If the shipment of the contracted goods is prevented or delayed in whole or in part by reason of war, earthquake, flood, fire, storm, heavy snow, the Seller shall not be liable for non-shipment or late shipment of the goods of this contract. However, the Seller shall notify the Buyer by teletransmission and furnish the latter within...days by registered airmail with a certificate issued by the China Council for the Promotion of International Trade(China Chamber of International Commerce) attesting such event or events.

如由于战争、地震、水灾、火灾、暴风雨、雪灾的原因,致使卖方不能全部或部分装运或延迟装运合同货物，卖方对于这种不能装运或延迟装运本合同货物不负有责任。但卖方须以电信方式通知买方，并须在××天内，以航空挂号信件向买方提交由中国国际贸易促进委员会（中国国际商会）出具的证明此类事件的证明书。

3）综合式

综合式即采用概括式和列举式规定并用的方式。这种做法既列明了当事人双方已经取得共识的各种不可抗力事故，又加列上"其他不可抗力的原因"，列明的意外事故留有一定的余地，便于当事人双方共同确定是否作为不可抗力事故。在我国的业务实践中，多采用这种做法。

例1：

If the shipment of the contracted goods is prevented or delayed in whole or in part by reason of war, earthquake, flood, fire, storm, heavy snow or other causes of Force Majeure, the Seller shall not be liable for non-shipment or late shipment of the goods of this contract. However, the Seller shall notify the Buyer by teletransmission and furnish the latter within...days by registered airmail with a certificate issued by the China Council for the Promotion of International Trade (China Chamber of International Commerce) attesting such event or events.

如由于战争、地震、水灾、火灾、暴风雨、雪灾或其他不可抗力的原因，致使卖方不能全部或部分装运或延迟装运合同货物，卖方对于这种不能装运或延迟装运本合同货物不负责任。但卖方须以电讯方式通知买方，并须在××天内，以航空挂号信件向买方提交由中国国际贸易促进委员会（中国国际商会）出具的证明此类事件的证明书。

例2：

The Seller shall not be held responsible for failure or delay to perform all or any part of this contract due to war, earthquake, flood, fire, storm, heavy snow or other causes of Force Majeure. However, the Seller shall advise the Buyer immediately of such occurrence, and within...days thereafter, shall send by registered airmail to the Buyer for their acceptance a certificate issued by the competent government authorities of the place where the accident occurs as evidence thereof. Under such circumstance, the Seller, however, is still under the obligation to take all necessary measure to hasten the delivery of the goods. In case the accident lasts for more than...weeks, the Buyer shall have the right to cancel the contract.

如由于战争、地震、水灾、火灾、暴风雨、雪灾或其他不可抗力的原因，致使卖方不能全部或部分装运或延迟装运合同货物，卖方可不负责任。但卖方立即将事件通知买方，并于事件发生后××天内将事件发生地政府主管当局出具的事件证明书用航空挂号邮寄交买方为证，并取得买方认可。在上述情况下，卖方仍有责任采取一切必要措施从速交货。如果事件持续超过××个星期，买方有权撤销合同。

11.3 违约责任、索赔和理赔

国际货物买卖履约时间长，涉及面广，业务环节多，一旦在货物的生产、收购、运输、资金移动等任何一个环节发生意外或差错，都可能给合同的顺利履行带来影响。此外，国际市场变幻莫测，一方当事人往往有可能在市场行情发生不利变化时，不履行合同义务或不完全履行合同义务，致使另一方当事人的权利受到损害，从而导致索赔和理赔，甚至引起争议。

11.3.1 违约责任

国际贸易中，任何一方违反合同规定的义务，不履约或不按照合同规定履约，这就在法律上构成违约行为，违约一方应当承担继续履行、采取补救措施或者赔偿损失等违约责任。

根据各国法律和国际条约的规定，不同性质的违约行为，其承担的责任是不同的。但各国法律对于违约行为的性质划分及据此可以采取的补救办法不很一致：有的国家是以合同中交易条件的主次为依据进行划分；而有的国家却以违约的后果轻重程度为依据来进行划分。

（1）按照违约方所违反的是合同的主要交易条件还是次要交易条件划分。例如，《英国货物买卖法》规定，当事人一方违反合同中带实质性的主要约定条件，如卖方交货的质量或数量不符合同规定，或不按合同规定的期限交货，均作为"违反要件"（Breach of condition），受损害的一方除可要求损害赔偿外，还有权解除合同。如违反的是合同中的次要条件，称为"违反担保"或"违反随附条件"（Breach of warranty），则受损害一方不能解除合同，仍需继续履行他所应承担的合同义务，但有权请求违约的一方给予损害赔偿。

（2）根据违约所造成后果的轻重程度来划分。例如《美国统一商法典》规定，一方当事人违约，以致使另一方无法取得该交易的主要利益，则是"重大违约"（Material breach）。在此情况下，受损害的一方有权解除合同，并要求损害赔偿。如果一方违约，情况较为轻微，并未影响对方在该交易中取得的主要利益，则为"轻微违约"（Minor breach），受损害的一方只能要求损害赔偿，而无权解除合同。

（3）我国《中华人民共和国合同法》规定：当事人一方延迟履行合同义务或者有其他违约行为致使不能实现合同目的，对方当事人可以解除合同；当事人一方延迟履行主要债务，经催告后在合同期间内仍未履行的，对方当事人可以解除合同。

《中华人民共和国合同法》还规定：合同解除后，尚未履行的，终止履行；已经履行的，根据履行情况和合同性质，当事人可以要求恢复原状、采取其他补救措施，并有权要求赔偿损失。

条款举例

CONTRACT LAW OF P. R. CHINA Arti 97：Upon termination of a contract, a performance which has not been rendered is discharged; if a performance has been rendered, a party may, in light of the degree of performance and the nature of the contract, require the other party to restore the subject matter to its original condition or otherwise remedy the situation, and is entitled to claim damages.（合同解除后，尚未履行的，终止履行；已经履行的，根据履行情况和合同性质，当事人可以要求恢复原状、采取其他补救措施，并有权要求赔偿损失。）

（4）《联合国国际货物销售合同公约》规定：一方当事人违反合同的结果，如使另一方当事人蒙受损害，以至于实际上剥夺了他根据合同规定有权期待得到的东西，即为根本

违反合同 (Fundamental breach of contract)。若一方违反合同构成根本违反合同时，受损害的一方就可以宣告合同无效，同时有权向违约方提出损害赔偿的要求。如违反的情况尚未达到根本违反合同的程度，则受损害方只能要求损害赔偿而不能宣告合同无效。

条款举例

CISG Arti 25：A breach of contract committed by one of the parties is fundamental if it results in such detriment to the other party as substantially to deprive him of what he is entitled to expect under the contract, unless the party in breach did not foresee and a reasonable person of the same kind in the same circumstances would not have foreseen such a result.（一方当事人违反合同的结果，如使另一方当事人蒙受损害，以至于实际上剥夺了他根据合同规定有权期待得到的东西，即为根本违反合同，除非违反合同一方并不预知而且一个同等资格、通情达理的人处于相同情况中也没有理由预知会发生这种结果。）

CISG Arti 49 (1)：(1) The buyer may declare the contract avoided:

(a) if the failure by the seller to perform any of his obligations under the contract or this Convention amounts to a fundamental breach of contract; or (b) in case of non-delivery, if the seller does not deliver the goods within the additional period of time fixed by the buyer in accordance with paragraph (1) of article 47 or declares that he will not deliver within the period so fixed.［买方在以下情况下可以宣告合同无效：a 卖方不履行其在合同或本公约中的任何义务，等于根本违反合同；b 如果发生不交货的情况，卖方不在买方按照第四十七条第 (1) 款规定的额外时间内交付货物，或卖方声明他将不在所规定的时间内交付货物。］

综上所述，各国对违反合同和违反合同的法律后果都有不同的解释和规定，因此，我们应该了解和掌握有关法律和国际贸易惯例，以便正确地洽谈交易、签订合同，并在合同的履行中加以正确运用。

11.3.2 索赔和理赔

1. 索赔和理赔的含义

索赔 (claim) 是指在国际货物买卖过程中，因为一方的违约而直接或间接地给另一方造成损失后，由受损方向违约方提出赔偿要求，以达到弥补损失的目的。

理赔 (settlement of the claim) 是指违约的一方受理受损方提出的赔偿要求的表示。两者是解决同一争议问题的两个方面。在国际贸易中，损害赔偿是最重要的，也是最常用的违约补救措施。按照法律的一般规则，受损害的一方当事人在采取其他违约补救措施时，例如要求交付替代货物、对货物不符合同之处进行修理、减低价格、规定一段合理的额外时间让对方履行合同义务或宣告合同无效等，都不影响该方当事人向违约一方提出损害赔偿的权利。

2. 处理索赔和理赔时应注意的问题

1) 处理索赔时应注意的问题

(1) 查明造成损害的事实，分清责任，备妥必要的索赔依据。索赔依据包括：法律依据和事实依据两个方面。前者是指买卖合同和适用的法律规定；后者则指违约的事实、情节及其书面证明。买卖合同中的索赔条款通常包括索赔依据，主要规定索赔时必须具备的证据,以及出具证明文件的机构。索赔证件一般包括:提单、发票、保险单、装箱单、磅码单正副本、商检机构出具的货损检验证明或由承运人签字的短缺残损证明及索赔清单。

(2) 约定合理的或有效的索赔期限。索赔期限是指受害方有权向违约方提出索赔的期限。按照法律和国际惯例,受损害一方只能在一定的索赔期限内提出索赔,否则即丧失索赔权。索赔期限有约定与法定之分。约定的索赔期限是指买卖双方在合同中明确规定的索赔期限;法定索赔期限则是根据有关法律受损害一方有权向违约方要求损害赔偿的期限。约定索赔期限的长短,应根据买卖货物的性质、运输、检验的繁简等情况而定。法定索赔期限较长,例如,《联合国国际货物销售合同公约》规定,自买方实际收到货物之日起两年之内。我国法律也规定,自买方收到标的物之日起两年内。根据该条规定,如标的物有质量保证期的,适用质量保证期,不适用该规定。由于法定索赔期限只有在买卖合同中未约定索赔期限时才起作用,而且在法律上,约定索赔期限的效力可超过法定索赔期限,因此,在买卖合同中针对交易的具体情况,规定合理、适当的索赔期限是十分必要的。

 条款举例

CISG Arti 39(2): In any event, the buyer loses the right to rely on a lack of conformity of the goods if he does not give the seller notice thereof at the latest within a period of two years from the date on which the goods were actually handed over to the buyer, unless this time-limit is inconsistent with a contractual period of guarantee.(无论如何,如果买方不在实际收到货物之日起两年内将货物不符合同情形通知卖方,他就丧失声称货物不符合同的权利,除非这一时限与合同规定的保证期限不符。)

 条款举例

CONTRACT LAW OF P. R. CHINA Arti 158: Consequence of Failure to Inspect; Exceptions
Where no inspection period was prescribed, the buyer shall notify the seller within a reasonable period, commencing on the date when the buyer discovered or should have discovered the quantity or quality non-compliance. If the buyer fails to notify within a reasonable period or fails to notify within 2 years, commencing on the date when it received the subject matter, the quantity or quality of the subject matter is deemed to comply with the contract, except that if there is a warranty period in respect of the subject matter, the warranty period applies and supersedes such two year period.(当事人没有约定检验期间的,买受人应当在标的物的数量或者质量不符合约定的合理期间内通知出卖人。买受人在合理期间内未通知或者自标的物收到之日起两年内未通知出卖人的,视为标的物的数量或者质量符合约定,但对标的物有质量保证期的,适用质量保证期,不适用该两年的规定。)

(3) 正确确定索赔金额。这是合理进行索赔的前提和基础。如果买卖合同有规定损害赔偿的金额或损害赔偿金额的计算方法,通常应按约定的金额或根据约定的损害赔偿金额的计算方法计算出的赔偿金额提出索赔;如果合同未作明确规定,根据有关的法律和国际贸易实践,确定损害赔偿金额的基本原则为:赔偿金额应与因违约而遭受的包括利润在内的损失额相等;赔偿金额应以违约方在订立合同时可预料到的合理损失为限;由于受损害一方未采取合理措施有可能减轻而未减轻的损失,应在赔偿金额中扣除。例如,在卖方拒绝交货的情况下,赔偿的金额一般按照合同价格与违约行为发生时的国际市场价格的差价计算;在卖方交货的品质、规格与合同不符的情况下,买方可以要求卖方交付替代货物或对货物进行修理补救等;在退货重换的情况下,应当要求卖方退还原货物的运费、仓储费、装卸费、保险费以及重新包装的费用等；在卖方委托买方修理的情况下，则应当合理计算使用材料费和工缴费。

 条款举例

CISG Artl 74: Damages for breach of contract by one party consist of a sum equal to the loss, including loss of profit, suffered by the other party as a consequence of the breach. Such damages may not exceed the loss which the party in breach foresaw or ought to have foreseen at the time of the conclusion of the contract, in the light of the facts and matters of which he then knew or ought to have known, as a possible consequence of the breach of contract.（一方当事人违反合同应负的损害赔偿额，应与另一方当事人因他违反合同而遭受的包括利润在内的损失额相等。这种损害赔偿不得超过违反合同一方在订立合同时，依照他当时已知道或理应知道的事实和情况，对违反合同预料到或理应预料到的可能损失。）

 条款举例

CONTRACT LAW OF P. R. CHINA Artl 119: Non-Breaching Party's Duty to Mitigate Loss in Case of Breach Where a party breached the contract, the other party shall take the appropriate measures to prevent further loss; where the other party sustained further loss due to its failure to take the appropriate measures, it may not claim damages for such further loss. Any reasonable expense incurred by the other party in preventing further loss shall be borne by the breaching party.（当事人一方违约后，对方应当采取适当措施防止损失的扩大；没有采取适当措施致使损失扩大的，不得就扩大的损失要求赔偿。当事人因防止损失扩大而支出的合理费用，由违约方承担。）

（4）认真制定索赔方案。在查明事实、备妥单证和确定索赔金额的基础上，结合交易双方的往来情况，制定索赔方案。

（5）索赔工作完结后，对索赔函电和各种记录进行认真的登记，以备查阅，并从中吸取经验和教训。

2）处理理赔时应注意的问题

（1）要认真、细致地审核一方当事人提供的单证和出单机构的合法性。

（2）要注意调查研究，弄清事实，分清责任。要向货物的生产部门、国外运输部门了解货物品质、包装、存储、运输等情况，要查明货差、货损的原因和责任。

（3）合理确定损失和赔付方法。可以采用赔付部分货物给予价格折扣或按照残次货物百分比对全部货物实施降价等赔付办法。

3. 索赔条款和罚金条款

买卖双方为了在索赔和理赔工作中有所依据，一般在合同中订立索赔条款。在国际贸易实践中，索赔条款可根据不同的需要做不同的规定，通常采用的主要有"异议与索赔条款"和"罚金条款"两种。

1）异议与索赔条款

异议与索赔条款（Discrepancy and claim clause）一般是针对卖方交货的品质、数量或包装不符合合同的规定而订立的，主要包括索赔期限、索赔依据、赔偿责任的归属、索赔金额、索赔的诉讼时效和索赔权利的丧失等。

例如：

Any claim by the Buyer regarding the goods shipped should be lodged within 30 days after the arrival of the goods at the port/place of destination specified in the relative Bill of Lading and/or transport document and supported by a survey report issued by a surveyor approved by the Seller. Claims in respect of matters within responsibility of insurance company, shipping company/other transportation organization will not be considered or entertained by the Selle r.[买方对于装运货物的任何索赔,必须于货物到达提单及/或运输单据所订目的港(地)之日起30天内提出,并须提供卖方同意的公证机构签发的检验报告。属于保险公司、轮船公司或其他有关运输机构责任范围内的索赔,卖方不予理睬。]

2) 罚金条款

罚金条款(Penalty clause),也称为违约金条款(Liquidated damage clause),较多使用于卖方延期交货或买方延期接货或延期付款的情况下,其特点是双方在合同中预先规定一个罚金比例或罚金数额,一般适用于连续分批交货的大宗货物买卖或机械设备合同。

例1:卖方延期交货的罚金条款

Should the Sellers fail to make delivery on time as stipulated in the contract, the Buyers shall agree to postpone the delivery on the condition that the Sellers agree to pay a penalty which shall be deducted by the paying bank from the payment under negotiation, or by the Buyers direct at the time of payment. The rate of penalty is charged at 0.5% of the total value of the goods whose delivery has been delayed for every seven days, odd days less than seven days should be counted as seven days. But the total amount of penalty, however, shall not exceed 5% of the total value of the goods involved in the late delivery. In case the Sellers fail to make delivery ten weeks later than the time of shipment stipulated in the contract, the Buyers shall have the right to cancel the contract and the Sellers, in spite of the cancellation, shall still pay the aforesaid penalty to the Buyers without delay.

如卖方不能按合同规定的时间交货,在卖方同意由付款银行在议付货款中扣除罚金或由买方于支付货款时直接扣除罚金的条件下,买方应同意延期交货。罚金率按每七天收取延期交货部分总值的0.5%,不足七天者以七天计算。但罚金不得超过延期交货部分总值的5%。如卖方延期交货超过合同规定期限10周时,买方有权撤销合同,但卖方仍应不延迟地按上述规定向买方支付罚金。

例2:买方延期开立信用证的罚金条款

Should the Buyers for its own sake fail to open the Letter of Credit on time stipulated in the contract, the Buyers shall pay a penalty to the Sellers. The penalty shall be charged at the rate of…% of the amount of the Letter of Credit for every…days of delay in opening the Letter of Credit, however, the penalty shall not exceed…% of the total value of the Letter of Credit which the Buyers should have opened. Any fractional days less than…days shall be deemed to be…days for the calculation of penalty. The penalty shall be the sole compensation for the damage caused by such delay.

买方因自身原因不能按合同规定的时间开立信用证,应向卖方支付罚金。罚金按迟开证每×天收取信用证金额的百分之几,不足×天者按×天计算,但罚金不超过买方应开信用证金额的百分之几。该罚金仅作为因迟开信用证引起的损失赔偿。

值得注意的是,各国法律对合同中的罚金条款有不同的解释和规定。大陆法系的国家对罚金条款,法院予以承认和执行,但法院只是在罚金过低或过高时,为体现公平原则才根据情况给予增减;英美法系的国家则认为,对于违约行为,只能要求损害赔偿,而不能给予惩罚,鉴于此,法院在确认合同中有关罚金条款的法律效力时,首先判定该罚金是否是预先约定的损害赔偿金,如果是罚金,法院则不予承认和执行。

我国法律规定：当事人可以在合同中约定，一方违约时，向对方支付违约金，也可以约定因违约产生的损失赔偿额的计算方法。但约定的违约金低于或过分高于违反合同所造成的损失时，当事人可以请求法院或者仲裁机构予以增加或适当减少。我国法律还规定，当事人就延迟履行约定违约金时，违约方支付违约金后，还应当履行债务。

概念比较

违约金、定金、损害赔偿金的比较

1. 违约金（liquidated damages），是指合同当事人预先设定的或法律直接规定的，在一方不履行合同时给付另一方一定数额的金钱。违约金具有补偿性特点，并兼有一定的惩罚性。

2. 定金（deposits），是指合同当事人为了确保合同的履行，由一方当事人按合同标的额的一定比例向对方预先给付的金钱。根据法律规定，当事人约定的定金数额不得超过合同标的额的20%，超过的部分由收受方退回或抵作价款。给付方不履行合同约定的义务，无权要求返还定金；收受方不履行合同约定的义务，应双倍返还定金。因此可以看出，定金责任是一种惩罚性规定，目的在于督促双方当事人积极履行合同的义务。

3. 损害赔偿金（damages），是指一方当事人因不履行或不完全履行合同义务而给对方当事人造成损失时，按照法律和合同的规定所应承担的损害赔偿责任。损害赔偿责任原则上仅具有以补偿性为原则，但以惩罚性为例外。根据等价交换原则，任何民事主体一旦造成他人损害都必须以同等的财产予以赔偿。因此，一方违约后，必须赔偿对方因此所遭受的全部损失。但同时，我国《消费者权益保护法》第49条又做出例外规定，经营者在有欺诈行为时，应按消费者的要求以其购买商品价款或接受服务费用的一倍增加赔偿消费者的损失，该条是我国法律中唯一的惩罚性损害赔偿金条款。

应用案例

案情简介：甲公司与乙公司依法订立一份总货款为20万元的购销合同。合同约定违约金为货款总值的5%。同时，甲公司向乙公司给付定金5 000元，后乙公司违约，给甲公司造成损失2万元。甲公司依法最多可要求乙公司偿付多少？

案例分析：本题中的违约金为1万元，损失2万元，定金5 000元，且定金未超过货款总额的20%的限制。

首先，由于我国的定金在性质上属违约定金，具有预付违约金的性质，因此它与违约金在目的、性质、功能等方面相同，两者是不可并罚的。合同法第116条规定了当合同既约定定金，又约定违约金的，可以且也只能由非违约方选择一种对其最有利的责任形式。应当注意：这条规定是针对同一违约行为同时存在违约金和定金责任的情形。

其次，一般来说，合同中约定的违约金应视为对损害赔偿金额的预先确定，因而违约金与约定损害赔偿是不可以并存的。违约金与法定损害赔偿是否并存，牵涉到违约责任的适用是否以发生实际损害为要件以及国家对违约金的干预问题。原则上可以说违约金的运用并不以实际损害发生为前提，不管是否发生了损害，当事人都应支付违约金。根据合同法第114条第二款规定：违约金低于损失的，可请求适当增加。

对违约金和法定损害赔偿的适用关系可以概括为：①原则上不并存；②就高不就低；③优先适用违约金责任条款。

据此，如果本题中的甲公司选择使用违约金条款，题中约定的1万元违约金小于损失2万元，甲公司可请求人民法院或仲裁机构增至2万元。除该2万元外，由于非违约方经过法律教育和选择违约金责任请求后，并不影响其要求对方返还定金的权利，故甲公司向乙公司给付的定金5 000元应予返还。则此种情形下，乙公司应向甲公司偿付总额为2.5万元。

最后，定金与损害赔偿的适用关系。定金具有非补偿性的特点，其适用不以实际损害的发生为前提，因而是独立于损害赔偿责任的。但也不能认为它与损害赔偿金毫无关系，定金与损害赔偿责任的联系表现在定金责任与损害赔偿责任的并用不能超过全部货款的总值。

据此，如果本题中的甲公司选择适用定金条款，甲公司能得到定金双倍返还的（5 000×2）＝1万元，同时乙方还应支付给甲方造成的损害赔偿金2万元。则此种情形下，乙公司应向甲公司偿付总额为3万元。

综上所述，本题中对甲公司最有利的选择是适用定金条款，由甲公司向其偿付3万元。

11.4 仲裁

11.4.1 仲裁的含义

仲裁（arbitration）是解决对外贸易争议的一种重要方式。它是指由买卖双方在争议发生之前或在争议发生之后，达成书面协议，自愿将其之间友好协商但不能解决的争议交给双方同意的第三方进行裁决，而这个裁决是终局的，对双方当事人都有约束力，双方必须遵照执行。经过长期的业务时间，目前，包括我国在内的不少国家已通过立法，规定仲裁为解决争议途径之一的制度。

11.4.2 仲裁的特点

仲裁方式与其他解决争议的方式相比较，具有以下几个显著的特点。

(1) 受理争议的仲裁机构是属于社会民间团体所设立的组织，不是国家政权机关，不具有强制管辖权，对争议案件的受理，以当事人的自愿为基础。

(2) 当事人双方通过仲裁解决争议时，必须先签订仲裁协议；双方都有在仲裁机构中推选仲裁员的权利。

(3) 仲裁比诉讼的程序简单，处理问题比较迅速、及时，且费用较低。

(4) 仲裁机构的裁决一般是终局性的，对双方当事人均有约束力。

应用案例

案情简介：我国某公司与外商订立一项出口合同，在合同中明确规定了仲裁条款，约定在履约过程中如发生争议，在中国仲裁。后来，双方对商品的品质发生争议，对方在其所在地法院起诉我方，法院发来传票，传我国该公司出庭应诉。对此，你认为该如何处理？

案例分析：我国该公司应根据合同规定，要求在中国仲裁，而不必到对方国家法院出庭应诉。同时裁决的效力主要是指由仲裁庭做出的裁决，对双方当事人具有约束力，双方当事人在签订仲裁条款时应规定：仲裁裁决是终局的，对双方都有约束力。

11.4.3 仲裁的形式和机构

1. 仲裁的形式

仲裁分为临时仲裁和机构仲裁两种。

1）临时仲裁

临时仲裁指由争议双方共同指定的仲裁员自行组织成临时仲裁庭所进行的仲裁。临时仲裁庭是为审理某一具体案件而组成的，案件审理完毕，仲裁庭即自动解散。采用临时仲裁，仲裁协议需就指定仲裁员的办法、人数、是否需要首席仲裁员以及采用的仲裁规则等问题做出明确规定。

2) 机构仲裁

机构仲裁指向一个由双方当事人约定的常设仲裁机构提出申请，并按照这个仲裁机构的仲裁规则或双方选定的仲裁规则所进行的仲裁。而常设仲裁机构是指根据一国的法律或者有关规定设立的，有固定名称、地址、仲裁员设置和具备仲裁规则的仲裁机构。仲裁规则是规定进行仲裁的程序和具体做法，例如，如何申请仲裁，如何答辩、反请求，如何指定仲裁员，如何审理，如何做出裁决和裁决的效力等。仲裁规则为仲裁机构、仲裁员和争议双方提供了一套进行仲裁的行为准则。

2. 仲裁机构

常设的仲裁机构能为仲裁工作提供必要的服务和便利，有利于仲裁工作的顺利进行。因此，近年来，国际商事仲裁绝大部分采用机构仲裁。双方当事人如约定采用仲裁方式解决争议的，应当明确在哪个仲裁机构进行仲裁。常设商事仲裁机构分类见表11-1。

表 11-1 国际上常设商事仲裁机构分类一览表

类 型	代 表
国际性或区域性	国际商会仲裁院、解决投资争议国际中心、美洲国家商事仲裁委员会、亚洲及远东经济委员会商事仲裁中心
全国性的	英国伦敦国际仲裁中心、瑞典斯德哥尔摩商会仲裁院、瑞士苏黎世商会仲裁院、日本国际商事仲裁协会、美国仲裁协会、意大利仲裁协会等
专业性的	伦敦油籽协会、伦敦谷物商业协会等

 知识拓展

国际上常设商事仲裁机构

1. 国际性常设仲裁机构

1) 国际商事仲裁院

国际商事仲裁院 (The International Chamber of Commerce, ICC)。它成立于1923年，它是国际商会下设的常设仲裁机构，总部设在巴黎。国际商会仲裁院是当今世界上提供国际经济贸易仲裁服务较多和具有广泛影响的国际仲裁机构，是国际商事仲裁的一大中心。我国现已成为国际商会仲裁院成员。

2) 解决投资争议国际中心

解决投资争议国际中心 (The International Centre for the Settlement of Investment Disputes, ICSID)。该中心于1965年在国际复兴银行的倡导下，签订了旨在解决有关国家与其他国家国民之间投资纠纷的《解决缔约国与他国国民间投资争端公约》。该公约于1966年生效，目前已有近百个成员国。解决投资争议国际中心设在美国华盛顿，专门处理国际投资争议。

2. 地区性常设仲裁机构

1) 美洲国家商事仲裁委员会

美洲国家商事仲裁委员会。它是拉丁美洲国家成立的一个区域性国际仲裁组织。1975年拉美12个国家签订了《美洲国家国际商事仲裁公约》。

2) 亚洲及远东经济委员会商事仲裁中心

亚洲及远东经济委员会商事仲裁中心。它是由联合国亚洲及远东经济委员会组织设立并制定的仲裁规则。该仲裁中心设在泰国曼谷。

3．国别性常设仲裁机构

1) 瑞典斯德哥尔摩仲裁院

瑞典斯德哥尔摩仲裁院 (The Arbitration Institute of Stockholm Chamber of Commerce, AISSCC)。它成立于1917年，总部设在瑞典斯德哥尔摩商会内，专门解决工商及航运中发生的争议，订有斯德哥尔摩商会仲裁规则，是瑞典全国性的仲裁机构。

由于瑞典在政治上的中立，仲裁院仲裁案件的公正性得到普遍承认，特别是在解决东西方贸易纠纷中，发挥了重要作用。我国从西欧、北美进口的成套设备合同中也有规定在瑞典仲裁的仲裁条款。中国国际贸易促进委员会已同该仲裁院建立了业务上的联系，并建议我国的涉外经济合同双方当事人在选择第三国仲裁时，对该仲裁院优先予以考虑。

2) 英国伦敦国际仲裁院

英国伦敦国际仲裁院 (London Court of International Arbitration, LCIA)。它成立于1892年11月23日，1903年开始使用现名伦敦国际仲裁院，它是目前英国最主要的国际商事仲裁机构，伦敦国际仲裁院1985年制定了《伦敦国际仲裁规则》。伦敦国际商事仲裁院在国际上的信誉比较高，每年受理案件的数量也居世界前列。

3) 瑞士苏黎世商会仲裁院

瑞士苏黎世商会仲裁院成立于1910年，设在瑞士的苏黎世，制定的有《瑞士联邦苏黎世商会调解与仲裁规则》。该仲裁院不仅受理国内商业和工业企业之间的争议案件，也受理涉外经济贸易争议案件。由于瑞士在政治上是中立国，国际上较多的贸易纠纷都交给它仲裁。

4) 美国仲裁协会

美国仲裁协会 (American Arbitration Association, AAA)。它成立于1926年，总部设在纽约，是美国主要的国际常设仲裁机构，该协会分支机构遍布美国的主要城市。协会现行的《国际仲裁规则》1991年3月1日生效。协会受理的仲裁案件主要是货物买卖合同、代理合同、工业产权、公司的成立与解散，以及投资等方面的争议。海事仲裁案件由专门的海事仲裁机构受理。它同我国的仲裁机构建立了业务联系，中美两国仲裁机构曾成功地联合调解解决过两国贸易中发生的争议案件。

5) 日本商事仲裁协会

日本商事仲裁协会 (Japan Commercial Arbitration Association)。它成立于1950年。总营业所设在东京，在神户、名古屋、大阪和横滨也设有营业所。它有《商事仲裁规则》。该仲裁协会除进行仲裁工作外，还从事对仲裁人员的培训，同外国仲裁机构进行业务合作等项工作。日本商事仲裁协会同20多个外国仲裁机构保持联系，并订有双边协议。

6) 中国香港国际仲裁中心

中国香港国际仲裁中心 (The Hong Kong International Arbitration Centre, HKIAC)。它成立于1985年，属于民间性质的常设仲裁机构，不受政府的影响和控制。中心实行理事会制度，理事会由不同国籍并有多方面专业知识的商界、律师人士组成，日常工作由理事会下设的管理委员会负责。香港国际仲裁中心受理本地和国际商事仲裁案件，但不同性质的案件适用不同的仲裁规则，香港国际仲裁中心的仲裁受英国仲裁的影响比较大，加上国际商事仲裁使用示范法，使中心的仲裁吸取了许多国际商事仲裁的长处，在国际上的影响也日趋广泛。

7) 新加坡国际仲裁中心

新加坡国际仲裁中心 (Singapore International Arbitration Centre, SIAC)。它成立于1990年，是依据新加坡法成立的担保有限公司。新加坡国际仲裁中心可以受理来自国际和国内的商事法律争议，但主要以解决建筑工程、航运、银行、保险方面的争议见长。仲裁庭在仲裁过程中，适用《新加坡国际仲裁中心仲裁规则》。

我国常设的涉外商事仲裁机构是中国国际经济贸易仲裁委员会，又称中国国际商会仲裁院，隶属于中国国际贸易促进委员会（中国国际商会）。仲裁委员会总会设在北京，并在上海、深圳、重庆和天津分别设有仲裁委员会上海分会、华南分会、西南分会和天津国际经济金融仲裁中心。根据仲裁业务发展的需要，以及就近为当事人提供仲裁咨询和程序便利的需要，仲裁委员会还先后设立了24个地方和行业办事处。中国国际经济贸易仲裁委员会受理案件的范围是：国际的或涉外的争议案件，涉及香港特别行政区、澳门特别行政区或台湾地区的争议案件，国内争议案件。

11.4.4 仲裁协议

1. 仲裁协议的含义

仲裁协议是指当事人在合同订明的仲裁条款或者以其他方式达成的提交仲裁的书面协议。我国《仲裁法》规定，当事人采用仲裁方式解决纠纷，应当双方自愿达成仲裁协议。没有仲裁协议，一方申请仲裁的，仲裁机构不予受理。据此，发生争议的双方中任何一方申请仲裁时必须提交双方当事人达成的仲裁协议。

2. 仲裁协议的形式

仲裁协议必须是书面的，它有两种形式。

一种是合同中的仲裁条款（Arbitration Clause）。它是指在双方发生争议之前，合同的买卖双方或合同当事人在买卖合同中或其他经济合同中订立的，表示愿意把将来可能发生的争议提交仲裁机构解决的协议。

另一种是以其他方式达成的提交仲裁协议（Submission Agreement; Arbitration Agreement）。它是指双方当事人在争议发生之前或之后订立的，表示同意把发生的争议交付仲裁机构解决的协议。此种协议必须是双方以书面形式订立的，包括合同书、信件、电报、电传、传真、电子数据交换和电子邮件等可以有形地表现所载内容的形式。

以上两种形式具有同等的法律效力。我国仲裁规则确认了仲裁协议的独立性，明确规定：合同中的仲裁条款应视为与合同其他条款分离的、独立存在的条款，附属于合同的仲裁协议也应视为与合同其他条款分离的、独立存在的一个部分；合同的变更、解除、终止、转让、失效、无效、未生效、被撤销以及成立与否，均不影响仲裁条款或仲裁协议的效力。

 条款举例

CIETAC Arbitration Rules Arti 5(4)：An arbitration clause contained in a contract shall be treated as a clause independent and separate from all other clauses of the contract, and an arbitration agreement attached to a contract shall also be treated as independent and separate from all other clauses of the contract. The validity of an arbitration clause or an arbitration agreement shall not be affected by any modification, cancellation, termination, transfer, expiry, invalidity, ineffectiveness, rescission or non — existence of the contract.（合同中的仲裁条款应视为与合同其他条款分离的、独立存在的条款，附属于合同的仲裁协议也应视为与合同其他条款分离的、独立存在的一个部分；合同的变更、解除、终止、转让、失效、无效、未生效、被撤销以及成立与否，均不影响仲裁条款或仲裁协议的效力。）

应用案例

案情简介：日本某公司与中国某公司达成一份合同，合同中明确规定："争议由中国国际经济贸易仲裁委员会仲裁。"后来双方发生争议，日方提取仲裁。但中方对仲裁委员会的管辖权提出了抗辩。理由：本案合同规定"日方用电传或传真确定合同生效"，而该日本公司至今没有办理确认手续，因此，本案合同尚未生效，当然包括仲裁条款。问题：中国国际经济贸易委员会对此案件有没有管辖权？

案例分析：中国国际经济贸易仲裁委员会对此案件具有管辖权，因为仲裁条款具有相对的独立性。

3. 仲裁协议的作用

根据多数国家和我国仲裁法的规定，仲裁协议以及仲裁条款的作用主要表现在以下几个方面。

第一，仲裁协议是当事人双方在发生争议时通过仲裁方式解决争议的依据，双方必须接受仲裁协议的约束。仲裁协议约束双方当事人在和解、调解不成时，只能以仲裁方式解决争议，不得向法院起诉。

第二，仲裁协议是仲裁机构和仲裁员取得对有关争议案件的管辖权的依据。任何仲裁机构都无权受理没有仲裁协议的案件，这是仲裁的基本原则。

第三，仲裁协议可以排除法院对有关争议案件的管辖权。世界上绝大多数国家的法律都规定法院不受理争议双方订有仲裁协议的争议案件。

上述三个方面的作用是相互联系且不可分割的，其中最为重要的是排除法院的管辖权。

 应用案例

案情简介：甲、乙两家公司达成一份合同，合同没有规定仲裁条款，事后发生争议，乙向仲裁机构申请仲裁，甲公司如期进行答辩，答辩中没有提出仲裁机构没有管辖权问题。但是答辩后，甲发现双方没有规定仲裁条款，就向法院起诉。那么仲裁机构有无管辖权，法院是否会受理案件？

案例分析：《仲裁法解释》第7条规定无法确定当事人有明确而肯定的仲裁表示的，判定该仲裁协议无效。乙既然又提起诉讼了，就说明他不承认仲裁条款，仲裁条款不生效。而法院受理的案件只需一方提出即可，所以该案件由法院受理。

4. 仲裁协议的基本内容

在一般情况下，仲裁协议的基本内容由双方当事人共同商定，但不得违反有关国家的强制性法律规定。总的来说，有效而适当的仲裁协议应该包括：仲裁事项、仲裁地点、仲裁机构、仲裁规则、仲裁裁决的效力几项内容。

11.4.5 仲裁程序

仲裁程序是指进行仲裁的过程和做法，主要包括仲裁申请、仲裁庭的组成、仲裁审理以及做出裁决等。仲裁程序的每个环节都要受有关国家的仲裁法和仲裁机构的仲裁规则所制约。作为涉外经贸人员，应当对这些内容有所了解，以保障自身的正当权益。

1. 仲裁申请

仲裁申请是仲裁机构受理案件的前提。根据《中国国际贸易促进委员会仲裁规则》规定，我国仲裁机构受理争议案件的依据是双方当事人的仲裁协议和一方当事人（申请人）的书面申请。仲裁申请书的主要内容包括：申请人和被申请人的名称、地址；申请人所依据的仲裁协议；申请人的要求及所依据的事实和证据；案情和争议要点；申请人或申请人授权的代理人的签名等。

申请人向仲裁机构提交仲裁申请时，应当附具本人要求依据的事实的证明文件，从仲裁委员会的仲裁员名册中指定一名仲裁员，并按照仲裁规则的规定预交一定数额的仲裁费。

仲裁机构对于仲裁申请书进行预审，以确定仲裁手续是否符合要求、所需证件是否齐备、争议是否属于仲裁协议范围、该争议是否被处理过以及仲裁时效是否过期等。对于符合上述要求的仲裁申请书，仲裁机构应当连同仲裁委员会的仲裁规则和仲裁员名册各一份，寄送被诉人。被诉人在收到仲裁申请书之日起20日内从仲裁员名册中指定一名仲裁员，或者委托仲裁委员会主席指定，并在收到仲裁申请书之日起45日内向仲裁委员会提交答辩书及有关证明文件。仲裁机构对于不符合要求的仲裁申请不予受理。

2. 仲裁庭的组成

争议案件提交仲裁后，是由按约定或仲裁规则产生的仲裁员所组成的仲裁庭进行审理并做出裁决。根据世界各国的贸易实践，一般允许双方当事人在仲裁协议中规定仲裁员的人数和指定方法。如果仲裁协议没有规定，则按有关国家的仲裁法或仲裁机构的程序原则办理。

我国《仲裁法》规定，仲裁庭可以由三名仲裁员或者一名仲裁员组成。由三名仲裁员组成的设首席仲裁员。《中国国际经济贸易仲裁委员会仲裁规则》规定，除非当事人另有约定或本规则另有规定，仲裁庭由三名仲裁员组成。

如仲裁庭由三名仲裁员组成的，则先由双方各自选定或委托仲裁机构指定一名仲裁员，然后由当事人共同选定的或共同委托仲裁机构指定第三名仲裁员。这第三名仲裁员即为首席仲裁员。按《中国国际经济贸易仲裁委员会仲裁规则》，双方当事人先在各自收到仲裁通知之日起15天内选定一名仲裁员或者委托仲裁委员会主任指定。如果当事人未在规定期限内选定或者委托仲裁委员会主任指定的，由仲裁委员会主任指定。首席仲裁员由双方当事人共同选定或者共同委托仲裁委员会主任指定。双方当事人可以各自推荐1～3名仲裁员作为首席仲裁员人选，双方当事人的推荐名单中有一名人选相同的，该人选即为双方当事人共同选定的首席仲裁员；有一名以上人选相同的，由仲裁委员会主人根据案情的具体情况在相同人选中确定一名首席仲裁员，该名首席仲裁员仍为双方共同选定的首席仲裁员；推荐名单中没有相同人选时，由仲裁委员会主任在推荐名单之外指定首席仲裁员。如果双方当事人在被申请人收到通知之日起15天内未能共同选定首席仲裁员的，则由仲裁委员会主任指定。

必须强调的是：由当事人双方选定或指定仲裁员，目的在于使争议案件能得到公正合理的裁决，而被选定或指定的仲裁员并非是指定一方当事人的代理人。被选定或指定的仲裁员与案件有利害关系或其他关系而可能影响案件的公正审理，仲裁员应当主动将此情形向仲裁委员会予以披露，并应主动请求回避。当事人也可以要求仲裁员予以回避。当事人要求仲裁员回避，应当在案件第一次开庭审理之前提出。如果要求回避缘由的发生，后者得知是在第一次开庭审理之后，可以在其后到最后一次开庭审理终结之前提出。

3. 仲裁审理

仲裁庭组成之后，在对争议进行审理的过程中要涉及许多程序问题，主要包括开庭、调查事实、收集证据、和解及调解、仲裁裁决等主要步骤。

1) 开庭

仲裁庭审理案件有两种方式：开庭审理和书面审理。各国一般都规定应该采取口头方式开庭审理，但经双方当事人申请或征得双方当事人同意，也可以书面审理，即不开庭审理，只依据双方提供的书面文件进行审理并做出裁决。第一次开庭的日期，经仲裁庭秘书局（处）决定后，于开庭前30天通知双方当事人。当事人有正当理由的，必须在开庭前12天以书面形式向秘书局（处）提出请求延期，除非有不能预见的特殊情况发生。仲裁一般在仲裁机构所在地进行（在中国理应在北京、深圳或上海进行），经仲裁机构主席批准，也可在其他地点进行审理。在开庭审理时，一般由首席仲裁员宣布仲裁庭组成。如果当事人无异议，则首席仲裁员宣读双方当事人出席人员名单。双方当事人若对对方出庭人员有异议均可提出，如无异义，由首席仲裁员宣布正式开庭。一般由申请人先陈述案情，讲明事实，然后由被申请人答辩、陈述案情，再由仲裁庭提问，然后双方当事人辩论，最后由仲裁庭总结开庭情况。

2) 调查事实和收集证据

在审理案件过程中，当事人双方为支持各自的观点和主张，都需要提出充分的证据。仲裁庭认为必要时，也可以自行调查、收集证据，甚至可以就案件中的专门问题通知证人到场作证、向专家咨询或指定签订人进行鉴定。

3) 和解

在仲裁庭做出裁决之前，如果双方当事人自行达成和解，申请人应及时申请撤销案件。撤销案件由仲裁委员会主席（仲裁庭组成之前）或仲裁庭做出决定。

经过仲裁庭调解达成和解的，双方当事人应签订书面和解协议；除当事人另有约定外，仲裁庭根据该和解协议的内容做出裁决书结案。

4) 仲裁裁决

仲裁裁决(arbitration award)是仲裁庭按照适用法律及仲裁规则审理案件，根据查明的事实和认定的证据，对当事人就双方争议提出的请求事项做出予以支持、驳回或部分支持、部分驳回的书面决定。在仲裁庭不能形成多数意见时，按照首席仲裁员或者公断人的意见做出裁决决定。裁决决定自做出之日起发生法律效力。

仲裁裁决根据其内容和参加的主体的不同，可以分为以下几种：

(1) 中间裁决(interim award)。中间裁决是指对整个争议案已部分审理清楚，为了有利于进一步审理和做出最终裁决，仲裁庭在某一审理阶段做出某项暂时性的裁决。中间裁决是暂时性的，仲裁庭可以做出修改；中间裁决虽不是终局性的，但它毕竟包括了仲裁庭要求当事人作为或不作为的决定，当事人也应遵照执行。如果一方当事人拒不执行中间裁决，那么由于该方当事人原因造成的后果，通常由该方当事人承担。

(2) 部分裁决(partial award)。部分裁决是指对整个争议中的某一个或某几个问题已经审理清楚，为了及时保护当事人的合法权益或有利于继续审理其他问题，仲裁庭先行做出的对某一个或某几个问题的终局性裁决。部分裁决具有终局性，一旦做出即发生终局的法律效力。对于已经进行了部分裁决的事项,在终局裁决中不再进行裁决。

(3) 最终裁决 (final award)。最终裁决是指整个案件审理终结之后,仲裁庭就全部提交仲裁的争议事项做出的终局性裁决。最终裁决一经做出,当事人不得向法院上诉,也不可以向其他机构提出变更裁决的请求,即经过适当的、合法的仲裁审理做出的仲裁裁决具有法律强制执行力,当事人应按照裁决的内容自动切实地加以履行。

11.4.6 仲裁裁决的执行

1. 仲裁裁决执行的概念

国际商事仲裁裁决的承认 (recognition) 和执行 (enforcement),是解决商事争议的最终结果,如果裁决能得到承认和执行,则争议通过仲裁得到了彻底解决;反之如果裁决得不到承认和执行,则整个仲裁过程得不到最终结果,整个仲裁努力付之东流,全部落空。因此,仲裁裁决能否得到最终执行,是整个仲裁的关键点。仲裁裁决的承认和执行往往是作为一个概念出现的。

事实上,裁决的承认和执行只解决一个问题,即裁决的法律约束力。该约束力表现在两个方面:一是当事人应主动地予以承认并加以执行;另一方面,有关国家的法院应予以承认和执行。其中,承认裁决是执行裁决的前提,执行是承认的结果,二者相辅相成,互为条件。因此,仲裁裁决的关键是执行,或者由当事人主动执行,或者由有管辖权的法院强制执行。

国际商事仲裁裁决的执行,是指由执行机构依法定程序将仲裁裁决按内容和要求切实付诸实现的行为。由于大多数仲裁实行一裁终局制度,因此,仲裁裁决自做出之日起即发生法律效力,对各方当事人均具有约束力,当事人首先应自动履行。根据国际商事仲裁规则以及相关公约的规定,双方当事人应当依照仲裁裁决写明的期限自动履行裁决;仲裁裁决书未写明期限的,应当立即履行。当事人不予履行的,则另一方当事人有权向有关法院申请强制执行。

2. 仲裁裁决在做成国(地区)境内执行

仲裁机构做出的裁决,需要在本国境内执行时,一般都依据本国的国内立法,向法院提出申请,由法院按法定程序执行。我国《民事诉讼法》第259条规定:一方当事人不履行仲裁裁决的,对方当事人可以向被申请人住所地或财产所在地的中级人民法院申请执行。《中国国际经济贸易仲裁委员会仲裁规则》规定:一方当事人不履行裁决的,另一方当事人可以根据仲裁法律的规定,向中国法院申请执行。

3. 仲裁裁决在做成国(地区)境外执行

裁决在做成国境外执行包括两层含义:一方面是本国所做的裁决要求得到外国的承认和执行,另一方面是外国所做的裁决要求得到本国的承认和执行。

仲裁裁决在做成国境外执行的问题比较复杂,国际上通常以双边或多边的方式解决。为了解决仲裁裁决在做成国境外执行的问题,国际上先后缔结了三个有关承认和执行外国仲裁裁决的国际公约。第一个是1923年在国际联盟主持下制订的《仲裁条款协议书》;第二个是1927年国际联盟主持制订的《日内瓦执行外国仲裁裁决的公约》;第三个是

1958年6月10日在联合国主持下订立的《承认与执行外国仲裁裁决的公约》，简称1958年《纽约公约》。该公约实际上已取代了前两个公约，成为当前国际上关于承认与执行外国仲裁的最主要的条约。《纽约公约》自1958年订立以来，迄今为止已有70多个国家参加了该公约，其中一些国家对该公约提出了一些保留，如美国对该公约提出了互惠保留和商事保留，英国对该公约提出了互惠保留，也有国家对该公约没有提出任何保留，如瑞典。我国于1986年12月2日加入了该公约，声明有两项保留：一是仅适用缔约国间做出的裁决；二是只适用于商事法律关系所引起的争议的裁决。

对于外国仲裁裁决的承认和执行是一个非常重要的问题，《纽约公约》规定，各缔约国互相承认仲裁裁决具有约束力，申请在其他缔约国境内执行仲裁裁决时，应向被申请国提交该国文字做成的裁决书译本，并且依照执行地的程序规则予以执行。对承认和执行本公约所适用的仲裁裁决，不应该有比承认和执行本国的仲裁裁决规定实质上更复杂的条件或更昂贵的费用。

11.4.7 买卖合同中的仲裁条款

国际货物买卖合同中的仲裁条款，一般应包括：提交仲裁的事项，即提请仲裁的争议范围、仲裁地点、仲裁机构、仲裁规则、裁决的效力等内容。

我国根据独立自主、平等互利的原则，并参照国际上的习惯做法，在总结实践经验的基础上，各公司一般采用下列三种仲裁条款格式：

例1：规定在我国仲裁的条款

All dispute in connection with this contract or arising from the execution of there, shall be amicably settled through negotiation in case no settlement can be reached between the two parties, the case under disputes shall be submitted to China International Economic and Trade Arbitration Commission, Beijing, for arbitration in accordance with its Rules of Arbitration, The arbitral award is final and binding upon both parties. The arbitration fee shall be borne by the losing party unless otherwise awarded by the arbitration court.

凡因执行本合同所发生的或与本合同有关的一切争议，双方应通过友好协商解决；如果协商不能解决，应提交北京中国国际经济贸易仲裁委员会，根据该会的仲裁规则进行仲裁。仲裁裁决是终局的，对双方都有约束力。仲裁费用除仲裁庭另有规定外，均由败诉方负担。

例2：规定在被告国仲裁的条款

All dispute arising from the execution of, or in connection with this contract, shall be settled amicably through friendly negotiation. In case no settlement can be reached through negotiation, the case shall be submitted for arbitration. The location of arbitration shall be in the country of the domicile of the defendant. If in China, the arbitration shall be conducted by the China International Economic and Trade Arbitration Commission, Beijing in accordance with its Rules of Arbitration. If in…the arbitration shall be conducted by…in accordance with its arbitral rules. The arbitral award is final and binding upon both parties. The arbitration fee shall be borne by the losing party unless otherwise awarded by the arbitration court.

凡因执行本合同所发生的或与本合同有关的一切争议,双方应通过友好协商解决;如果协商不能解决,应提交仲裁。仲裁在被诉方所在国进行。在中国,由中国国际经济贸易仲裁委员会根据该会的仲裁规则进行仲裁。在×××(被诉方所在国名称)由×××(被诉方所在国仲裁机构名称)根据该会的仲裁规则进行仲裁。仲裁裁决是终局的,对双方都有约束力。仲裁费用除仲裁庭另有规定外,均由败诉方负担。

例3：规定在第三国仲裁的条款

All disputes arising from the execution or in connection with this contract shall be settled amicably through friendly negotiation. In case no settlement can be reached through negotiation, the case shall submitted to...for arbitration in accordance with its arbitral Rules of procedure. The arbitral award is final and binding upon both parties. The arbitration fee shall be borne by the losing party unless otherwise awarded by the arbitration court.

凡因执行本合同所发生的或与本合同有关的一切争议,双方应通过友好协商解决;如果协商不能解决,应提交×××(第三国及其仲裁机构名称),根据该会的仲裁规则进行仲裁。仲裁裁决是终局的,对双方都有约束力。仲裁费用除仲裁庭另有规定外,均由败诉方负担。

如规定在对方所在国进行仲裁,该仲裁条款的格式与在第三国仲裁的条款基本相同,只是国家名称改为对方国家。

本章小结

在国际货物买卖中,发生争议是难免的,甚至导致发生仲裁、诉讼等情况。国际货物买卖合同可能因卖方违约、买方违约或因买卖双方均违约而引起争议。内容涉及贸易争议的表现形式、争议产生的原因及争议的解决方式;不可抗力的特征、范围、法律后果、不可抗力的处理及不可抗力条款;违约责任的认定、索赔和理赔时应注意的问题、索赔及罚金条款;仲裁的特点、仲裁形式和机构、仲裁协议、程序、仲裁裁决的执行等。

关键术语

贸易争议、协商、调解、仲裁、诉讼、不可抗力、索赔、理赔、根本违反合同、罚金条款、违约金条款、临时仲裁、机构仲裁、仲裁条款、提交仲裁协议、仲裁裁决、仲裁裁决的承认和执行

综合练习

1. 英译汉

(1) If the parties prescribed payment of both liquidated damages and a deposit, in case of breach by a party, the other party may elect in alternative to apply the liquidated damages clause or the deposit clause.

(2) If a party is unable to perform a contract due to force majeure, it shall timely notify the other party so as to mitigate the loss that may be caused to the other party,

and shall provide proof of force majeure within a reasonable time.

(3) A party who relies on a breach of contract must take such measures as are reasonable in the circumstances to mitigate the loss, including loss of profit, resulting from the breach. If he fails to take such measures, the party in breach may claim a reduction in the damages in the amount by which the loss should have been mitigated.

(4) Any claim by the Buyers on the goods shipped shall be filed within 30 days after arrival of the goods at port of destination and supported by a survey report issued by a surveyor approved by the Sellers. Claims in respect of matters within the responsibility of the insurance company or of the shipping company will not be considered or entertained by the Sellers.

(5) The Buyers have the right to lodge claims for all losses sustained within 60 days after discharge of the goods at the port of destination.

2. 简答题

(1) 贸易争议产生的原因有哪些？解决贸易争议有哪些方式？
(2) 何谓不可抗力？不可抗力是如何认定的？
(3) 不可抗力的处理原则是什么？
(4) 当我方援引或对方援引不可抗力条款要求免责时，我方应注意哪些问题？
(5) 各国法律对于违约行为的区分方法有哪些区别？对于不同违约行为的违约责任又是如何规定的？
(6) 简述异议与索赔条款和罚金条款的用途及主要区别。

3. 选择题

(1) 发生（　　），违约方可援引不可抗力条款要求免责。
　A. 战争　　　　　　　　　　　　　B. 世界市场价格上涨
　C. 生产制作过程中的过失　　　　　D. 货币贬值
(2) 在出口国检验，进口国复验这种检验条款的规定方法（　　）。
　A. 对卖方有利　　　　　　　　　　B. 对买方有利
　C. 比较公平合理，它照顾了买卖双方的利益　　D. 对保险公司有利
(3) 按《公约》的解释，如违约的情况尚未达到根本性违反合同的规定，则受损害的一方（　　）。
　A. 只可宣告合同无效，不能要求赔偿损失
　B. 只能提出损害赔偿的要求，不能宣告合同无效
　C. 不但有权向违约方提出损害赔偿的要求，而且可宣告合同无效
　D. 可根据违约情况选择以上答案
(4) 在我国的进出口合同中，关于仲裁地点的规定，我们应力争（　　）。
　A. 在中国仲裁　　　　　　　　　　B. 在被告国仲裁
　C. 在双方同意的第三国仲裁　　　　D. 在对买方有利的国家仲裁
(5) 异议与索赔条款适用于品质、数量、包装等方面的违约行为，它的赔偿金额（　　）。

A. 一般预先规定 B. 一般不预先规定
C. 由第三方代为规定 D. 由受损方确定

(6) 我与德商签订一笔进口机器零件的合同。合同签订以后，德商的两间工厂都投入生产。在生产过程中，两间工厂之一由于意外事故导致火灾，完全丧失了生产能力，德商（　　）。

A. 因遇不可抗力事故，可要求解除合同
B. 因遇不可抗力事故，可要求延期履行合同
C. 因遇不可抗力事故，可要求延期履行合同，但我方有索赔的权力
D. 不属于不可抗力事故，我方应要求德商按期履行合同

(7) 根据《公约》的规定，买方向卖方提出索赔的最迟期限是（　　）。

A. 货物在装运港装运完毕即提单签发日期后两年
B. 货物到达目的港卸离海轮后两年
C. 经出口商品检验机构检验得出检验结果后两年
D. 买方实际收到货物起两年

(8) 仲裁裁决的效力是（　　）。

A. 终局的，对争议双方具有约束力 B. 非终局的，对争议双方不具有约束力
C. 有时是终局的，有时是非终局的 D. 一般还需要法院最后判定

(9) 在国际货物买卖中，较常采用的不可抗力事故范围的规定方法是（　　）。

A. 概括规定 B. 不规定 C. 具体规定 D. 综合规定

(10) 仲裁的特点有（　　）。

A. 以当事人自愿为基础
B. 任何仲裁机构不受理没有仲裁协议的案件
C. 排除法院对争议案件的管辖权
D. 仲裁裁决是终局的，对双方均有约束力
E. 仲裁协议必须在争议发生之前达成

4. 判断题

(1) 违约金是指合同当事人一方未履行合同而向另一方支付约定的金额。（　　）
(2) 违约方支付违约金后，就可不再履行合同义务。（　　）
(3) 如违约金过分低于或高于实际造成的损失，当事人可以请求人民法院或仲裁机构予以增减。（　　）
(4) 买方的索赔期限实际上也就是买方行使对货物进行复验权利的有效期限。（　　）
(5)《中华人民共和国合同法》规定的索赔期限为买方自标的物收到之日起1年内。（　　）
(6) 和解和调解都是自愿性的。（　　）
(7) 国际的仲裁机构有两种，一种是常设仲裁机构，另一种是临时性仲裁机构。（　　）
(8) 我国只对我国法律认定属于契约性和非契约性商事法律关系所引起的争议适用《1958年纽约公约》。（　　）

(9) 诉讼是指一方当事人向有管辖权的政府起诉，由政府按法律程序来解决双方的贸易争议。（   ）

(10) 根据《联合国国际货物销售合同公约》的规定，如果一方当事人违约，受损害一方无义务采取合理措施使损失减轻。（   ）

5. 案例分析

(1) 我国某出口公司以 CIF 纽约条件与美国某公司订立了 200 套家具的出口合同，合同规定 2002 年 12 月交货。11 月底，我企业出口商品仓库发生雷击火灾，致使一半左右的出口家具烧毁。我企业以发生不可抗力为由，要求免除交货责任，美方不同意，坚持我方按时交货。我方无奈经多方努力，于 2003 年 1 月初交货，美方要求索赔。

问：① 我方要求免除交货责任的要求是否合理？为什么？
② 美方的索赔要求是否合理？为什么？

(2) 甲国公司与乙国商人签订一份食品出口合同，并按乙国商人要求将该批食品运至某港通知丙国商人。货到目的港后，经丙国卫生检疫部门抽样化验发现霉菌含量超过该国标准，决定禁止在丙国销售并建议就地销毁。丙国商人去电请示，并经乙国商人的许可将货就地销毁。嗣后，丙国商人凭丙国卫生检疫机构出具的证书及有关单据向乙国商人提出索赔。乙国商人理赔后，又凭丙国商人提供的索赔依据向甲国公司索赔。

问：你认为甲国公司应如何处理？

6. 技能实训

实训项目：卖方接到买方的索赔通知后，应如何进行理赔。

实训目的：通过该项目的训练，让学生理解索赔和理赔的相关知识，在此基础上，让学生掌握在接到索赔通知后，应如何灵活、合理地对索赔进行处理。

实训内容：郑州兴隆服装进出口公司 (Zhengzhou Good Trade Garment Imp.&Exp.Corp.) 在出口了一批儿童睡衣裤给日本某株式会社后，收到了其提出的所交货物存在色差、要求郑州兴隆服装进出口公司进行减价的索赔要求。郑州兴隆服装进出口公司所交货物完全符合合同的规定。问：假如你是该笔业务的负责人，应如何对该索赔要求进行处理？

实训要求：学生应把处理理赔时应注意的问题、处理的整个过程表达出来。

第12章 国际贸易方式

本章教学要点

知识要点	掌握程序	相关知识	应用方向
经销、代理、寄售	熟悉	经销、代理与寄售的含义与应用	经销、代理与寄售种类和利弊分析
展卖、拍卖、招投标	熟悉	展卖、拍卖、招投标含义与应用	展卖形式；拍卖过程；招投标过程
对销贸易	了解	对销贸易的含义和使用	对销贸易的形式；补偿贸易的特点
加工贸易	了解	加工贸易的含义和分类	进料加工；加工装配

阅读链接

1. Contract Law of P.R.C：Chapter 21-22
2. Principles of International Commercial Contracts(PICC)：Arti 2.1.16, Arti 2.2.1-10.
3. 吴百福. 进出口贸易实务教程[M]. 上海：上海人民出版社，2011.

导入案例

代理人 TT 公司和委托人签订了电缆线代理出口协议，根据该委托人提供的条件，由 TT 公司向其指定的客户出口电缆线。签订代理出口协议后 TT 公司就收到了委托方客户开来的二份即期信用证。委托人这时向代理人提出资金周转困难，请代理人 TT 公司办理信用证打包贷款。TT 公司在未要求委托人提供任何担保的情况下，就按委托人要求办理了打包贷款并支付给委托人指定的工厂。TT 公司随后也不断催促委托人尽快安排货物出运，但委托人总以各种理由搪塞，直到信用证过了有效期，还不见委托人有任何动静。这时 TT 公司再找委托人和工厂时，发现委托人失踪，工厂关门，打包贷款的款项早已不知去向。为此，TT 公司付出了惨重的代价。

讨论与分析：
1. TT 公司为何在此业务损失惨重？
2. 你认为实施出口代理业务应注意哪些问题？

贸易方式是指国际贸易中买卖双方进行各种交易的具体做法。在对外贸易活动中，每一笔交易都要通过一定的贸易方式来进行。由于商品不同、地点不同和交易主体不同，形成了不同的贸易方式。

国际贸易方式按其组织形式可分为协定贸易方式、有固定组织形式的贸易方式和无固定组织形式的贸易方式。协定贸易方式是根据缔约国之间签订的贸易协定进行的贸易，包括政府间的贸易协定和民间团体签署的贸易协定。有固定组织形式的贸易方式是按照一定的规章和交易条件,在特定地点进行交易的贸易方式,主要有国际拍卖、招标与投标、国际博览会和博览会等。无固定组织形式的贸易方式则比较灵活,不按照固定的规章和交易条件,在非特定的地点进行交易,大体可分两类:一类是单纯的商品购销方式,即单边出口和单边进口,也称为逐笔售定;另一类是与其他因素结合的复合的购销方式,主要包括包销、定销、代理、寄售、对销贸易、加工贸易等。前11章我们主要介绍的是逐笔售定的国际贸易方式,本章主要介绍在我国外贸业务中常用的除逐笔售定之外的国际贸易方式。

12.1 经销、代理与寄售

12.1.1 经销

经销(distribution)是指进口商(经销商)与出口商(供货商)达成协议,承担在规定的期限和区域内销售指定商品的一种贸易方式。依据经销商权限的不同,可以分为两种:包销和定销。

1. 经销的种类

1) 包销

包销(exclusive sales),又称为独家经销(sole distribution),是指出口商通过与国外包销商签订包销协议,给予国外包销商在一定时期和指定地区内承包销售某种或某类商品的独家专营的权利。这种独家专营的权利是指在包销期限和指定地区内,出口商出口指定的商品只能向包销商报盘成交,而不能售给该地区内的其他客户,包销人在包销期限和一定地区范围内也不得向其他人购买此种商品。

2) 定销

定销又称为一般经销,指出口商通过与定销商签订定销协议,在一定地区和期限内将某种或某类商品交由国外客户销售的方式。出口人对定销人在价格、支付条件和折扣上给予一定的优惠,但不授予货物销售的专营权,即在同一地区和期限内,出口商可以指定几家定销商为其销售货物。

2. 当事人之间的关系

在经销方式下,商品由经销商以自己的资金购入,取得商品的所有权,自行销售,自负盈亏,并承担各种风险,因此,出口商与经销商之间是货主与买主的关系,属于买卖关系。其中,定销与包销的区别主要在于:包销商享有独家经营的权利,包销当事人之间是一种受专卖权和专买权约束的买卖关系;而定销商不享有专营权,在同一地区内可以有几个定销商同时为一个出口商销售同种或同类商品。

3. 经销方式的利弊

1) 包销方式的利弊

对于出口商来说,包销方式有利于避免同一地区多头经营产生的自相竞争;比逐笔售定更能把握销售情况;有利于通过给予独家专营权调动包销人经营的积极性,达到巩固扩大市场的目的。但是,包销方式对出口商也存在风险。例如,包销商因能力不足或有意不完成销售限额,甚至包而不销导致出口受阻,或者包销商利用垄断地位操纵价格和控制市场。对于包销商来说,也是收益与风险并存:若经营得当,独家专卖能够带来较大的收益,若经营不力或不适当地承担包销,就会完不成销售额从而遭受风险。

2) 定销方式的利弊

定销可以防止出现垄断,而且在定销期内,出口商可以对定销商的资信情况和经营能力进行考察。因此,定销常被用作挑选包销商的过渡手段。但定销中的多头经销可能会引起过度竞争,对调动定销商的推销积极性效果一般也较差。

4. 采用经销方式时应注意的问题

1) 选择合适的经销商

出口商要慎重考察,选择合适的客户作为经销商,这一点在包销方式下尤为重要。如果经销商资信好、经营能力强,即使在市场行情不利的情况下,也能尽力完成经销额度。但如果经销商选择不当,出口商在当地市场的未来发展就会陷入被动。因此,出口商必须正确认识到合适的经销商对巩固和扩大市场的重要性。

2) 定好经销协议的内容

经销协议的内容一般包括经销货物的范围、地区、期限、经销的数量或金额、作价方法以及广告宣传与促销等,它规定了出口商和经销商的权利和义务,是双方都必须要遵守的法律文件,对于经销业务的顺利履行非常重要。因此,一定要认真对待经销协议的签订。例如在规定经销商品的范围、地区和期限时,经销的商品可以是一类商品,也可以是一类商品的某几种规格、型号的商品,但范围不宜太大;经销的地区可以规定为几个国家,也可以规定为一个国家或地区的一个或几个城市,其地区的大小,取决于经销商品的特点、当地的市场情况、经销商的经营能力;对经销期限的规定,应视自身发展规划和客户而定,不宜过长或过短。

12.1.2 代理

1. 代理的含义

在国际贸易中,销售、采购、运输、保险、广告、金融、诉讼等业务都广泛采用代理(agency)方式,在此仅介绍销售代理。销售代理是指货主或生产厂商(委托人)与国外的代理商签订协议,在规定的地区和期限内,将指定商品交由代理人代销并处理相关事宜(如签订合同及其他与交易有关的事务等)的一种贸易方式。

2. 双方当事人的关系

代理双方属于一种委托和被委托的代销关系而不是买卖关系。代理人是在授权范围内以委托人的名义行事,代理人不必动用自有资金购买商品,不负盈亏,他只是代表委托人招揽客户、签订合同、处理委托人的货物、收受货款等,从中赚取佣金。

3. 代理的种类

代理方式按委托人对代理人授权的大小,可分为独家代理、一般代理和总代理。

1) 独家代理 (exclusive agency)

独家代理是指委托人给予代理商在规定地区和一定期限内享有代销专营权的代理，即委托人在该指定地区和时间内，不得委托其他第二个代理人。与包销方式下的专营权不同，独家代理下的专营权指的是专门代理权，是一种商品的委托代销，商品出售前所有权仍归委托人，由委托人负责盈亏。另外，除非另有规定，委托人也可直接与指定地区的买主进行交易，但这一部分商品交易仍应向独家代理商计付佣金。

2) 一般代理 (agency)

一般代理又称佣金代理，是不享有代销专营权的代理，委托人在同一地区和期限内，可选定一家或几家客户作为一般代理人，根据代销商品的实际数量按协议规定的办法付给佣金。在一般代理协议下，委托人可直接与该地区的买主成交，其直接成交部分，不向代理商支付佣金。

3) 总代理 (general agency)

总代理是委托人在指定地区的全权代表，他有权代表委托人进行全面业务的活动，除了代表委托人签订买卖合同、处理货物等商务活动外，还可进行一些非商业性的活动。

4. 代理方式的利弊

通过代理方式，委托人可以利用代理人在国际市场上的地位、销售渠道及其专业知识，由代理人去开拓市场、组织销售和进货、进行售后服务、传播信息等，这样可避免因设立分支机构带来的人员、财务上的负担以及由此可能产生的法律纠纷等各种问题。代理人则可得到一定的佣金。

当前国际贸易中有较大的比重是通过代理商这条渠道进行的，我国在进出口业务中也已经广泛地运用代理方式。近年来，虽然获得进出口经营权的企业越来越多，但获权企业中的中小型企业，在开拓国际市场方面不具优势，建立新的营销网络需要付出巨大的成本，而国有流通企业则在信息、渠道、销售网络等方面具有较为明显的比较优势，因此在很大程度上仍然依靠专业进出口公司代理出口。

 条款举例

Contract Law of P.R.C. Arti 414: A contract of commission agency is a contract whereby the commission agent conducts trading activities in its own name for the principal, and the principal pays the remuneration.（行纪合同是行纪人以自己的名义为委托人从事贸易活动，委托人支付报酬的合同。）

12.1.3 寄售

1. 寄售的含义

在国际贸易中，寄售 (consignment) 是一种委托他人代为销售的贸易方式，其具体做法是：出口商（寄售人，consignor）同国外客户（代销人，consignee）签订寄售合同，寄售人先将寄售商品运送给国外代销人，由代销人按照合同规定的条件和办法，代替寄售人在当地市场进行销售。货物出售后，由代销人扣除佣金及其他费用后，按合同规定的办法汇交寄售人。

2. 当事人之间的关系

在寄售方式下，寄售人是委托人、货主，代销人是受托人、国外客户，双方是一种委托和受托的关系。在寄售商品售出之前，寄售人始终拥有其所有权，要负担寄售期间发生的一切费用，并承担此间可能发生的风险和损失。代销人只是受托负责照管商品，依据寄售人的指示推销商品并从中取得佣金，交易盈亏概由寄售人负担。

寄售和代理方式下，当事人双方都是委托与被委托的关系，但又有区别：寄售方式下的代销人有权以自身的名义与当地购货人签订合同，代理人则是代表委托人签订合同。寄售方式下，寄售人与代销人之间的权利与义务由寄售协议确定。寄售协议的内容一般包括：协议双方权利与义务的条款，规定寄售期限、货物存放地点和提取方法；作价方法，主要有规定最低售价、代销人自己报价、寄售人报价和规定结算价等方法；货款的支付方法；佣金的计算以及其他费用的计算与支付；退货办法等。

3. 寄售方式的利弊

采用寄售的方式，由于代销人不需要自己垫付资金和承担各种风险，有利于调动代销人经营的积极性，利用其销售渠道扩大出口。同时寄售方式是凭实物买卖，有利于卖方根据市场供求状况，抓住较好的销售时机，争取较高的售价，也便于国外买主就地看货成交，对买主较有吸引力，有利于促进成交。因此寄售方式对开拓新市场、扩大销路、推销新产品或者处理滞销商品有积极作用。

但是寄售对于寄售人来说也有不利的方面。如承担的风险较大，要承担货物出售前的一切风险，包括：储运中的风险、价格变动风险、无法脱售的风险等；费用较高，包括货物出售前的一切费用，对代销人经手的各项销售费用很难控制；经常垫付和积压资金，不利于资金周转；而且寄售方式下收汇一般较缓慢，货物已出口无法直接控制，一旦代销人不守协议，可能遭到货款两空的危险；代销人有义务尽力推销寄售商品，但对商品能否售出并不负责，寄售期满有权退回未售出的部分，使寄售人遭受退货风险。因此，采用寄售方式时，寄售人应对市场情况进行充分调查研究，通过严格选择资信较好的代销商、慎重选择作价方法等途径减少风险。

12.2 展卖、拍卖、招标与投标

12.2.1 展卖

展卖 (fairs) 是利用各种形式的展览会、博览会对商品进行展出和销售的贸易方式。

展卖时，企业的代表商品直接陈列在展台上，同时进行广告宣传，可以引起客户的注意，刺激交易的达成，是一种直接有效的贸易方式。但这种贸易方式也有缺点：如果展台位置不佳，知名度不高的产品很难引起注意；由于卖场场地有限，公司的产品和品牌可能得不到最优的体现；由于同一行业基本集中在一起，导致同行之间的竞争更加激烈，使得产品的利润降低。

展卖有很多形式，按照举行展卖的市场划分，有的是定期举行，有的是不定期举行；按展品的性质，可以分为综合性展卖会和专业性展卖会，前者的展品不受商品类别限制，后者则只展出某一类别或某些相近类别的商品。

  展卖场所的选择是展卖能否成功的重要因素。例如，国际博览会是在一定地点定期举办、由各国商人参加交易的场所。全球每年举办的国际贸易博览会总数有上万家之多，规模或大或小，不同的主办者有不同的操控能力，使得其水平良莠不齐。如果误入水平一般或较差的博览会，对促进交易可能并没有太大帮助。因此，参加博览会时必须要精挑细选。

  中国出口商品交易会（广交会）是我国举办的综合性展卖场所，自举办以来，一般每年春、秋季各举行一次。广交会热情邀请国外客户来我国参加，以出口为主，也做进口生意，还可以开展多种形式的经济技术合作与交流，以及商检、保险、运输、广告等业务活动。除了直接促进我国对外贸易外，广交会也成为介绍商品、广告宣传和加强与国外客户联系的重要场所（参考1.2.1）。

如何有效选择境外展会

  选择是参加展览会的首要步骤。要想做好这一步，必须遵循以下几项要点：

  了解展览会的性质：即该展已举办过几次，上届的参展规模与贸易观众人数及成交情况；如果该展是新开发项目，则应注意主办者的专业与权威背景，看其是否有能力主办好该项展览会；是否主办过其他展览会，品质与水平如何；举办该展的操控手段是否已趋成熟；了解展位预订情况，即展览会需提前多久开始预订展位；是否接受非专业人士参观；其参观门券如何申请办理；了解展会场地的情况：展馆的高度及宽度的限制情况；地板单位面积的重量限制；是否有音量及灯光及其表演活动等方面的限制；参展者可否自行选择装修布置展位；探寻同行看法，即向竞争厂商及其他参展者了解对该展的看法及所碰到的问题，包括服务、展位布置、问题处理等。同时也向展会所在地或邻近地区的销售代理商了解对该展的看法；选择销售代理：如果参展商在展会所在地或邻近地区还没有销售代理商的话，那么则要考虑您的公司是否有可能在展会所在地或邻近地区找到销售代理商；选择恰当时机：分析该展会的时机是否与特殊节假日或事件相冲突；参展的产品是否有特别的销售季节，如果有，尤需注意展览时间是否在销售旺季前有足够的时间展出，以使买主有充裕的时间来调整其需要，而参展商的生产线亦能配合。

  在对展会做了分析之后，接下来要做出决定，即是否参展；要大展位还是小展位；参观考察做市场调查还是搜集有关资讯。

12.2.2 拍卖

1. 拍卖的含义

  拍卖（auction）一般是由从事拍卖业务的专门组织，在一定的拍卖中心市场、在一定的时间内按照当地特有法律和规章程序，通过公开叫价竞购的方式销售约定的货物。

  拍卖是国际贸易中较为古老的一种方式，是一种实物交易。通过拍卖进行交易的商品一般包括：品质规格不易标准化、对其品质难以用文字描述或难以用科学方法精确检验的商品，如皮毛、烟草、茶叶、香料、咖啡等；易腐坏不能长期保存的商品，如水果、蔬菜、花卉、观赏鱼类等；难以估价的贵重商品，如贵金属、首饰、地毯、古董及其他艺术品；企业倒闭后的资产处理等。在实际业务中，某些商品，如水貂皮、澳洲羊毛，大约90%的交易是通过拍卖方式进行交易的，它所形成的价格，对这些商品的市场行情有很大影响。

2. 拍卖的一般过程

拍卖的一般过程可分为拍卖准备(包括看货)、正式拍卖和成交付款及交货三个阶段。

1) 拍卖准备

货主先将待拍卖的商品运到拍卖行指定的仓库,由拍卖行对货物进行整理、分类、分级、分批并编号,然后根据货物的种类、数量、产地、拍卖时间地点和交易条件编印拍卖目录,以便日后提供给有意参加拍卖的买主进行参考。除此之外,拍卖人可以通过各种合适的媒体公开发布"拍卖公告"。

在正式拍卖之前,有意参加拍卖的买主在拍卖前到指定仓库看货,必要时进行抽样验看,以了解商品品质。按照惯例,一经拍卖成交,货主或拍卖行对售出商品都不负品质保证的责任,因此事先看货是拍卖的重要一环。

拍卖人一般在买主看货之后和正式拍卖之前与货主一起分析市场情况和讨论价格方案,最后制定出基础价格,作为拍卖人叫价时的依据。

2) 正式拍卖

准备就绪后,必须在预定的时间和地点进行正式拍卖。拍卖人按照商品目录规定的次序,逐批叫价成交。拍卖叫价的方式一般有以下三种。

(1) 增价拍卖,又称英式拍卖,由买方叫价拍卖,是最常用的一种拍卖方式。拍卖人宣布该项商品的预定最低价格,然后由竞买者竞相加价,有时规定每次加价的金额限度,直至竞买人不再加价时,拍卖人击槌表示成交,将这批商品卖给最后出价最高的人。

(2) 减价拍卖,又称荷兰式拍卖,即由拍卖人提出一批货物,并喊出最高价格,然后逐渐喊价减价,直到有某一买主表示接受承购为止,减价拍卖方式成交迅速,常用于鲜活商品的拍卖,例如国际鲜花的拍卖就是采用这种方式。

(3) 密封递价拍卖,又称招标式拍卖,即由拍卖人公布每批商品的详细情况和拍卖条件,然后由买主在规定的时间和地点将自己的出价密封递交拍卖人,拍卖人比较后将货物卖给适合的买主并公布买主姓名。这种方法不是公开竞买。

拍卖人在拍卖过程中必须记录拍卖的具体实施情况和竞价过程,并由当事人签名,以证明拍卖程序的合法、公平与公正性,同时明确各方责任。出现争议时拍卖笔录可以作为裁决的有效法律文件。

3) 成交付款及交货

买卖成交后,拍卖行的工作人员立即向最终买主发出成交确认书,在得到买主的确认后,交易就正式达成。买主付款后,拍卖标的所有权转移给买主。买主可凭拍卖行开具的栈单(warrant)或提货单在规定的期限内到指定的仓库提货。

采用拍卖方式,对买卖双方都有较大好处。对买方来说,有利于根据市场和自身情况,实地看货,购进满意的货物。对卖方来说,可通过买方的相互竞购,卖出较好的价格;拍卖是现货交易,卖方收取货款比较安全迅速,有利于资金周转;有利于打开销售渠道,扩大国外市场。但是在拍卖时货主要受到拍卖人的制约,拍卖费用也比较高,有时买方压价,货主也不一定会得到满意的价格。因此,作为货主,在拍卖前要确定适当的拍卖基价,选择采用拍卖方式成交效益大的货物参加拍卖。

12.2.3 招标与投标

1. 招标与投标的含义

招标与投标是一种贸易方式的两个方面。招标（invitation to tender）是指采购者或业主在一定时间地点，发出招标公告或招标单，阐明招标项目和条件，邀请他人投标，最后选择对其最为有利的投标人达成交易的行为。投标（submission of tender）是指出口商、供货人或承包商应招标人的邀请，根据招标公告或招标单的规定条件，在规定时间内向招标人递价的行为。

招标与投标业务是国际经济贸易业务经常采用的贸易方式，多用于国际承包工程、政府机构或大企业营建工程项目、购买成套设备、大宗商品等交易。国际金融组织的贷款项目采购大都要求采用国际招标方式。我国在兴建核电站、大型水电站、港口等工程中也应用了这种方式。

2. 招标与投标的一般过程

招标与投标业务的一般过程可分为：招标、投标、开标签约三个阶段。

1）招标

国际招标可分为两种方式：公开招标，又称为竞争性招标，由招标人在有权威的报纸、刊物或采取其他形式公开发布招标单，说明招标的项目及有关的各种交易条件，邀请投标人参加；不公开招标，又称为邀请招标、谈判招标，是由招标人根据自己具体的业务关系和情报资料自行选定投标人，其他人无权参加投标，此时一般要向选定的投标人颁发招标通知。政府采购一般采用公开招标的形式。

发布招标公告后，招标人要对前来要求投标的企业进行资格审查。审查合格后，由招标人向取得投标资格者寄送"标单"，内容包括招标要求、合同条款及格式、技术要求以及投标、开标、日期、寄送投标单的方法等。标单一般还要求投标人交纳投标保证金或银行保函，保证一旦中标则一定签约，否则招标人可没收该保证金。如未中标，则此保证金或保函如数退还投标人。

2）投标

投标人收到标单后，应认真研究标单的全部内容和条件，在此基础上仔细订出争取中标的各项条件，包括价格、交货期限、品质规格、各技术指标等，然后按要求填写投标文件，在规定期限内密封交寄招标人。这一过程被称为递价。

3）开标签约

在开标阶段，若采用公开招标，应由招标人和公证人在规定时间和地点当众拆开密封的投标单，宣布其内容，然后进入评标阶段，对投标人的条件进行比较。通过比较选择最有利的递价，即决标。凡参加投标者均可派代表监督开标。按国际惯例，招标人在开标后，若发现所有投标都不符合要求，可全都拒绝，宣布招标失败，并且可以重新发布招标通告。不公开招标则由招标人在没有投标人参加的情况下自行选定中标人。

选定中标人后，由招标人向中标人发出中标通知书，中标人接到通知书后在规定的时间内与招标人签订采购合同或工程承包合同，并提交履约保证金，替代原投标保证金，以担保其对合同义务的履行。

招标与投标是严格按照招标人规定的条件进行，具有公开、公正、公平的竞争机制。双方是在投标人一次递价的条件下交易，没有反复磋商、讨价还价的余地，投标人之间的竞争十分激烈，常会提出优惠的价格以求中标，因此相对来说对招标人较为有利，属于一种"竞卖"的贸易方式。

12.3 对销贸易

12.3.1 对销贸易的含义

对销贸易（counter trade）是指在互惠的前提下，由两个或两个以上的贸易方达成协议，规定一方的进口产品可以部分或者全部以相对的出口产品来支付的一种复合贸易方式。对销贸易的一个基本特征就是互惠，即贸易方"物物交换"，相互提供出口机会。在对销贸易中，一方既是买方，又是卖方，各方都"有买有卖"。

在这种贸易方式下，贸易方可以在无须动用国家过多外汇的基础上获得经济发展中所需要的货物和技术，同时以进口带出口，开辟各自的出口市场。由于不良的国际收支状况，许多发展中国家为了在外汇短缺的情况下，维持进口、扩大出口、引进先进的技术，对发展对销贸易非常重视，对销贸易实际为这些国家提供了进口融资手段。发达国家的政府和企业为了有效开拓发展中国家的市场，也越来越重视对销贸易。

12.3.2 对销贸易的主要形式

1. 易货贸易

易货贸易（barter trade）是在买卖双方之间经过以计价的商品作为清偿手段而不是以现汇进行买卖的贸易方式，有狭义的易货贸易和广义的易货贸易之分。

1) 狭义的易货贸易

狭义的易货贸易又称为直接易货，是指贸易双方进行一次性的货物互换，没有第三方参加，也不用货币支付。直接易货是最古老的贸易形式，在作为一般等价物的货币出现之前，人们就用这种方式交换各自的劳动产品。货币出现以后，这种贸易方式并没有退出历史舞台，只不过在形式和范围上发生了一些变化。由于这种贸易方式以物易物，同时交货，双方所交货物必须是对方所需要的，且数额还必须相等或基本相等，因此约束性大，不易达成交易。

2) 广义的易货贸易

广义的易货贸易是指现代的比较灵活的易货方式，又称为综合易货，可涉及多种商品、多个贸易方；在货款支付结算上，既可以笔笔平衡，又可以定期结算，综合平衡；在时间上既可进出口同时进行，也可有先有后。

综合易货的两种做法

记账易货方式。这种易货方式下，一方用一种出口货物交换对方的另一种出口货物，双方都将货值记账，相互抵冲，货款逐笔平衡，或者在一定时期内平衡（如有逆差，再以现汇或商品支付）。这种方式包括政府间的记账贸易和公司间的记账贸易。政府间的记账贸易需要由政府间签订双边贸易协定和支付清算协定，互相承担向对方购买等值商品的义务。公司之间的记账贸易也是相互提供一个记账账户，一段时间内抵冲。由于两个公司提供的产品可能不同，因此现代易货有许多是通过易货经纪公司来进行的。会员在易货公司有易货额度，它是一种易货公司用来记录从事易货交易的会员间进行易货交易往来账目的记账凭证和支付媒介。

一般易货方式。这种易货方式下，进口和出口同时成交，金额大致相等，但进口和出口的时间可以不同。此时，双方可以对开信用证，所开立的信用证金额大致相等，都以对方为受益人。

易货贸易可以克服外汇收支困难给对外贸易造成的障碍，对进出口都有一定的促进作用，有利于贸易平衡。但是，易货贸易也存在很多局限性，如易货贸易对象难以选择；谈判期长，不易成交，尤其综合易货，一般客户无力进行；在记账贸易中，处于贸易顺差的一方，等于资金和外汇被占用，不利于双方积极执行贸易协定和交货。

2. 补偿贸易

1) 补偿贸易的含义及特点

补偿贸易（compensation trade）是指一方在信贷的基础上，从国外另一方买进机器、设备、技术、原材料或劳务，约定在一定期限内，用其生产的产品、其他商品或劳务，分期清偿贷款的一种贸易方式。它是从20世纪60年代末70年代初逐渐发展起来的，早期的补偿贸易主要用于兴建大型工业企业；后期的补偿贸易涉及内容趋向多样化，不但有大型成套设备，也有中小型项目。

补偿贸易的主要特点是：贸易与信贷结合。一方是在对方提供信贷的基础上购入设备等商品，或由银行介入提供信贷，具有明显的利用外资的性质；贸易与生产相联系，设备进口与产品出口相联系。出口机器设备方同时承诺回购对方的产品，一般不动用外汇。大多数情况下，交换的商品是利用其设备生产的产品；贸易双方是买卖关系，长期合作。设备的进口方承担支付货款和利息的责任，对设备拥有完全的所有权和使用权。由于进口方分期偿还货款，执行期比较长，有的长达一二十年，在买卖双方之间形成长期合作关系。

2) 补偿贸易的形式

在实际业务中，补偿贸易的形式多种多样，但主要有以下几种。

(1) 返销（buy-back）。即由设备进口方利用对方提供的设备和技术制造的产品，包括直接产品或有关产品，偿付进口设备的货款。

(2) 互购。即设备进口方支付设备的货款，不是用直接产品，而是用双方商定的其他产品或劳务来偿付。所以这种情况下的交易，为两笔互有联系而分别进行的交易。通常，当购进的设备所生产的直接产品不是对方所需的产品时可采用这种方式。由于该方式的补偿品比返销方式下的补偿品范围大，达成补偿贸易的机会增大。

(3) 劳务补偿。即进口方不使用产品，而是接受对方委托加工业务，用所得的劳务费分期偿还进口设备的货款。

此外，实际业务中还有其他赔偿方式，如综合补偿，即根据实际情况的需要，部分用产品或劳务补偿、部分用现汇补偿；多边补偿，即第三方参与补偿贸易，例如由第三方接受并销售补偿产品，或由第三方承担或提供补偿产品等。

3) 补偿贸易书面文件

不论哪种形式,双方磋商达成协议后,一般都要签订补偿贸易的书面文件,目的是规定双方的权利和义务,作为当事人执行协议的依据。

由于补偿贸易既包括进口又包括出口,比一般交易复杂,因此,在书面文件中仅订立一份合同是不够的,常常是同时订立补偿贸易协定、设备进口合同和返销或互购合同等多项文件。一般来说,该文件中涉及的基本内容应该包括引进设备的名称、规格、型号、性能、技术规范、安装、培训、信贷条件及返销或回购义务等。

补偿贸易购入的是机器设备,出口的是产品,可以说是一种进出口相结合的特殊的信贷交易。对设备进口方,可少动用外汇或不动用外汇,利用外资进口所需设备和较先进的技术,既有利缓和对外支付手段不足的矛盾,又可提高本国的生产能力;通过返销协议给产品的出口建立了长期的比较稳定的销售渠道和市场,扩大出口,增收外汇。对设备供应方而言,可突破进口方支付能力不足的障碍,扩大产品销售市场;获得比较固定的原材料供应来源。故补偿贸易多用于外汇支付能力困难的国家与发达国家之间,而且较多地出现在生产原材料的部门、产品为对方所需要或产品有出口前途的产业部门。

12.4 加工贸易

加工贸易(processing trade)是一国进口原料、材料或零件,利用本国的生产能力和技术,加工成成品后重新出口的贸易方式。加工贸易的方式多种多样,目前我国常用的有对外加工装配和来料加工等,而近年来鼓励开展的境外加工贸易也被视为我国开展加工贸易的新形式。

12.4.1 进料加工

进料加工又称为"以进养出",指国内企业用自有外汇购入国外的原材料或零部件,利用自身技术、设备和劳力加工成成品后,销往国外市场。这类业务中,国内企业以买主的身份与国外签订购买原材料的合同,又以卖主的身份签订成品的出口合同。两个合同体现为以所有权转移为特征的两笔货物买卖,分别履行,具体做法与单边进口、单边出口相同。开展进料加工贸易时,国内企业可以根据需要购买所需材料,自主性强,如果对原料使用得当,管理得法,会得到较高的利润率和创汇率。但是如果制造的成品在国际市场上的销路不畅,国内企业进口原料所用外汇可能无法收回,从这一点看进料加工时国内企业要承担一定的成品销售风险。

12.4.2 对外加工装配

1. 对外加工装配的含义

对外加工装配通常是指国内的企业由国外厂商提供原料、辅料、包装材料和必要的机器设备,并按照其要求的质量、规格、款式和商标牌号等进行加工、装配或制造,得到的成品再交付给国外厂商,我方收取加工费。在对外加工装配业务中,协议双方相互配合,发挥自身的优势。国外厂商按照合同规定提供原材料和零部件，加工装配方按合同规定时间提供制成品，从而把贸易和生产有机联系起来。

要点提示

对外加工装配与进料加工业务的区别

(1) 法律关系不同。进料加工中所涉及的协议当事人是买卖关系；对外加工装配业务中，协议双方是委托加工关系，国内企业只是受国外厂商的委托加工制造成品，从而收取工缴费，因此，对外加工装配实际是劳务出口的一种形式。

(2) 货物所有权归属不同。进料加工中涉及两笔交易，进口和出口合同都涉及货物所有权的转移，分别履行；对外加工装配业务也包括进口原料和出口成品两个贸易进程，但这两个过程是同一笔贸易的两个方面，而不是两笔交易，一般不会出现货物所有权的转移，进口和出口是密不可分的。

(3) 风险不同。进料加工中，国内企业要自付外汇购买原料，同时承担成品的销售风险；对外加工装配业务中，国内企业作为加工方，需要的料、件都是由国外委托方提供，成品也交还国外委托方，因此无须为采购原料和零部件而筹措外汇资金，也无须承担成品销售的风险。

2. 对外加工装配业务的主要形式

(1) 来料加工。是指我方进行对外加工装配时，全部由国外企业提供原材料，或者是一部分原材料由对方提供，一部分由我方采用国内的原料。

(2) 来样加工。是指国外厂商提出产品的全套图纸、样品及部分加工技术或工具等，由我方使用国内的原、辅料进行加工生产。产品可以全部返销也可部分返销。

(3) 来件装配。是指由国外厂商提供装配所需设备、技术和有关元件、零件，委托我方按其要求的规格、标准和型号装配为成品后交货。

3. 加工装配工缴费标准的确定

加工装配业务中，加工方要按照约定收取工缴费，如何确定合理的工缴费标准就成为一个非常重要的问题。

首先，要把所有可计入工缴费的费用进行清算，不要遗漏。在由外商全部提供原材料和零部件的情况下，计算工缴费时，要包括工人和管理人员的工资、生产费用、折旧费、管理费、手续费、税金；如果使用我方商标，还要包括商标费；如果为加工装配业务成立新企业，还包括企业注册登记费。如果外商提供的是部分原材料和零部件时，我方补充的原材料或零部件的费用应包括在工缴费之内。

其次，要参考国内、国外的加工水平。制定合理的工缴费标准不能以国内加工水平来确定，而应以国际上同行业或相似行业的加工水平来确定。但是，国内加工企业也应参照国内加工水平核算加工产品的成本，并与工缴费比较，计算从事该项目人民币是否亏损。

通过开展对外加工装配贸易，我国可以更好地发挥劳动力资源丰裕的优势，增加就业；可以补充国内原料不足，充分发挥我国的生产潜力；可以通过引进国外的先进生产工艺，借鉴国外的先进管理经验，提高国内技术水平和产品质量，提高本国产品在国际市场的适销能力和竞争能力。但是，由于加工方只能赚取加工费，产品从原料转化为成品过程中的附加价值，基本被对方占有，因此，在出口额较高的同时，利润率却较低。因此，国内企业在接受国外加工委托时，一方面应该进行经济效益的可行性研究，确定合理的工缴费标准，另一方面也应该大力开展加工贸易之外的一般出口贸易。

知识拓展

贴牌生产

OEM是英文original equipment manufacturer的缩写，在我国俗称"贴牌生产""定牌生产""代工生产"，指某甲方工厂所生产的产品被某乙方选中，乙方委托甲方按照原样生产，并标上乙方的商标，由乙方收购，并在国际上销售的一种做法，如富士康为苹果代工生产iPhone, iPad, iPod与Mac。

OEM贴牌生产，最早流行于欧美等发达国家，它是国际大公司寻找各自比较优势的一种游戏规则，能降低生产成本，提高品牌附加值。贴牌生产在我国计划经济的时代就已传入，改革开放后，世界上著名的跨国公司纷纷进军中国，中国正在成为全球制造业的中心，为我国企业发展提供了难得的机会，但同时，由于它本身存在的弊端，从事贴牌生产的企业目前也面临创建自主品牌的新课题。

在中国，格兰仕是世界最大的微波炉生产商，在它每年生产的1500万台微波炉中，仅有600万台以"格兰仕"品牌面市，其余六成的产品会被贴上众多世界知名的微波炉品牌。格兰仕只是中国家电行业OEM热的代表之一，近年来，中国的家电行业的OEM热潮一直不减，越来越多的世界家电著名厂商将生产转移到中国，从GE到LG，从松下到东芝，从西门子到伊莱克斯，从飞利浦到惠而浦……当今世界几乎所有的家电名牌都有在中国生产的产品。或通过与中方合资生产，或由中国厂家贴牌生产（OEM）。中国已经成为全球家电生产的"大车间"。

条款举例

Contract Law of P.R.C. Arti 396: A commission contract is a contract whereby the principal and the agent agree that the agent will handle the principal's affairs.（委托合同是委托人和受托人约定，由受托人处理委托人事务的合同。）

12.4.3 境外加工贸易

境外加工贸易是指我国企业以现有技术、设备投资，在境外以加工装配的形式，带动和扩大国内设备、技术、零配件、原材料出口的国际经贸合作方式。开展境外加工贸易是我国实施"走出去"战略的重要组成部分，已经越来越成为当前实现国民经济调整和培育出口的一个新增长点。与境内的加工贸易相比，境外加工贸易可以绕过国外的贸易壁垒，可以进一步利用国内已经非常成熟的技术开拓国外市场，在扩大商品出口的同时带动技术、劳务以及服务贸易的出口。

但是，由于国外环境远比国内环境复杂，我国企业在开展境外加工业务时，一定要注意选择合适的市场和行业；调查境外合作方的资信情况；经营中要循序渐进，初期投资要控制；要做好人才方面的选派与管理等。在宏观方面，政府也应该做好法律上的保护与引导，并在财政上对从事境外加工贸易的企业予以支持，此外政府还可以通过驻外使馆设立经济行业情报中心等机构来为企业提供投资情报，帮助企业交流海外投资经验，协助企业进行投资分析、把握投资机会以及提供咨询等服务。这些服务无疑将会促进企业开展境外加工贸易乃至于今后进一步的跨国经营。

本章小结

本章主要介绍在我国外贸业务中常用的除逐笔售定之外的国际贸易方式，包括经销、代理、寄售、对销贸易、加工贸易等。经销、代理和寄售都是通过固定协议把双方当事人联系起来，但是经销中供货人和经销人之间是一种售定性质的买卖关系，代理人和被代理人之间、寄售人和代销人之间是委托关系，但两种委托关系又各不相同。拍卖是最古老的财产所有权转让方式之一，沿用至今，招投标在国际上的运用也日益广泛。展卖利用各种形式的展览会、博览会对商品进行展出和销售，要注意展卖场所的选择。关于对销贸易和加工贸易，主要介绍他们的种类及对经济发展的重要作用。

关键术语

包销、寄售、代理、拍卖、对销贸易、补偿贸易、招标和投标、进料加工、对外加工装配

综合练习

1. 英译汉

   (1) Exclusive sales
   (2) Consignment
   (3) Agency
   (4) Auction
   (5) Counter Trade
   (6) Counter Purchase
   (7) Compensation Trade
   (8) Invitation to Tender and Submission of Tender
   (9) Processing with Imported Materials
   (10) Processing with customer's Materials

2. 简答题

   (1) 什么是包销？包销方式有何利弊？
   (2) 简述商业代理的含义和种类。
   (3) 什么是寄售业务？有什么特点？
   (4) 什么是展卖？什么是拍卖？
   (5) 什么是招标与投标？
   (6) 对销贸易是什么？主要有哪些做法？
   (7) 补偿贸易的含义和特点是什么？
   (8) 来料加工的含义和特点是什么？它与进料加工有什么不同？

3. 选择题

(1) 下列拍卖方式中，只有一种方法是不公开竞买的是（　　）。
A. 增加拍卖　　　　　B. 减价拍卖
C. 荷兰式拍卖　　　　D. 密封递价拍卖

(2) 谈判招标是非公开的，是一种非竞争性的招标，又叫（　　）。
A. 标议　　　B. 论标　　　C. 议标　　　D. 评标

(3) 寄售方式是（　　）。
A. 凭等级买卖　　　　B. 凭规格买卖
C. 凭实物买卖　　　　D. 凭说明买卖

(4) 不享受独家专营权的代理是（　　）。
A. 总代理　　　　　　B. 独家代理
C. 一般代理　　　　　D. 以上都不对

(5) 减价拍卖又叫（　　）。
A. 英国式拍卖　　　　B. 荷兰式拍卖
C. 淘汰式拍卖　　　　D. 招标式拍卖

4. 判断题

(1) 在寄售业务中，货物售出前，其所有权属于寄售人。（　　）
(2) 代理依照委托人的授权行事，只要完成了授权范围内的业务活动，就可获得佣金。（　　）
(3) 在寄售业务中，代销人只享有对货物的控制权而不享有所有权，因此货物出售前的风险应由寄售人承担。（　　）
(4) 拍卖的商品在拍卖后发现商品质量问题，买主无权向卖主提出索赔。（　　）
(5) 拍卖是一种公开竞卖的贸易方式。（　　）

5. 案例分析

A公司将自己拥有的某种产品以独家代理的方式授权给B公司，并签订相应合同。在上述合同期内A公司又将该产品的代理权转让给同一地区的C公司，使C公司成为B公司的竞争对手。为此B公司向C公司提出抗议。

问：请分析案例中哪方做法不妥？如果你是B公司决策者，你会如何做，为什么？

6. 技能实训

针对本章内容，可安排一些国际贸易实际工作或操作过程中需要接触的项目让学生锻炼实际操作能力。包括：

实训项目： 企业如何选用适宜的国际贸易方式。

实训目的： 通过该项目的训练，理解国际贸易方式的基本含义，熟练运用常用的国际贸易方式完成国际贸易，使学生学会基本国际贸易方式的运用。

实训内容：（讨论案例）10月16日至10月22日，深圳家具行业协会组团参加中东迪拜的"第25届中东国际家具及家居装饰展览会",深圳家具参展面积达600m^2,参展企业共12家。由于迪拜地处欧、亚、非大陆交界处,具有得天独厚的地理位置,市场的影响力和辐射力极大,从中东辐射东欧、非洲和亚洲各地,因此在迪拜家具展上也汇集了世界各地和各国家具厂商,参展者为了争取更多的市场份额,竞争极为激烈。深圳的家具企业分散在不同的展馆内,由于没有统一的组织装修,没有形成规模效应,只有其中的三家会员企业自发组成"中国深圳馆",以红底白字中英文作为标识,为深圳家具在中东市场打出名号。深圳家具与其他参展国的家具相比体现出明显的价格优势和设计优势,而且以成套的办公、卧房、软体家具为主,与中东客商需求十分吻合,许多展品在参展中即被订购,深圳家具在此次展会上获得大量订单。

实训要求: 在掌握国际贸易方式基本含义和操作过程的基础上,分组讨论企业参加展会的意义,展会的性质,企业参展前后的注意事项。

附件一：汇票格式

F14

凭
Drawn under。················ ····················

信用证　　　　第　　　号
L/C　　　　　　No.················

日期　　　　　年　　月　　日
dated················ ····················

按息　　　　　　付款
Payable with interest@··· ············ _____% per annum

号码　　　　　汇票金额　　　　　　　中国．广州　　年　月　日
No.·············· Exchange for _____ Guangzhou.China········19······

见票　　　　　　　　　　　　　　　日后（本汇票之副本未付）付
At············· sight of this FIRST of Exchange (Second of exchange being unpaid)
pay to the order of····· ···或其指定人

金　额
the sum of

此致
To:
··

附件二：发票格式

×××××× 贸易公司
×××××× TRADIG CO.
NO.31 ZHEN AN ROAD GUANGZHOU, CHINA

商　业　发　票　　　　　　　　ORIGINAL
COMMERCIAL INVOICE

Messrs:　　　　　　　　　Invoice No.:
　　　　　　　　　　　　　Invoice Date:
　　　　　　　　　　　　　L/C No.:

Exporter:
Transport details:　　　　　Terms of payment:

| Marks & numbers | Descrip. of goods | Quantity | Unit price | Amount |

附件三：装箱单格式

××××××贸易公司

××××××TRADIG CO.

NO.31 ZHEN AN ROAD GUANGZHOU, CHINA

装 箱 单

PACKING LIST

ORIGINAL

Exporter: Invoice Date:
                                             Invoice No.:

Transport details: From   to   via

标记 Marks & numbers	货名 Descrip. of goods	件数 Quantity	净重 N.W.	毛重 G.W.	尺码 Measurement

附件四：装船通知格式

SHIPPING ADVICE

To: Date:_____
From: Invoice No._____
                                             S/C No. _____
CONSIGNEE: L/C No. _____
DEAR SIRS,
    RE: L/C NO._____AS REQUESTED BY THE ABOVE CREDIT, WE HEREBY DECLARE THAT THE FOLLOWING GOODS HAVE BEEN SHIPPED TODAY:
COMMODITY:
QUANTITY:
VALUE:
SHIPPING MARK

CONVEYANCE:
PORT OF LOADING:
DESTINATION:
Transhipment:
INSURANCE:

附件五：海运提单格式

BILL OF LADING

Shipper		B/L No.		
Consignee		Combined Transport BILL OF LADING		
Notify Address				
Pre-carriage by	Place of receipt	For delivery of goods please apply to :		
Ocean Vessel Voy. No	Portof Loading			
Port of Discharge	Place of Delivery	Final Destination for the Merchant's Reference only		
Particulars Furnished by Merchants — Container, Seal No. & Marks & Nos.	No. of Package & Description of Goods	G. W. Kgs	Measurement m^3	
FREIGHT & CHARGES	Renenue Tons	Rate Per	Prepaid	Collect
Ex. Rate:	Prepaid at	Payable at	Place and date of issue	
	Total Prepaid	No. of Original B(s)/L	Signed for the Carrier:	

LADEN ON BOARD THE VESSEL
Date
By……………
(TERMS CONTINUED ON BACK HEREOF)   (KENWA STANDARD FORM 01)

国际贸易 实务

附件六：场站收据格式

Shipper（发货人）	D/R No.（编号）	（实际托运人章）
Consignee（收货人）	场站收据副本 大副联 COPY OF DOCK RECEIPT (FOR CHIEF OFFICER)	第六联
Notify Party（通知人）	Received by the Carrier the Total number of containers or other packages or units stated below to be transported subject to the terms and conditions of the Carrier's regular form of Bill of Loading (for combined Transport or Port to Port Shipment) Which shall be deemed to be incorporated herein. Date（日期）：	
Pre-carriage by（前程运输）　　Place of Receipt（收货地点）		
Ocean Vessel Voy. No.（航次）　Port of Loading（装货港）	场站章	
Port of Discharge（卸货港）　　Place of Delivery（交货地点）	Final Destination for the Merchant's Reference（目的的）	

Container No. （集装箱号）	Seal No.（封志号）Marks & Nos. （标记与号码）	No of containersorp' kgs. （箱数或件数）	King of Package: Description of Goods （包装种类与货名）	Gross Weight 毛重（公斤）	Measurement 尺码（立方米）
TOTAL NUMBER OF CONTAINERS OR PACKAGES (IN WORDS) 集装箱数或件数合计（大写）					
Container No.（箱号）　Seal No.（封志号）　Pkgs.（件数）　Container No.（箱号）　Seal No.（封志号）　Pkgs.（件数）					

			Received（实收）　By Terminal clerk（场站员签字）
FREIGHT & CHARGES	Prepaid at（预付地点）	Payable at（到付地点）	Place of Issue（签发地点）
	Total Prepaid（预付总额）	No. of Original B(s) /L（正本提单份数）	BOOKING（订舱确认）APPROVED BY

Service Type on Receiving　　Service Type on　Reefer Temperature Required Delivery
（冷藏温度）

☐— CY　　☐— CFS　　☐— DOOR　　　　☐— CY　　☐— CFS　　☐ DOOR　　℉　℃

TYPE OF GOODS（种类）	☐ Ordinary.（普通）	☐ Reefer.（冷藏）	☐ Dangerous.（危险）	☐ Auto.（裸装车辆）	Class: Property: IMDG Code Page: UN No.
	☐ Liquid.（液体）	☐ Live Animal.（活动物）	☐ Bulk.（散货）	☐ _____	危险品

附件七：客户交单联系单格式

3053—②

客户交单联系单

致：中国银行

兹随附下列出口单据一套，信用证业务请按国际商会现行《跟单信用证统一惯例》办理，跟单托收业务请按国际商会现行《托收统一规则》办理。

信用证	开证行：		信用证号：	
	通知行号：	提单日期：	效期：	交单期限　　　天
无证托收	付款人全名及详址：			
	代收行外文名称及详址（供参考）：			
	交单方式：（(D/P)）D/P		付款期限：	

发票编号：					核销单编号：					金额：		
单据	名称	汇票	发票	海关发票	装箱重量单	产地证	GSP FORM A	数量/质量/重量证	检验/分析证	出口许可证	保险单	运输单据	电抄	受益人证明	船公司证明		

委办事项：（打"×"者）
( ) 上述单据请按我司与贵行签订之总质押书办理押汇。
( ) 上述单据系代理出口项下业务，收妥后请原币划 ＿＿＿＿＿＿＿＿＿＿
( ) 开户行：＿＿＿＿＿＿＿＿＿＿＿＿，账号：＿＿＿＿＿＿＿＿＿
( ) 若付款人拒绝付款/承兑，不必作成拒绝证书，但须以电传通知我司。
( ) 附信用证及修改书共 ＿＿＿＿＿＿＿ 纸。
( ) 单据中有下列不符点：( ) 请向开证行寄单，我司承担一切责任。
　　　　　　　　　　　　( ) 请电询开证行同意后再寄单。
( )＿＿＿＿＿＿＿＿＿＿＿＿＿＿＿＿＿＿＿＿＿＿＿＿＿＿＿＿＿＿＿＿
( )＿＿＿＿＿＿＿＿＿＿＿＿＿＿＿＿＿＿＿＿＿＿＿＿＿＿＿＿＿＿＿＿
( )＿＿＿＿＿＿＿＿＿＿＿＿＿＿＿＿＿＿＿＿＿＿＿＿＿＿＿＿＿＿＿＿

公司联系人：　　　　　联系电话：　　　　　公司盖章：

银行审单记录：	银行接单日期：		
	索汇金额：		BP NO.
	寄单日期：		OC NO.
	银行费用	通知/保兑：	索汇方式：
		议/承/付：	
		邮费	
		电传	寄单方式：
		小计	
	费用由　　　　承担		
退单记录：	银行经办：		银行复核：

附件八：出口报关单格式

中华人民共和国海关出口货物报关单

预录入编号：　　　　　　　　　　　　海关编号：

出口口岸		备案号		出口日期		申报日期	
经营单位		运输方式		运输工具名称		提运单号	
发货单位		贸易方式		征免性质		结汇方式	
许可证号		运抵国（地区）		指运港		境内货源地	
批准文号		成交方式		运费		保费	杂费
合同协议号		件数		包装种类		毛重（公斤）	净重（公斤）
集装箱号		随附单据				生产厂家	
标记唛码及备注							

项号	商品编号	商品名称、规格型号	数量及单位	最终目的国（地区）	单价	总价	币制	征免

税费征收情况

录入员　录入单位	兹声明以上申报无讹并承担法律责任	海关审单批注及放行日期（盖章）
报关员		审单　　　审价
单位地址	申报单位（盖章）	征税　　　统计
邮编　　电话	填制日期	查验　　　放行

附件九：保险单格式

PICC	中国人民保险公司　The People's Insurance Company of China 总公司设于北京 一九四九年创立 Head Office Beijing　Established in 1949		
货物运输保险单　CARGO TRANSPORTATION INSURANCE POLICY			
发票号 (INVOICE NO.)		保单号次 POLICY NO.	
合同号 (CONTRACT NO.)			
信用证号 (L/C NO.)			
被保险人 (INSURED):			

中国人民保险公司（以下简称本公司）根据被保险人的要求，由被保险人向本公司缴付约定的保险费，按照本保险单承保险别和背面所载条款与下列条款承保下述货物运输保险，特立本保险单。

THIS POLICY OF INSURANCE WITNESSES THAT THE PEOPLE'S INSURANCE COMPANY OF CHINA (HEREINAFTER CALLED "THE COMPANY") AT THE REQUEST OF THE INSURED AND IN CONSIDERATION OF THE AGREED PREMIUM PAID TO THE COMPANY BY THE INSURED, UNDERTAKES TO INSURE THE UNDERMENTIONED GOODS IN TRANSPORTATION SUBJECT TO THE CONDITIONS OF THIS OF THIS POLICY AS PER THE CLAUSES PRINTED OVERLEAF AND OTHER SPECIAL CLAUSES ATTACHED HEREON.

标 记 MARKS&NOS	包装及数量 QUANTITY	保险货物项目 DESCRIPTION OF GOODS	保险金额 AMOUNT INSURED
	总保险金额 TOTAL AMOUNT INSURED:		
保费 (PERMIUM):	AS ARRANGED	启运日期　DATE OF COMMENCEMENT:	装载运输工具: PER CONVEYANCE:
自 (FROM):	经 (VIA):		至 (TO):
承保险别 (CONDITIONS):			

所保货物，如发生保险单项下可能引起索赔的损失或损坏，应立即通知本公司下述代理人查勘。如有索赔，应向本公司提交保单正本（本保险单共有_____份正本）及有关文件。如一份正本已用于索赔，其余正本自动失效。

IN THE EVENT OF LOSS OR DAMAGE WITCH MAY RESULT IN A CLAIM UNDER THIS POLICY, IMMEDIATE NOTICE MUST BE GIVEN TO THE COMPANY'S AGENT AS MENTIONED HEREUNDER. CLAIMS, IF ANY, ONE OF THE ORIGINAL POLICY WHICH HAS BEEN ISSUED IN _____ ORIGINAL(S) TOGETHER WITH THE RELEVANT DOCUMENTS SHALL BE SURRENDERED TO THE COMPANY. IF ONE OF THE ORIGINAL POLICY HAS BEEN ACCOMPLISHED, THE OTHERS TO BE VOID.

赔款偿付地点 CLAIM PAYABLE AT		中国人民保险公司 The People's Insurance Company of China
出单日期 ISSUING DATE		Authorized Signature

参考文献

[1] 李玲玲. 国际贸易实务 [M]. 重庆：重庆大学出版社，2009.
[2] 陈岩. 国际贸易实务 [M]. 北京：对外经济贸易大学出版社，2007.
[3] 黎孝先. 国际贸易实务 [M]. 4版. 北京：对外经济贸易大学出版社，2007.
[4] 张相文，曹亮. 国际贸易实务 [M]. 2版. 北京：科学出版社，2009.
[5] 郭双焦. 进出口贸易实务精品教程 [M]. 北京：北京大学出版社，2009.
[6] 王双平. 国际贸易实务 [M]. 上海：立信会计出版社，2008.
[7] 李勤昌. 国际货物运输实务 [M]. 北京：清华大学出版社，2008.
[8] 夏合群，周英芬. 国际贸易实务 [M]. 北京：北京大学出版社，2007.
[9] 陈国武. 新编进出口业务案例精选 [M]. 北京：清华大学出版社，2009.
[10] 吴百福，徐小薇. 进出口贸易实务教程 [M]. 6版. 上海：上海人民出版社，2011.
[11] 陈宪，等. 国际贸易理论与实务 [M]. 3版. 北京：高等教育出版社，2009.
[12] 贾建华. 国际贸易理论与实务 [M]. 4版. 北京：首都经济贸易大学出版社，2008.
[13] 盛洪昌. 国际贸易理论与实务 [M]. 上海：上海财经大学出版社，2006.
[14] 缪东玲. 国际贸易理论与实务 [M]. 北京：北京大学出版社，2010.
[15] 卓骏. 国际贸易理论与实务 [M]. 北京：机械工业出版社，2010.
[16] 陈琳. 国际贸易实务 [M]. 北京：中国物资出版社，2010.
[17] 王爽，王艳. 国际货物运输与代理实务 [M]. 北京：中国水利水电出版社，2011.
[18] 余世明. 国际货运代理基础理论与实务 [M]. 广州：暨南大学出版社，2010.
[19] 孙瑛，韩杨. 国际货物运输实务与案例 [M]. 北京：清华大学出版社，2011.
[20] 孙国忠. 国际贸易实务 [M]. 北京：机械工业出版社，2009.
[21] 韩晶玉. 国际贸易实务实训教程 [M]. 大连：东北财经大学出版社，2009.
[22] 余世明. 国际贸易实务与案例分析 [M]. 广州：暨南大学出版社，2010.
[23] 黎孝先. 进出口合同条款与案例分析 [M]. 北京：对外经济贸易大学出版社，2004.
[24] 张彦欣，等. 国际贸易操作实务 [M]. 北京：中国纺织出版社，2005.
[25] 辛宪章，张哲. 国际贸易实务 [M]. 北京：中国社会科学出版社，2009.
[26] 彭福永. 国际贸易实务教程 [M]. 上海：上海财经大学出版社，2004.
[27] 姚新超. 国际贸易实务 [M]. 北京：对外经济贸易大学出版社，2007.

[28] 中国国际贸易学会商务培训认证考试办公室. 外贸业务理论与实务 [M]. 北京：中国商务出版社，2013.
[29] 商务部发展事务局. 中小企业外贸操作指南 [M]. 北京：对外经济贸易大学出版社，2006.
[30] 李平. 国际贸易规则与进出口业务操作实务 [M]. 北京：北京大学出版社，2007.
[31] 田运银. 国际实务精讲 [M]. 北京：中国海关出版社，2010.
[32] 康芳民. 国际贸易理论与实务 [M]. 北京：人民邮电出版社，2010.
[33] 王莉. 中小企业外贸一本通 [M]. 广州：广东经济出版社，2007.
[34] 韩宝庆. 轻松8步学外贸 [M]. 北京：中国纺织出版社，2011.
[35] 余世明. 国际商务模拟实习教程 [M]. 广州：暨南大学出版社，2008.